Grit Böhme
Moderationsstile aus Rezipientensicht

Diskursmuster
Discourse Patterns

Herausgegeben von
Beatrix Busse und Ingo H. Warnke

Band 21

Grit Böhme

Moderationsstile aus Rezipientensicht

Ein metalinguistisches Beschreibungsprofil

DE GRUYTER

Zugl.: Dissertation, Martin-Luther-Universität Halle-Wittenberg, 2018

ISBN 978-3-11-076599-1
e-ISBN (PDF) 978-3-11-062464-9
e-ISBN (EPUB) 978-3-11-062506-6

Library of Congress Control Number: 2019948502

Bibliografische Information der Deutschen Nationalbibliothek
Die Deutsche Nationalbibliothek verzeichnet diese Publikation in der Deutschen Nationalbibliografie; detaillierte bibliografische Daten sind im Internet über http://dnb.dnb.de abrufbar.

© 2021 Walter de Gruyter GmbH, Berlin/Boston
Dieser Band ist text- und seitenidentisch mit der 2019 erschienenen gebundenen Ausgabe.
Coverabbildung: Sarelita/istock/Thinkstock
Druck und Bindung: CPI books GmbH, Leck

www.degruyter.com

Vorwort

Die Idee für diese Untersuchung entstand im Auto. Während des Studiums war ich häufig mit verschiedenen Mitfahrgelegenheiten quer durch Deutschland unterwegs. Was mir dabei auffiel: Fuhr man aus dem Sendegebiet eines Radiosenders heraus und suchte einen neuen, so bedurfte es in der Regel nur weniger Sekunden Moderation und die gesamte Fahrgemeinschaft wusste, um welchen Sender oder zumindest, um welches Format es sich handelte, welche Musikauswahl, welche Informations- und Unterhaltungsangebote vom Programm zu erwarten waren. Aber woran erkannten wir das eigentlich? Und: Gingen wir hierbei alle nach denselben Kriterien vor? Diesen Fragen wollte ich auf den Grund gehen. Radio ist das älteste und weltweit am meisten verbreitete elektronische Massenmedium. Allein in Deutschland erreicht es über alle Verbreitungswege hinweg täglich gut drei Viertel der Bevölkerung. Seine Genres und stilistische Gestaltung wurden einerseits über lange Zeiträume und über nationale Grenzen hinweg den Gewohnheiten unzähliger Hörerinnen und Hörer angepasst – und es hat sie andererseits nachhaltig mitgeprägt. Viele Wahrnehmungs- und Nutzungsmuster, die sich durch das Radio etabliert haben, schreiben sich heute auch bei anderen Audiomedien fort, etwa bei den immer beliebter werdenden Podcasts.

Bei diesem Buch handelt es sich um eine Dissertationsschrift, die 2018 in der Abteilung für Sprechwissenschaft und Phonetik an der Martin-Luther-Universität Halle-Wittenberg verteidigt wurde. Zu seinem Entstehen haben zahlreiche Menschen beigetragen. Bedanken möchte ich mich bei meiner Erstgutachterin, Prof. Dr. Ines Bose, die mir sehr viel Freiheit gegeben hat, auch unorthodoxe Wege zu gehen, und bei Fragen stets hilfreich zur Verfügung stand. Mein Zweitgutachter, Prof. Dr. Wolfgang Auhagen von der Abteilung für Musikwissenschaft der Martin-Luther-Universität, ließ mich großzügig an seinem reichhaltigen methodischen Erfahrungsschatz teilhaben (u.a. zum Repertory-Grid-Verfahren). Seine Begeisterung für dieses Projekt hat mir viel Vertrauen geben, auch Durststrecken zu überstehen. Ganz besonderer Dank gebührt den vielen Probandinnen und Probanden, die sich mit großem Interesse und Engagement eingebracht haben. Es war mir eine Freude, mit euch zu arbeiten! Einen wichtigen Anteil haben auch meine Kolleginnen und Kollegen beigetragen, vor allem Anna Wessel, Anna Schwenke, Dr. Clara Finke, Angela Unger und Michaela Kupietz. Ohne die Datensitzungen, Konsenstranskriptionen, die wertvollen Hinweise und Rückmeldungen auf Kapitelentwürfe, die gegenseitige Motivation und natürlich auch die gemeinsamen Mensabesuche hätte diese Arbeit nicht entstehen können. Eine große Hilfe waren ebenfalls Peter Höhne und Thomas Zimmermann, die die Online-Befragung programmiert haben, sowie Ingrid Haufe vom IT-Zentrum der Martin-Luther-Universität für ihre Beratung in statistischen Fragen. Danken möchte ich darüber hinaus Peter Müller von der Abteilung für Sprechwissenschaft und Phonetik für das Erstellen eines Großteils der Radiomitschnitte und überhaupt für seine Hilfsbereitschaft und unendliche Geduld. Den Studierenden des Master-Studiengangs für Sprechwissenschaft und Phonetik sowie Diana Cobet, Nadja Sonntag, Christian Holz und Jenny Schröder möchte ich dafür danken, dass sie sich für die Vortests zur Verfügung gestellt haben, und letztgenannter auch dafür, dass sie den Text der Online-Befragung in eine zielgruppengerechte Form gebracht hat.

Mein herzlicher Dank gilt überdies Jens Schöne und Gerald Perschke von MDR Sputnik sowie Dietz Schwiesau von MDR Sachsen-Anhalt für die Einblicke in die Radiopraxis, für die Unterstützung bei der Erhebung des Radiokorpus und bei der Probandenakquise. Sehr verbunden bin ich auch den Programmchefs des MDR Hörfunks, die mir erlaubten, für den Zeitraum des ersten Untersuchungsschritts Moderationen ihrer Sender online zu stellen.

Bedeutenden Einfluss auf diese Studie hatte außerdem der Sociolingvistiske Studiekreds der Universität von Kopenhagen, der mir, als ich noch ganz am Anfang meiner Arbeit stand, enorm den Horizont erweiterte. Bedanken möchte ich mich hier vor allem bei Prof. Dr. Tore Kristiansen, Prof. Dr. Nikolas Coupland und Dr. Marie Maegaard für die wertvollen Ratschläge und Literaturempfehlungen – und ganz besonders bei Dr. Jacob Thøgersen für die Einladung, die große Gastfreundschaft und die spannenden Diskussionen. Ebenfalls danken möchte ich den Mitarbeitern und Mitarbeiterinnen sowie den Promotionsstudierenden der Cardiff School of English, Communication and Philosophy für die herzliche Aufnahme und die vielen Anregungen und Impulse. Bereichert wurde diese Untersuchung auch durch Prof. Dr. Winfried Menninghaus und die Gruppe „Sprache und Literatur" am Max-Planck-Institut für empirische Ästhetik, die mir einige interessante Fragen gestellt haben, über die ich bis zu diesem Zeitpunkt noch nicht nachgedacht hatte. Mein Dank geht außerdem an Johannes Raschpichler, der mich überaus freundlich empfangen hat und mir eine Fülle von Literatur zur Repertory-Grid-Methode zugänglich machte. Der Studienstiftung des deutschen Volkes möchte ich für das Promotionsstipendium danken, dass diese Studie ermöglicht hat, für die vielen Gelegenheiten zum überfachlichen Austausch und die Förderung eigener Initiativen. Ich freue mich außerdem sehr, dass Prof. Dr. Beatrix Busse und Prof. Dr. Ingo Warnke dieses Buch in ihre Reihe aufgenommen haben und danke Daniel Gietz und Albina Töws von de Gruyter sowie Anne Rudolph, die seine Entstehung begleitet haben.

Zu guter Letzt möchte ich meiner Mutter danken für ihre Unterstützung und Christian Müller, der immer an mich geglaubt, mich herausgefordert und mich durch alle Hochs und Tiefs begleitet hat.

Grit Böhme im August 2019

Inhalt

Vorwort —— V

1	Einleitung —— 1
1.1	Zielstellung und Hintergrund —— 1
1.2	Aufbau der Arbeit —— 4

2	Radio – ein auditives Medium mit auditiver Identität —— 7
2.1	Wie und warum nutzen Hörerinnen und Hörer Radio? —— 7
2.2	Wie wird eine „Channel Identity" gestaltet? —— 13
2.3	Rolle und Funktion der Moderatorinnen und Moderatoren —— 18
2.3.1	Strukturierende, interpretierende und parasoziale Funktion —— 19
2.3.2	Wie entsteht eine „Personality"? —— 24
2.3.3	Zielgruppengerechte Ansprache – Accommodation Theory und Audience Design —— 28

3	Sprechstil – Erwerb, Begriff und empirische Erfassung seiner Bedeutungen —— 35
3.1	Exkurs: Ähnlichkeiten, Unterschiede und Kategorisierung —— 35
3.2	Erlernen von Sprechstilen und deren Bedeutungen —— 41
3.3	Stilbegriff dieser Arbeit —— 48
3.4	Sprechen über Sprechstil: Metalinguistische Beschreibungen —— 54

4	Konsequenzen für die Untersuchung von Moderationsstilen —— 57

5	Korpus —— 63

6	Untersuchungsschritt 1: Welche Stimuli sind besonders typisch? —— 68
6.1	Kriterien für die Auswahl der Stimuli —— 68
6.2	Vorgehen —— 70
6.3	Auswertung —— 72

7	Untersuchungsschritt 2: Erhebung metalinguistischer Beschreibungen —— 79
7.1	Die Repertory-Grid-Methode —— 79
7.1.1	Theoretischer Hintergrund —— 80
7.1.2	Methode —— 81

7.2	Vorgehen bei der Durchführung der Interviews —— 83	
7.2.1	Warum Interviews? —— 84	
7.2.2	Warum zwei Befragte? —— 85	
7.2.3	Warum kein „Grid"? —— 87	
7.2.4	Auswahl und Zusammenstellung der Stimuli —— 88	
7.2.5	Auswahl und Rekrutierung der Hörerinnen und Hörer —— 90	
7.2.6	Interviewablauf —— 93	
7.2.7	Transkription —— 96	
7.3	Vorgehen bei der Analyse der Interviews —— 97	
7.4	Auswertung —— 101	
7.4.1	Dimensionen —— 102	
7.4.2	„alt/jung" —— 106	
7.4.3	„klingt wie Nachrichten" —— 119	
7.4.4	„sachlich/ernst" —— 126	
7.4.5	„abgelesen/frei gesprochen" —— 133	
7.4.6	„monoton/langweilig" —— 142	
7.4.7	„seriös/gewählt ausgedrückt/deutlich gesprochen" —— 152	
7.4.8	„ruhig/langsam/schnell" —— 167	
7.4.9	„emotional/sympathisch/ansprechend" —— 178	
7.4.10	„locker/umgangssprachlich/der/die redet wie mit Freunden" —— 185	
7.4.11	„lustig/ironisch" —— 193	
7.4.12	„natürlich/der/die muss halt so sprechen" —— 205	
8	Untersuchungsschritt 3: Erstellen eines sendertypischen Profils —— 219	
8.1	Vorgehen —— 219	
8.1.1	Auswahl der Stimuli —— 220	
8.1.2	Rekrutierung der Probandinnen und Probanden —— 221	
8.1.3	Durchführung —— 221	
8.2	Auswertung —— 222	
8.2.1	Beziehungen zwischen den metalinguistischen Beschreibungen —— 223	
8.2.2	Ausprägung der Faktoren nach Sender —— 234	
8.2.3	Unterschiede zwischen MDR Sputnik und den übrigen Sendern —— 238	
8.2.4	Unterschiede zwischen den Sputnik-Moderationen —— 244	
9	Diskussion und Ausblick —— 252	
9.1	Metalinguistische Beschreibungen der Sputnik-Hörerinnen	

	und -Hörer —— 252
9.2	Beitrag stimmlich-artikulatorischer Merkmale zu Moderationsstilen —— 256
9.3	Eignung der Repertory-Grid-Methode zur Untersuchung von Sprechstilen —— 260
9.3.1	Repertory-Grid-Interviews in Kombination mit quantitativen Methoden —— 261
9.3.2	Methodische Herausforderungen: Auswahl der Stimuli und der Befragten —— 263
9.3.3	Weitere Anwendungsmöglichkeiten —— 266

Literaturverzeichnis —— 269
  Onlinequellen —— 289

Anhang —— 293
A.1	Nomenklatur der Stimuli —— 293
A.2	Rangliste Onlinebefragung —— 294
A.3	Screening-Fragebogen für potenzielle Interviewte —— 301
A.4	Angaben zu den Interviewten —— 302
A.5	Transkriptionskonventionen Interviews —— 311
A.6	Instruktionen Fragebogenerhebung —— 312

Übersicht Online-Anhang (A.I - A.VII) —— 313

1 Einleitung

Stil wird häufig definiert als eine bestimmte Art, ein Modus etwas zu tun (vgl. z.B. Hymes 1989, 434). Er hat zahlreiche Funktionen: Gefallen auslösen, Freude am Spiel mit Formen bereiten, er kann zeigen, woher jemand kommt, zu wem er sich zugehörig fühlt, aus welcher Zeit er stammt – und vor allem macht er seine Verwender wiedererkennbar, von anderen unterscheidbar (vgl. Goodman 1978, 23ff). Das gilt auch für die Art und Weise, in der wir sprechen. Doch was macht das Typische eines Sprechstils aus? Anhand welcher Merkmale unterscheiden wir verschiedene Sprechstile voneinander? Mit welchen Bedeutungen assoziieren wir jene Merkmale? Diesen Fragen soll in der vorliegenden Arbeit theoretisch und allem voran methodisch begegnet werden.

1.1 Zielstellung und Hintergrund

Nach Erkenntnissen aus den Kognitionswissenschaften ist das, worauf wir unsere Aufmerksamkeit lenken, was wir wahrnehmen und wie wir das Wahrgenommene bewerten, durch unsere bisherigen Erfahrungen beeinflusst (vgl. Quine 1990, 26ff; Barsalou 2009, 2016b). Eine gemeinsame Kultur begegnet uns in immer wieder auftretenden Regelmäßigkeiten, die dazu beitragen, dass wir ähnliche Erfahrungen sammeln, die zu vergleichbaren – aber nie deckungsgleichen – kognitiven Schemata führen können. Hinzu kommen emotionale und motivationale Einflüsse (vgl. Strauss/Quinn 1997, 123ff; Kitayama/Uskul 2011). Das gilt auch für die Wahrnehmung, Kategorisierung und Bewertung von sprachlicher Variation. Daher distanziert sich die neuere Forschung in diesem Bereich auch zunehmend von strukturalistisch bzw. kognitivistisch geprägten Kulturbegriffen und wendet sich dynamischen Modellen zu, die der Flexibilität und Wandelbarkeit des Sprachgebrauchs besser gerecht werden (vgl. Schmidt/Herrgen 2011, 21ff; Docherty/Foulkes 2014; Linz 2016; Günther et al. 2017).

Mit welchen Bedeutungen ein Sprechstil belegt ist, erlernen wir, indem wir mit anderen Individuen interagieren (vgl. Sandig/Selting 1997). Auf diese Weise „synchronisieren" wir die eigenen stilistischen Ressourcen mit denen unserer Interaktionspartner. Da Individuen in unterschiedlichen gesellschaftlichen Positionen unterschiedlich häufig und intensiv miteinander interagieren, gibt es auch systematische Unterschiede in ihrem stilistischen Wissen (vgl. Schmidt/Herrgen 2011, 25ff). Das heißt, die gleichen stilistischen Merkmale können für verschiedene Individuen – je nach Vorerfahrung – unterschiedlich salient sein und ihnen können jeweils unterschiedliche Bedeutungen zugeschrieben werden (vgl. Keane 2003; Silverstein 2003; Eckert 2008). Ein Weg, sich diesem stilistischen Wissen empirisch anzunähern, führt über metalinguistische Beschreibungen, die Menschen verwenden, um ihren Eindruck von einem bestimmten Sprechstil in Worte zu fassen. Jene Beschreibungen werden allerdings ebenfalls in der Interaktion erworben. Daher kann derselbe Stil von unterschiedlich sozialisierten Individuen unterschiedlich beschrieben werden – und selbst die gleiche Beschreibung muss nicht zwangsläufig für jeden das Gleiche bedeuten (vgl. Niedzielski/Preston 2000; Agha 2003, 2006; Geeraerts 2008; Preston 2011).

In der psycholinguistischen und sprechwissenschaftlichen Wirkungsforschung wie auch in soziolinguistischen Untersuchungen zu Spracheinstellungen wird häufig mit standardisierten Befragungsmethoden gearbeitet, in denen den Probanden und Probandinnen Skalen mit vorgegebenen Beschreibungen vorgelegt werden. Mit deren Hilfe sollen sie dann ihren persönlichen Eindruck von einer bestimmten Sprechweise beurteilen. Um zu validen Ergebnissen zu gelangen, muss gewährleistet sein, dass jene Beschreibungen für die befragte Zielgruppe relevant und bedeutsam sind. Aus diesem Grunde kann es zu methodischen Artefakten führen, wenn – wie es häufig geschieht – die Forscherinnen und Forscher Skalen aus anderen Studien übernehmen, die für andere Zielgruppen oder auch andere Fragestellungen entwickelt wurden, oder wenn sie die Beschreibungen für die Skalen selbst auswählen. Letzteres ist umso problematischer, je weiter die Befragenden kulturell und sozial von ihren Befragten entfernt sind (vgl. Garrett et al. 2003, 56ff; Mattfolk 2005; Liebscher/Dailey-O'Cain 2009).

Anliegen dieser Arbeit ist es, einen methodischen Ansatz zu erarbeiten und zu prüfen, mit dem man von einer konkreten Zielgruppe systematisch metalinguistische Beschreibungen zu Sprechstilen aus einem bestimmten Gegenstandsbereich erheben kann. Die gesammelten Beschreibungen sollen dann zu einem Profil geformt und statistisch validiert werden. Damit soll eine methodische Grundlage geschaffen werden, die man für strukturierte Vergleichsuntersuchungen zwischen sehr verschieden sozialisierten Gruppen einsetzen kann (z.B. bei interkulturellen Vergleichen) – bei gleichzeitig möglichst geringen methodisch bedingten Verzerrungen. Zu diesem Zweck wurde ein mehrschrittiges Verfahren entwickelt. Der zentrale Schritt, in dem die metalinguistischen Beschreibungen erhoben werden, ist eine modifizierte Variante der Repertory-Grid-Methode (vgl. Fromm 2002). Jene Methode wurde bislang noch nicht auf Sprache und Sprechen bzw. auf Sprechstile angewendet und soll für dieses Untersuchungsfeld urbar gemacht werden. Sie basiert darauf, dass die Probandinnen und Probanden verschiedene Stimuli (in diesem Falle verschiedene Sprechweisen) miteinander vergleichen und danach einteilen, welche davon sie als ähnlich zueinander wahrnehmen und welche als unterschiedlich. Diese Ähnlichkeiten und Unterschiede sollen sie daraufhin in eigenen Worten beschreiben (vgl. ebd.). Auf diese Weise lässt sich ein Netzwerk an wahrgenommenen Gemeinsamkeiten und Differenzen erstellen, in dem sich die Stimuli jeweils verorten lassen. Dies wiederum bietet gute Voraussetzungen, um die metalinguistischen Beschreibungen zu den Merkmalen der verwendeten Stimuli in Beziehung zu setzen und daraus Hypothesen zu entwickeln, welche dieser Merkmale für die Reaktionen der Befragten relevant sind. Darüber hinaus lassen sich mit dieser Methode mehrere Sprechstile zueinander ins Verhältnis setzen. Sprechstile gelten als Mittel zur Distinktion, die üblicherweise in ein ganzes System von Distinktionen eingebunden sind. Will man ihre Bedeutungen untersuchen, ist es daher sinnvoll, nicht einen Stil isoliert zu betrachten, sondern zu untersuchen, wo Ähnlichkeiten, Kontraste und Grenzen zu anderen relevanten Stilen liegen (vgl. Irvine/Gal 2000; Irvine 2001).

Dieses Verfahren soll umgesetzt und getestet werden am Beispiel von Radiomoderation – ein Feld, das für die Untersuchung von Sprechstilen überaus geeignet ist. Zum einen sind Radiomoderationen „'on the record' as publicly available talk" (vgl. Tolson 2006, 21). Im Gegensatz zu künstlichen, extra für die Studienzwecke erstellten Stimuli kommen Sprechstile in Radiomitschnitten in dieser Form tatsächlich im Alltag vieler Menschen vor. Die Ergebnisse von Untersuchungen mit solch „authentischen" Stimuli lassen sich daher auch leichter auf Alltagssituationen übertragen (vgl. Garrett, Coupland, Williams 2003, 59; Bose 2010). Da Moderationen von vornherein dafür gedacht sind, aufgezeichnet zu werden, beeinträchtigt ihre Aufzeichnung auch nicht die Daten – anders als bei Mitschnitten „natürlicher" Gespräche in Kontexten, die ansonsten nicht medial vermittelt werden (vgl. Tolson 2006, 21). Darüber hinaus sind Radiomoderationen – im Sinne Baumans (1975) – Performances. Das hat zur Folge, dass ihr Publikum stärker als bei anderen Kommunikationsformen auf die sprachliche und sprecherische Gestaltung achtet und sich wertend dazu in Beziehung setzt. Die Entscheidung, ob man einen bestimmten Sprechstil mag und weiter zuhört oder ablehnt und sich anderen Angeboten zuwendet, kann beim Radio wesentlich kompromissloser gefällt werden als in vielen nichtmedialen Settings (vgl. Schramm/Hartmann 2010). Daher ist davon auszugehen, dass soziale Bewertungen und Distinktionsprozesse hier auch besonders frei und deutlich zum Ausdruck gebracht werden (vgl. Scannell 1991; Hoffmann/Kutscha 2010).

Das ist auch ein Grund, warum Moderatorinnen und Moderatoren in der Regel sehr darum bemüht sind, ihre Sprechweise stilistisch möglichst klar und eindeutig erkennbar zu gestalten (vgl. Crisell 1994, 87; Coupland 2007, 28). Radioschaffende versuchen, ihrem Programm eine wiedererkennbare, möglichst einzigartige Anmutung zu verleihen – eine sog. „Channel Identity" – um eine genau definierte Zielgruppe anzusprechen und um sich von konkurrierenden Angeboten abzusetzen. Zu diesem Zweck werden alle Elemente des Programms stilistisch aufeinander angepasst, etwa die Musikauswahl und -rotation, die „Verpackung" (Jingles, Musikbetten etc.) – und nicht zuletzt die Moderation (vgl. Bose/Föllmer 2015). Moderatorinnen und Moderatoren spielen bei der Gestaltung einer Channel Identity eine besondere Rolle. Sie stellen den Kontakt zum Publikum her und sollen dem Programm ein „Gesicht", eine persönliche Note verleihen. Da Radio ein rein auditives Medium ist, kann dies nur durch die Art und Weise der Ansprache vermittelt werden – von der Wahl der Themen, der Worte, bis hin zum Einsatz der Stimme (vgl. Buchholz 2013a; Burger/Luginbühl 2014, 333ff). Damit sich ihre Zielgruppe angesprochen fühlt, greifen Moderatoren und Moderatorinnen dabei auf in der Gesellschaft etablierte Sprechstile zurück, die sie institutionell überformen und zuspitzen (vgl. Bell 1984, 2001; Tolson 2006, 20, 52). Zugleich sollen sie jederzeit selbst, als unverwechselbare „Personality" wie auch als Vertreter bzw. Vertreterin ihres Senders zu erkennen sein (vgl. Brand/Scannell 1991; Meyer 2007, 139). Tatsächlich geben nach einer repräsentativen Umfrage 74% der Befragten an, ihren jeweiligen Lieblingssender anhand der Moderatoren und Moderatorinnen zu erkennen (vgl. Lindner-Braun 1998).

Doch was nehmen die Hörerinnen und Hörer eines Senders als typisch an dessen Moderationen wahr? Wie würden sie ihren Eindruck beschreiben? Ziel dieser Arbeit ist es, ein Profil zu entwickeln für den typischen Moderationsstil eines Radiosenders im Vergleich zu den Moderationsstilen anderer Sender, die in derselben Region zu empfangen sind – formuliert aus der Sicht seiner Hörerinnen und Hörer. Durchgeführt wird dies am Beispiel des deutschen öffentlich-rechtlichen Jugendradios MDR Sputnik. Daneben sollen Hypothesen generiert werden, welche Merkmale am sprachlichen Signal zu den Eindrücken der Hörer und Hörerinnen beigetragen haben könnten. Radio wird häufig eher gehört, um eine angenehme Stimmung zu erzeugen, als um aufmerksam den vermittelten Inhalten zu folgen. Da die affektive Wirkung von Gesprochenem maßgeblich durch den Einsatz der Stimme mitbeeinflusst wird (vgl. Hirschfeld et al. 2008; Neuber 2016), ist es wahrscheinlich, dass die klanglichen Eigenschaften von Moderationsstilen für die Hörerinnen und Hörer eine wichtige Funktion haben. Bislang wurde dies jedoch kaum untersucht (vgl. Föllmer 2011; Bose/Föllmer 2015; Bose/Finke 2016). Aus diesem Grund soll bei der Hypothesenbildung ein besonderer Schwerpunkt auf stimmlich-artikulatorische Merkmale (vgl. Bose 2010) gelegt werden.

1.2 Aufbau der Arbeit

Die Arbeit gliedert sich folgendermaßen: In Kapitel 2 geht es darum, welche Auswirkungen es auf die Medienproduktion und -rezeption hat, dass es sich bei Radio um ein rein auditives, flüchtiges, linear in der Zeit verlaufendes Massenmedium handelt. Es wird auf verbreitete Nutzungsmotive und -gewohnheiten von Radiohörerinnen und -hörern eingegangen, ein Überblick gegeben, wie Radioschaffende auf diese Nutzung reagieren und mit welchen Mitteln sie versuchen, ihrem Programm unter diesen Bedingungen eine wiedererkennbare „Channel

Identity" zu verleihen. Außerdem wird die Rolle der Moderatoren und Moderatorinnen näher beleuchtet. Wie die Analysen im Auswertungsteil zeigen, sind gerade Nutzungsmodi und -motive wichtige Faktoren, um die Reaktionen der Hörerinnen und Hörer zu verstehen. In Kapitel 3 werden Sprechstile im Allgemeinen behandelt und wie stilistisches Wissen erworben wird. Es beginnt mit einem kurzen Exkurs, wie Menschen Kategorien erlernen. Dabei wird gezeigt, wie individuelle und soziokulturelle Faktoren beeinflussen, auf welche Merkmale ein Indivuduum in einer aktuellen Kommunikationssituation achtet und welche Bedeutungen es mit diesen Merkmalen assoziiert. Im Anschluss wird ausgeführt, wie sich dieser allgemeine Lernprozess speziell bei Sprechstilen gestaltet und warum dies zu asymmetrisch verteilten stilistischen Kompetenzen innerhalb einer Sprachgemeinschaft führt. Erst an dieser Stelle folgt dann eine genauere Erläuterung des in der Arbeit verwendeten Stilbegriffs, da sich dieser aus den Konsequenzen der vorangegangenen Überlegungen ableitet. Zum Abschluss des Kapitels wird auf metalinguistische Beschreibungen und Diskurse eingegangen, die für Mitglieder einer Sprachgemeinschaft wichtige Anhaltspunkte sind, um die Bedeutungen von Sprechstilen zu erlernen – wodurch sie auch für Forschende einen empirisch fassbaren Zugang bilden zum stilistischen Wissen sprach- und sprechwissenschaftlicher Laien. In Kapitel 4 erfolgt schließlich ein Fazit, welche methodischen Herausforderungen die beschriebene Wahrnehmung und Verarbeitung von Sprechstilen für deren Untersuchung nach sich zieht und das methodische Vorgehen dieser Arbeit wird kurz zusammengefasst.

Daraufhin wird in Kapitel 5 das Korpus an Radiomitschnitten vorgestellt, aus dem die Stimuli für die vorliegende Untersuchung entnommen wurden, einschließlich einer kurzen Beschreibung der Programmausrichtung von MDR Sputnik und den übrigen beteiligten Radiosendern. In Kapitel 6 folgt der erste Untersuchungsschritt. In einer Online-Befragung wurde ermittelt, welche der ausgewählten Moderationen von MDR Sputnik für die Hörer und Hörerinnen des Senders besonders „Sputnik-typisch" sind und welche Stimuli der übrigen Programme möglichst selten mit Sputnik-Moderationen verwechselt werden. Diese gingen dann in den nächsten Untersuchungsschritt ein, in dem metalinguistische Beschreibungen von Sputnik-Hörerinnen und Hörern gesammelt werden sollten. Darum geht es in Kapitel 7. Das Vorgehen lehnt sich dabei an die Repertory-Grid-Methode an, die in der Form teilstrukturierter qualitativer Interviews mit Kleingruppen umgesetzt wurde. Zu Beginn des Kapitels werden zunächst allgemein die Repertory-Grid-Methode und ihr theoretischer Hintergrund skizziert. Anschließend wird die Umsetzung des Verfahrens in der vorliegenden Untersuchung näher erläutert. Da es ein Anliegen dieser Arbeit ist, die Repertory-Grid Methode für die sprech- und sprachwissenschaftliche Erforschung von Sprechstilen nutzbar zu machen, werden die getroffenen methodischen Entscheidungen hier besonders ausführlich dokumentiert und erklärt. Die Ergebnisdarstellung in Kapitel 7.4 ist wiefolgt aufgebaut: Zunächst werden einige übergreifende Dimensionen und Muster beschrieben, die den metapragmatischen Aktivitäten der befragten Hörerinnen und Hörer zugrunde zu liegen scheinen. In den anschließenden Abschnitten werden die 25 häufigsten und trennschärfsten metalinguistischen Beschreibungen vorgestellt – wie die Interviewten sie verwenden, welche Beziehungen zu anderen Beschreibungen bestehen und welche prosodischen, stimmlich-artikulatorischen Merkmale damit in Zusammenhang stehen könnten. Diese 25 Beschreibungen gingen wiederum in den nächsten Untersuchungsschritt ein, der in Kapitel 8 behandelt wird. Sie wurden in Form von Likert-Skalen als Items eines Fragebogens verwendet. Einer weiteren Stichprobe von Sputnik-Hörerinnen und -Hörern wurden abermals Moderationsmitschnitte von MDR Sputnik und den übrigen Sendern vorgespielt. Sie sollten diese nun anhand der zuvor gesammelten metalinguistischen Beschreibungen einschätzen. Es sollte nach der qualitativen Untersuchung nun quantitativ getestet werden, worin sich die Sputnik-Stimuli in der Beurteilung ähneln, und wo sie sich signifikant von den Stimuli der anderen Sender unterscheiden. Daraus wurden jeweils senderspezifische Profile abgeleitet. Darüber hinaus wurden mittels explorativer multivariater Analyseverfahren mögliche zugrundeliegende Dimensionen ermittelt und in Beziehung gesetzt zu den Dimensionen, die bei der Analyse der Interviews gefunden wurden. In Kapitel 9 werden schließlich die Ergebnisse aller drei Untersuchungsschritte diskutiert, ein Fazit gezogen, inwiefern sich die Repertory-Grid-Methode für die Erforschung von Sprechstilen eignet und welche methodischen Herausforderungen dabei zu beachten sind, sowie ein Ausblick gegeben zu weiteren Anwendungsmöglichkeiten.

Der Anhang gliedert sich zum einen in einen Anhang innerhalb des Buches, der nach arabischen Ziffern nummeriert ist und auf das Literaturverzeichnes folgt. Zum anderen gibt es zusätzlich einen Online-Anhang, der nach römischen Ziffern nummeriert ist (eine Inhaltsübersicht hierzu befindet sich u.a. in diesem Buch im Anschluss an den gedruckten Anhang). Dieser kann heruntergeladen werden unter: https://www.degruyter.com/view/product/540697 .

2 Radio – ein auditives Medium mit auditiver Identität

Stil gilt als ein Mittel zur Distinktion, um sich von anderen abzuheben – und auch abzugrenzen (vgl. Bourdieu 1987). Er besteht aber nicht allein in einer ästhetischen Differenz:

> The aesthetic qualities of styles relate [...] to a process of design, however naturalised that process and its results might have become in our experience. We talk about 'style' rather than 'difference' when we are aware of some holistic properties of a practice or its product. A style will 'hang together' in some coherent manner (Coupland 2007, 1f).

Medienschaffende versuchen, ihrem Produkt eine gleichbleibende, möglichst unverwechselbare Anmutung zu verleihen, um für ihre Konsumenten wiedererkennbar zu sein und ihnen Identifikationsmöglichkeiten zu bieten, die sie emotional an das Produkt binden (vgl. Esch et al. 2009). Auch Radiosender werden nach einem ästhetischen Gesamtkonzept gestaltet, das alle Bestandteile des Programms durchdringt, um den Präferenzen der anvisierten Zielgruppe zu entsprechen und um sich von konkurrierenden Angeboten abzusetzen, sich als Marke zu etablieren – man spricht in diesem Fall auch von einer sog. „Channel Identity" (vgl. Bose/Föllmer 2015). In Kapitel 2.2 wird es darum gehen, mit welchen Mitteln Radiopraktiker versuchen, eine solche Identität herzustellen und vor welchen Herausforderungen sie dabei stehen. Zunächst soll in Kapitel 2.1 aber auf die Nutzungsmotive und -gewohnheiten von Hörerinnen und Hörern eingegangen werden, da dies eng mit jenem Herstellungsprozess verknüpft ist. Der Schwerpunkt liegt hierbei auf jungen Zielgruppen (14-29 Jahre), weil sich die vorliegende Untersuchung mit dem Publikum eines öffentlich-rechtlichen Jugendsenders befasst, der für diese Altersgruppe optimiert wurde (vgl. Kap. 5). In Kapitel 2.3 wird dann die besondere Rolle behandelt, die Moderatoren und Moderatorinnen bei der Channel Identity eines Radiosenders spielen. Der in dieser Arbeit verwendete Stilbegriff und dessen Anwendung auf Moderation wird dann in Kapitel 3 erläutert.

2.1 Wie und warum nutzen Hörerinnen und Hörer Radio?

> Der Radiowecker springt an, und dann ist da eine warme, verständnisvolle Stimme, die die Uhrzeit haucht und dazu auffordert, sich noch mal ganz kurz umzudrehen. Wie ein guter Freund erzählt diese Stimme alles, was an wichtigen Dingen passiert ist, sie sagt, was wir anziehen sollen angesichts des aktuellen Wetters und gibt uns vielleicht sogar einen pfiffigen Witz zum Weitererzählen mit auf den Weg in den Tag

https://doi.org/10.1515/9783110624649-002

– diese Beschreibung von Brünjes und Wenger (1998, 133) trifft nach wie vor den Alltag und die Bedürfnisse vieler Hörer und Hörerinnen. An einem normalen Wochentag haben bereits um 6:00 Uhr morgens über 12 Millionen Menschen in Deutschland ihr Radioprogramm eingeschaltet bzw. sich vom Radio wecken lassen (vgl. Gattringer/Klingler 2016). Am Morgen und am Vormittag ist Radio von allen Medien das nutzungsstärkste, auch bei jüngeren Hörergruppen. Bis etwa 17:00 Uhr bleibt die Reichweite auf hohem Niveau und sinkt dann zum Abend hin deutlich ab, vor allem zugunsten des Fernsehens (vgl. Klingler/Turecek 2016; Gattringer/Mai 2016; Engel et al. 2018). Im Durchschnitt wird werktags ca. vier Stunden lang Radio gehört. Das Medium erreicht täglich etwa drei Viertel der deutschsprachigen Bevölkerung ab 10 Jahren (vgl. Gattringer/Turecek 2018). Kennwerte wie weitester Hörerkreis, Tagesreichweite und Verweildauer sind in den letzten zehn Jahren weitgehend stabil geblieben. Bei jüngeren Hörerinnen und Hörern sind die Reichweiten in diesem Zeitraum leicht zurückgegangen (von 74% im Jahr 2006 zu 71% im Jahr 2016), die Dauer der Zuwendung blieb jedoch auf gleichem Niveau (2006: 201 Minuten täglich, 2016: 202 Minuten) (vgl. Gattringer/Klingler 2016). Seit den 1970er Jahren besteht in Deutschland eine Vollversorgung mit Empfangsgeräten. Die Messungen seit dieser Zeit bestätigen, dass Radio ein Leitmedium ist, das in den vergangenen 50 Jahren durchgängig auf Platz eins oder zwei der reichweitenstärksten Medien stand (vgl. Gattringer/Mai 2016). Aktuell vereint es 80 % der gesamten Audionutzung auf sich, der häufigste Zugangsweg ist dabei nach wie vor der Empfang über UKW (vgl. Engel et al. 2018). Doch auch im Internet erfreuen sich die Livestreams bekannter Radiomarken großer Beliebtheit, die gleichzeitig über UKW und DAB bzw. DAB+ ausgestrahlt werden (im sog. „Simulcast-Verfahren"; vgl. Gattringer/Turecek 2018; Schröter 2018). In der jungen Zielgruppe dominieren hierbei vor allem Popformate wie Antenne Bayern oder MDR Jump die Radionutzung sowie Jugendprogramme wie N-Joy oder MDR Sputnik (vgl. Klingler et al. 2015).

Junge Hörerinnen und Hörer schalten das Radio vor allem ein, um Spaß zu haben, aus Gewohnheit, zur Entspannung, um sich über Neues und Nützliches im Alltag zu informieren und um mitreden zu können (vgl. Gattringer 2011; Feierabend et al. 2016). Sie „möchten sich amüsieren und lachen, abschalten von den Sorgen in Schule oder Elternhaus. Positive Gefühle sind ihnen wichtig, davon lassen sie sich in ihrer Programmauswahl leiten" (Hartung et al. 2003, 62; vgl. auch Hartung 2008, 278). Relevant für diese Auswahl sind außerdem „angesagte" Musik, aktuelle Informationen, eine ansprechende Moderation und Humor bzw. Comedy (vgl. Böhm/Schulz 2003; Gattringer et al. 2019). Radio wird häufig zur Stimmungsregulation genutzt (sogenanntes „Mood Management", vgl. Batinic 2008, 117f; Flach/Lynen 2011). Es kann Stille und Einsamkeit vertreiben, sorgt aber auch für Unterhaltung bei monotonen Tätigkeiten (Tacchi 1998, 2003;

Wasian 2008, 40f). Das Medium wird darüber hinaus dazu verwendet, den Alltag zu strukturieren: Feste Sendezeiten werden von den Hörern und Hörerinnen oft als Zeitansage verstanden, die bei der Navigation durch den Tag helfen – etwa beim Übergang von Schlaf zum Wachsein oder von der Arbeits- zur Freizeitphase (vgl. Gattringer/Klingler 2016).

Radio wird sehr stark gewohnheitsmäßig gehört und ist vielseitig in den Alltag eingebunden, beispielsweise während der Körperpflege und bei den Mahlzeiten, auf dem Weg zur Arbeit, zur Universität oder zur Schule, am Arbeitsplatz (z.B. im Büro oder in der Werkstatt), bei der Hausarbeit, beim Surfen im Internet, beim Lesen, malen, Hausaufgaben machen, während sportlicher Aktivitäten usw. (vgl. Böhm/Schulz 2003; Gattringer 2011; Klingler/Turecek 2016). Als tägliches Ritual kann es auf diese Weise verlässliche Rahmenbedingungen vermitteln und ein Gefühl von Vertrautheit und Ordnung bieten (vgl. Hartung 2008, 278; Gattringer 2011). Einige Autorinnen und Autoren aus Anthropologie, Medien- und Kommunikationswissenschaft sehen gerade in jener selbstverständlichen, ritualisierten Rezeptionsweise die Wirkmacht von Radio (vgl. Crisell 1994, 162; Tacchi 2000; Larsen 2000; Jeong/Hwang 2012). Für die meisten Hörerinnen und Hörer ist es ein Medium, das leicht verfügbar ist, „stimmungsmäßig mit der jeweils richtigen Musikmischung und Moderatorenansprache durch den Tag begleitet", auf dem Laufenden hält und – abgesehen von der Wahl des Senders – keine weiteren Auswahlentscheidungen erfordert (vgl. Koch/Schröter 2015, 396). Die Möglichkeit, „passiv" ein vorgegebenes Programm konsumieren zu können, anstatt es selbst zu gestalten (z.B. die Musikauswahl), wird nach wie vor auch von der Mehrheit jüngerer Hörer und Hörerinnen erwartet – wenngleich personalisierbare Audio- und Streamingangebote gerade von dieser Zielgruppe Zulauf erhalten. Besonders angesprochen fühlen sich davon diejenigen Nutzerinnen und Nutzer, denen der „Mainstream" der klassischen UKW-Programme zu einförmig ist (vgl. Berek et al. 2012; Klingler et al. 2015).

Auch wenn sich in der zunehmend konvergenten Medienlandschaft zahlreiche Möglichkeiten bieten, das Radioprogramm durch visuelle Zusatzangebote zu ergänzen, so wird es doch nach wie vor in erster Linie als Hörmedium genutzt (vgl. Berek et al. 2012; Medienpädagogischer Forschungsverbund Südwest 2015, 20ff). Das liegt u.a. an seiner tagesbegleitenden Funktion. Ein rein akustisches Medium ist weniger auf eine exklusive Nutzung angewiesen, es lässt sich problemlos mit anderen Tätigkeiten kombinieren (vgl. Gattringer/Klingler 2016). Radio wird daher auch häufig als „Sekundär-" oder „Nebenbei-Medium" bezeichnet (vgl. z.B. Warren 2005, 10; von Rimscha/Siegert 2015, 132). Derlei Begriffe sind jedoch insofern irreführend, als sie implizieren, dass Radioprogramme grundsätzlich nur die „Klangtapete" im Hintergrund bilden, während sich der Hörer oder die Hörerin auf die „primäre" Tätigkeit konzentriert (vgl. Crisell 1994, 15).

Botschaften und Darstellungsformen des Radios werden von seinem Publikum durchaus nicht „überhört". Das belegen etwa die umfangreichen qualitativen Untersuchungen von Schorb und Hartung (2003), Hartung (2008) oder auch die Studie von Gaßner (2003) zur Wirkung von Radiowerbung unter Alltagsbedingungen, bei der die Erinnerungswerte auf ähnlichem Niveau lagen wie für Zeitschriftenanzeigen – einem klassischen „Primär-Medium". Je nach Hörsituation, Motivation und Gestaltung des Programms kann der Grad der Zuwendung erheblich variieren, von einem wenig bewussten „listening mainly to sound or tone" bis hin zu aufmerksamer Konzentration auf die vermittelten Inhalte (vgl. Åberg 2001, 89). Die Aufmerksamkeit unterliegt beim Radiohören oft erheblichen Schwankungen, „listeners will mentally switch off, or zone out from, what they are not interested in, rather than physically switch stations, as a TV viewer would more likely do. Later on, they would zone back in again" (Tacchi 1998, 37).

Das erklärt auch, warum Hörerinnen und Hörer ihrem Lieblingssender in der Regel sehr „treu" sind, so schalten laut Media-Analyse 2016 Radio II „62 Prozent aller Radiohörer an einem Durchschnittstag nur einen Sender ein, weitere 26 Prozent hören zwei Sender pro Tag und nur eine Minderheit von etwa 12 Prozent der Radiohörer wechselt regelmäßig das Programm" (Gattringer/Klingler 2016, 465). Aus diesem Grund steht bei der Wahl eines Radioprogramms – im Gegensatz etwa zum Fernsehen – üblicherweise nicht eine einzelne Sendung oder Persönlichkeit zur Diskussion, sondern der gesamte Sender, wobei ein wichtiges Auswahlkriterium das Gefühl ist, das das Programm bei den Hörenden auslöst (vgl. Haas et al. 1991, 56ff; Flach/Lynen 2011). In diesem Zusammenhang spielt die Anmutung, das „station design" eine wichtige Rolle (vgl. Dunnaway 2000; Åberg 2001). Es kommt bei der Senderwahl aber auch darauf an, wie glaubwürdig und nützlich die Informationen wahrgenommen werden (vgl. Haas et al. 1991, 91). Doch auch die Einschätzung der Informationsqualität kann nicht losgelöst von der Art und Weise ihrer Präsentation betrachtet werden (vgl. z.B. Pietraß 2002).

Als Tagesbegleiter, der überall „mit dabei" ist, gilt Radio, obwohl es ein Massenmedium ist, als sehr intim. Häufig werden persönliche, emotionale Bindungen zum Lieblingssender aufgebaut, er „gehört einfach dazu, ohne ‚ihren Sender' würde den Hörern etwas Wichtiges fehlen" (Gattringer 2011, 61f). Die rein auditive Rezeption erlaubt überdies nicht nur die leichtere Integration in den Alltag, die Vorstellungskraft wird dadurch in besonderer Weise angesprochen:

> Radio, more than any other medium, cannot reproduce a pre-existing image of the world. On the contrary, radio must suggest an image of the world that the imagination has the capacity to visualize (Oliveira 2013, 181).

Hörer und Hörerinnen müssen sich das vermittelte „Bild von der Welt" in verstärktem Maße selbst entwerfen und dabei auf eigene Erfahrungen und Vorstellungen zurückgreifen, wodurch sie auf affektive Weise mit der Welt in Verbindung treten können (vgl. Tacchi 1998, 2003; Koch/Schroeter 2015). Radio bringt das öffentliche Leben in ihr privates Umfeld, wobei es in seiner Ansprache eher privat und vertraut als „öffentlich" anmutet und zum Erleben von Gemeinschaft einlädt (vgl. Scannell 1991; vgl. auch Kap. 2.3).

In einer Untersuchung von Kloppenburg et al. (2016) zum „Wir"-Gefühl in den Medien geben 51 % der Befragten an, beim Radiohören schon einmal ein Gefühl von Gemeinschaft erlebt zu haben (beim Fernsehen: 48%, in sozialen Netzwerken: 26 %). Auch junge Zielgruppen schätzen das Medium, „weil es Gemeinschaft stiftet, indem es ihnen regionale Einbindung, scheinbare Vertrautheit mit bestimmten ModeratorInnen oder Teilhabe bietet" (Berek et al. 2012, 64). Gleich (2011, 617) spricht auch von einer „lokale[n] und regionale[n] Identifikations- und Integrationsfunktion [...], die die Hörer nicht missen möchten". Durch die hohen Reichweiten von Radiosendern können viele Menschen gemeinsame Erfahrungen sammeln (vgl. Kloppenburg et al. 2016; Fornatale/Mills 1984, xvii). Dazu gehört beispielsweise auch das Gefühl, die Leidenschaft für einen bestimmten Musikstil mit anderen Menschen („imaginary others") zu teilen, die vielleicht sogar gerade im selben Moment zuhören (vgl. Tacchi 2003, 292). Ebenso kann gemeinsames Hören (z.B. beim Essen) zu „Wir"-Erlebnissen führen (vgl. Kloppenburg et al. 2016). Jenes Erleben bewegt einige junge Hörerinnen und Hörer auch dazu, nach dem Auszug aus dem Elternhaus und dem Umzug in eine andere Stadt oder ein anderes Land ihren Lieblingssender und damit ihre Bindung an frühere Wohnorte „mitzunehmen", indem sie dessen Streamingangebot nutzen (vgl. Berek et al. 2012). Auch für die befragten Hörerinnen und Hörer in der Untersuchung von Gebauer (2015, 214) kann ein Radiosender „irgendwie ein Stück Heimat" vermitteln. Um es mit den Worten Oliveiras (2013, 186) auszudrücken: „To choose a radio station to listen to is, in this sense, to select the convergence of community and individual identity."

Generell ist es häufig zu beobachten, dass die „soziale Identität" von Individuen beeinflusst, welche Medienangebote sie wählen: „in particular, they seek out entertainment that favors their 'in-group', sometimes even drawing a sharp line to distinguish them from other 'out-group' people" (Trepte 2006, 255). So hören etwa junge Zielgruppen oft Radioprogramme, die jugendkulturelle Themen, Stile und Symbole aufgreifen, mitunter in bewusster Abgrenzung von der Welt der Erwachsenen (vgl. Hartung et al. 2003; Hartung 2008, 278f). Die Wahl des eigenen Medienrepertoires kann darüber hinaus nicht nur ein Gefühl von Zugehörigkeit schaffen und bestätigen, im Sinne eines „impression managements" können diese Zugehörigkeiten dadurch auch nach außen kommuniziert werden (vgl. Hoffmann/Kutscha 2010, 231f). Medienkonsum fungiert damit als ein soziokulturelles Disktinktionsmerkmal (vgl. Bourdieu 1987, 405ff).

Medienpräferenzen werden durch Sozialisationsprozesse geprägt: einerseits, indem Menschen in einem bestimmten Milieu aufwachsen und leben, was meist einen großen Einfluss auf die Ausbildung ihres Geschmacks hat (vgl. Süss 2010) – diesem Zusammenhang versucht man in der Mediaforschung z.B. mit Nutzertypologien wie den Sinus-Milieus oder der MedienNutzerTypologie Rechnung zu tragen (vgl. z.B. Engel/Mai 2015; Hartmann/Schlomann 2015). Andererseits spielen aber auch individuelle Ziele und Bedürfnisse eine Rolle (vgl. Süss 2010). Gerade jüngere Menschen sind in Deutschland in der Regel bereits frühzeitig mit einem großen Angebot an verschiedenen Medien konfrontiert, zu denen sie einen vergleichsweise autonomen Zugang haben. Auf diese Weise wird die Medienaneignung auch zu einem Prozess der Selbstsozialisation, in dem Medien passend zu eigenen Identitätsvorstellungen und relevanten Bezügen gewählt werden (vgl. ebd.). Dabei bieten z.B. Radioprogramme aufgrund des fehlenden Rückkanals die Möglichkeit, ohne die Gefahr von Sanktionen Gruppenzugehörigkeiten und Rollen spielerisch auszutesten und zu erfahren. Durch die Unverbindlichkeit kann man die medialen Rollenangebote aber auch ebenso gefahrlos ablehnen (vgl. Schramm/Hartmann 2010). Zu dieser Erkenntnis gelangte bereits der frühe Radiotheoretiker Rudolf Arnheim:

> Wer mitten im Konzert seine Zeitung entfaltet oder zu reden anfängt oder aufsteht und hinausgeht, entlarvt sich vor aller Welt als uninteressiert und unerzogen. Wer in einem guten Konzert oder bei einem wissenschaftlichen Vortrag angetroffen wird, erwirbt sich den Ruf eines gebildeten Kulturmenschen. Dagegen erfährt es niemand, ob einer bei sich zuhaus Bach oder Operettenmusik hört, ob er andächtig lauscht oder unterbricht und ‚Nebendinge treibt'. Der Rundfunkhörer ist für sein Verhältnis zum Schönen und Wertvollen nur sich allein verantwortlich (Arnheim 2001 [1936], 167).

Im Gegensatz zum Publikum öffentlicher Veranstaltungen kann vom Radiopublikum nicht durch verbindliche soziale Normen erwartet werden, dass es sich dem Kommunikator anpasst. Wollen sie gehört werden, liegt die Verantwortung ganz bei den Radioschaffenden, den Erwartungen ihrer Hörerinnen und Hörer unter den gegebenen Rezeptionsbedingungen entgegenzukommen (vgl. Scannell 1991). Wie sie versuchen, dies in die Tat umzusetzen, soll im Folgenden behandelt werden.

2.2 Wie wird eine „Channel Identity" gestaltet?

Die zwei Mal jährlich in Deutschland durchgeführte Media-Analyse Radio soll – ähnlich wie Einschaltquoten im Fernsehen – die Eignung von Radiosendern für Werbeträger dokumentieren (vgl. Mai 2011). In den 1990er Jahren nannten die darin befragten Hörerinnen und Hörer noch insgesamt 226 Radiosender, die sie regelmäßig hörten oder zumindest kannten, heute sind es 415 (vgl. Gattringer/Klingler 2016). Die enorme Ausweitung des Radioangebots (u.a. durch die Vermehrung der Verbreitungswege) macht es für die einzelnen Sender umso wichtiger, möglichst unverwechselbar zu sein – „an identifiable brand that encourages listener loyalty: the station everyone wants to be part of because of the image it projects" (Fleming 2010, 62). Wie bereits im vorangegangenen Abschnitt beschrieben, wird Radio in der Regel nicht gezielt zu bestimmten Sendungen eingeschaltet, sondern immer dann, wenn es der individuelle Alltag gerade erlaubt. Daher sollte es für die Einschaltenden möglichst jederzeit erkennbar sein, um welchen Sender es sich handelt und was von dem Programm zu erwarten ist. Das stellt eine gewisse Herausforderung dar, denn Radio ist ein flüchtiges Medium, das linear in der Zeit verläuft. Alles, was nicht wiederholt wird, „verschwindet" mit der Zeit (vgl. Crisell 1994, 160; Dunaway 2000). Die „Identität" eines Senders entsteht für die Hörer und Hörerinnen erst durch Routinen, durch Strukturen, Inhalte, stilistische Mittel, die immer wieder aufs Neue im Programm reproduziert werden (vgl. Brand/Scannell 1991, 203; Coupland/Mortensen 2017).

Dies alles hat zum Siegeszug des Formatradios beigetragen. Jene Form der Programmgestaltung verfolgt das Ziel,

> im Hörfunkmarkt auf der Grundlage von Marktforschungsinformationen und einer daraus entwickelten Marketingstrategie ein unverwechselbares Radioprogramm als Markenprodukt zu etablieren, das genau auf die Bedürfnisse einer klar definierten Zielgruppe abgestimmt wird. Dies geschieht, indem alle Programmelemente sowie alle anderen Aktivitäten eines Senders konsequent auf die strategischen Marketingvorhaben ausgerichtet und konstant empirisch auf ihre Hörerschaft überprüft werden. Es dient dazu, die Hörbedürfnisse der Zielgruppe möglichst optimal zu befriedigen, um so möglichst viele Hörer an das Programm zu binden und im Falle einer Werbefinanzierung des Senders diese Einschaltquoten gewinnbringend an Werbekunden zu verkaufen (Goldhammer 1995, 142).

Verschiedene Programme – auch öffentlich-rechtliche – werden auf diese Weise deutlich gegeneinander positioniert und sollen „Tag für Tag wie ein jederzeit leicht zu identifizierendes Ganzes wirken" (Krug 2010, 52). Dabei bestimmt „das eigene, unverwechselbare Profil [...] die Unterschiede zu anderen Programmen, während das Format definiert, worin ein Sender anderen ähnelt" (Stümpert/Buchholz 2013, 286). Um eine unverwechselbare „Channel Identity" bzw. „Anmutung" zu erzielen, werden alle Bereiche des Programms stilistisch aufeinander abgestimmt, z.B. die Musikfarbe, die Jingles und die Präsentationsweise in Moderation und Nachrichten, aber auch bei der Auswahl der behandelten Themen wird nichts dem Zufall überlassen (vgl. ebd. 278; Haas et al. 1991, 158f; Föllmer 2011). Das Regelwerk dahinter wird meist in sog. „Styleguides" oder auch „Stylebooks" festgehalten, die die Arbeitsgrundlage für Programmdirektion, Redaktion, Moderation und On Air Promotion bilden (vgl. Meyer 2007, 124). Sie enthalten üblicherweise die strategischen Ziele, die Grundhaltungen und Werte, für die das Programm stehen soll (die „Vision") sowie eine anschauliche, aus soziodemografischen Daten und Marktstudien gespeiste Beschreibung der Zielgruppe (z.B. in Form von Steckbriefen bestimmter „Musterhörer" mit deren Lebensstilen, beruflichen Orientierungen, Nutzungsmotivationen, Interessen, Freizeitverhalten, Musikpräferenzen etc.) (vgl. ebd. 125ff). Hierbei handelt es sich weitgehend um wohlgehütetes internes Senderwissen (vgl. Krug 2010, 54), das sich jedoch spürbar auf die Herstellung des Radioprodukts auswirkt, indem (von den Radioschaffenden angenommene) Werte, Interessen und Einstellungen der Zielgruppe berücksichtigt, zielgruppenspezifische Stile aufgegriffen, und Medienpersönlichkeiten so inszeniert werden, dass sich konkrete Hörergruppen mit ihnen identifizieren können. Aus diesem Grund lässt sich „aus der Anmutung [...] rekonstruieren, welche Kommunikationsmuster die Radiomacher in ihrer Zielgruppe als gesellschaftlich akzeptiert beurteilen" (Bose/Föllmer 2015, 24).

Die in Deutschland angebotenen Radiosender lassen sich grob in sogenannte Einschalt- und Begleitprogramme unterteilen. Erstere richten sich eher an Hörerinnen und Hörer, die den Sender oder eine bestimmte Sendung gezielt auswählen und dann aufmerksam verfolgen, letztere sind auf das Nebenbeihören während anderer Tätigkeiten optimiert und stellen die Mehrheit der verfügbaren Sender, auch im öffentlich-rechtlichen Bereich (vgl. Krug 2010, 52; Kleinsteuber 2012, 193). Zwar obliegt es dem Hörer oder der Hörerin selbst, wieviel Aufmerksamkeit er oder sie zu einem bestimmten Zeitpunkt dem Radioprogramm widmet, doch die Programmgestaltung beeinflusst, wie sehr man sich auf das Gehörte konzentrieren muss, um ihm folgen zu können (vgl. Åberg 2001). Begleitprogramme müssen der Anforderung genügen, dass

> der Hörer im Prinzip zu jeder Zeit einsteigen können [muss], ohne in seinen Erwartungen enttäuscht zu werden oder das Gefühl zu bekommen, er habe etwas versäumt. Die einzelne Sendung darf keine in sich so abgeschlossene Einheit sein, dass zur nächsten eine fühlbare Zäsur entsteht (Stümpert/Buchholz 2013, 282f).

Dies wiederum spiegelt sich in der stark schematisierten Programmgestaltung wieder, die nicht nur „durchhörbar" sein soll, sondern auch verlässlich und wiedererkennbar. Die Ereignisse wechseln, der Senderrahmen bleibt konstant in einer festen formalen Struktur, die sich täglich wiederholt und nur am Wochenende und gelegentlich in den Abendstunden einem anderen Rhythmus folgt (vgl. Krug 2010, 53). Welchen zeitlichen Umfang die einzelnen Programmelemente je Sendestunde einnehmen, wie und in welcher Abfolge sie verwendet werden, wird meist streng in sog. „Stundenuhren" vorgeschrieben (vgl. Haas e al. 1991, 259; Kleinsteuber 2012, 200). Elemente wie Musik, Moderation, Nachrichten, Wetter, Verkehr oder Werbung sind dabei jeweils von eher kurzer Dauer und reihen sich gleich einer Perlenkette aneinander. Dadurch sind sie relativ leicht gegeneinander austauschbar, ohne dass es für den Gesamteindruck spürbare Folgen hätte (vgl. Crisell 1994, 72). Die einzelnen Programmbestandteile werden auch in ihrer Anmutung so aufeinander abgestimmt und die Übergänge zwischen ihnen angeglichen, „dass ein einheitliches, fließendes Programm möglichst ohne Ausschaltimpulse" entsteht (vgl. Krug 2010, 82; vgl. auch Bose/Föllmer 2015). Auch die einzelnen Sendungen sind kaum als solche identifizierbar, das Format wird mit wechselnden Moderatorenschichten über den ganzen Tag hinweg durchgehalten (vgl. Wasian 2008, 35). Änderungen im Rhythmus richten sich einzig nach dem antizipierten Tagesverlauf der Hörer und Hörerinnen: Die Morningshow ist zumeist flott und lebhaft zum Aufwachen und vermittelt Informationen für den Tag, das Vormittagsprogramm ist etwas ruhiger und richtet sich eher an Menschen, die während der Arbeit oder bei Haushaltstätigkeiten Radio hören, während der „drive time" am späten Nachmittag, wenn die Hörerinnen und Hörer von der Arbeit heimkehren, wird das Tempo wieder etwas schneller und das Programm enthält viele Verkehrsinfos und Berichte vom Tag, zum Abend hin, wenn die Reichweiten geringer werden, gibt es dann gelegentlich Special-Interest-Sendungen (vgl. Fleming 2010, 63ff).

Typisch für Begleitprogramme ist ein hoher Musikanteil, normalerweise zwischen zwei Dritteln und vier Fünfteln aller gesendeten Elemente (vgl. Stümpert/Buchholz 2013, 281). Musik eignet sich sehr gut zur Stimmungsregulation und regt die Vorstellungskraft an, gleichzeitig ist sie ideal zum Nebenbeihören, da sie nicht in derselben Weise auf Gegenstände referiert wie etwa Sprache (vgl. Crisell 1994, 14; Koelsch 2012, 156ff). Die Musikauswahl ist aus Sicht der meisten Hörer und Hörerinnen der wichtigste Einschaltgrund für ein Begleitprogramm (vgl. Gushurst 2006; Gattringer et al. 2019). Daher ist es kaum verwunderlich, dass Formate für Begleitprogramme sich vorranging über ihre „Musikfarbe" definieren, die die übrigen Programmelemente gewissermaßen „mitfärbt", indem sich beispielsweise die Moderation in Dynamik, Tempo und Stil der Musik anpasst und beides durch Überlappungen („Ramps" bzw. „Outros") fließend ineinander übergeht (vgl. Starkey 2004, 77; Wasian 2008, 66f; Bose/Föllmer 2015, 17). Ein sehr verbreiteter Formattyp ist „Adult Contemporary", in dem „die Pop-

Standards der letzten Jahrzehnte" gespielt werden, Kernzielgruppe liegt hier bei Hörerinnen und Hörern zwischen 25 und 49 Jahren (vgl. Krug 2010, 47). „Contemporary Hit Radios" richten sich dagegen an eine jüngere Hörergruppe (14 bis 29 Jahre), dort werden die aktuell beliebtesten Charthits in hoher Rotation gespielt. Dieses Format bildet auch die Grundlage für öffentlich-rechtliche Jugendwellen (vgl. Stümpert/Buchholz 2013, 279). Für die Zielgruppe ab 50 Jahren wurde das „Melodie"-Format entwickelt (auch „DOM" genannt, für „Deutsch orientiert, melodiös"), in dem die Musikauswahl vorwiegend aus Schlagern und Oldies besteht (vgl. ebd.; 279f).

Die üblichen Formate für Einschaltprogramme sind Informations- und Kulturprogramme. Auf dem deutschen Radiomarkt sind diese mit wenigen Ausnahmen öffentlich-rechtlich (vgl. Benecke 2013). Viele der Informationsprogramme sind nach amerikanischem Vorbild formatierte Spartensender, die darauf ausgelegt sind, in einem festgelegten Rhythmus von 15 bis 20 Minuten die wichtigsten aktuellen Nachrichten zu bringen. Dazwischen erfolgen Hintergrundberichte, Beiträge, Interviews, Reportagen, Service oder Sportberichterstattung (vgl. Halefeldt 2002). 15 bis 20 Minuten entsprechen auch der empfohlenen Hördauer für die Informationssuchenden, die normalerweise gezielt einschalten. Verschiedene Info-Sender unterscheiden sich voneinander v.a. durch die Themenauswahl, den Rhythmus und ihren spezifischen „Sound" (vgl. Böhnisch 2009; Krug 2010, 56). Der Musikanteil ist sehr gering, teilweise wird gar keine Musik gespielt (vgl. Benecke 2013).

Kulturprogramme lassen sich in zwei Unterformen aufteilen, die sich in erster Linie durch ihr Wort-Musik-Verhältnis voneinander unterscheiden. In Wort-Kultur-Programmen wie z.B. dem DLF liegt der Schwerpunkt auf aktuellen Informationen zu Politik, Wirtschaft und Kultur, mit Kommentaren, Hintergründen und Diskussionen in vergleichsweise langen Sendungsformaten, wobei sich zwei aufeinanderfolgende Sendungen mitunter deutlich voneinander unterscheiden können (vgl. ebd.; Halefeldt 2002; Buchholz 2012). Musik-Kultur-Programme definieren sich dagegen mehr über die Musik, mit ausführlicher Musikmoderation und kulturellen Informationen. Die Musikauswahl reicht dabei von ausschließlich E-Musik bis hin zu einer Mischung aus E-Musik mit Jazz, Pop, Chansons, Liedern und Weltmusik (vgl. Benecke 2013). Wenngleich die meisten Kultursender unterdessen im Tagesprogramm darauf ausgerichtet sind, auch nebenbei hörbar zu sein, so nimmt das Gesprochene Wort doch einen größeren Anteil ein und ist thematisch vielfältiger als in den meisten Begleitprogrammen. Neben Informations- und Kulturmagazinen spielt hier auch künstlerisches Wort eine wichtige Rolle, wie z.B. Hörspiele, Features, Essays oder Lesungen. (vgl. ebd.; Bucholtz 2012; Kleinsteuber 2012, 196).

Sowohl Begleit- als auch Einschaltprogramme werden so konzipiert, dass sie ein möglichst wiedererkennbares Ganzes bilden. Dabei stehen Radioschaffenden – neben den bereits genannten – eine Reihe von weiteren Mitteln zur Verfügung. Die Musikauswahl, -rotation und -platzierung innerhalb der Stundenuhr sind zwar wichtig, um Hörer und Hörerinnen zu gewinnen, da es jedoch (insbesondere im Falle von Adult Contemporary) zahlreiche Sender gibt, bei denen zumindest die Auswahl recht ähnlich ausfällt, eignet sich Musik nur begrenzt als Unterscheidungskriterium (vgl. Fleming 2010, 70; Flach/Lynen 2011). Diese Aufgabe sollen v.a. die Moderatorinnen und Moderatoren eines Senders erfüllen (vgl. ebd.). Auf deren Rolle bei der Herstellung einer Channel Identity wird in Kapitel 2.3 ausführlich eingegangen. Doch auch die technische Modifikation des gesendeten Signals kann dazu beitragen, ein Programm wiedererkennbar zu machen. Bei Radioprogrammen werden über das gesamte Audiosignal hinweg üblicherweise die Dynamikunterschiede angeglichen (Kompression), damit auch in lauten Umgebungen (z.B. im Auto, in der Küche) alles gut zu hören ist. Zudem wird das Signal in bestimmter Weise gefiltert, um ihm einen sendertypischen „Sound" zu verleihen (vgl. Gawlik/Maempel 2009; Bose/Föllmer 2015). Dadurch wird u.a. auch der individuelle Stimmklang der Moderatoren und Moderatorinnen überformt. In vielen Radiostationen werden darüber hinaus sog. „Stimmschlüssel" oder „Voice Cards" verwendet, eine Art technische „Stimm-Korrektur", die individuell auf einen bestimmten Sprecher oder eine Sprecherin angepasst werden kann und die dann jeweils aktiviert wird, wenn die betreffende Person auf Sendung geht. Damit kann beispielsweise die Sprechstimmlage verändert oder für einen „volleren Klang" gesorgt werden (vgl. Buchholz 2013a, 55). Nicht zuletzt beeinflussen die Art des Mikrofons und der Umgang mit demselben (z.B. welcher Abstand dazu gehalten wird), wie die Sprecherin oder der Sprecher im fertigen Programm klingt (vgl. Bose/Föllmer 2015).

Außerdem soll die sog. „Verpackung" den Eindruck einer einheitlichen Senderidentität verstärken. Darunter werden Programmelemente wie z.B. Jingles oder Station-IDs verstanden. Diese sollen einerseits die Wiedererkennbarkeit erhöhen, indem etwa Sendername und -frequenz darin genannt werden. Hierbei wird viel Wert darauf gelegt, dass die Verpackungselemente auch repräsentativ für die stilistische Ausrichtung, die Anmutung des Programms sind. Andererseits dienen sie der Orientierung, indem sie z.B. Anfang und Ende einzelner Programmbestandteile signalisieren. In dieser Scharnierfunktion erhalten sie gleichzeitig den ungebrochenen Programmfluss aufrecht, der das Nebenbeihören erleichtert (vgl. Crisell 1994, 6, 50; Gushurst 2006; Fleming 2010, 76; Bose/Föllmer 2015). Zur Erhaltung jenes Flusses tragen auch Musikbetten unter Moderation, Nachrichten oder Wetter und Verkehr bei, die gleichermaßen zur Verpackung zählen. Darüber hinaus kann die Marke eines Senders über Promotion-Aktionen und Gewinnspiele gefestigt werden (Haas et al. 1991, 160; Kleinsteuber 2012, 188, 190).

„Off air" wird ebenfalls an der Markenbildung gearbeitet. Unterdessen sind nahezu alle Radiosender in Deutschland in sozialen Medien vertreten und verfügen über eine eigene Webseite bzw. App, über die zahlreiche Zusatzangebote verfügbar sind (z.B. Podcasts zum Nachhören, Videos, Channels mit speziellem Musikangebot zum Streamen, meist sind dort auch Steckbriefe der Moderatorinnen und Moderatoren einsehbar). Neben der traditionellen Hörerbeteiligung per Telefon werden die Hörer und Hörerinnen im laufenden Programm häufig eingeladen, über soziale Medien mit dem Sender in Interaktion zu treten, was dann wiederum in das Programm eingebunden wird (vgl. Fleming 2010, 76ff; Eggers 2013; Buchholz 2013b; Gattringer/Mai 2016). Durch die zunehmende Medienkonvergenz wird es für die Hörerinnen und Hörer mitunter schwierig zu definieren, was genau eigentlich noch „Radio" ist und was nicht mehr (vgl. z.B. Berek et al. 2012).

Jenseits der Angebote im Internet führen Sender häufig noch eigene Konzerte und Veranstaltungen durch. Diese können gleich mehrere Funktionen für das Sender-Image haben: Sie schaffen Hörernähe und Gemeinschaftsgefühl durch kollektive Erlebnisse, häufig sind bei solchen Gelegenheiten auch bekannte Moderatorinnen und Moderatoren zugegen. Durch die Veranstaltung können überdies potenzielle neue Hörer und Hörerinnen auf das Programm aufmerksam werden. Indem etwa lokale Bands eingebunden und gefördert werden, kann der Sender seine regionale Verankerung signalisieren, wobei gleichzeitig Live-Mitschnitte entstehen, die wiederum ins laufende Programm aufgenommen werden können. Aus diesem Grunde werden solche Aktionen im Programm häufig massiv, z.B. mithilfe von Trailern und Teasern beworben. Zur regionalen Einbindung trägt darüber hinaus die physische Präsenz der Moderatoren, Reporterinnen etc. im Sendegebiet bei, etwa unterwegs im deutlich sichtbar mit dem Sender-Logo versehenen Übertragungswagen oder bei Promotion-Aktionen (vgl. Wasian 2008 84f; Fleming 2010, 82 ff; Buchholz 2013b; Gattringer et al. 2013, 2019).

2.3 Rolle und Funktion der Moderatorinnen und Moderatoren

> Wie soll mein Radio klingen? Was soll der Sender darstellen? Bin ich das sachliche Magazinradio, der ausgeflippte Jugendsender? Bin ich das unauffällige Nebenbeiradio, das verwurzelte Regionalradio oder das freundliche Familienradio? Diese strategische Entscheidung trifft der Programmdirektor. Und dann kommt der Moderator. Er muss es umsetzen. Seine Persönlichkeit, seine Art, die Hörer anzusprechen, entscheidet über den Charakter des Senders. (Meyer 2007, 138).

Moderatoren und Moderatorinnen gelten als das Aushängeschild eines Senders, sie sollen dem Programm ein „Gesicht" verleihen, die Hörerinnen und Hörer persönlich ansprechen und deren Wünsche, Interessen und Vorlieben berücksichtigen (vgl. Pawlowski 2004, 9f; Wasian 2008, 71). In einer Befragung des Südwestdeutschen Rundfunks gaben 74% der Teilnehmenden an, Radioprogramme anhand der Moderatorinnen und Moderatoren zu erkennen, damit waren sie das mit Abstand am häufigsten genannte Erkennungsmerkmal (vgl. Lindner-Braun 1998). Sie vermitteln aber nicht nur zwischen Sender und Publikum, sondern auch zwischen den verschiedenen Programmelementen (vgl. Buchholz 2013a). Im Gegensatz zu vorwiegend informierenden Radiogenres wie Nachricht oder Reportage steht diese Mittlerfunktion bei der Moderation im Mittelpunkt: „Wer moderiert, tritt also aus dem gewöhnlichen journalistischen Kontext heraus und führt die Zuhörenden" (Häusermann/Käppeli 1994, 308f). Es ist eine wesentliche Aufgabe von Moderatoren und Moderatorinnen, die heterogenen Einzelelemente wie Musik, Beiträge, Gewinnspiele, unterschiedliche Gesprächspartner (Interviews, Kommunikation mit Hörerinnen und Hörern etc.) zu einem einheitlichen Ganzen zu verbinden und sie einem – trotz genauer Zielgruppendefinition – ebenso heterogenen Publikum zugänglich zu machen (vgl. ebd. 310; Wasian 2008, 36f). Die Anforderungen einer solchen Integrationsleistung führen dazu, dass Moderation sich weniger als ein konkretes Genre greifen lässt, sondern vielmehr als ein Prinzip, das ein Bündel komplexer Fähigkeiten und Fertigkeiten erfordert (vgl. Wachtel 2002, 78; Fluck 2002). Auch Burger (2005, 309) vertritt die Ansicht, Moderation sei besser über ihre Funktion als die verwendeten Textsorten beschreibbar. Er unterscheidet hierbei zwischen strukturierender, interpretierender und parasozialer Funktion (vgl. ebd. 311ff). Nach jener Einteilung soll die Rolle der Moderatorinnen und Moderatoren im Folgenden näher erläutert werden. Alle drei Funktionen stehen miteinander im Zusammenhang, wie sie im Einzelfall gewichtet sind, ist abhängig vom jeweiligen Format (vgl. ebd. 309ff). Zunächst sollen kurz strukturierende und interpretierende Funktion skizziert werden, um dann ausführlicher auf die parasoziale Funktion einzugehen, die in der vorliegenden Arbeit eine wichtige Rolle spielt.

2.3.1 Strukturierende, interpretierende und parasoziale Funktion

Wie bereits in Kap 2.2 beschrieben, ist Radio ein flüchtiges Medium, das im Hier und Jetzt stattfindet – ohne dauerhaft präsente Überschriften oder Inhaltsverzeichnisse, die eine Übersicht erleichtern könnten. Das macht es notwendig, den Hörern und Hörerinnen mit anderen Mitteln Orientierung im Programm zu bieten. Moderationen verbinden die einzelnen Elemente, trennen sie aber auch voneinander, fassen Vorangegangenes zusammen und geben Ausblick auf kommende Programmpunkte (vgl. Geißner 1993; Jochims 1993). Moderiert eine Sprecherin oder ein Sprecher einen Beitrag an, ist die Aufgabe nicht nur, diesen mit zuvor gesendeten Elementen in Zusammenhang zu stellen, sondern auch, das Interesse der Hörerinnen und Hörer zu wecken, ihre Aufmerksamkeit zu richten, den Beitrag einzuordnen, ggf. Verständnishilfen zu geben und das Publikum mental wie emotional darauf einzustimmen (vgl. ebd.; Häusermann/Käppeli 1994, 313; Pawlowski 2004, 17, 79). Dabei gilt es, sowohl ernste und schwere als auch heitere und bunte Themen angemessen zu vermitteln und ineinander überzuleiten (vgl. Wasian 2008, 61). Darüber hinaus bringen Moderatoren und Moderatorinnen auch selbst Inhalte ein, die hörergerecht aufgearbeitet werden müssen (wenn sie beispielsweise auf Agenturmeldungen beruhen, die meist in komplexer, wenig hörverständlicher Schriftsprache verfasst sind) (vgl. Buchholz 2013a; Burger/Luginbühl 2014, 336). All dies setzt eine möglichst genaue Kenntnis dessen voraus, wie sich die Inhalte aus dem Programm an die Lebenswelt, den Erwartungshorizont und die Interessen der Hörerinnen und Hörer anknüpfen lassen und welches Vorwissen bei ihnen vorausgesetzt werden kann (vgl. Wachtel 2002, 82; Schwabeneder 2009). Das wiederum hilft auch dabei, dem Publikum das Gefühl zu vermitteln, dass der Moderator weiß, „was die Menschen in seinem Sendegebiet heute beschäftigt und worüber sie mit ihren Kollegen bei der Arbeit sprechen" (Malak 2015, 159). U.a. an dieser Stelle wird der Zusammenhang mit der parasozialen Funktion von Moderation deutlich. Ein Radioprogramm wird nicht nur

> durch die textlinguistischen Leistungen eines (beliebigen) Moderators zusammengehalten, sondern auch – und in vielen Magazinen primär – durch die individuelle Persönlichkeit gerade dieses Moderators, der sich auf seine ganz spezifische Weise an sein Publikum wendet (Burger/Luginbühl 2014, 333).

Moderatorinnen und Moderatoren sollen den Kontakt zur Hörerschaft herstellen, eine „private Wohlfühlatmosphäre" verbreiten, sie zum Verweilen einladen und als Identifikationsfigur an das Programm binden (vgl. ebd. 314; Wachtel 2002, 83f.; Wasian 2008, 89). Diese Bindung erfolgt über eine parasoziale Beziehung, in der der Moderator oder die Moderatorin für das Publikum im Verlauf der Zeit zu einer Art „gutem Bekannten" oder gar „Freund" werden kann (vgl. Wasian 2008, 140; Schramm/Hartmann 2010). Um eine solche Beziehung aufzubauen, gibt es eine Reihe von Strategien, die der angestrebten Zielgruppe ermöglichen sollen, sich mit den Sprecherinnen, Sprechern und dem gesamten Programm zu identifizieren. Gleichzeitig sollen sie das individuelle Profil der Moderatorinnen und Moderatoren sowie das ihres Senders schärfen. Einige dieser Strategien seien hier vorgestellt.

Radio ist zwar ein Massenmedium, bei dem eine Institution von einem bestimmten Ort aus etwas sendet, das an vielen anderen Orten von unterschiedlichen Menschen gehört wird – dennoch sprechen Moderatorinnen und Moderatoren ihre Hörerschaft häufig in einer Weise an, die an ein persönliches Gespräch von Angesicht zu Angesicht erinnert (vgl. Scannell 1991). Formulierungen wie beispielsweise „Tach! Gleich spielen wir für dich die neue Scheibe von ..." haben durch die Verwendung der Pronomina nicht nur den Charakter einer direkten Anrede, das deiktische Adverb „gleich" impliziert außerdem, dass diese Anrede genau im selben Moment stattfindet, in dem der Hörer oder die Hörerin sie wahrnimmt. Nach der Begrüßungsformel würde in der Alltagskommunikation normalerweise sogar eine Antwort vom Gesprächspartner erwartet, was im Radio freilich nur auf indirektem Wege möglich ist (Phone-ins, soziale Netzwerke etc.). Nach Tolson (2006, 9ff) ist diese Art simulierter Interaktion, die Hörende in die Rolle eines potenziellen Gesprächspartners versetzt, typisch für das Sprechen im Radio (fiktionale Genres wie z.B. Hörspiele ausgenommen). Geißner (1993, 59) nennt Moderation daher auch „virtuell dialogisch". Auf diese Art können die Sprecherinnen und Sprecher Aufmerksamkeit erregen und trotz massenmedialer Verbreitung einen Eindruck von Nähe vermitteln (vgl. Tolson 2006, 7f, 24).

Jene Intimität dient wiederum nicht nur dazu, eine parasoziale Beziehung zu etablieren, sie ist auch schlicht der üblichen Hörsituation angepasst. Wie in Kapitel 2.1 ausgeführt, wird Radio meist in privaten Sphären gehört, eingebettet in alltägliche Routinen und oft auch allein. In solcher Umgebung bevorzugen die meisten Hörerinnen und Hörer eine „private", eher informelle Ansprache (vgl. Scannell 1991). Ein Moderator oder eine Moderatorin soll gewissermaßen als „gern gesehener Gast" eingelassen werden, durch den Tag begleiten und möglichst lange bleiben (vgl. Ritter 1999, 313; Malak 2015, 142). Aufgabe ist es dabei, einen idealen Gesprächspartner zu verkörpern, der einerseits seinem Publikum nahesteht, als „einer von ihnen" anerkannt wird, andererseits aber auch Wunschvorstellungen entspricht, wie das Publikum selbst gern wäre (vgl. Huhn 1993; Hartung et al. 2003; Wasian 2008, 86f; 151). Diesen Eindruck gewinnt man auch bei einem Blick auf die Eigenschaften, die „ein guter Moderator" mitbringen soll aus der Sicht von Programmverantwortlichen, journalistischen Handbüchern, wie auch Hörerinnen und Hörern: sympathisch, herzlich, locker, frisch, cool, ungezwungen, dynamisch, lebensbejahend, fröhlich, wohlwollend, souverän, kompetent, er soll ein Mensch sein mit „gereifter Persönlichkeit, eigenem Stil, eigener Meinung und Mut zur Kritik", außerdem unterhaltsam, humorvoll, schlagfertig, kreativ, ehrlich, aufrecht, verantwortungsbewusst, glaubwürdig, natürlich, authentisch, sein Publikum soll er darüber hinaus ernst nehmen und ihm auf Augenhöre begegnen (vgl. Lindner-Braun 1998; Hartung/Reißmann 2003; Böhm/Schulz 2003; Wasian 2008, 118f, 128f, 151; Buchholz 2013a; Mücksch 2015).

Moderatorinnen und Moderatoren führen eine Rolle mit paradoxen Anforderungen aus: Als Vertreter ihres Senders sollen sie möglichst vielen Menschen das Programm „verkaufen", das Senderimage „kommunizieren", der Hörerschaft deutlich machen, dass sie auf keinen Fall abschalten darf (dies gilt auch für werbefreie Programme; vgl. Wasian 2008, 65, 142; Malak 2015, 139f, 149). Ähnlich wie Bühnenschauspieler befinden sie sich in herausgehobener Stellung vor einem Publikum, auf das sie ihre Handlungen bewusst ausrichten – das sie allerdings weder sehen noch hören (vgl. Tolson 2006, 11). Auch bedarf es einiger Übung und Erfahrung, ein sog. „Selbstfahrerstudio" so bedienen zu können, dass darüber hinaus noch kognitive Kapazitäten frei bleiben, sich auf das Sprechen zu konzentrieren (vgl. Wasian 2008, 25f; vgl. Buchholz 2013a). Gleichzeitig wird von ihnen eine Ansprache in „ungekünstelter Unmittelbarkeit" im Gestus eines privaten Gesprächs erwartet (vgl. Huhn 1993; Wachtel 2002, 83f). Jeder einzelne Hörer und jede einzelne Hörerin soll das Gefühl haben, persönlich angesprochen zu werden (vgl. Crisell 1994, 68; Montgomery 2001). Auch in Sendungen, die von zwei oder mehr Sprecherinnen und Sprechern moderiert werden, wie es bei vielen Morningshows in Begleitprogrammen üblich ist, sind die Hörer und Hörerinnen in deren Gespräch mit einzubeziehen und anzusprechen (vgl. Buchholz 2013a; Brand/Scannell 1991). Um den virtuellen Dialog mit dem Publikum zu etablieren, greifen Moderatoren und Moderatorinnen Merkmale und Genres informeller Alltagsgespräche auf (z.B. frotzeln, flirten, Witze erzählen). Diese werden jedoch institutionell überformt und strategisch eingesetzt, um sich am Hörfunkmarkt zu positionieren. Man kann also in diesem Falle von institutioneller Kommunikation mit alltagskommunikativem „Antlitz" sprechen (vgl. Tolson 2006, 20, 52). Hier wird der performative Aspekt von Moderation deutlich, der den Sprecherinnen und Sprechern – soll die Performance gelingen – hohe Professionalität und einige schauspielerische Qualitäten abverlangt (vgl. ebd.; Crisell 1994, 190; Ritter 1999). Jener Aspekt kann beim Publikum jedoch auch schnell zu Zweifeln an der Authentizität und Glaubwürdigkeit eines Moderators oder einer Moderatorin führen (vgl. Fairclough 1994).

Dass es sich bei Moderation um eine Performance handelt, äußert sich auch in der Inszenierung von Unmittelbarkeit und Spontaneität, von „liveliness" (vgl. Tolson, 11ff). Jede Radiosendung wird zuvor geplant, auch müssen teils strenge Formatvorgaben eingehalten werden. Beispielsweise gibt es oft genaue Festlegungen, wie lange eine Moderation dauern darf und wann sog. „Pflichtmoderationen" (Sender-Claims, Promotions etc.) auf möglichst kreative und „natürliche" Weise in den Sendungsablauf eingebaut werden müssen (vgl. Starkey 2004, 72; Wasian 2008, 82ff; Malak 2009; Bucholtz 2013a, 62). Es ist davon auszugehen, dass es sich bei Moderationen in den meisten Fällen um vorbereitetes Sprechen handelt. Der Grad der schriftlichen Fixierung kann dabei von Stichwortkonzepten reichen, an denen sich der Moderator oder die Moderatorin beim freien Sprechen orientiert, bis hin zu vollständig ausformulierten Texten, die 1:1 abgelesen werden (praktische Anleitungen, wie solche Konzepte und Manuskripte zu erstellen und zu sprechen sind, gibt es in jedem radiojournalistischen Handbuch, wie z.B. in La Roche/Buchholz 2013). Eine hörbar „schriftliche" Ansprache gilt als Distanzsignal (vgl. Crisell 1994, 56; Holly 1996). Um trotz der Vorbereitung Hörernähe zu signalisieren und die Anmutung eines vertrauten, spontan formulierten Gesprächs zu vermitteln, bemühen sich die Moderatorinnen und Moderatoren „unverkennbar, sich bei der Formulierung schriftlicher Textvorlagen an der gesprochenen Sprache zu orientieren" (Brandt 2000, 2163; vgl. ebenso Wachtel 2002, 76; Pawlowski 2004, 32f). Geht man allein vom gesendeten Material aus, ist es oft schwer zu entscheiden, in welchem Maße eine Moderation zuvor schriftlich festgehalten wurde. Es gibt durchaus Indizien, die als typisch für frei gesprochene oder geschriebene Sprache gelten, etwa Unterschiede in Länge, Komplexität und Kohärenz der Sätze sowie in Abstraktionsgrad, Variation und Vagheit (vgl. Holly 1996). Auch in Pausensetzung, Sprechmelodie und Akzentuierung können produzierendes und reproduzierendes Sprechen deutlich verschieden sein (vgl. Stock 1996b). Professionelle Mediensprecher und -sprecherinnen sind allerdings häufig in der Lage, einerseits Texte in einer Weise zu schreiben und zu sprechen, dass sie spontan formuliert erscheinen, und andererseits „wie gedruckt" frei zu sprechen (vgl. Burger/Luginbühl 2014, 175f, 190). Burger und Luginbühl (2014, 173f) schlagen daher auch Einteilungen vor wie „formell/informell" und „standardsprachlich/umgangssprachlich", um Mediensprache zu beschreiben.

Wie formell und oder informell die Moderation eines Senders gestaltet ist, ist abhängig vom Format (vgl. Starkey 2004, 71). Einschaltprogramme gelten üblicherweise als formeller. Gerade Kulturprogramme werden in der Praxisliteratur häufig dafür kritisiert, dass ihr Moderationsstil sehr schriftsprachlich und wenig hörerorientiert sei, zudem werde gelegentlich in „(unerwünscht) dozierende[m] Duktus" vorgetragen (vgl. Benecke 2013, 291; vgl. auch Brünjes/Wenger 1998, 96). Richter (2009) führt dies u.a. darauf zurück, dass in jenem Programmformat häufig Fachredakteure mit geisteswissenschaftlichem Hintergrund moderieren und auf die traditionell enge Verbindung mit überregionalen Printmedien. Moderatorinnen und Moderatoren von Einschaltprogrammen fokussieren in der Regel stärker auf die Vermittlung von Inhalten, weniger auf die persönliche Ansprache. Nach der an Jacobson angelehnten Einteilung Crisells (1994, 66f) ist dieser Moderationsstil daher als eher „referentiell" anzusehen. Moderationen von Begleitprogrammen bezeichnet Crisell dagegen als „emotiv" (vgl. ebd.; vgl. auch Häusermann/Käppli 1994, 335; Neu 2013). Hierbei stehen Kommunikationsformen im Mittelpunkt, „bei der die Herstellung, Aufrechterhaltung und Pflege des Kontakts zwischen den Kommunikationspartnern dominier[en]" (Burger/

Luginbuehl 2014, 335). Dies äußert sich auch im informellen „Plauderton", der für viele Begleitformate charakteristisch ist und für dessen Gelingen die Vorbereitung des Gesprochenen besonders stark kaschiert werden muss (vgl. ebd. 190, 336; Brandt 2000). Je wichtiger die persönliche Ansprache in einem Radioprogramm ist, umso wichtiger wird auch die Person, die spricht. Wie die Person des Moderators oder der Moderatorin gerade in Begleitprogrammen inszeniert wird, darum soll es im nächsten Abschnitt gehen.

2.3.2 Wie entsteht eine „Personality"?

„Du sollst hier nicht vor dem Sender eine Nummer aufziehen, nicht Theater spielen, sondern du sollst du selbst sein" – in diesem Zitat aus einer Befragung von Mücksch (2015, 186) formuliert der Programmchef eines deutschen Privatradios seine Vorstellung von „authentischer" Moderation. Wie im vorangegangenen Abschnitt erläutert, teilen Moderatorinnen und Moderatoren in ihrem Beruf durchaus einige Anforderungen mit denen des Theaterschauspielers. Allerdings sollen sie nicht wie im Theater eine Figur spielen, sondern „sich selbst" (vgl. Tolson 2006, 13). Dabei ist es – auch für die Moderatoren und Moderatorinnen, die die eingangs erwähnte Empfehlung bekommen – nicht ganz einfach zu beantworten, um was für ein „Selbst" es sich hierbei handeln soll (vgl. Wolfenden 2012). Ohne auf die philosophischen Implikationen dieser Frage eingehen zu wollen, lässt sich festhalten, dass das präsentierte „Selbst" eher einer öffentlichen Institution als einem privaten Individuum nahekommt, wenngleich die Grenzen zwischen beidem verschwimmen können (vgl. Brand/Scannell 1991). So wird der zitierte Programmchef sich vermutlich kaum ein privates „Selbst" mit „echter" schlechter Laune am Mikrofon wünschen (vgl. Wolfenden 2012). Außerdem sollte dieses „Selbst" zur Zielgruppe passen. Dies ist auch ein wichtiges Kriterium bei der Auswahl einer Moderatorin oder eines Moderators für ein bestimmtes Programm (vgl. Jochims 1993; Mücksch 2015).

Die publikumswirksame „Selbst"-Darstellung eines Moderators oder einer Moderatorin erfordert „the projection of a carefully crafted public identity and the maintenance of that identity in and through time" (Brand/Scannell 1991, 203; vgl. ebenso Coupland/Mortensen 2017). Häufig ist in diesem Zusammenhang auch die Rede von einer sog. „Moderatoren-Personality". Jener Begriff ist in der Radiopraxis weit verbreitet, in seiner Verwendung jedoch relativ vage (vgl. z.B. bei Schwabeneder 2009). Wird eine solche Personality in einem Sender aufgebaut, erfolgt dies im Allgemeinen in folgenden Schritten:

1. Ermittlung von Eigenschaften und Einstellungen des Moderators. 2. Unterteilung dieser Eigenschaften in solche, die zur Senderstrategie passen und solche, die nicht passen. 3. Kommunikation der Eigenschaften, die zur Senderstrategie passen. 4. Unterstützung dieser Eigenschaften durch Promotions (Meyer 2007, 139).[1]

Bei solchen Moderatoren-Positionierungen in Begleitprogrammen lassen sich zwei grundlegende Strategien ausmachen: „Personality-Radio" und „Format-Radio" (vgl. Stümpert/Buchholz 2013, 285). Bei der Personality-Strategie liegt der Schwerpunkt darauf, den Moderator oder die Moderatorin selbst als Marke aufzubauen, als Mensch mit „Ecken und Kanten" und einem persönlichen Stil, der unverwechselbar und wiedererkennbar ist (vgl. Geißner 1993; Wasian 2008, 47ff, 141f.). In manchen Sendestrecken dürfen Moderatorinnen und Moderatoren dabei durchaus polarisieren, solange der Sender dadurch im Gespräch bleibt (vgl. Wasian 2008, 114). Vorteil dieser Strategie ist es, dass sie bei Gelingen zu starker Hörerbindung und Loyalität führt. Dies ist auch wichtig, um den Sender unterscheidbar zu machen von anderen, ähnlich formatierten Programmen mit einer ähnlichen Musikauswahl (vgl. Flach/Lynen 2011). Nachteile sind zum einen, dass es für den Sender oft ein schwerer Verlust ist, wenn ihn nach dieser Strategie etablierte Moderatoren oder Moderatorinnen wieder verlassen (vgl. Meyer 2007, 139). Zum anderen „läuft ein Radiosender, der sich ausschließlich auf den Einsatz von Stars verläßt, Gefahr, als Sender profillos zu werden und in den Hintergrund zu treten" (Haas et al. 1991, 92).

Bei der Format-Strategie steht hingegen die Marke des Senders über allem und die Moderatoren und Moderatorinnen haben sich dem anzupassen. So entsteht ein durchhörbares, verlässliches Produkt. Das durchgehende Programmkonzept kann den Sender insgesamt attraktiv machen, er ist jederzeit auf die gleiche Weise wiedererkennbar und das Image ist nicht so stark von einzelnen Moderatorenpersönlichkeiten abhängig (vgl. Stümpert/Buchholz 2013). Nachteil ist eine eher geringere Hörerbindung (vgl. Wasian 2008, 47ff). In der Praxis finden sich zumeist Mischformen beider Strategien, beispielsweise werden Personalities häufig in der Morningshow eingesetzt, um den Sender zu positionieren, während das übrige Tagesprogramm eher durch Format-Moderation bestimmt ist (vgl. Haas et al. 1991, 92; Stümpert/Buchholz 2013). Folglich gibt es sowohl innerhalb eines Senders als auch zwischen verschiedenen Sendern eine gewisse Bandbreite, „welches Maß an Selbstdarstellung erwünscht bzw. toleriert wird" (Burger/Luginbuehl 2014, 342).

Welche Maßnahmen ergreifen Moderatorinnen und Moderatoren, um ihre Personality für ihr Publikum greifbar zu machen? Einerseits bergen die Format-

---

[1] Eine ähnliche Strategie für Doppelmoderationen ist bei Malak (2015, 171) nachzulesen.

vorgaben gewisse Einschränkungen, auf welche Art und in welchem Umfang sie sich „Selbst" darstellen können. Andererseits berichten Radiopraktiker aber auch, dass eine gewisse Routine im Sendeablauf erst die Grundlage bildet, die der Personality „Halt" gibt – „das Format hilft mir dabei, die Personality so einzusetzen, dass ‚keine Unfälle passieren'" (Schwabeneder 2009, 141; vgl. auch Geißner 1993, 62). Darüber hinaus bietet sie die Sicherheit, die für ein „authentisches" Sprechen am Mikrofon notwendig ist, vorausgesetzt, es verbleiben ausreichend kreative Freiräume (vgl. Schwabeneder 2009; Wolfenden 2012). Was genau in diesem Zusammenhang unter „authentisch" zu verstehen ist, bleibt in den Ausführungen der Radioschaffenden eher unscharf und soll an dieser Stelle nicht vertiefend diskutiert werden, einen Einblick bieten z.B. die Expertenbefragungen von Wasian (2008), Wolfenden (2012) und Mücksch (2015). Letztendlich sind stetige Wiederholungen die Voraussetzung dafür, dass so etwas wie die Identität eines Senders oder eines Moderators, einer Moderatorin überhaupt entstehen kann. Im Falle von Moderatorinnen und Moderatoren entsteht sie vor allem durch Sprechen: „The talk is the routine, the routine is the identity" (Brand/Scannell 1991, 216). Dabei gibt es vielfältige Möglichkeiten, mit welchen immer wieder neu eingebrachten semiotischen Ressourcen so eine Identität „ersprochen" werden kann: etwa wiederkehrende Begrüßungsrituale, Catchphrases, selbst ein Hang zu schlechten Kalauern kann als Stilmittel eingesetzt werden, den Moderator oder die Moderatorin für das Publikum unverkennbar werden zu lassen (vgl. Brand/Scannell 1991; Coupland/Mortensen 2017). Ebenso kann eine auffällige Stimmgebung zur Wiedererkennbarkeit beitragen. Bose und Finke (2016, 86) haben bei der Analyse deutscher Morningshow-Moderationen einen Wandel des Stimmideals im Radio beobachtet:

> Während bisher im Radio Sprecher/innen mit ausgebildeten, klangvollen (eher dunklen) Stimmen und Standardaussprache bevorzugt wurden, sind jetzt vielfach (scheinbar) unausgebildete Stimmen zu hören, mehr oder weniger stark geräuschhaft bis pathologisch-angestrengt (eng, rau, knarrend, undicht) [...].

Hörbar ausgebildete Sprecherinnen und Sprecher seien vor allem noch im Kulturradio zu hören, viele Programmchefs lehnten diese aber als „zu perfekt, glatt und distanziert geradezu ab" (ebd.; vgl. auch Mücksch 2015; Gebauer 2015).

In Handbüchern zum Radiojournalismus wird häufig empfohlen, der Moderator oder die Moderatorin möge für das Publikum „menschlicher" werden, indem er oder sie Anteile der eigenen Person in die Moderation einbringt: „Ja, ich möchte, dass du das darstellst, was du bist. [...] niemand gibt On Air seine ganze Person preis. Aber je mehr du preisgeben kannst, desto glaubwürdiger bist du" (ein weiteres Zitat von einem Programmchef eines privaten Begleitprogramms aus Mücksch 2015, 185). Als Beispiele werden u.a. genannt, einen individuellen Zugang zu den vermittelten Themen zu finden, z.B. eigene Meinungen und Einstellungen dazu preiszugeben, eigenes Erleben und Erinnern in die Musikmoderation einzuweben oder auch das gelegentliche Einstreuen privater Informationen zu Hobbies, Interessen, biografischen Details etc. (vgl. ebd.; Huhn 1993; Wasian 2008, 66f, 112ff; Schmidts 2009; Schwabeneder 2009). Mit Geschichten soll ein Moderator „dafür sorgen, für etwas Bestimmtes zu stehen (Familienvater, begeisterter Handwerker, Partylöwe usw.)" (Malak 2015, 147). Als „sagenswert" gilt dabei in erster Linie das, was eine Gemeinsamkeit mit den Hörerinnen und Hörern herstellt (vgl. Burger/Luginbuehl 2014, 342). Eine Studie aus dem englischsprachigen Raum von Savage und Spence (2014) legt nahe, dass derlei Maßnahmen in der Tat signifikant zur Glaubwürdigkeit von Moderatoren und Moderatorinnen beitragen können. Die Beschränkung auf den auditiven Kanal ermöglicht den Hörerinnen und Hörern darüber hinaus große Freiheit, sich die Person der Sprecherin oder des Sprechers selbst auszumalen (vgl. Crisell 1994, 69).

Brand und Scannell (1991) vergleichen die Art und Weise, in der Radiomoderatoren und -moderatorinnen Identität herstellen, mit traditionellen Formen der mündlichen Überlieferung epischer Erzählungen: Der Moderatorin oder dem Moderator steht ein Repertoire an formelhaften Segmenten, Themen und Plots zur Verfügung, die sie oder er immer wieder neu entwerfen und miteinander kombinieren kann, je nach aktueller Situation und Hörerschaft. Anders wäre tägliches, flüssiges Moderieren über eine Sendestrecke von mehreren Stunden auch kaum möglich. Die Professionalität von Moderatoren und Moderatorinnen zeigt sich darin, dass sie diese Routinen mit scheinbar müheloser Leichtigkeit hervorbringen können (vgl. ebd.). Dabei ist freilich eine gewisse Kreativität erforderlich, jene Versatzstücke immer wieder neu zu gestalten und zu variieren, so dass sie für die Hörerinnen und Hörern zwar vertraut und wiedererkennbar sind, aber nicht unangenehm als „Masche" auffallen (vgl. Buchholz 2013a). Die Stammhörerschaft kennt und schätzt das Wissen um typische Programminhalte und Gestaltungsweisen:

> Such knowledge is incremental. It accumulates in time as it is reproduced through time. The past of the programme is not the dead past. It is a pervasively relevant resource for renewing its identity in the particularities of the present (Brand/Scannell 1991, 222).

Durch gemeinsam geteiltes „Insider-Wissen" zwischen Moderator oder Moderatorin und Publikum kann sich mit der Zeit bei den Hörerinnen und Hörern das Gefühl entwickeln, einer Gemeinschaft, einer Art „In-Group" anzugehören, was wiederum bei der Interaktion mit „Fans" des Programms, z.B. bei Phone-Ins, oft gezielt präsentiert und hervorgehoben wird (vgl. ebd.; Tolson 2006, 116ff;

Schramm/Hartmann 2010). Gleichzeitig müssen Moderatorinnen und Moderatoren aber immer berücksichtigen, dass ihr Sender nicht nur von Stammhörern und -hörerinnen eingeschaltet wird. Die Gestaltung ist daher häufig mehrdeutig, so dass sie für gelegentlich Hörende und neu Dazugekommene offen und – wenn auch nicht in vollem Umfang – verständlich bleibt, um diese nicht auszuschließen und ihnen schmackhaft zu machen, sich der „Gemeinschaft" ebenfalls anzuschließen. In der Konsequenz kann dies dazu führen, dass Hörergruppen, die mit einem Programm unterschiedlich gut vertraut sind, ein und dieselbe Moderation sehr unterschiedlich interpretieren und bewerten, wie Johnstone (2011) am Beispiel zweier Sketche von US-amerikanischen Radio-DJs zeigt. Voraussetzung dafür, dass beim Publikum ein Gemeinschaftsgefühl entsteht, ist eine Ansprechhaltung, die dem Geschmack, den Werten, dem Lebensstil – und nicht zuletzt der Sprechweise der Zielgruppe nahekommt (vgl. Bose/Föllmer 2015). Wurde in diesem Abschnitt behandelt, *wer* zum Publikum spricht und welche Auswirkungen dies auf die Gestaltung des Moderationsstils hat, so soll im folgenden Abschnitt behandelt werden, welchen Einfluss es auf die Moderation hat, *wen* genau der Sprecher oder die Sprecherin ansprechen will.

2.3.3 Zielgruppengerechte Ansprache – Accommodation Theory und Audience Design

Stil ist ein relationales Phänomen: Einerseits ist er ein Mittel, sich selbst – im Sinne Goffmans (1969) – anderen gegenüber auf eine bestimmte Art darzustellen, andererseits kann man damit auch signalisieren, ob und wie stark man sich mit den Angesprochenen identifiziert (vgl. Coupland 2001). Letzteres wurde in der Sozialpsychologie im Rahmen der Accommodation Theory seit den 1970ern untersucht. Die Theorie baut auf der Erkenntnis auf, dass wir Menschen positiver bewerten, die uns in ihren Einstellungen und Verhaltensweisen ähneln. Das gilt auch für den Sprechstil: Je ähnlicher die Sprechweise eines Gegenübers unserer eigenen ist, umso eher nehmen wir ihn oder sie als „sozial attraktiv" wahr (vgl. Coupland 2007, 62). Will ein Sprecher oder eine Sprecherin vom Kommunikationspartner positiv bewertet werden, kann er oder sie dies also u.a. durch eine – mehr oder weniger starke – Anpassung an dessen Sprechweise erreichen (vgl. Giles/Powesland 1997). Dass diese Strategie beim Publikum durchaus zum gewünschten Effekt führt, wurde in zahlreichen, meist experimentellen Untersuchungen nachgewiesen (einen Überblick bieten u.a. Giles et al. 1991). Wird die eigene – vom Gesprächspartner verschiedene – Sprechweise dagegen beibehalten oder der Kontrast sogar noch erhöht, das ergaben diese Studien auch, nehmen Hörerinnen und Hörer dies häufig als Abgrenzung ihnen gegenüber wahr (vgl. ebd.). Der Sprechstil ist also potenziell ein Mittel, um über Ähnlichkeit oder Unähnlichkeit zum Gesprächspartner soziale Nähe oder Distanz herzustellen (vgl. Coupland 2007, 62).

Aufbauend auf der Grundidee der Accommodation Theory entwickelte der Soziolinguist Bell (1984) sein Konzept von „Audience Design". Der Begriff „Design" impliziert bereits, dass er Stil als etwas sieht, das zumindest in Teilen bewusst, mit rhetorischer Wirkungsabsicht eingesetzt wird (vgl. Coupland 2007, 78ff). Seine Theorie wendet er v.a. auf den Sonderfall der massenmedialen Kommunikation an. Moderatoren und Moderatorinnen stehen unter dem Druck, die Gunst ihres Publikums zu gewinnen, um Marktanteile des Senders zu erhalten und auszubauen (vgl. Bell 1997). Man kann bei ihnen also von einer gewissen Motivation dazu ausgehen, sich – wie in der Radiopraxis häufig formuliert – der „Sprache der Hörer" anzupassen (vgl. z.B. Wasian 2008, 121).

Doch ist es bei einem Massenmedium erheblich komplizierter als in einer Face-to-face-Situation, zu bestimmen, wer genau eigentlich angesprochen werden soll und daraus folgend, wessen „Sprache" sich die Moderatorin oder der Moderator annähern sollte – nicht nur, weil durch die physische Trennung zum Publikum kein konkretes Gegenüber wahrnehmbar ist, das durch sein Verhalten Rückmeldung über die Wirkung des Gesprochenen geben könnte (vgl. Geißner 1993; Ritter 1999; Wachtel 2002, 59f), sondern auch, weil es gar kein wirklich konkretes Gegenüber gibt:

> A mass media audience consists of addressees (the target audience), auditors (who are not targeted but are known to be receivers), and overhearers (who are effectively the entire remaining population, since a mass medium is defined by its general availability). [...] Particularly in a medium as accessible as broadcasting, the speaker/announcer must cater to an unknowable, heterogenous audience (Bell 1984, 177).

Um dennoch eine einheitliche Höreransprache gewährleisten zu können, richten Moderatorinnen und Moderatoren ihre Sprechweise auf imaginierte, idealisierte Personen aus, in der Terminologie Bells (1984) sog. „referees" (vgl. auch Tolson 2006, 53). In der Praxisliteratur zum Radio wird angehenden Moderatoren und Moderatorinnen häufig empfohlen, sich ein Mitglied der anvisierten Zielgruppe möglichst anschaulich vorzustellen und dieses dann anzusprechen (vgl. z.B. Pawlowski 2004, 138f; Schmidts 2009; Linke 2013). Das mag ein Grund sein, warum die Marktforschungsergebnisse zur Zielgruppe in senderinternen Styleguides häufig in Form von Steckbriefen prototypischer Hörerinnen und Hörer dargestellt werden (vgl. Meyer 2007, 124ff; vgl. auch Kap. 2.2). Nach Bell (1984, 172) führt diese Form der Ansprache häufig zu einer Art „house style, by which individual speaker differences are submerged in the corporate style". Dies beobachtete er etwa bei neuseeländischen Nachrichtensprechern, die jeweils bei zwei Radiosendern mit verschiedenen Zielgruppen arbeiteten, wobei sie ihre Nachrichten für beide Anstalten in denselben Studios einsprachen. Dabei stellte sich heraus, dass sich ihr Sprechstil in einigen lautlichen Merkmalen statistisch signifikant unterschied, je nachdem für welchen Sender sie gerade sprachen. Gleichzeitig gab es aber auffällig wenig Unterschiede zwischen den Sprechern, wenn man ihre Einsprechungen für jeweils einen Sender miteinander verglich (vgl. ebd.).

Wie weit sich solch eine starke Standardisierungstendenz auf deutsche Radiomoderation übertragen lässt, ist nicht sicher. Abgesehen davon, dass es sich hierbei um eine über dreißig Jahre alte Studie aus Neuseeland handelt, hat Moderation auch eine andere Funktion als Radionachrichten, was sich in den Anforderungen an Moderatoren und Moderatorinnen widerspiegelt (vgl. Marx 2013; Buchholz 2013a). Ihnen wird durch die Formatierung und das angestrebte Profil des Senders zwar ein bestimmter „house style" vorgeschrieben, andererseits sind sie aber mehr als Nachrichtensprecher und -sprecherinnen dazu angehalten, sich individuell hervorzuheben (vgl. Kap. 2.2. und Abschn. 2.3.2). Vermutlich spielt hierbei die Strategie des Senders eine Rolle (eher Format- oder Personality-orientiert) sowie die Positionierung des jeweiligen Moderators oder der Moderatorin innerhalb des Programms (z.B. in der Morningshow oder im übrigen Tagesprogramm) (vgl. ebd.). Es gibt allerdings bislang kaum sprach- oder sprechwissenschaftliche Untersuchungen, in denen Moderationen verschiedener Sender und Formate diesbezüglich miteinander verglichen werden (eine Ausnahme bilden die Arbeiten von Finke 2014, 2017, 2019).

Die Abwesenheit des Publikums führt noch zu einer weiteren Besonderheit für das Sprechen in den Massenmedien: Es besteht keine gemeinsame Kommunikationssituation für Sprechende und Angesprochene, die wie in einem Face-to-face-Gespräch „einfach so" vorausgesetzt werden könnte. Moderatorinnen und Moderatoren können nicht unmittelbar auf einen Kontext reagieren, den sie mit ihren Gesprächspartnern teilen – sie müssen ihn erst selbst herstellen (vgl. Crisell 1994, 4). Eine Möglichkeit, das zu tun, fasst Bell (2001, 146) unter dem Begriff „initiative style design". Bei Radiosprechern und -sprecherinnen beinhaltet dieser Designprozess nicht nur, mit stilistischen Mitteln zu simulieren, eine ganz bestimmte Gruppe von Personen anzusprechen („referee design"), sondern ebenso, in was für einem Rahmen dieses Gespräch stattfindet und in welcher Beziehung beide Kommunikationspartner zueinander stehen (vgl. Bell 1984). Zusammenfassend könnte man also sagen, die Aufgabe von Moderatorinnen und Moderatoren ist es, einen idealisierten Kommunikator zu spielen (vgl. Abschn. 2.3.1), der in einer idealisierten Kommunikationssituation einen idealisierten Kommunikationspartner anspricht.

Dass ein solches Ausmaß an Inszenierung überhaupt gelingen kann, setzt beim Publikum einiges an Vorwissen voraus (vgl. Selting 1997; Johnstone 2011).

Es muss in der Lage sein, anhand des Sprechstils zu erkennen, welcher Typus von Sprecher üblicherweise so redet und wer in welcher Situation auf diese Art angesprochen wird. „Initiative style design" knüpft an soziale Normen und Bedeutungen an, mit denen bestimmte Sprechweisen im Alltag – auch jenseits der Medienkommunikation – verknüpft sind. Bell (1984, 2001) geht davon aus, dass stilistische Variation aufbaut auf dem Wissen um bekannte, etablierte Unterschiede in der Sprechweise verschiedener Mitglieder und Gruppen von Mitgliedern einer Sprachgemeinschaft. So können Moderatorinnen und Moderatoren etwa Nähe zu einem Publikum aufbauen, das ihnen persönlich größtenteils fremd ist, indem sie durch einen „initiative style shift" Sprechweisen aufgreifen, die üblicherweise nur in informellen Situationen vertrauten Personen gegenüber verwendet werden (vgl. Bell 1984; vgl. auch Abschn. 2.3.1). In Moderationen von Begleitprogrammen werden beispielsweise häufig Elemente von Dialekten eingewoben, die im Sendegebiet gesprochen werden (vgl. Selting 1983; Burger/Luginbühl 2014, 394f; Bose/Finke 2016; Johnstone 2011). Dialekt ist bei vielen Hörerinnen und Hörern bereits mit eher ungezwungenen, privaten Sprechsituationen mit Familienangehörigen oder Freunden assoziiert. Nur dadurch kann ein Sprecher oder eine Sprecherin sie in den Kontext eines Massenmediums übertragen, um beim Publikum den Eindruck von Nähe zu wecken und damit verbunden auch ein Gefühl von „Authentizität, Emotionalität und Spontaneität" (vgl. Burger/Luginbühl 2014, 393; Bell 1984; Henn-Memmesheimer 2005; Niebaum/Macha 2014, 193ff.). Lokal- und regionaltypische Sprechweisen können zugleich dazu verwendet werden, Verbundenheit mit der Region zu signalisieren, da sie bereits mit einer regionalen Verortung assoziiert sind (vgl. Androutsopoulos 2010; Johnstone 2011; Burger/Luginbühl 2014, 393). Darüber hinaus kann eine mehr oder weniger starke Annäherung an Dialekt oder Standardsprache als Zeichen für den sozialen Status eines Sprechers oder einer Sprecherin gedeutet werden, was sich wiederum darauf auswirken kann, für wie kompetent er oder sie gehalten wird (vgl. Steinig 1980).

Bereits an dieser Stelle wird deutlich, dass stilistische Merkmale oft mehr als eine mögliche soziale Bedeutung haben (vgl. Eckert 2008). Sprecherinnen und Sprecher in den Massenmedien greifen zwar eher kulturell zentrale Muster auf, die möglichst großen Teilen ihres heterogenen Publikums vertraut und verständlich sind (Crisell 1994, 87). Auch bietet es für Radiosender einen klaren Wettbewerbsvorteil, wenn ihr Programm für das Publikum leicht zu identifizieren ist (vgl. Kap. 2.2). Daher kann angenommen werden, dass ihre Moderatorinnen und Moderatoren sich darum bemühen, möglichst klare, eindeutige, prototypische sprecherische Formen zu finden (vgl. Coupland 2007, 28). In der soziolinguistischen Stilforschung ist in diesem Zusammenhang auch häufig von „Stilisierung" die Rede, der „Repräsentation, Induzierung, Inszenierung etc. sozial typisierter und interpretierter Sinnfiguren" (Selting/Hinnenkamp 1989, 9; vgl. auch Coupland 2007, 149ff). Dennoch ist es abhängig von Erfahrungen und Vorwissen der Hörer und Hörerinnen sowie ihrer aktuellen Rezeptionssituation, wie sie die „initiative style shifts" in einer Moderation einordnen und bewerten. Ebenso fließt in diesen Prozess ein, welche Einstellungen eine Hörerin oder ein Hörer zu dem verwendeten Sprechstil hat, wie er oder sie sich selbst dazu in Beziehung setzt und was für weitere Kontextinformationen gerade zur Verfügung stehen (vgl. Irvine 2001; Coupland 2007, 74ff; Hirschfeld et al. 2008; Gal 2016).

Beispielsweise muss das Publikum das Beziehungs- und Identifikationsangebot nicht zwangsläufig annehmen, das ein Moderator oder eine Moderatorin durch einen „initiative style shift" herzustellen versucht. Studien, die im Rahmen der Accommodation Theory entstanden sind, deuten etwa darauf hin, dass es nicht in jedem Falle positiv aufgenommen wird, sich der Sprechweise des Gegenübers anzunähern. So kann es z.B. zu negativeren Bewertungen führen, wenn Probandinnen und Probanden den Eindruck haben, der Sprecher oder die Sprecherin passe sich nicht freiwillig an oder wolle ihnen etwas verkaufen (vgl. Simard et al. 1976; Genessee/Bourhis 1988). Da es durchaus zu den Aufgaben eines Moderators oder einer Moderatorin gehört, den Sender zu „verkaufen", könnte diese Einflussgröße bei einer Befragung von Radiohörerinnen und -hörern u.U. relevant werden (vgl. Fairclough 1994; vgl. auch Abschn. 2.3.1). Weitere Untersuchungen ergaben, dass es mitunter als gönnerhaft und herablassend wahrgenommen wird, wenn eine Sprecherin oder ein Sprecher sich sehr stark einer Sprechweise anpasst, die mit einem geringeren sozialen Status assoziiert ist als diejenige, die sie oder er normalerweise spricht (vgl. Shepard et al. 2001). Viele Radioschaffende haben Universitätsabschlüsse in Journalismus, Kommunikationswissenschaft etc. und entstammen häufig einem anderen sozialen Milieu als der Großteil ihres Publikums (vgl. Meyer 2007, 26; Richter 2009).

Die Anpassung an eine andere Sprechweise kann darüber hinaus nicht nur als Identifikation mit den Angesprochenen interpretiert werden, sondern auch als Versuch, sich selbst als Mitglied einer gemeinsamen In-Group zu präsentieren (vgl. Coupland 2001). Wird dieser Versuch von den Angesprochenen als misslungen wahrgenommen, kann die Authentizität des Sprechers oder der Sprecherin infrage gestellt werden (vgl. Blommaert/Varis 2013). In Jugendsendern z.B. „umgeben sich die Moderatoren mit dem Schein der Jugendlichkeit. Sie verwenden eine betont jugendliche Sprache und jugendliches Vokabular und geben sich als Freunde und Partner der jungen Hörer aus" (vgl. Hartung et al. 2003, 70). Von Radiopraktikern wird regelmäßig behauptet, dass Moderatorinnen und Moderatoren, die nicht wenigstens ungefähr der Altersstruktur ihres Publikums entsprechen, von diesem als unglaubwürdig wahrgenommen werden (vgl. Wasian 2008, 121; Schwabeneder 2009). Die Marktforschungsergebnisse, die vermutlich hinter solchen Aussagen stehen, sind der Öffentlichkeit in der Regel nicht zugänglich. Es gibt allerdings auch vereinzelte Studien aus dem englischsprachigen Raum, nach denen deutliche Unterschiede zwischen Alter der Zielgruppe und Alter des Radiosprechers oder der Radiosprecherin eher negativ bewertet werden (vgl. Oakes/North 2011).

Dies sind nur einige Beispiele, die andeuten, dass allein auf Basis einer „Produktanalyse" von Radiomoderationen noch keine Aussagen darüber getroffen werden können, wie die darin verwendeten Stilmittel vom Publikum wahrgenommen, kategorisiert und interpretiert werden (vgl. Coupland 2007, 17; Johnstone 2011). Aus diesem Grunde wird in der Medienlinguistik auch zunehmend dafür plädiert, die Rezipientenseite „as a much-needed complement to linguistic media analysis" nicht zu vernachlässigen (Androutsopoulos 2016, 286). In der vorliegenden Untersuchung soll das Publikum daher selbst zu Wort kommen. Dabei wird es voraussichtlich eine Rolle spielen, ob sich die Hörerinnen und Hörer mit der Selbstdarstellung eines Moderators oder einer Moderatorin identifizieren können, im Sinne von „Wer spricht hier mit mir?".

Nach der Audience-Design-Theorie kann ein Sprecher oder eine Sprecherin das eigene Sprechen beeinflussen, indem er oder sie auf internalisiertes Wissen über typische Sprechweisen der anvisierten Zielgruppe zurückgreift. Im Umkehrschluss sollte es Hörerinnen und Hörern daher auch möglich sein, anhand des Sprechstils einer Moderatorin oder eines Moderators darauf zu schließen, welche Zielgruppe jeweils angesprochen werden soll, denn „identities are ascribed to audiences in the ways they are addressed" (vgl. Tolson 2006, 16). Diese Zuschreibung könnte ebenfalls eine Rolle dabei spielen, wie sich Hörerinnen und Hörer zu einem Moderator oder einer Moderatorin bzw. einem Radiosender in Beziehung setzen, im Sinne von „Will ich auf diese Weise angesprochen werden?". Gerade im Jugendalter wird Medienkonsum häufig dazu genutzt, die eigene Identität zu schärfen (vgl. Hartmann/Schramm 2010; Hoffmann/Kutscha 2010; vgl. auch Kap. 2.1). Dies ist auch einer der Gründe, warum in der vorliegenden Untersuchung eine junge Zielgruppe befragt wird.

Der Bewertungsaspekt und die Aufmerksamkeit auf die sprachliche Form werden durch die Performativität von Moderation zusätzlich verstärkt (vgl. auch Abschn. 2.3.1). Begibt sich jemand auf eine Bühne bzw. vor ein Studiomikrofon, so übernimmt er oder sie damit eine Verantwortung gegenüber dem Publikum, die über den reinen Inhalt des Gesagten hinausgeht:

> From the point of view of the audience, the act of expression on the part of the performer is thus marked as subject to evaluation for the way it is done, for the relative skill and effectiveness of the performer's display of competence. Additionally, it is marked as available for the enhancement of experience, through the present enjoyment of the intrinsic qualities of

the act of expression itself. Performance thus calls forth special attention to and heightened awareness of the act of expression, and gives license to the audience to regard the act of expression and the performer with special intensity (Bauman 1975, 293).

Daher eignen sich Performances wie etwa Radiomoderationen auch sehr gut als Stimulus-Material, wenn man untersuchen will, wie Sprechstile wahrgenommen, kategorisiert und bewertet werden (vgl. Garrett et al. 2003, 148f; Bell/Gibson 2011). Um sich dieser Frage methodisch nähern zu können, ist es jedoch wichtig, zunächst zu klären, wie Radiohörer und -hörerinnen das notwendige Vorwissen erwerben, das sie benötigen, um den Sprechstil einer Moderatorin oder eines Moderators verorten, verstehen und sich dazu in Beziehung setzen zu können. Zudem muss noch genauer definiert werden, was in diesem Falle eigentlich unter „Stil" zu verstehen ist und wie man sich dem stilistischen Repertoire und den damit verbundenen Einstellungen der Hörerinnen und Hörer auf empirischem Wege nähern kann. Darum soll es im folgenden Kapitel gehen.

3 Sprechstil – Erwerb, Begriff und empirische Erfassung seiner Bedeutungen

Wie bereits im vorangegangenen Kapitel erläutert, greifen Radiosprecher und -sprecherinnen in der Gesellschaft etablierte, sozial konnotierte Sprechstile auf und überformen diese. Damit versuchen sie einerseits, sich als Identifikationsfiguren für die anvisierte Zielgruppe zu inszenieren, und andererseits, eine wiedererkennbare Channel Identity zu kreieren, die sie von anderen Sendern unterscheidbar macht. Tatsächlich können Radiohörerinnen und -hörer oft bereits nach kurzem Hören einordnen, um welchen Sender oder zumindest, um was für ein Format es sich handelt, wobei die Moderation eine wichtige Funktion einnimmt (vgl. Lindner-Braun 1998; Bose/Föllmer 2015). Doch was genau macht für die Hörer und Hörerinnen das „Typische" an der Moderation eines bestimmten Senders aus? Wie unterscheiden sie die Moderationsstile verschiedener Sender voneinander? Nach welchen Kriterien gehen sie dabei vor, wie erlernen sie diese – und sind sie für alle Hörerinnen und Hörer eines Senders gleich? Um sich jenen Fragen zu nähern, soll in diesem Kapitel darauf eingegangen werden, wie stilistisches Wissen erworben wird. Dazu erfolgt zunächst ein kognitionswissenschaftlicher Exkurs, wie Menschen Kategorien erlernen, da sie nach diesen grundlegenden Prinzipien auch Stile wiedererkennen und verorten. Im Anschluss wird dann ausgeführt, wie sich dieser allgemeine Lernprozess speziell bei Sprechstilen gestaltet. Jener Lernprozess und v.a. die Konsequenzen, die sich aus ihm ergeben, haben zur Wahl des Stilbegriffs geführt, der in der vorliegenden Arbeit verwendet wird. Zum Abschluss des Kapitels wird es darum gehen, wie man sich dem erworbenen Wissen über Sprechstile methodisch annähern kann, indem man metalinguistische Beschreibungen und Diskurse untersucht.

3.1 Exkurs: Ähnlichkeiten, Unterschiede und Kategorisierung

Wie in Kapitel 2 bereits mehrfach angedeutet, hat Stil etwas mit Distinktion zu tun: Mediensprecher und -sprecherinnen können stilistische Mittel einsetzen, um eine Identität zu repräsentieren, die sie von anderen unterscheidet (vgl. auch Irvine 2001; Bucholz/Hall 2006; Gal 2016). Ohne die Möglichkeit der Kontrasterfahrung würde ein Stil gar nicht erst als solcher erkannt, da er in diesem Falle als „natürlich bzw. als Normalform" wahrgenommen würde (vgl. Linke 2009, 1135). Wie ebenfalls gezeigt wurde, hat Stil aber auch etwas mit Ähnlichkeit zu tun: Damit sich bei den Hörerinnen und Hörern der Eindruck einer kohärenten Senderidentität herausbilden kann, müssen die Sprechweisen, die innerhalb des

Programms vorkommen, einander über verschiedene Moderatoren und Moderatorinnen und verschiedene Sprechsituationen hinweg ähneln – eine konventionelle, wiederholbare „typische Form" ergeben (vgl. ebd.; Coupland 2007, 1ff). Um für das Publikum attraktiv und als Format leicht identifizierbar zu sein, sollten sie darüber hinaus den Sprechweisen der Zielgruppe ähnlich sein. Für Radioschaffende ist es hierbei wichtig, dass diese Ähnlichkeiten und Unterschiede vom Publikum auch tatsächlich jederzeit wahrgenommen werden, so dass es dem gesendeten Signal zuverlässig Kategorien zuordnen kann wie „Format X", „Sender Y" oder „Moderatorin Z".

Im Rahmen der Prototyp-Theorie wurden zahlreiche Studien unternommen, die belegen, dass Menschen viele Kategorien kognitiv nach Ähnlichkeitsgraden organisieren (vgl. Rosch/Mervis 1975; Rosch 1977). Prototypische Vertreter einer Kategorie – also etwa eine „typische" Moderation eines bestimmten Senders oder Formats – teilen viele für die Kategorie charakteristische Eigenschaften miteinander (sprecherische und stimmliche Merkmale, bestimmte Inhalte, Catchphrases etc.). Ein Sprecher oder eine Sprecherin muss dabei nicht zwangsläufig *alle* kategorietypischen Merkmale präsentieren, um von den Hörenden korrekt zugeordnet zu werden. Je geringer die Dichte solcher Merkmale im Sprachsignal, umso geringer ist allerdings die Wahrscheinlichkeit dafür – der Stil ist in diesem Falle weniger „deutlich" (vgl. ebd.; Sandig/Selting 1997, 3; Docherty/Foulkes 2014). Kategorietypisch ist ein Merkmal dann, wenn es für die jeweilige Kategorie eine hohe Vorhersagekraft hat („cue validity", vgl. Rosch 1977, 29). Doch woher wissen die Hörerinnen und Hörer eines Radiosenders eigentlich, welche Merkmale des Gehörten eine hohe „cue validity" aufweisen? Unter verschiedenen Sprecherinnen und Sprechern im Allgemeinen und Moderatoren und Moderatorinnen im Besonderen lassen sich potenziell zahllose Ähnlichkeiten und Unterschiede ausmachen, selbst ein und dieselbe Sprecherin unterscheidet sich von Hörsituation zu Hörsituation (vgl. Stock/Suttner 1991; Keane 2003; Bucholz/Hall 2006). Welche Ähnlichkeiten und Unterschiede sind also *relevant*, um einen gerade wahrgenommenen Stimulus der Kategorie „Sender Y" zuordnen zu können, und welcher Grad an Ähnlichkeit ist dafür erforderlich?

Mit derartigen Fragen hatte sich bereits der analytische Sprachphilosoph Quine (1990 [1974]) auseinandergesetzt. Viele seiner Überlegungen in diesem Zusammenhang werden durch neuere kognitionswissenschaftliche Erkenntnisse gestützt – insbesondere aus dem Bereich der sog. „grounded" bzw. „embodied cognition" (vgl. Pecher/Zwaan 2005; Rohrer 2007). Im Folgenden will ich in erster Linie auf Quines Begriff der „Wahrnehmungs-Ähnlichkeit" eingehen, der für die Problematik der vorliegenden Untersuchung einige interessante Anknüpfungspunkte bietet zur Beziehung zwischen Wahrnehmung und kulturellen Einflüssen. Wahrnehmungs-Ähnlichkeit setzt verschiedene Episoden im Leben eines

Menschen in Relation zueinander, sowohl erinnerte als auch die aktuell wahrgenommene. Unter Episoden versteht Quine (1990, 16) dabei „brief stages or temporal segments of the perceiving subject's body. They are times in his life. Thus they are global episodes, including all irrelevancies". Dies schließt nicht nur die gesamte Perzeption in einem konkreten Augenblick ein, sondern auch alle jeweils aktuellen mentalen und affektiven Zustände, Propriorezeption etc. (vgl. ebd. 20ff; vgl. auch Barsalou 2008, 2016b).

Zunächst können sich zwei Episoden in der Weise ähneln, in der sie physisch die Wahrnehmungsrezeptoren eines Menschen ansprechen. Dies bezeichnet Quine als „Rezeptions-Ähnlichkeit". Im Gegensatz dazu ist die Wahrnehmungs-Ähnlichkeit „no overall point-by-point similarity. It can be as partial as you please, focusing on where the action is." (Quine 1990, 16). In kognitionswissenschaftlicher Terminologie könnte man hierbei von einer Form selektiver Aufmerksamkeit sprechen. Welche Merkmale in einer Episode salient werden, ist einerseits abhängig von der Wahrnehmungssituation selbst: Manche Wahrnehmungsgegenstände sind für Menschen generell auffälliger als andere und entsprechend leichter werden wir auf sie aufmerksam (vgl. ebd. 26; vgl. auch Rosch 1977; Schmidt 2007). Hinweise und Instruktionen von anderen können ebenfalls beeinflussen, worauf wir unsere Aufmerksamkeit lenken, aber auch unsere aktuellen Ziele und Motivationen (vgl. Quine 1990, 41ff; ein Überblick zu empirischen Belegen hierfür liefern Günther et al. 2017). Worauf ein Mensch in der aktuellen Episode achtet, hängt andererseits aber ebenso von seinen Vorerfahrungen, seinen „Erinnerungsspuren" ab: „The trace will tend to accentuate the similarity of that past episode to the present one by enhancing the salience of the features of the present episode in which that similarity resides" (Quine 1990, 26). Welche Spuren in der aktuellen Wahrnehmungssituation wachgerufen werden und bis zu welchem Grad ist wiederum dadurch beeinflusst, wie rezeptions-ähnlich die aktuelle Episode den jeweils erinnerten Episoden ist, und von der Stärke der Spur (vgl. ebd. 26ff).

Der Effekt solcher Erinnerungsspuren lässt sich in seiner einfachsten Form durch die Hebb'sche Lernregel erklären, die das Grundprinzip der meisten neueren kognitionswissenschaftlichen Ansätze bildet (Konnektivismus, Konnektionismus, Embodiment): Werden miteinander verbundene Neuronen gemeinsam aktiviert, so verstärkt sich die Verbindung zwischen ihnen. Dadurch können sie sich in Zukunft leichter gegenseitig aktivieren und jede weitere gemeinsame Aktivität verstärkt diese Tendenz. Bei miteinander verbundenen Neuronen, die *nicht* gemeinsam aktiviert werden, setzt ein gegenteiliger Prozess ein. Sie beginnen, einander zu inhibieren, eine gegenseitige Aktivierung wird also zunehmend schwerer (vgl. Holland 1998, 94f). Auf diese Weise können neuronale Netzwerke im Laufe eines Lernprozesses häufig auftretende Regelmäßigkeiten unter den eintreffenden Reizen mit zunehmender Leichtigkeit als Muster identifizieren – selbst, wenn sich die jeweiligen Episoden niemals völlig gleichen. Je stärker die neuronalen Verbindungen, umso weniger muss eine aktuelle Episode dem bereits gelernten Muster entsprechen, um es dennoch zu aktivieren. Über die Zeit werden so besonders häufig wahrgenommene Reize und Reizkonstellationen für die Verarbeitung relevanter als andere (vgl. ebd. 24ff, 103ff; Schmidt 2007).

Eine Kategorie wie „Moderatorin Z" kann man als ein Aggregat von dieserart vernetzten, wahrnehmungs-ähnlichen, holistischen Episoden betrachten, aus denen relevante Informationen über mehrere Hörsituationen mit „Moderatorin Z" hinweg abstrahiert wurden (vgl. Barsalou 2016b). Quinn (2005, 38) verwendet eine sehr ähnliche Definition, spricht aber nicht von Kategorien, sondern übergreifender von Schemata:

> a generic version of (some part of) the world built up from experience and stored in memory. The schema is generic [...] simplified and prototypical – because it is the cumulative outcome of just those features of successive experiences that are alike.

Auf Basis solcher Kategorien bzw. Schemata ist es nicht nur möglich, „Moderatorin Z" wiederzuerkennen, sondern auch Schlussfolgerungen zu ziehen, die mitunter weit über das aktuell Wahrgenommene hinausgehen können. Solche „pattern completion inferences" (Barsalou 2009) führen beispielsweise dazu, dass ein Stammhörer oder eine Stammhörerin bestimmte wiederkehrende Programmelemente, Catchphrases etc. von Moderatorin Z antizipieren kann, noch bevor sie diese vollständig ausgeführt hat. Die Ähnlichkeitsrelation ermöglicht es aber auch, dass eine Hörerin oder ein Hörer, die oder der Moderatorin Z noch nie gesehen hat, aus Erfahrungen mit anderen, ähnlich klingenden Sprecherinnen heraus eine Vorstellung entwickelt, wie Moderatorin Z aussieht, oder gar Rückschlüsse über ihren Charakter zu ziehen (vgl. Bose 2010).

Wenn Informationsverarbeitung weitgehend über holistische Episoden funktioniert, die mittels selektiver Wahrnehmungs-Ähnlichkeiten miteinander verknüpft werden, und die ihrerseits die Wahrnehmung in der aktuellen Episode beeinflussen, so folgen daraus eine Reihe von Konsequenzen, die für diese Arbeit relevant sind: Je nach Vorerfahrung können verschiedenen Individuen in der gleichen Situation, mit dem gleichen Stimulus konfrontiert, unterschiedliche Aspekte daran auffallen, die sie wiederum mit unterschiedlichen Erfahrungen verknüpfen, was zu unterschiedlichen Inferenzen führt (vgl. Quine 1990, 21; Yee/Thompson-Schill 2015; Barsalou 2016b; Pecher/Zwaan 2016). Dies zieht nicht nur methodische Probleme bei standardisierten Untersuchungen nach sich (vgl. Kap. 4; vgl. auch Böhme 2013; Barsalou 2016a). Da davon auszugehen ist, dass keine zwei Individuen je über genau die gleichen Erfahrungen verfügen können, stellt sich die Frage, wie Menschen es unter diesen Bedingungen überhaupt schaffen, auf ein ausreichendes Maß an Übereinstimmung zu kommen, um erfolgreich miteinander kommunizieren zu können. Dass jene Frage aus Sicht kognitions- wie auch sprachwissenschaftlicher Forschung beileibe noch nicht befriedigend beantwortet ist, heben etwa die Beiträge von Docherty und Foulkes (2014) sowie Günther et al. (2017) hervor.

An dieser Stelle sei jedoch daran erinnert, dass an Wahrnehmungs-Ähnlichkeit, so wie Quine sie begreift, auch Lernprozesse beteiligt sind. Das macht sie offen für soziokulturelle Einflüsse. Kulturelle Praktiken treten mit einer gewissen Häufigkeit und Regelmäßigkeit auf. Menschen, die sich in einem ähnlichen sozialen Umfeld bewegen, werden daher in ihrem Alltag systematisch mit ähnlichen Regelmäßigkeiten konfrontiert (vgl. Strauss/Quinn 1997, 123f). Statistisch messbare Regelmäßigkeiten lassen zwar noch nicht ohne Weiteres auf zugrundeliegende Regeln schließen (vgl. Quine 1970; Bourdieu 1979, 161ff). Dennoch ist es bei häufigen, verbreiteten kulturellen Phänomenen wahrscheinlicher, dass sie dem Einzelnen im Laufe seiner Sozialisation auffallen und sich stärker in dessen kognitiver Verarbeitung niederschlagen, als zufällige Einzelereignisse (vgl. Schmidt 2007). Strauss und Quinn (1997, 7) plädieren vor diesem Hintergrund für einen Kulturbegriff, der sich von der strukturalistischen bzw. kognitivistischen Vorstellung löst, Kultur sei eine Art metaphysische, für alle Mitglieder einer Gemeinschaft homogene Einheit:

> Culture [...] is thus not some free-floating abstract entity; rather, it consists of regular occurrences in the humanly created world, in the schemas people share as a result of these, and in the interactions between these schemas and this world. When we speak of culture, then we do so only to summarize such regularities.

Aus diesem Grunde ist es auch irreführend, von „der" Kultur der „X" zu sprechen (vgl. ebd.). Auch wenn Wahrnehmung und die daraus resultierenden Erfahrungen zunächst einmal individueller Natur sind, so sind geteilte Erfahrungen doch die Voraussetzung für kulturelle Praktiken – etwa um Wissen auszutauschen, gemeinsame Aktivitäten zu koordinieren, oder etablierte Rollen zu spielen, die von den Mitgliedern einer Gesellschaft erwartet werden. Dies steigert wiederum die Motivation, zu erlernen, worauf zu achten ist, um erfolgreich an solchen Praktiken teilnehmen zu können, die z.B. soziales Prestige versprechen. Manche Praktiken werden auch explizit gelehrt (vgl. Strauss/Quinn 1997, 123f, 132f; Kitayama/Uskul 2011).

Eine wichtige Rolle spielt in diesem Zusammenhang eine gemeinsame Sprache, die dazu beitragen kann, dass Menschen in einer konkreten Situation auf ähnliche Aspekte achten (vgl. Günther et al. 2017). Ein besonders klares Beispiel dafür bietet das, was Quine (1990, 37ff) unter dem Terminus „Beobachtungssätze" versteht. Das sind Sätze über Beobachtbares (wie z.B. „Das ist rot"), denen kompetente Mitglieder einer Sprachgemeinschaft, die gerade Zeugen derselben Situation sind, übereinstimmend zustimmen oder die sie ebenso einstimmig ablehnen würden. Da sie intersubjektiv zugänglich sind, bilden Beobachtungssätze wichtige außersprachliche Referenzpunkte, um die Bedeutung sprachlicher Zeichen zu erlernen (vgl. ebd.).

Um die Bedeutung eines Satzes wie „Das ist rot" zu lernen, muss ein Kind aus verschiedenen Episoden, in denen es diesen Satz gehört hat, eine Ähnlichkeits-Grundlage herausarbeiten. So muss es lernen, dass bei diesem Satz die Farbe relevant ist und nicht die Form oder das Geräusch, das ein Gegenstand macht, wie „orange" diese Farbe sein darf, um noch als „rot" akzeptiert zu werden etc. Über mehrere Versuche und mithilfe von Hinweisen und bestätigender oder ablehnender Rückmeldung durch die Erwachsenen kann es sich Schritt für Schritt deren Gebrauch von „Das ist rot" und der zugrundeliegenden Ähnlichkeitsgrundlage annähern (vgl. Quine 1990, 42ff). Keine zwei Individuen werden bei einem solchen Annäherungsprozess zu exakt demselben Ergebnis kommen und in einer gemeinsamen Situation auf exakt dieselben Aspekte achten. Dies ist auch ein Grund für die Vagheit, die Unbestimmtheit vieler sprachlicher Kategorien – und die häufig beobachtete Tendenz, dass in einer Sprachgemeinschaft zwar meist große Übereinstimmung herrscht, welche Vertreter einer Kategorie besonders typisch sind, diese Einigkeit zu den Rändern der Kategorie hin jedoch abnimmt (vgl. Rosch 1977; Newen 2005, 125f; Schmidt/Herrgen 2011, 19). Aus diesem Grunde ist es ebenso irreführend, von „der" Bedeutung des Satzes oder des Wortes „Y" zu sprechen wie von „der" Kultur der „X" (vgl. Strauss/Quinn 1997, 6f). Dennoch führen solche Interaktionen Schritt für Schritt zu immer ähnlicheren (sprachlichen) Verhaltenstendenzen. Die Zustimmung zu oder Ablehnung von Beobachtungssätzen über mehrere Episoden hinweg ist dabei ein guter Indikator, um sich der erlernten Ähnlichkeitsgrundlage einer Person anzunähern (vgl. Quine 1990, 23, 38f, 42ff).

Kapitel 3.4 wird auf diesen Aspekt zurückkommen, wenn es darum geht, wie man sich empirisch den Bedeutungen nähern kann, die Mitglieder einer bestimmten Zielgruppe verschiedenen Sprechstilen zuschreiben. Darin werden metalinguistische Beschreibungen und Diskurse behandelt, und deren Rolle als Ankerpunkte im Aushandlungsprozess um die Bedeutung und Bewertung sprachlicher Variation. Doch zuvor soll in Kapitel 3.2 erläutert werden, welche Konsequenzen die hier beschriebenen allgemeinen Lern- und Verarbeitungsprozesse für die Wahrnehmung und Kategorisierung von Sprechstilen haben und wie es hierbei zu systematischen Unterschieden zwischen verschiedenen Mitgliedern einer Sprachgemeinschaft kommen kann.

3.2 Erlernen von Sprechstilen und deren Bedeutungen

Die im vorangegangenen Abschnitt beschriebenen Prinzipien, nach denen Menschen Kategorien und kulturelle Schemata erlernen, gelten auch für das Erlernen von Sprechstilen. In neueren gebrauchsbasierten Ansätzen aus der kognitiven Linguistik geht man davon aus, dass die Bedeutung sprachlicher Formen aus einem Netzwerk von Wissenselementen erwächst, die mit diesen Formen assoziiert wurden. Dabei können potenziell alle sprachlichen Formen mit Bedeutungen verknüpft werden (nicht nur lexikalische Einheiten, sondern z.B. auch prosodische Muster). Mitglieder einer Sprachgemeinschaft stellen solche Verknüpfungen in einem lebenslangen Lernprozess her, in dem sie immer wieder aufs Neue mit jenen Formen konfrontiert werden. Welche Bedeutungen diesen in einer konkreten Situation jeweils zugeschrieben werden, hängt sowohl vom aktuellen Kontext ab als auch von den Vorerfahrungen des jeweiligen Individuums. Dabei ist es sehr wahrscheinlich, dass sich die Bedeutungen einer sprachlichen Form in verschiedenen Situationen und bei verschiedenen Individuen voneinander unterscheiden (vgl. Günther et al. 2017; vgl. auch Kristiansen/Geeraerts 2013; Docherty/Foulkes 2014; Bucholz/Hall 2016).

Mitglieder einer Sprachgemeinschaft lernen Sprechstile zu deuten und selbst zu produzieren in der Interaktion miteinander – also immer eingebettet in Situationen, Rollenkonstellationen, mit bestimmten Themen, die behandelt, und Absichten, die verfolgt werden (vgl. Geißner 1960; Eckert 2008, 2012). Kommunikationspartner setzen dabei ihr erworbenes Wissen in Beziehung zu den antizipierten Verstehensmöglichkeiten und Angemessenheitserwartungen ihres Gegenübers. Je nachdem, wie der Partner oder die Partnerin darauf reagiert, kann die verwendete Sprachproduktionsstrategie für zukünftige Anwendungen stabilisiert oder modifiziert werden (vgl. Schmidt/Herrgen 2011, 25f). Schmidt und Herrgen (2011, 28) sprechen daher auch von einer „Synchronisierung". Durch solche Rückkopplungen können die Optimierungsstrategien von Mitgliedern einer Kommunikationsgemeinschaft zu vergleichbaren, jedoch niemals identischen Ergebnissen führen – „Diese Annäherungen werden jedoch durch das Bemühen um interaktive und soziale Akzeptanz unterstützt [...] wodurch Optimierungsergebnisse die Form sozialer Konventionen erhalten" (ebd. 27). Solche Konventionen kann man als reflexive Verhaltensmodelle betrachten, in denen semiotische Repertoires jeweils als angemessen bewertet werden für „specific types of conduct [...], to classifications of persons whose conduct it is, and, hence, to performable roles (personae, identities) and relationships among them" (Agha 2007, 147). Diese Konventionen werden von Kindheit an gelernt, so legen während des Spracherwerbs z.B. die Bezugspersonen eines Kindes oft Wert darauf, „gutes" angemessenes Sprechen zu befördern und „schlechtes" unangemessenes zu unterbinden (vgl. z.B. Niedzielski/Preston 2000, 211).

Hörerinnen und Hörer interpretieren Sprechstile meist auf der Ebene der Person – sie schließen anhand der sprachlichen und sprecherischen Gestaltung etwa auf regionale Herkunft, soziale Stellung, die aktuell ausgeführte soziale Rolle des Sprechenden, Persönlichkeitseigenschaften, Gefühlszustände oder Einstellungen dem Gesprächspartner gegenüber (vgl. Coupland 2001; Hirschfeld et al. 2008; Bose 2010). Derlei Interpretationen basieren auf verinnerlichten Konzepten von prototypischen Sprecherinnen und Sprechern bestimmter Gruppen, Milieus, Regionen etc. und Angemessenheitserwartungen, wie sich diese in bestimmten Situationen zu verhalten haben (vgl. ebd.; Geißner 1960; Coupland 2007, 43). Sprechstile machen dabei nur einen Teil dieser Konzepte und Erwartungen aus. Sehr anschaulich zeigt sich dies, wenn Probanden und Probandinnen in reinen Hörexperimenten zu verschiedenen Sprechweisen befragt werden. Den Befragten fällt es in der Regel leicht, sich anhand des Gehörten ein Bild von dem Sprecher oder der Sprecherin zu machen, das weit über die linguistische und paralinguistische Ebene hinausgeht – z.B. welcher Art von Beruf die Person nachgeht, ihr bevorzugter Kleidungsstil oder einige ihrer typischen Verhaltensweisen (vgl. z.B. Møller 2009). Dieses Phänomen zeigte sich bereits in den frühen Radioexperimenten unter der Leitung von Bühler und Lazarsfeld (vgl. Herzog 1933). Sprechstile können also – so wie viele andere Stimuli auch – zu „pattern completion inferences" führen, die aus der Verknüpfung ganzheitlicher, wahrnehmungs-ähnlicher Erfahrungen erwachsen (vgl. Barsalou 2016b; Kap. 3.1).

Die holistische und gestalthafte Verarbeitung von Gesprochenem kann es mitunter erschweren, das Konzept „Sprechstil" trennscharf zu definieren (vgl. auch Kap. 3.3). In der Sprachwissenschaft wird häufig unterschieden zwischen symbolischer und indexikalischer Bedeutung: also einerseits der denotativen Bedeutung, die per Konvention zuschreibt, auf welchen Gegenstand ein Zeichen referiert – und andererseits Konnotationen, die Menschen mit sprachlichen Formen assoziieren, weil sie ihnen im Alltag häufig in Zusammenhang mit bestimmten Typen von Personen, Situationen oder Aktivitäten begegnen. Dadurch können diese Formen im Laufe der Zeit als *Anzeichen* für eben jene Personentypen etc. gedeutet werden (vgl. z.B. Linke et al. 2004, 19ff). Stile im Allgemeinen und Sprechstile im Besonderen werden häufig letzterem Bereich, der indexikalischen Bedeutung, zugeordnet (vgl. Coupland 2001; Bucholz/Hall 2006). Oft ist die Trennung zwischen beiden Bedeutungsformen methodisch sinnvoll, im konkreten Einzelfall kann es jedoch schwerfallen, eine klare Grenze zwischen beidem zu ziehen. So ist es z.B. durchaus denkbar, dass nicht nur die sprachliche und sprecherische Form, sondern auch typische Inhalte charakteristisch sein können für einen bestimmten Stil oder ein bestimmtes Genre (vgl. Goodman 1978, 24ff; Bakhtin

1986). Das hängt damit zusammen, dass beides zugleich in einem gemeinsamen Prozess erworben wird, in der Praxis nie getrennt voneinander auftritt und sich gegenseitig beeinflusst (vgl. Gutenberg 1998, 376f, 398; Rohrer 2007; Docherty/Foulkes 2014). Daher nimmt man in der Soziolinguistik und der linguistischen Anthropologie auch zunehmend Abstand von der Vorstellung, Sprechstile seien unterschiedliche Weisen, denotativ dasselbe zu sagen: „the social is eminently about the content of people's lives. Different ways of saying things are intended to signal different ways of being, which includes different potential things to say" (Eckert 2008, 456; vgl. auch Coupland 2007, 88).

Dass Menschen Sprechstile in der Interaktion mit anderen Menschen erlernen, eingebettet in verschiedene soziale Umwelten, hat noch weitere Folgen, die für die wissenschaftliche Untersuchung solcher Stile relevant sind. Individuen aus verschiedenen Teilbereichen einer Gesellschaft interagieren unterschiedlich häufig und intensiv miteinander, was sich systematisch auf ihren Synchronisierungserfolg auswirkt (vgl. Schmidt/Herrgen 2011, 31ff). Die kommunikativen Kompetenzen, die sie auf diese Art erwerben, können vom bloßen Erkennen bestimmter Sprechweisen bis hin zu ihrer aktiven Beherrschung reichen. Je nach Erfahrungsdichte variiert auch die Fähigkeit, zwischen verschiedenen Sprechweisen differenzieren zu können (vgl. Agha 2003, 2006; Boyd/Fraurud 2010). Die unterschiedliche Kommunikationsdichte zwischen Individuen kann damit zusammenhängen, wie weit sie räumlich voneinander entfernt leben. Doch auch innerhalb einer Region kommt es vor, dass Mitglieder verschiedener sozialer Gruppen kaum Kontakt zueinander haben, weil sie z.B. in verschiedenen Vierteln leben, ihre Netzwerke sich kaum überlappen. Diese Trennung kann zusätzlich verstärkt werden durch Gruppenidentitäten, die die Unvereinbarkeit der eigenen Praktiken und Auffassungen mit denen anderer Gruppen betonen. Der Effekt wird weiter verschärft, wenn man dabei von der Überlegenheit der eigenen Gruppe überzeugt ist und Mitglieder anderer Gruppen mit negativen Stereotypen belegt werden (vgl. Milroy/Milroy 1992; Strauss/Quinn 1997, 130f). Auch exklusive Praktiken, die den Zugang zur Gruppenmitgliedschaft erschweren, tragen dazu bei, dass Individuen unterschiedliche kommunikative Kompetenzen entwickeln – beispielsweise kann ein selektives Bildungssystem beeinflussen, bis zu welchem Grade Menschen mit unterschiedlichen Bildungswegen die Standardsprache beherrschen (vgl. Tabouret-Keller 1998; Agha 2003, 2006).

Wie stark sich das einzelne Individuum mit anderen „synchronisiert", hängt aber auch davon ab, wie sehr es sich mit der jeweiligen Gruppe identifiziert. Die Identifikation kann sich darauf auswirken, in welchem Ausmaß ein Mitglied einer Gruppe deren (u.a. sprachliche) Praktiken und die damit assoziierten Werte überhaupt aufgreift („Accommodation") und welche dieser Praktiken dann durch stetige Wiederholung habitualisiert und verinnerlicht werden („Entrenchment").

Je stärker die Verinnerlichung, umso eher werden sie wiederum in weiteren Interaktionen salient (vgl. Tabouret-Keller 1998; Trepte 2006; Kitayama/Uskul 2011). Das wird beispielsweise deutlich in einer Feldstudie von Eckert (1989) an einer amerikanischen High-School. Die Schülerinnen und Schüler teilten sich dort in zwei große Gruppen auf, die sich bewusst voneinander abgrenzten: die College- und Schul-orientierten „Jocks" und die „Burnouts", die Berufe ohne College-Ausbildung anstrebten und von ihrer Schule eher entfremdet waren. Beide Gruppen unterschieden sich auch in ihrer Art zu sprechen. Tendenziell stammten „Jocks" eher aus Mittelschichts-, „Burnouts" eher aus Arbeiterfamilien, doch die beste Vorhersagekraft für den Sprechstil hatte nicht die soziale Herkunft, sondern die Identifikation mit der jeweiligen Gruppe (vgl. ebd. 68f). Wie tiefgreifend und dauerhaft ein Individuum sein sprachliches Wissen in einer konkreten Kommunikationssituation modifiziert und anpasst, hängt ab von der Bewertung und dem individuellen Stellenwert, die es der Interaktion, dem Interaktionspartner und der Interaktionssituation zuschreibt (vgl. Schmid/Herrgen 2011, 26, 31; vgl. auch Strauss/Quinn 1997, 132f). Individuen, die häufig und über längere Zeiträume miteinander interagieren und für die diese Interaktionen einen hohen Stellenwert haben (z.B. Kommunikation in der Peergroup bei Jugendlichen), stimmen in ihrem sprachlichen Wissen stärker überein als mit Individuen, mit denen sie seltener Kontakt haben bzw. die ihnen weniger wichtig sind. Auf diese Weise können sich Gruppen- und situationsspezifische Konventionen herausbilden, die sich von anderen Gruppen bzw. der Gesamtsprache unterscheiden (vgl. Schmidt/Herrgen 2011, 31f).

Wie bereits in Kapitel 3.1 erläutert, ist es also nicht die reine Häufigkeit, in der jemand mit einem bestimmten Phänomen, einer gesellschaftlichen Praxis, einer sprachlichen Form konfrontiert wird, die zu deren Verinnerlichung führen, sondern es ist die Häufigkeit von Erinnerungen, die bestimmte Aspekte der Wahrnehmung mehr oder weniger stark betonen (vgl. auch Pierrehumbert 2006; Docherty/Foulkes 2014). Gefühlszustände und Motivationen spielen hierbei eine wichtige Rolle. Auch sprachliche Signale bieten zwar ein gewisses Potenzial, was an ihnen auffällig werden kann – Purschke (2014, 33) bezeichnet dies als „Salienzpotenzial" – Wahrnehmung und Kategorisierung sind jedoch keine neutralen, passiven Prozesse (vgl. Quine 1990, 27ff; Clark 1997, 50ff; Strauss/Quinn 1997, 132f; Coupland 2007, 49, 75f, 93f). Im Falle der Verarbeitung von sprachlicher und sprecherischer Variation geht man in der neueren soziolinguistischen Forschung sogar davon aus, „that socio-affective top-down factors are by far more dominant than stimulus-inherent or structure-related bottom-up factors in rendering linguistic items subject to salience-induced processes such as accommodation" (Günther et al. 2017, 296). Daher ist in diesem Zusammenhang auch häufig von „Sprachideologien" die Rede. Irvine (2001, 24) bezeichnet diese als „ideelle Schemata": „[they] have some relationship with point of view – the social position of the viewer, and the practices to which he/she differentially has access – and the viewer's baggage of history and partiality". Sie beeinflussen die Wahrnehmung durch normative Bewertungen, die sich im Laufe der Sozialisation verfestigen, und sind dadurch gewissermaßen „parteilich". Aus diesem Grunde können sie von Individuen, die sich an einer anderen sozialen Position befinden und andere Werte vertreten, mitunter als „falsch" oder „verzerrt" erlebt werden – „in so far as it gets the (normative) facts incorrect" (vgl. Agha 2006, 29). Sprachideologien sind metasprachliche Konstrukte, die den (wahrgenommenen) unterschiedlichen Gebrauch von Sprechweisen rationalisieren und rechtfertigen, politische und moralische Interessen beinhalten. Sie stellen eine Verbindung her zwischen gesellschaftlichen Strukturen und sprachlichen Formen und tragen dazu bei, dass Sprechstile über längere Zeiträume hinweg konstant und kohärent bleiben (vgl. Irvine/Gal 2000; Agha 2003; Droste 2017).

Als Voraussetzung hierfür muss ein Individuum zunächst in der Lage sein, verschiedene Sprechweisen voneinander zu unterscheiden und wiederzuerkennen. Merkmale von Gesprochenem können auffallen, weil sie etwa in einer bestimmten Sprechsituation gegen den „individuellen Normhorizont" eines Menschen verstoßen und daher als abweichend erlebt werden, oder weil ihn andere auf bestimmte Merkmale hinweisen – z.B. in Bildungsinstitutionen, die einen wichtigen Einfluss auf die sprachliche Sozialisation haben (vgl. Purschke 2014, 33; vgl. auch Stock/Suttner 1991, 64ff; Niedzielski/Preston 2000, 304f; Agha 2006). Die Aufmerksamkeit auf diese Abweichung kann auch durch außersprachliche Faktoren gelenkt werden (vgl. ebd. Docherty/Foulkes 2014; Günther et al. 2017). Es ist beispielsweise kaum unterscheidbar, ob Ideologien und Stereotype über bestimmte soziale Gruppen dazu führen, dass Unterschiede in deren Sprechweise wahrgenommen werden, oder ob die Wahrnehmung von sprecherischen Unterschieden erst dazu führt, dass bestimmte Individuen überhaupt zu einer Gruppe gezählt werden (vgl. Eckert 2008). Damit ein sprecherisches Merkmal aber tatsächlich nicht nur in der aktuellen Situation bemerkt, sondern aktiv in das sprachliche Wissen überführt wird, muss es dem Individuum nicht nur auffallen (salient werden), es muss es darüber hinaus als situativ bzw. sozial relevant erfahren. Purschke (2014) spricht in diesem Falle von „Pertinenz", die über die bloße „Salienz" hinausgeht.

Dies wiederum beeinflusst, *welche* Ähnlichkeiten und Unterschiede Hörerinnen und Hörer zwischen verschiedenen Sprechweisen wahrnehmen und über längere Zeiträume verinnerlichen – „likeness [...] is not an objective and permanent state but a motivated social achievement that may have temporary long-term effects. [...] Like similarity, difference does not exist as a social reality prior to its deployment for social ends" (Bucholtz/Hall 2006, 383f). Die Herausbildung sozialer Gruppen und mit ihnen assoziierter Sprechstile ist weniger dadurch angetrieben, dass mehrere Individuen einfach bereits bestehende Ähnlichkeiten aneinander „entdecken", sondern es ist ein aktiver Prozess, in dem Ähnlichkeiten zum Teil erst geschaffen und Unterschiede mitunter heruntergespielt werden (vgl. ebd. 371; vgl. auch Keane 2003; Gal 2016). In sozialpsychologischen Untersuchungen wurde denn auch immer wieder bestätigt, dass Menschen Unterschiede innerhalb der eigenen wie auch fremden Gruppen systematisch unter- und Verschiedenheiten zwischen den Gruppen überschätzen. Im Falle von Gruppen, denen man selbst nicht angehört, verstärkt sich dieser Effekt, je weniger Kontakt zu deren Mitgliedern besteht (vgl. Kessler/Mummendey 2007). Vergleichbare Phänomene zeigen sich ebenso bei der Wahrnehmung von Sprechweisen, die mit den jeweiligen Gruppen verknüpft sind (vgl. Garrett et al. 2003, 3). Darüber hinaus gibt es auch Fälle, in denen nachweisbar vorhandene Aspekte von Sprechweisen in der Wahrnehmung der Mitglieder mancher Gruppen vollständig ausgeblendet werden (vgl. das Konzept von „erasure" bei Irvine 2001). In den Worten Gutenbergs (1998, 368) ausgedrückt könnte man daher sagen, dass es nicht nur sozial- und lebensgeschichtlich geprägte „Sprech-", sondern auch „Hörstile" gibt.

All die hier beschriebenen Prozesse führen dazu, dass sich Mitglieder einer Gesellschaft in ihrem kommunikationsrelevanten Vorwissen, in ihren Produktions- und Rezeptionsgewohnheiten systematisch voneinander unterscheiden. Solche bestehenden Unterschiede können dazu führen, dass die Sprechweise von Menschen, die einen bestimmten sozialen Status haben, bestimmten Subkulturen angehören, bestimmten Tätigkeiten nachgehen, bestimmte Einstellungen vertreten etc., zu einem indexikalischen Anzeichen für genau diese Personentypen wird (vgl. Bell 2001; Agha 2006; Eckert 2008; Boyd/Fraurud 2010). Ist ein sprecherisches Merkmal erst einmal damit assoziiert und diese Bedeutungszuschreibung auch bei anderen Mitgliedern der Gesellschaft etabliert, so kann ein Sprecher oder eine Sprecherin jenes Merkmal aufgreifen und strategisch einsetzen, um Facetten der eigenen Identität zu signalisieren – um bestimmte Zugehörigkeiten anzuzeigen, bestimmte Persönlichkeitseigenschaften oder Haltungen zu repräsentieren etc. (vgl. ebd.; Bucholz/Hall 2006; Eckert 2012). Das bestehende, etablierte „Bedeutungspotenzial" eines Merkmals kann hierbei reproduziert und damit validiert werden, aber auch untergraben, hinterfragt oder parodiert – immer eingebettet in einem bestimmten diskursiven Rahmen und um bestimmte lokale Effekte zu erzielen (vgl. Agha 2006; Coupland 2007, 23f). So „borgt" sich in einer Untersuchung von Schwitalla und Streeck (1989, 250) beispielsweise eine Gruppe von Jugendlichen bewusst Bezeichnungen und Kommunikationstypen von erwachsenen Autoritätspersonen, um sich gegenseitig damit aufzuziehen. Das Wissen darum, welche Sprechweisen in gewissen Situationen, gewissen Personen gegenüber etc. typisch und erwartbar sind, kann von Sprecherinnen und Sprechern also recht flexibel als stilistische Ressource gebraucht werden, um damit bestimmte kommunikative Ziele zu erreichen (vgl. Selting 1997; Sandig/Selting 1997; vgl. auch Abschn. 2.3.3 und Kap. 3.3).

Der Sprecher oder die Sprecherin kann das Merkmal auch in neue Kontexte übertragen, es – im Sinne Hebdiges (1984) – in einer Bricolage mit stilistischen Mitteln aus anderen Kontexten kombinieren und zu einem neuen Stil formen. Durch solche Übertragungen und Neukombinationen verschiebt sich aber seinerseits die ursprüngliche Bedeutung des Merkmals (vgl. Eckert 2008). Silverstein (2003, 194) spricht in diesem Zusammenhang von „n-th and n+1st order indexical values". Der neue Bedeutungs-Wert ist dabei wiederum offen für weitere neue Werte, sobald er von anderen Sprecherinnen und Sprechern aufgegriffen, reproduziert wird und sich in einer Sprachgemeinschaft etabliert hat. Die älteren Bedeutungszuschreibungen „verschwinden" bei diesem Prozess aber nicht zwangsläufig, oft existieren sie parallel weiter (vgl. ebd.). Auch kann die Verwendung neuerer und älterer Zuschreibungen in einer Gesellschaft asymmetrisch verteilt sein oder demselben Merkmal werden in unterschiedlichen gesellschaftlichen Teilbereichen unterschiedliche neue Bedeutungen zugeschrieben. In diesem Falle kommt es zu „competing valorizations", die als alternative Normsysteme fungieren (vgl. Agha 2006, 29).

Aufgrund dieses dynamischen Zuschreibungsprozesses ist die Bedeutung eines stilistischen Merkmals stark kontextabhängig. Es ist nicht nur mit einer einzigen, festen Bedeutung verknüpft (vgl. Gutenberg 1998, 412; Coupland 2007, 23f, 43). Im Laufe seiner Verwendungsgeschichte akkumulieren sich die Assoziationen zu einem ganzen Bedeutungsfeld:

> a field of potential meanings – an indexical field, or constellation of ideologically related meanings, any one of which can be activated in the situated use of the variable. The field is fluid, and each new activation has the potential to change the field by building on ideological connections (Eckert 2008, 454).

Wie die Ausführungen in diesem Kapitel zeigen, sind solche Bedeutungsfelder auch nicht zwangsläufig für alle Mitglieder einer Sprachgemeinschaft gleich. In einer gemeinsamen Sprechsituation können für verschiedene Individuen am selben Stimulus unterschiedliche Merkmale auffallen – von Formulierungsweise und Syntax bis hin zu stimmlich-prosodischen Parametern. Diese Merkmale können mit jeweils unterschiedlichen Bedeutungen verknüpft werden. Die Kombination der Merkmale und diverse außersprachliche Kontextfaktoren können diese Bedeutungen ihrerseits verschieben. Dies alles wirkt sich darauf aus, in welcher Weise Sprechstile und deren Merkmale wissenschaftlich untersucht werden können. Darauf soll in den Kapiteln 3.4 und 4 eingegangen werden. Bevor die Frage nach dem empirischen Zugang zu Sprechstilen gestellt wird, soll im Folgenden allerdings noch einmal näher eingegrenzt werden, was genau in der vorliegenden Arbeit unter „Sprechstil" verstanden wird.

3.3 Stilbegriff dieser Arbeit

In der Literatur über Stil im Allgemeinen und Sprechstil im Besonderen wird immer wieder betont, dass es sich dabei um ein allgegenwärtiges, aber nur schwer zu greifendes Phänomen handelt. Nach den Ausführungen in Kapitel 3.2 lässt sich erahnen, dass dies u.a. damit zu tun hat, wie flexibel stilistische Ressourcen eingesetzt werden können, und dass es abhängig vom Rezipienten und dessen Vorerfahrungen ist, was im konkreten Fall überhaupt als stilistisches Mittel interpretiert wird. Miosga (2002, 20) definiert ‚Stil' bzw. ‚Sprechstil' als

> interaktiv bedeutsame Art der Handlungsdurchführung (WIE); in Bezug auf mündliche Kommunikation die interaktiv bedeutsame Art des Sprechens, die für einen Sprecher, eine Gruppe von Sprechern oder eine ganze Sprechkultur als typisch interpretiert werden kann und die sich in verschiedenen Kontexten als identifizierbar manifestieren lässt.

Dieser Stilbegriff soll auch für die vorliegende Arbeit gelten. Er ist erkennbar inspiriert von den Stildefinitionen Sandigs und Seltings (1997) bzw. Seltings und Hinnenkamps (1989) aus dem Bereich der germanistischen interaktionalen Soziolinguistik, hat aber auch Parallelen zu Stilbegriffen wie z.B. dem von Coupland (2001, 2007), der in der angloamerikanischen Soziolinguistik sehr einflussreich ist. Dies macht den gewählten Stilbegriff wiederum anschlussfähig an die zahlreichen Untersuchungen zu Stil und Stilisierung, die in den letzten Jahren in jenem Bereich durchgeführt wurden (zum verstärkten Interesse an Stil in der angloamerikanisch geprägten Soziolinguistik vgl. u.a. Eckert 2012). Ich habe die Definition von Miosga gewählt, weil sie – v.a. im Gegensatz zu Ansätzen aus der interaktionalen Soziolinguistik – auch den individuellen, personalen Stil mit einbezieht, der beim Aufbau einer „Radio-Personality" ein zentrales Anliegen ist (vgl. Abschn. 2.3.2). Außerdem rückt diese Definition das Typische in den Mittelpunkt, das einen Sprecher, eine Sprecherin, eine Gruppe etc. ausmacht. Radioschaffenden ist sehr daran gelegen, eine möglichst einzigartige, unverwechselbare Channel Identity zu entwickeln, um für ihr Publikum wiedererkennbar zu sein (vgl. Kap. 2.2). Ziel dieser Arbeit ist es, zu ergründen, was aus Sicht der Hörerinnen und Hörer das Typische am Moderationsstil eines Senders ausmacht. Wie im Verlauf dieses Kapitels noch näher ausgeführt werden soll, lässt sich dies nicht unabhängig von anderen Moderationsstilen erfassen. Nichtsdestoweniger soll der Fokus darauf liegen, was an jenem Stil als charakteristisch wahrgenommen wird.

Ich habe „Stil" als zentralen Begriff für diese Arbeit gewählt – und nicht etwa bedeutungsähnliche sprachwissenschaftliche Begriffe wie „Register" (im Sinne Aghas 2007) oder „Genre" (im Sinne Bakhtins 1986) – weil „Stil" wesentlich stärker als diese eine gewisse Wirkungsabsicht, Ästhetik und Kreativität impliziert und betont, dass es sich um ein Mittel zur Distinktion handelt. Wie die Kapitel 2.2 und 2.3 gezeigt haben, spielen alle diese Aspekte des Sprechens bei Radiomoderation eine wichtige Rolle (vgl. auch Bose/Föllmer 2015). Darüber hinaus habe ich mich auch dagegen entschieden, den in der Sprechwissenschaft sehr geläufigen Terminus „Sprechausdruck" als Kernbegriff zu verwenden, der systematisch auf die „klingende Seite" des Sprechens fokussiert – der Modifikationen von Stimmhöhe, Lautheit, Stimmklang, Sprechgeschwindigkeit, Artikulation und weiterer Komplexwahrnehmungen wie etwa der Sprechspannung (vgl. Stock/Suttner 1991; Bose 2003, 28ff). Ein Grund dafür sind die methodischen Konsequenzen, die sich aus der holistischen und gestalthaften Wahrnehmung von Sprechstilen ergeben (s.u.). Die distinguierenden, rhetorischen, kreativen und holistischen Aspekte von „Sprechstilen" sind für die vorliegende Arbeit von großer Bedeutung, daher sollen sie im Folgenden noch etwas näher erläutert werden.

Sprechstile sind ein Mittel zur Distinktion
Sprechstile sind Teil eines Systems an Unterscheidungen und Abgrenzungen, das auch außersprachliche Formen miteinschließt (vgl. Irvine 2001; Eckert 2008; Gal 2016). Nach Auffassung Goodmans (1978, 23ff) kann faktisch jedes Merkmal einer Praxis zu deren Stil beitragen – solange es der Wiedererkennbarkeit, der Unterscheidbarkeit dient. Die Gestaltungs- und Ausdrucksmittel von Sprechstilen sind immer „im Vergleich zu paradigmatischen Alternativen (mit natürlich nie genau derselben Bedeutung)" zu verstehen (vgl. Selting/Hinnenkamp 1989, 5f). Sprechstile werden also vor dem Hintergrund interpretiert, dass es immer auch andere mögliche stilistische Varianten gibt, von denen sich die gewählte unterscheidet (vgl. Linke 2009). In Untersuchungen zu Spracheinstellungen und -ideologien zeigt sich regelmäßig, dass Probandinnen und Probanden verschiedene Varietäten und Sprechstile eher vernetzt, in Relation zueinander organisieren, denn als „separate Entitäten" (vgl. Cuonz 2014, 408ff; 422; vgl. auch Irvine/Gal 2000). Daher ist es sinnvoll, in solchen Untersuchungen nicht nur einen Stil isoliert zu betrachten, sondern das Augenmerk auch auf die wahrgenommenen Beziehungen, Kontraste, Ähnlichkeiten und Grenzen zu anderen Stilen zu richten (vgl. Irvine 2001; Gal 2016). Diese wiederum werden vermittelt durch

zugrundeliegende Sprachideologien, die dazu beitragen, Sprechstile, deren Bedeutungen und Beziehungen zueinander kohärent zu halten (vgl. ebd.; vgl. auch Kap. 3.2). Dass Sprechstile überhaupt als ein Mittel zur Distinktion eingesetzt werden können, setzt voraus, dass den Sprecherinnen und Sprechern die paradigmatischen Alternativen zumindest teilweise bewusst sind, sie außerdem ein gewisses Maß an Kontrolle darüber haben, welche dieser Möglichkeiten sie letztlich wählen, und sie dabei antizipieren, wie das Gewählte voraussichtlich auf die Adressaten wirken wird (vgl. Coupland 2007, 146).

Sprechstile werden rhetorisch eingesetzt und haben kreatives Potenzial
Sprechstile sind Muster für das Gesprochene, zugleich aber auch Vollzüge dieser Muster – wobei sich während einer konkreten Äußerung mehrere Rollen-, Schicht- oder andere Muster überlagern können (vgl. Gutenberg 1998, 375ff). In verschiedenen Sprechsituationen gibt es in der Regel mehr oder weniger stark konventionalisierte sprachliche und sprecherische Formen, die als angemessen und erwartbar gelten. Der Sprechstil, den eine Sprecherin oder ein Sprecher tatsächlich wählt, ist dadurch jedoch nicht vollständig determiniert. Selting und Hinnenkamp (1989, 3) gehen von einer „interdependenten, reflexiven Beziehung zwischen ‚Stil' und Kontext" aus. Kontextuell erwartbare Formen kommen nicht zwangsläufig immer zum Einsatz, sondern sie bieten „als Mittel und Ressourcen der Herstellung von sozialer und interaktiver Bedeutung methodisch-systematische Einwirk- und Zugriffsmöglichkeiten auf Interaktionskontexte" (vgl. ebd.; vgl. auch Bakhtin 1986). Es bleibt also – je nach Kontext in unterschiedlichem Ausmaß – immer eine gewisse kreative Freiheit, vom Erwartbaren abzuweichen und mit einem „metaphorical style shift" die Situation, die Beziehung zum Adressaten, die eigene Selbstdarstellung oder den kommunikativen Modus neu zu definieren – „language needs to be seen as a determinant of social situation just as much as conditioned by it" (vgl. Coupland 2001, 189; vgl. auch Bells Begriff vom „initiative style shift", auf den in Abschn. 2.3.3 eingegangen wird). Dass stilistische Ressourcen kreativ eingesetzt werden können, wird insbesondere bei „high performances" wie etwa Radiomoderationen deutlich, in denen der virtuose Umgang mit sprachlichen und sprecherischen Formen, das Spiel mit Bedeutungen vom Publikum teils bewusst goutiert wird (vgl. Coupland 2007, 146ff; Bose/Föllmer 2015; das Beispiel eines walisischen Radiomoderators, der solch ein virtuoses Spiel betreibt, findet sich bei Coupland 2001).

In solchen Performances zeigt sich auch der reflektierte Umgang mit Sprechstilen besonders stark – sowohl auf Seiten des Sprechers oder der Sprecherin als auch auf Rezipientenseite (vgl. Bauman 1975; Bell/Gibson 2011). Bei indexikalischen Zeichen ist es zwar generell schwer, zwischen intendierten und nichtintendierten Signalen zu unterscheiden, fest steht jedoch, dass „solche Zeichen bewusst eingesetzt und gepflegt" werden können (vgl. Linke et al. 2004, 20f). Das gilt auch für Sprechstile. Die Art und Weise, in der wir sprechen, läuft in vielen Situationen weitgehend „automatisiert" ab, da sie im Laufe unserer Sozialisation stark verinnerlicht und – im Sinne Bourdieus – zu einem Teil unseres Habitus wurde (vgl. Miosga 2002, 17ff; Bucholz/Hall 2006; Coupland 2007, 90ff). Das schließt allerdings die Möglichkeit einer bewussten Verwendung nicht aus (vgl. z.B. Niedzielski/Preston 2000, 155). Ob und in welchem Maße bewusst oder nicht – Selting (1997, 29) sieht die Voraussetzung dafür, um überhaupt von „Stil" reden zu können, darin, dass „die verwendeten Mittel als Stilmittel eingesetzt werden, d.h. als Mittel, die kontext- oder aktivitätstyp-spezifische Interpretationsrahmen bzw. eine bestimmte Wirkung und Interpretation nahelegen". Solange z.B. die Verwendung einer bestimmten Varietät allein durch die regionale Herkunft bestimmt ist, so handelt es sich ihrer Ansicht nach noch nicht um „Stil". Das ist erst dann der Fall, wenn diese als Mittel eingesetzt wird, um etwa regionale Zugehörigkeit zu demonstrieren. Der Einsatz stilistischer Ressourcen erfolgt damit stets strategisch, um bestimmte Wirkungen zu erzielen, und kann damit als rhetorisch bezeichnet werden (vgl. ebd.; Hannken-Illjes 2004, 65ff; Bose/Föllmer 2015). Diese Rhetorizität ist bei der Untersuchung von Stilen dementsprechend empirisch nachzuweisen, was mitunter eine beträchtliche methodische Herausforderung darstellt. Entscheidendes Kriterium ist hierbei die Interpretation auf Rezipientenseite (vgl. Sandig/Selting 1997). Im Falle von Radiomoderation ist davon auszugehen, dass es sich um ein in hohem Maße reflektiertes, strategisches und damit rhetorisches Sprechen handelt (vgl. Bose/Föllmer 2015; Abschn. 2.3.2). Ob und in welcher Weise dies von den Hörern und Hörerinnen auch so wahrgenommen wird, soll Gegenstand der vorliegenden Untersuchung sein.

Stil wird holistisch und gestalthaft wahrgenommen
Um einen Sprechstil anzuwenden,

> werden Stilmittel aus unterschiedlichen linguistischen Subsystemen zu Merkmalsbündeln kombiniert: Als kookkurrierende Stilmittel finden wir Phänomene und Strukturen aus Bereichen wie der Rhetorik, der Lexiko-Semantik, der Syntax, der segmentalen Phonetik-Phonologie und der Prosodie (Selting 1997, 14).

„Sprechstil" in diesem Sinne gilt im Wesentlichen das Interesse dieser Arbeit. Die verbreitete Tendenz, Radio nebenbei und zur Stimmungsregulation zu hören, lässt vermuten, dass der „Sound" bei Moderationsstilen eine bedeutende Einflussgröße ist (vgl. Åberg 2001; Föllmer 2011; Böhme 2013, 2015; Kap. 2.1). Daher soll in der vorliegenden Untersuchung auch besonderes Augenmerk darauf liegen, welchen Beitrag stimmlich-artikulatorische Merkmale – im Sinne von Bose (2010) – zur Wahrnehmung solcher Stile leisten. Dies geht über die meisten sprachwissenschaftlichen Untersuchungen hinaus, da in diesem Bereich v.a. stimmliche Parameter als Bestandteil von Sprechstilen bislang kaum empirisch untersucht wurden (eine Kritik hieran aus Perspektive der Embodiment-Bewegung liefern Bucholz/Hall 2016, Ausnahmen bilden z.B. Pennock-Speck 2006; Podesva 2007; Eckert 2010). Studien von Mücksch (2015), Finke (2017, 2019) sowie Bose und Finke (2016) deuten jedenfalls darauf hin, dass die Stimme im Radio sehr wirkungsbewusst, strategisch und damit stilistisch eingesetzt wird.

„Sprechstil" soll in dieser Arbeit dennoch nicht auf die Klanggestalt des Gesprochenen reduziert werden (wie es z.B. Gutenberg 1998, 369ff tut). Die holistische Weise, in der Hörerinnen und Hörer Stil normalerweise wahrnehmen, schießt linguistische und paralinguistische Zeichen gleichermaßen ein – und erstreckt sich überdies auch auf Außersprachliches (vgl. Kap. 3.1 und 3.2). Prominent geht dies z.B. aus den Arbeiten von Hebdige oder Bourdieu hervor, die zeigen, dass Sprechstile nur einen Teil umfassender, gesellschaftlich reproduzierter Distinktionssysteme ausmachen (vgl. Irvine 2001; Gal 2016). Wie bereits weiter oben erwähnt, kann potenziell jedes Merkmal einer Praxis als Stilmittel eingesetzt werden (vgl. Goodman 1978, 23ff). Im Falle von Radiomoderation können beispielsweise jenseits der sprachlichen und sprecherischen Form auch Stimmschlüssel und Kompression zu deren Stil beitragen (Musikbetten unter der Moderation wie auch andere Verpackungselemente und Soundeffekte wurden in der vorliegenden Untersuchung bewusst ausgeschlossen, doch auch sie können als Stilmittel angesehen werden, vgl. Kap. 2.2). Der Stilbegriff ermöglicht – anders als beispielsweise „Register" oder „Sprechausdruck" – prinzipiell auch außersprachliche Elemente mit einzubeziehen, vorausgesetzt, sie werden strategisch eingesetzt und dienen der Unterscheidung (vgl. Irvine 2001). Solch große Offenheit birgt natürlich die Gefahr, dass „Stil" schnell zu einer „theory of everything" auswuchern kann (vgl. Coupland 2001, 185). Bei einer explorativ ausgerichteten Arbeit wie dieser kann sie aber durchaus produktiv sein. So ermöglicht sie bei der Frage, was für die *Hörer und Hörerinnen* typisch an einem Moderationsstil ist, im ersten Schritt zunächst alle Aspekte in Betracht zu ziehen, die hierbei relevant werden können – und die Ausrichtung der Untersuchung nicht von vornherein zu beschränken.

Dies ist allein schon wegen der gestalthaften Wahrnehmung von Stilen notwendig. Wie bereits mehrfach erwähnt, sollen in der vorliegenden Untersuchung die Hörerinnen und Hörer selbst zu Wort kommen – es sollen also Teilnehmerkategorien von sprach- und sprechwissenschaftlichen Laien erhoben werden. Aus experimentellen Untersuchungen wie auch Feldstudien geht immer wieder hervor, dass sich Laien der Inhalte und der kommunikativen Wirkung von

Gesprochenem sehr bewusst sind. Dabei können sie auch beschreiben, welche Wirkungsabsicht sie selbst bei einer Äußerung verfolgt hatten bzw. Rückschlüsse über die Absichten anderer ziehen (vgl. Niedzielski/Preston 2000, 302ff; Hirschfeld et al. 2008). Anders sieht es dagegen aus, wenn es darum geht, konkrete Merkmale am sprachlichen Signal zu benennen, die für diesen Eindruck verantwortlich sein könnten – „Much phonetic work in folk perception is exactly like this: respondents cannot give a conscious account of the features involved, but experimental procedures show that they are very sensitive to them" (Preston 2011, 31). Ganz besonders gilt dies für prosodische Parameter (vgl. Hirschfeld et al. 2008). Gerade stark verinnerlichte, habitualisierte sprachliche und sprecherische Formen werden tendenziell als gestalthaftes Ganzes verarbeitet (vgl. Niedzielski/Preston 2000, 304; Schmidt 2007; Bose 2010). Äußern sich die Hörer und Hörerinnen also über die Wirkung eines Moderations-Stimulus, so dürfte sich dies in den meisten Fällen auf einen Gesamteindruck beziehen, der sich aus dem komplexen Zusammenwirken verschiedener Merkmale des kompletten Signals ergibt (vgl. ebd.; Selting 1997). Einzelne Merkmale werden üblicherweise nur dann bewusst, wenn sie deutlich von den internalisierten Normen des Hörenden abweichen oder mit negativen Stereotypen verknüpft sind (vgl. Garrett et al. 2003, 127; Purschke 2014). Welche Merkmale und Merkmalskombinationen zu welchen Wirkungen geführt haben könnten, lässt sich erst nach einer tiefergehenden Analyse der Stimuli selbst und der Hörerreaktionen darauf ermitteln (vgl. Selting 1997). Interessant ist in diesem Zusammenhang v.a. die Frage, welche Gemeinsamkeiten sich bei verschiedenen Stimuli finden lassen, die bei den Hörern und Hörerinnen zu ähnlichen Reaktionen führen (vgl. auch Kap. 3.4 und 4).

Was diese Art des methodischen Vorgehens erschwert, ist, dass Sprechstile nicht nur gestalthaft wahrgenommen werden, sondern auch prototypisch organisiert sind. Um einen Stil identifizieren zu können, ist es daher nicht notwendig, dass jederzeit alle seine charakteristischen Merkmale zu hören sind (vgl. Kap. 3.1). Damit eine bestimmte Art und Weise zu sprechen als „Stil" gelten kann, stellt Selting (1997) die Bedingung, dass die verwendeten Mittel nicht nur punktuell eingesetzt werden, sondern über einen gewissen Zeitraum hinweg. Auch hier ist die Reaktion der Rezipientinnen und Rezipienten das entscheidende Kriterium (vgl. ebd.). In der vorliegenden Arbeit wird mit relativ kurzen Moderationsstimuli von 6-12 Sekunden Länge gearbeitet (vgl. Kap. 6.1). Aus diesem Grunde ist es auch unter Einbezug der Hörerreaktionen schwierig, für einen isoliert betrachteten Stimulus zu bestimmen, welche Bestandteile des Signals als Einzelphänomene anzusehen sind und welche als Stilmittel. In den folgenden Kapiteln wird von Fall zu Fall unterschieden werden. Generell lässt sich hier aber festhalten, dass „Sprechstil" in dieser Arbeit immer dann verwendet wird, wenn es sich um sprecherische und sprachliche Muster handelt, auf die die Hörerinnen und Hörer über mehrere Stimuli hinweg in ähnlicher Weise reagieren. Für alle anderen Fälle wird stattdessen der Begriff „Sprechweise" verwendet, nach der Definition von Reinke (2008, 35) einerseits „die Art und Weise des Sprechens in der mündlichen Kommunikation", andererseits bezieht sich diese aber auch

> jeweils differenziert auf die besondere Verwendung diverser lexikalischer Mittel, sprachlicher Strukturen (z.B. rhetorische Stilmittel), die Verwendung vokaler Mittel (stimmlicher, phonetische) oder prinzipiell auf die Kundgabe emotionaler Involviertheit und persönlicher Einstellungen.

Jener Begriff ähnelt dem des „Sprechstils", impliziert aber weniger stark Kohärenz, Rhetorizität und die Funktion als Distinktionsmerkmal. Die Unterscheidung der Begriffe sei hier ähnlich verstanden wie Boses (2003, 32) Unterscheidung zwischen „Sprechausdrucksweisen", die in konkreten Kommunikationsereignissen produziert und rezipiert werden und „Sprechausdrucksmustern", von denen sie dann spricht, „wenn bestimmte Sprechausdrucksweisen sich regelmäßig wiederholen und an ähnliche Bedingungen geknüpft sind, wenn sie also geordnet, regelhaft erscheinen" (ebd.).

3.4 Sprechen über Sprechstil: Metalinguistische Beschreibungen

Wie im vorangegangenen Abschnitt erläutert, fällt es sprach- und sprechwissenschaftlichen Laien oft schwer zu benennen, welche konkreten Merkmale einer Sprechweise für deren Wirkung verantwortlich sind. Nichtsdestoweniger werden Sprechstile von Generation zu Generation bzw. an neue Gruppenmitglieder weitergegeben und reproduziert. Die Merkmale selbst, deren Kombination und die damit verknüpften Normen, Bewertungen und Bedeutungen müssen der öffentlichen Wahrnehmung also in irgendeiner Form zugänglich sein, ebenso die Grenzen zwischen verschiedenen Sprechstilen – andernfalls wäre es unmöglich, sie zu erlernen (vgl. Irvine 2001; Agha 2006). Eine wichtige Funktion nehmen hierbei metapragmatische Aktivitäten ein. Darunter versteht man mehr oder weniger explizit geäußerte soziale Bewertungen und Typisierungen wahrgenommener (und damit nicht zwangsläufig immer vorhandener) Unterschiede im Sprachgebrauch (vgl. Silverstein 1993; Spitzmüller 2013; Droste 2017). Mitglieder einer Sprachgemeinschaft können z.B. verschiedene Sprechweisen in der Regel problemlos mit Bezeichnungen typisieren wie „proletenhaft", „herzlich" oder auch „Smalltalk". Solche metalinguistischen Beschreibungen verknüpfen sprachliche und sprecherische Repertoires mit pragmatischen Effekten:

they hint at the existence of cultural models of speech – a metapragmatic classification of discourse types – linking speech repertoires to typifications of actor, relationship, and conduct (Agha 2006, 23).[2]

Dabei handelt es sich nicht um neutrale Beschreibungen, um die man sich etwa bei der wissenschaftlichen Analyse und Typologisierung von Sprechstilen bemüht (vgl. z.B. Gutenberg 1998, 402ff; Bose 2010). Sie färben die Phänomene, auf die sie sich beziehen, mit spezifischen Wertungen, können sie kommentieren und ideologisch verzerren. Sie schließen normative Konstrukte mit ein, die für die Beschreibenden von sozialer Relevanz sind (vgl. Irvine/Gal 2000; Agha 2003; Droste 2017). Andererseits lassen sie sich aber auch nicht auf ihre affektiven Anteile reduzieren – „'attitudes' include participants' basic understandings of what the sociolinguistic system consists of, not just emotional dispositions" (vgl. Irvine 2001, 24).

Metapragmatische Aktivitäten reichen von direkten und bewussten Äußerungen zu bestimmten Sprechweisen, über Imitationen (z.B. in Performances, in der Wiedergabe direkter Rede), bis hin zu Reaktionen, die implizit auf die Bewertung, Bedeutung und dahinterliegende, meist unausgesprochene Annahmen schließen lassen (vgl. Niedzielski/Preston 2000, 302ff; Agha 2003; Preston 2011). Gemeinsam ist ihnen allen, dass sie nicht nur „Ideen im Kopf" der Sprachverwender und -verwenderinnen sind (vgl. Agha 2006, 27). Sie sind auf mehr oder weniger direkte Weise öffentlich wahrnehmbar und häufig lässt sich beobachten, dass Mitglieder bestimmter gesellschaftlicher Gruppen auf bestimmte Sprechstile ähnlich reagieren, indem sie diese z.B. mit denselben Worten beschreiben (vgl. ebd.; Agha 2003). Es treten an dieser Stelle also soziale Regelmäßigkeiten auf, die über die Aktivitäten des einzelnen Individuums hinausgehen – „what we are calling 'language attitudes' can themselves be stereotyped responses to community-bound ways of speaking" (Garrett et al. 2003, 5). Solche „metapragmatischen Stereotype" bieten nicht nur eine geeignete Datenbasis für die Forschung, um Bedeutungen, Bewertungen und Grenzen zwischen verschiedenen Sprechstilen zu untersuchen – sie sind auch ein wichtiger Anhaltspunkt für die Mitglieder von Sprachgemeinschaften, um jene Bedeutungen, Bewertungen und Grenzen zu erlernen (vgl. Agha 2006).

Wie in Kap. 3.1 beschrieben, kann ein Individuum die Bedeutung eines Beobachtungssatzes erlernen, indem es eine Ähnlichkeitsgrundlage abstrahiert aus holistischen Episoden, in denen ihm der Satz bislang begegnet ist, und aus den Rückmeldungen kompetenter Mitglieder der Sprachgemeinschaft. Im Laufe der

---

2 Vgl. auch Selting/Hinnenkamp (1989); Gal (2016).

Zeit lernt das Individuum dadurch, welche Merkmale in einer Wahrnehmungssituation relevant sind, unter welchen Bedingungen die Verwendung des Satzes angemessen ist. Schritt für Schritt nähert es sich damit der Ähnlichkeitsgrundlage seiner Interaktionspartner an. Auch wenn die Bedeutung vieler Sätze und Wörter aus dem sprachlichen Kontext heraus erlernt wird, so bedarf es doch einiger solcher intersubjektiv wahrnehmbarer Ankerpunkte (vgl. Quine, 1990, 37). Das trifft selbst auf den Erwerb von Ausdrücken zu, die sich auf den Gefühlszustand einer Person beziehen. Da das subjektive Erleben eines Menschen anderen nicht zugänglich ist, kann eine adäquate, überindividuell verständliche, konventionalisierte Verwendung solcher Ausdrücke nicht ohne äußerlich wahrnehmbare Situationskomponenten erlernt werden (wie etwa bestimmte stimmlich-artikulatorische Merkmale des Gesprochenen; vgl. Tischer 1993, 48ff).

Das gilt auch für metalinguistische Beschreibungen. Dabei können zahlreiche verschiedene Komponenten mit derselben Beschreibung verknüpft werden. Wird beispielsweise eine Sprechweise als „höflich" bezeichnet, kann sich dies auf eine gewisse Wortwahl beziehen (z.B. die Verwendung von Honorativen), aber ebenso auf kommunikative Strategien, um das Gesicht des Gegenübers zu wahren (vgl. Brown/Levinson 1987; Ehlich 2016). Wie viele andere metalinguistische Beschreibungen kann „höflich" zudem auf außersprachliche Aspekte verweisen, wie z.B. gewisse Gesten (Hand reichen, Verbeugung) oder auch ein angemessener Kleidungsstil. Durch den Gebrauch von „höflich" werden auf diese Weise zunächst unverbundene Zeichen, die in der sozialen Interaktion gemeinsam auftreten können, als gleichwertig behandelt. Im Laufe des Lernprozesses kann dies dazu führen, dass das Individuum diese Zeichen irgendwann als ähnlich zueinander wahrnimmt (vgl. Agha 2006). Folglich gehören auch metapragmatische Aktivitäten zu den zahlreichen kulturellen Faktoren, die die Wahrnehmung von Ähnlichkeiten und Unterschieden zwischen Sprechstilen und einer Reihe weiterer semiotischer Repertoires beeinflussen – „such likenesses do not exist naturally or inertly, of course; they are actively motivated by metasemiotic discourses and practices of various kinds" (ebd. 41; vgl. auch Kap. 3.2). Da metalinguistische Beschreibungen – so wie Sprechstile – ebenfalls über einen längeren Synchronisationsprozess in der Interaktion erworben werden, ist auch hier nicht davon auszugehen, dass alle Mitglieder einer Sprachgemeinschaft die gleichen Beschreibungen auf die gleiche Weise verwenden und ihnen die gleichen Bedeutungen zuschreiben (vgl. Busse 1991; Agha 2006; Geeraerts 2008). Auch hier sind systematische Unterschiede zu erwarten zwischen unterschiedlich sozialisierten Individuen – aus denselben Gründen, wie sie in Kap. 3.2 bereits erläutert wurden. Daraus ergeben sich für die Untersuchung von Sprechstilen einige methodische Herausforderungen, die im folgenden Kapitel näher beleuchtet werden sollen.

4 Konsequenzen für die Untersuchung von Moderationsstilen

In Kapitel 3 wurde darauf eingegangen, wie Sprechstile und die damit assoziierten Bedeutungen und Bewertungen erlernt und verarbeitet werden – und dass dieser Lernprozess zu systematischen Unterschieden in Produktions- und Rezeptionsgewohnheiten zwischen verschieden sozialisierten Individuen führt. Das heißt, für zwei Individuen können an der derselben Sprechweise unterschiedliche stilistische Merkmale salient werden. Selbst wenn ihnen die gleichen Merkmale auffallen, können diese mit unterschiedlichen Vorerfahrungen verknüpft sein, was wiederum zu unterschiedlichen Rückschlüssen, „pattern completion inferences", über den Sprecher oder die Sprecherin führt (vgl. Barsalou 2016b). Wie Gutenberg (1998, 367ff) erläutert, haben Sprechstile akustisch messbare Korrelate – die dahinterliegenden Strukturmuster, die bei Sprechenden wie Hörenden zur Anwendung kommen („Sprechstil" bzw. „Hörstil"), lassen sich jedoch nicht messen, sondern nur hermeneutisch rekonstruieren. Metapragmatische Aktivitäten bieten einen Zugang zu den Bedeutungen und normativen Vorstellungen, die mit Sprechstilen verbunden werden. Am leichtesten zugänglich sind dabei explizite metalinguistische Beschreibungen, die Menschen verwenden, um ihren Eindruck von einem Stimulus in Worte zu fassen, den sie gerade in einer gemeinsamen Situation wahrgenommen haben – dieser Fall kommt Beobachtungssätzen im Sinne Quines (1990, 37ff) am nächsten. Doch auch solche Beschreibungen werden in einem Sozialisationsprozess erworben. Daher können verschieden sozialisierte Individuen denselben Stimulus unterschiedlich beschreiben. Aber auch dieselbe Beschreibung muss nicht zwangsläufig für alle Mitglieder einer Sprachgemeinschaft genau dieselbe Bedeutung haben – insbesondere, was affektive, konnotative Bedeutungsanteile angeht (vgl. Eckert 2008). Will man die Wirkungen von, Einstellungen zu und Sprachideologien hinter Sprechstilen untersuchen, sind diese aber gerade wichtig.

Das wiederum führt zu methodischen Konsequenzen. In quantitativen Untersuchungen zu Spracheinstellungen und Sprechwirkungen werden den Probanden und Probandinnen üblicherweise Beschreibungen vorgegeben, anhand derer sie die gehörten Stimuli einschätzen sollen. Auch wenn regelmäßig empfohlen wird, vor solchen Untersuchungen eine Pilotstudie durchzuführen, um Beschreibungen und Dimensionen zu ermitteln, die für die befragte Zielgruppe relevant und bedeutsam sind, so geschieht dies in der Praxis eher selten. Oft stammen die metalinguistischen Beschreibungen, die in Likert-Skalen, Polaritätenprofilen etc. eingesetzt werden, von den Forscherinnen und Forschern selbst. Dies kann die externe Validität solcher Studien beeinträchtigen – umso mehr, je weiter die

Befragenden sozial und kulturell von ihren Befragten entfernt sind (vgl. Garrett et al. 2003, 56ff; Jankowitcz 2004, 11ff; Liebscher/Dailey-O'Cain 2009). Auch kann es zu methodischen Artefakten führen, wenn für eine Untersuchung Skalen aus anderen Studien übernommen werden, sofern sich Untersuchungsgegenstand und Zielgruppe deutlich unterscheiden (vgl. Garrett et al. 2003, 64ff, 145). Das gilt ebenso, wenn unterschiedlich sozialisierte Gruppen mithilfe desselben quantitativen Erhebungsinstruments miteinander verglichen werden sollen. Gerade in solchen Fällen ist es mitunter schwer zu gewährleisten, dass die gleichen Beschreibungen für die Mitglieder beider Gruppen auch das gleiche bedeuten und die verwendeten Dimensionen gleichermaßen relevant sind (vgl. ebd.; Garrett et al. 2005; Maegaard 2005). Ist diese Voraussetzung nicht erfüllt, sind die Daten beider Gruppen jedoch nicht miteinander vergleichbar, was – sollte dies unentdeckt bleiben – zur Fehlinterpretation der Ergebnisse verleiten kann (ein anschauliches Beispiel hierfür liefert Mattfolk 2005). Doch auch bei qualitativen Gruppenvergleichen ist es eine methodische Herausforderung, eine einheitliche Vergleichsgrundlage zu finden. In der vorliegenden Arbeit soll ein qualitativer Ansatz vorgestellt werden, mit dessen Hilfe sich systematisch metalinguistische Beschreibungen einer bestimmten Zielgruppe zu einem bestimmten Repertoire an Sprechstilen erheben lassen. Wie gezeigt werden wird, lassen sich die Ergebnisse dieses Vorgehens auch relativ einfach in quantitative Erhebungsinstrumente überführen.

Für Untersuchungen, in denen kulturelle Modelle ermittelt werden sollen, nach denen bestimmte Gruppen von Menschen ihre Alltagswelt interpretieren, empfiehlt der kognitive Anthropologe D'Andrade (2005, 90) „better not to ask informants directly about their models, but rather to ask something that will make the person use the model". Dies deckt sich mit den Erfahrungen aus Pilotuntersuchungen zu dieser Arbeit – fragte man Radiohörerinnen und -hörer direkt danach, was für sie das Typische an der Moderation eines Senders ausmacht, waren ihre Antworten in der Regel sehr spärlich und allgemein gehalten. Konfrontierte man sie dagegen mit Moderationsmitschnitten des Senders, wurde schnell deutlich, über welche Fülle an stilistischem Vorwissen sie verfügen. Ein solches Vorgehen kommt der situierten, gestalthaften Wahrnehmung von Sprechstilen entgegen (vgl. Kap. 3.2 und 3.3).

Wie bereits in Kapitel 1 erläutert, fiel die Wahl auf Radiomoderationen als Stimulusmaterial u.a. deshalb, weil solche Sprechstile in der Welt der Probanden und Probandinnen auch tatsächlich in dieser Form vorkommen. Im Gegensatz zu Stimuli, die eigens für die Untersuchungszwecke konstruiert wurden, hat die Verwendung „authentischer" Stimuli den Vorteil, dass sich die in der Untersuchung gewonnenen Erkenntnisse leichter auf den Alltag der befragten Zielgruppe übertragen lassen (vgl. Garrett et all 2003, 59; Bose 2010). Dies geht jedoch mit dem Nachteil einher, „that audio-recordings contain a wealth of linguistic features, each of which has the potential to trigger its own associations" (Buchstaller 2006, 365) – oder anders ausgedrückt: Man erzielt mit solchen Stimuli zwar ökologisch valide, vergleichsweise alltagsnahe Reaktionen der Befragten, es ist aber schwer zu sagen, welche Merkmale der Stimuli zu diesen Reaktionen geführt haben könnten.

Um sich der Frage nach den relevanten Merkmalen anzunähern, soll das Prinzip der klassischen Wirkungsuntersuchung in dieser Arbeit gewissermaßen umgekehrt werden: Zunächst sollen Angehörige der Zielgruppe selbst aus einem möglichst großen Pool an „authentischen" Stimuli wählen, welche sie davon als typisch für den zu untersuchenden Sprechstil ansehen. Anschließend lässt man sie die typischen Stimuli in eigenen Worten beschreiben. Daraufhin wird untersucht, bei welchen Stimuli sich welche Beschreibungen häufen – es sollen also zielgruppenspezifische metapragmatische Stereotype ermittelt werden (vgl. Agha 2006). Auf dieser Basis erfolgt dann eine genaue Analyse der Stimuli, in der Hypothesen aufgestellt werden, welche ihrer Merkmale mit den jeweiligen Beschreibungen in Zusammenhang stehen könnten – es wird also versucht, sich der Ähnlichkeitsgrundlage der Befragten anzunähern (vgl. auch Kap. 3.1). Die vorliegende Arbeit endet an diese Stelle. Ab diesem Punkt besteht dann jedoch die Möglichkeit, die gefundenen Hypothesen mit geeigneten Testverfahren zu überprüfen. Im Großen und Ganzen folgt die Arbeit dem Aufruf Prestons (2011, 35), einem Verfechter der sog. „folk linguistics": „I encourage you to talk to people about talk and analyze what they have said and what they have meant".

Konkret umgesetzt wurde dies am Beispiel von Moderationen des öffentlich-rechtlichen mitteldeutschen Jugendradios MDR Sputnik. Ziel war es, ein Profil zu entwickeln für den typischen Moderationsstil des Senders aus der Sicht seiner Hörerinnen und Hörer. Da Radio häufig eher stimmungs- als inhaltsbetont gehört wird (vgl. Kap. 2.1), sollten daneben Hypothesen generiert werden, in welcher Weise v.a. stimmlich-artikulatorische Merkmale (vgl. Bose 2010) zu den Eindrücken der Befragten beitragen (vgl. auch Kap. 1 und Kap. 3.3). Dazu wurde zunächst ein Korpus von Moderationsmitschnitten erhoben aus dem Tagesprogramm von MDR Sputnik sowie von weiteren Sendern, die in derselben Region zu empfangen sind (vgl. Kap. 5). Wie in den Kapiteln 2.3 und 3.3 dargelegt, sind Sprechstile – und in besonderem Maße Moderationsstile – Mittel zur Distinktion. Daher ist es sinnvoll, diese nicht isoliert zu untersuchen, sondern den Probandinnen und Probanden die Möglichkeit zu geben, sie von etwas zu distinguieren (vgl. auch Irvine 2001) – in diesem Falle von Moderationsstilen, die ebenfalls auf dem mitteldeutschen Radiomarkt vertreten sind.

In einem ersten Untersuchungsschritt (vgl. Kap. 6) wurden ca. 1800 Hörerinnen und Hörern von MDR Sputnik in einer Online-Befragung 60 Sputnik-Moderationen („Sputnik-Stimuli") und 60 Stimuli der übrigen Sender („Nicht-Sputnik-Stimuli") in zufälliger Reihenfolge dargeboten. Diejenigen Sputnik-Stimuli, die am zuverlässigsten erkannt wurden, gingen in den nächsten Untersuchungsschritt ein, ebenso die Stimuli der anderen Sender, die am seltensten mit Sputnik-Moderationen verwechselt wurden. Dies sollte gewährleisten, dass in die darauffolgenden Interviews möglichst klare, eindeutige Beispiele eingehen, die sich leichter beschreiben und voneinander unterscheiden lassen.

Der zweite Schritt (vgl. Kap. 7) diente dazu, möglichst spontan geäußerte metalinguistische Beschreibungen von der Zielgruppe zu sammeln. Er ist angelehnt an die sog. Repertory-Grid-Methode und bildet das Kernstück dieser Studie. Jene Methode ist – meines Wissens – bislang noch nicht für die Untersuchung von Sprechstilen eingesetzt worden. Es gehört zu den Zielen dieser Arbeit, sie für dieses Forschungsfeld urbar zu machen. In teilstrukturierten qualitativen Interviews bekam eine Stichprobe von Sputnik-Hörern und -Hörerinnen immer jeweils drei Stimuli hintereinander zu hören (in zufälliger Reihenfolge, davon mindestens ein Sputnik-Stimulus). Nach dem Hören sollten sie entscheiden, welche zwei der drei Stimuli ihrer Meinung nach ähnlicher zueinander sind und welcher anders ist. Daraufhin wurden sie gebeten, diese Ähnlichkeiten und Unterschiede mit eigenen Worten zu beschreiben. Im Anschluss folgten dann die nächsten drei Stimuli (eine sog. „Triade") und der Vorgang wurde wiederholt. Auf diese Weise wurden 16 Interviews geführt. Sie fanden mit jeweils zwei Interviewten gleichzeitig statt (also insgesamt 32 Teilnehmende), u.a. um die Anwendung von Spracheinstellungen vergleichsweise alltagsnah in der Interaktion beobachten zu können, wie es Liebscher und Dailey-O'Cain (2009) sowie Droste (2017) für solche Untersuchungen empfehlen. Je Interview wurden die Hörer und Hörerinnen zu 16 Triaden, also 48 Stimuli befragt. In der Auswertung der Interviews wurden zunächst diejenigen Beschreibungen identifiziert, mit denen die Befragten besonders häufig und eindeutig zum Ausdruck bringen, was für sie den typischen Moderationsstil von MDR Sputnik ausmacht und wodurch sich dieser von anderen Moderationsstilen abgrenzt. Häufiges Auftreten über verschiedene Interviews hinweg wurde als Hinweis gedeutet, dass es sich hierbei um überindividuelle metapragmatische Stereotype handelt. Um zu ergründen, was diese Beschreibungen für die Hörerinnen und Hörer jeweils bedeuten, erfolgte eine qualitative Analyse, die sich am Vorgehen der Grounded Theory nach Corbin und Strauss (2015) orientierte.

Mit Repertory-Grid-Interviews lässt sich ein Netzwerk an wahrgenommenen Ähnlichkeiten und Unterschieden erstellen, in dem sich die Stimuli jeweils verorten lassen. Gerade dies bietet gute Voraussetzungen, um Hypothesen zu entwickeln, in welchem Zusammenhang die metalinguistischen Beschreibungen der Hörer und Hörerinnen mit Eigenschaften der Stimuli stehen. Daher liegt der Schwerpunkt der Hypothesenbildung auch bei diesem Untersuchungsschritt.

Die 25 häufigsten und trennschärfsten Beschreibungen aus den Interviews wurden in einem dritten Schritt (vgl. Kap. 8) zu einem Fragebogen formiert und einer weiteren Stichprobe von 48 Sputnik-Hörern und -Hörerinnen vorgelegt. Diese bekamen die 8 am zuverlässigsten erkannten Sputnik-Stimuli und die 8 am seltensten mit Sputnik verwechselten Nicht-Sputnik-Stimuli in zufälliger Reihenfolge zu hören und sollten jeweils einschätzen, wie gut die vorgegebenen Items zu ihrem Eindruck vom gerade gehörten Stimulus passen. Es sollte geprüft werden, ob sich die metalinguistischen Muster, die in den Interviews gefunden wurden, auch quantitativ wiederspiegeln lassen. Dazu wurde statistisch getestet, worin sich die Sputnik-Stimuli in der Beurteilung der Hörer und Hörerinnen ähneln, und wo sie sich signifikant von den Nicht-Sputnik-Stimuli unterscheiden. Zudem wurden mittels explorativer multivariater Analyseverfahren mögliche zugrundeliegende Dimensionen ermittelt. Diese Ergebnisse wurden wiederum in Beziehung gesetzt zu den Erkenntnissen aus den Interviews (vgl. Kap. 8 und 9).

Da die drei Untersuchungsschritte jeweils eng miteinander verzahnt sind und aufeinander aufbauen, wurde in dieser Arbeit von der sonst üblichen Form abgesehen, die methodischen Erwägungen einerseits und die erzielten Ergebnisse andererseits für die gesamte Arbeit in zwei voneinander getrennten Kapiteln darzulegen. Stattdessen enthalten die Kapitel zu den einzelnen Schritten jeweils einen Methoden-, Durchführungs- und Auswertungsteil. Eine Diskussion der gesamten Untersuchung erfolgt dann in Kapitel 9.

62 — Konsequenzen für die Untersuchung von Moderationsstilen

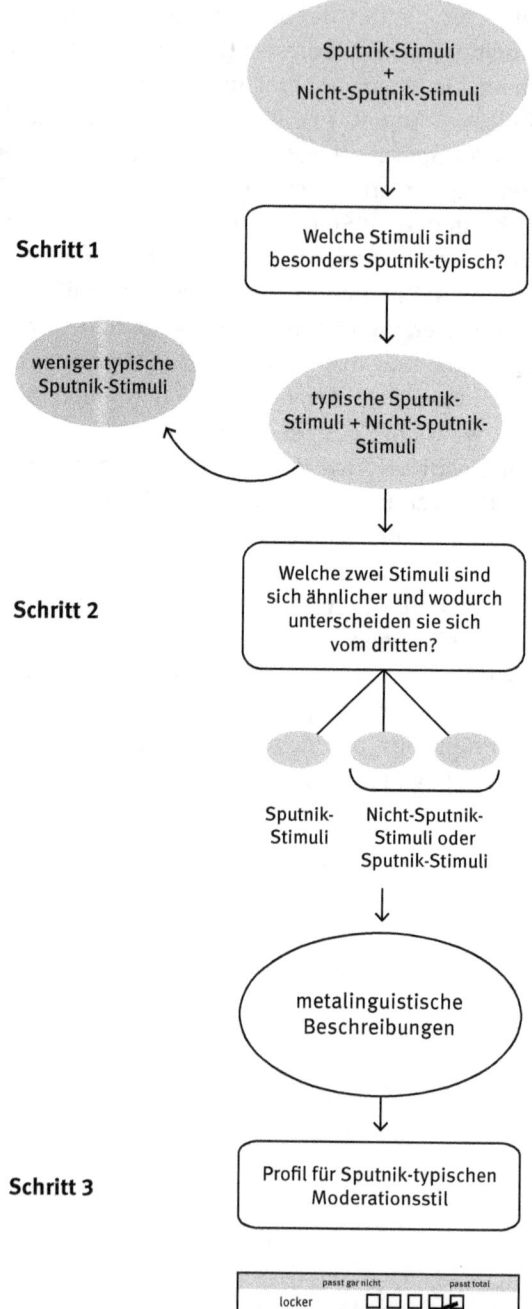

Abb. 1: Ablaufschema der Untersuchung.

5 Korpus

Insgesamt wurden 58 Stunden Radioprogramm mitgeschnitten von MDR Sputnik und allen weiteren Programmen des öffentlich-rechtlichen Mitteldeutschen Rundfunks (MDR), die in Sachsen-Anhalt per UKW zu empfangen sind: MDR Jump, MDR Figaro, MDR Info und MDR1 Radio Sachsen-Anhalt (Sendernamen zum Untersuchungszeitpunkt). MDR Klassik wurde nicht mit einbezogen, da es ausschließlich auf digitalem Wege verbreitet wird. Die beiden Landeswellen MDR Sachsen und MDR Thüringen sind in Teilen Sachsen-Anhalts zwar auch empfangbar, sie wurden jedoch nicht in das Korpus aufgenommen, da MDR1 Radio Sachsen-Anhalt ähnlich formatiert ist und Hörer und Hörerinnen aus Sachsen-Anhalt direkt zur Zielgruppe hat. Durch die Beschränkung auf den Mitteldeutschen Rundfunk kann diese Senderauswahl natürlich nicht als repräsentativ für die Radiolandschaft des mitteldeutschen Raumes gelten. Ursache hierfür waren v.a. zeitliche, aber auch rechtliche Gründe (z.B. um die Erlaubnis zu bekommen, Moderationsmitschnitte online zu stellen). Die vorliegende Untersuchung ist jedoch in erster Linie explorativ ausgerichtet, u.a. auch, um zu testen, wie gut sich die Repertory-Grid-Methode dafür eignet, die Bedeutungen von Sprechstilen zu erforschen. Die Programme des MDR bilden die in Deutschland gängigsten Radioformate ab (s.u.; vgl. auch Kap. 2.2). Insofern lassen sich die metalinguistischen Beschreibungen, die zu diesen Moderationen gesammelt wurden (vgl. Kap. 7), am besten verstehen als eine Typologie deutscher Radioformate mit Schwerpunkt auf Jugendradio (Contemporary-Hitradio-Format), formuliert aus der Perspektive mitteldeutscher Jugendradio-Hörer und -Hörerinnen.

Die Aufnahmen von MDR Sputnik wurden an zwei verschiedenen Tagen aufgenommen, am 17. und am 24.11.2011. Dabei wurde jeweils das gesamte Tagesprogramm von 06:00 bis 19:00 Uhr aufgezeichnet. Zu diesem Zeitpunkt waren dort nur die Moderatorin WB und der Moderator RF täglich auf Sendung – das Moderatoren-Team der Morningshow „Sputniker am Morgen" – sowie CS, der zwischen 18:00 und 19:00 Uhr das tagesaktuelle Nachrichtenmagazin „Sputnik Tagesupdate" moderierte. Im übrigen Programm wechselten sich die Moderatoren und Moderatorinnen regelmäßig ab. Die zwei Aufnahmezeitpunkte sollten gewährleisten, dass möglichst viele verschiedene Stimmen des Senders in das Korpus eingehen – denn es ist, wie erwähnt, Ziel dieser Untersuchung, aus Sicht der Hörerinnen und Hörer den sendertypischen Moderationsstil von MDR Sputnik zu ermitteln und nicht, was sie bei individuellen Sprechern und Sprecherinnen als charakteristisch wahrnehmen.

Die übrigen MDR-Programme wurden wochentags jeweils von 06:00 bis 10:00 Uhr sowie von 14:00 bis 18:00 Uhr aufgezeichnet. Sämtliche Mitschnitte entstanden im Zeitraum zwischen dem 14. und dem 25.11.2011. Aus technischen

Gründen konnten nicht alle Mitschnitte am selben Tag aufgenommen werden wie die von MDR Sputnik. Nichtsdestoweniger ergaben sich über mehrere Sender hinweg zahlreiche thematische Überschneidungen, darunter waren: Rechtsterrorismus in Deutschland (Neues zum Fall des Nationalsozialistischen Untergrundes), ein Fußballländerspiel zwischen Deutschland und den Niederlanden, der anstehende Buß- und Bettag, der in Sachsen ein Feiertag ist, in Sachsen-Anhalt aber nicht mehr, Maßnahmen der Deutschen Bahn, um ein Schnee-Chaos wie im vorangegangenen Jahr zu vermeiden, der neue Winterfahrplan, Moderationen zum Thema Weihnachten und insbesondere Weihnachtsmarkt sowie zu Italiens neuer Regierung unter Mario Monti. An derartigen Überschneidungen bestand besonderes Interesse – auf diese Weise lässt sich der Einfluss der Präsentationsweise besser untersuchen, da die Einflussgröße Thema weitgehend konstant gehalten ist.

Bevor die Radioprogramme vorgestellt werden, die in die Untersuchung einbezogen wurden, sei an dieser Stelle angemerkt, dass drei dieser Programme unterdessen andere Namen tragen: MDR Figaro wurde umbenannt in MDR Kultur, MDR Info in MDR Aktuell (beides geschah 2016) und MDR1 Radio Sachsen-Anhalt in MDR Sachsen-Anhalt (2012). Im Rahmen dieser Arbeit werden jedoch die alten Namen beibehalten, weil die Sender zum Zeitpunkt der Aufnahme noch so hießen und – zumindest im Falle von Figaro und Info – auch noch während des Erhebungszeitraums der gesamten Untersuchung. Die Informationen, die im Folgenden zu den Programmen gegeben werden, gelten ebenfalls für den Zeitraum der Aufnahme bzw. der Erhebung, da spätere Programmänderungen für die befragten Hörerinnen und Hörer keine Rolle spielen können.

MDR Sputnik
MDR Sputnik ist die Jugendwelle des Mitteldeutschen Rundfunks. Sie soll Hörerinnen und Hörer zwischen 14 und 29 Jahren ansprechen,

> die im Aufbruch sind, auf der Suche, in einer noch nicht abgeschlossenen Entwicklung, sowohl beruflich als auch privat. Es sind Menschen, die dabei sind, entscheidende Weichen für ihr zukünftiges Leben zu stellen und denen der Sender ein Begleiter sein möchte, der sie im Alltag unterhält und der ihnen Orientierung in den für sie wichtigen Dingen gibt (mdr.de 2013).

Nach der öffentlich-rechtlichen MedienNutzerTypologie 2.0 setzt sich die Zielgruppe des Senders aus „Jungen Wilden" und „Zielstrebigen Trendsettern" zusammen. Beide Typen sind jung, unterhaltungsorientiert und konsumfreudig. Während erstere in der Regel noch zuhause bei den Eltern leben und einem eher selbstbezüglichen, hedonistischen Lebensstil nachgehen, befinden sich letztere häufig bereits in Studium oder Lehre, sind tendenziell karriereorientierter und pflegen breitere Interessen (vgl. Oehmichen 2007, 229f.).

Sputnik ging – zusammen mit Radio Fritz vom Rundfunk Berlin-Brandenburg – aus dem DDR-Jugendsender DT 64 hervor (vgl. Brünjes/Wenger 1998, 69). Laut eigener Aussage des MDR soll das Programm „unterhaltsam, modern, regional aber nicht provinziell und immer voller Musik, vor allem viel neuer Musik" sein (vgl. mdr.de 2014). Für die Unterhaltung sollen dabei neben der Moderation auch Comedy-Formate sorgen, wie die „Sputnik Mailbox" oder die Rubrik „Olaf Schuberts Zeitgeschichte". Beim Wortprogramm stehen im Mittelpunkt „die großen Themen der jungen Lebenswelt wie Musik, Partnerschaft, Freundschaft, Beruf sowie Freizeit mit Kino, Büchern oder Konzerten" (ebd.). Darüber hinaus sollen Information aus der Region, Deutschland und der Welt vermittelt werden (vgl. ebd.). Die musikalische Ausrichtung liegt auf aktuellen Charthits, mit besonderem Schwerpunkt auf Dance-Music, wobei im Tagesprogramm keines der Lieder älter als maximal zwei Jahre alt sein soll (nach Aussage des Leiters der Sputnik-Musikredaktion Hendryk Proske am 26.04.2013). Am Abend laufen Musik-Spezialsendungen, die dann um 23:00 Uhr von der Talksendung „Sputnik LateLine" abgelöst werden. Neben einem Lifestream des aktuellen On-Air-Programms werden auf der Webseite des Senders auch mehrere Webchannels mit spezieller Musikauswahl angeboten (Rock, Black, Club etc.).

Im Gegensatz zu MDR Jump ist das Programm komplett werbefrei, was auch im Claim des Senders verdeutlicht wird: „Einfach die beste Musik. Und Null Werbung" (vgl. mdr.de 2014). Die Off-Air-Veranstaltungen haben bei MDR Sputnik ebenfalls meist eine musikalische Ausrichtung, beispielsweise beim jährlich veranstalteten Festival „Sputnik Springbreak". Zum Zeitpunkt der Aufnahmen lief gerade eine Veranstaltungsreihe unter dem Titel „Sputnik Heimattour", bei der ein Team von DJs an verschiedenen, auch kleineren Orten in ganz Sachsen-Anhalt auflegte. Im Tagesprogramm des Senders wurde dafür viel Promotion gemacht, u.a. von den Moderatorinnen und Moderatoren. Die beschriebene Programmausrichtung besteht seit 2010. Zuvor war MDR Sputnik als ein alternatives, multimedial ausgerichtetes „Jugendkulturradio" konzipiert gewesen, das dann aber aufgrund mangelnder Hörerzahlen auf UKW neu formatiert wurde (vgl. Bouhs 2010). In der öffentlichen Debatte und auch unter Hörerinnen und Hörern war diese Neuausrichtung durchaus umstritten, in der darauffolgenden Media-Analyse 2011 I legten die Hörerzahlen bei MDR Sputnik allerdings um 6,1% zu (vgl. ebd.; mdr.de 2011).

MDR Jump
Anders als bei MDR Sputnik wird bei der öffentlich-rechtlichen Pop-Welle MDR Jump Werbung geschaltet. Die Zielgruppe ist insgesamt älter (14 bis 49 Jahre), überschneidet sich aber mit der von Sputnik. Vom Mitteldeutschen Rundfunk wird die Ausrichtung des Senders als „Informations- und Unterhaltungsprogramm" mit Service-Schwerpunkt beschrieben und als „perfekter Tagesbegleiter", der „ein[en] gute[n] Mix aus Infotainment und Musik" bietet (vgl. mdr.de 2011b). Die Musikauswahl ist eine Mischung von „aktuellen Hits und Kultklassikern" aus den 1980er, 90er und 2000er Jahren (vgl. ebd.), die im Senderclaim als „echte Abwechslung für Sachsen, Sachsen-Anhalt und Thüringen" angepriesen wird (vgl. Radioszene.de 2011a). Erst drei Monate vor der Aufnahme hatte es bei dem Sender einen Relaunch gegeben (vgl. ebd.). Die Musikfarbe hatte sich bis dahin aus einem „Musikmix aus modernem Rock, Pop und aktuellen Hits" zusammengesetzt (vgl. mdr.de 2012a). Durch die Programmänderung sollte MDR Jump „mehr regional und mehr für Erwachsene" werden, um die mittlere Generation in Sachsen-Anhalt stärker anzusprechen und auch, um sich besser von der Jugendwelle MDR Sputnik abzugrenzen (vgl. Reiher 2011).

MDR Figaro
MDR Figaro ist die Kulturwelle des Mitteldeutschen Rundfunks, was sich auch im Sender-Claim wiederspiegelt: „MDR Figaro – Kultur und gut". Nach eigener Präsentation ist es „ein modernes Kulturradio, das kompetenten Journalismus mit unterhaltendem Anspruch" bietet und ein „lebendiges Programm mit Themen aus Politik, Lebensart, Wissenschaft und Alltagskultur", in dem vor allem auch über die Kulturszene Mitteldeutschlands berichtet wird (vgl. mdr.de 2016a; mdr.de 2017a). Im Wortanteil des Programms laufen neben Moderation, Nachrichten, Reportagen und Berichten auch Lesungen, Hörspiele, Features und Diskussionen. Die Musikauswahl im Tagesprogramm ist eine Mischung aus Klassik, Jazz und Weltmusik, abends und am Wochenende werden auch vollständige Opern und Konzerte gespielt, vorzugsweise aus dem Sendegebiet.

MDR1 Radio Sachsen-Anhalt
Bis Mitte 2012, also noch zum Zeitpunkt der Aufnahme, hieß die für Sachsen-Anhalt zuständige Landeswelle des Mitteldeutschen Rundfunks MDR1 Radio Sachsen-Anhalt und sollte unter dem Claim „Klasse Schlager, Super Oldies" Hörer über 40 ansprechen, die „qualitätsbewusst", „familienorientiert" und „heimatverbunden" sind (vgl. mdr.de 2017b). Inzwischen trägt der Sender den Namen MDR Sachsen-Anhalt und hat die Musikfarbe vom volkstümlichen Schlager hin zu Softpop, aktuellen Schlagern und internationalen Oldies verschoben. Die Ziel-

gruppe ist dabei im Großen und Ganzen gleichgeblieben, hat sich in ihrem Kern aber etwas verjüngt (vgl. Radioszene.de 2012; crossvertise.com 2016). Geblieben ist auch eine starke regionale Ausrichtung des sogenannten „Heimatsenders" mit viel Service (vgl. mdr.de 2016b). Wie MDR Jump ist auch MDR Sachsen-Anhalt bzw. war MDR1 Radio Sachsen-Anhalt Werbeträger.

MDR Info
„Hören, was passiert", so lautet der Claim von MDR Info, einem reinen Informationsprogramm ohne Musik. Im Viertelstunden-Takt laufen Nachrichten mit Wetter und Verkehr, dazwischen Interviews, Berichte und Reportagen aus den Regionen in Sachsen, Sachsen-Anhalt und Thüringen, ganz Deutschland und der Welt. Großer Wert wird dabei auch auf (v.a. regionale) Sportberichterstattung gelegt (vgl. mdr.de 2016c).

6 Untersuchungsschritt 1: Welche Stimuli sind besonders typisch?

Insgesamt wurden 120 Stimuli aus den aufgezeichneten Radioprogrammen ausgeschnitten. Davon waren 60 Stimuli Moderationsmitschnitte von MDR Sputnik (Sputnik-Stimuli), weitere 60 stammten aus den übrigen MDR-Programmen, also jeweils 15 pro Sender (Nicht-Sputnik-Stimuli). Die Kriterien, nach denen bei der Auswahl der Stimuli vorgegangen wurde, sind in Kapitel 6.1 dargelegt. Für die Repertory-Grid-Interviews im zweiten Untersuchungsschritt (vgl. Kap. 7) sollte die Anzahl der Stimuli reduziert werden auf 24 Sputnik-Stimuli und 24 Nicht-Sputnik-Stimuli, um die Befragten nicht zu überfordern. Es wurde also ein Filter benötigt, nach dem sich besonders geeignete Stimuli identifizieren und ungeeignete Stimuli aus dem Untersuchungskorpus entfernen ließen. Als geeignet galten dabei Sputnik-Stimuli, die für die Hörerinnen und Hörer des Senders besonders Sputnik-typisch sind und Nicht-Sputnik-Stimuli, die möglichst wenig mit Sputnik-Moderationen gemein haben. In den qualitativen Interviews sollten den Probanden und Probandinnen dadurch möglichst klare, eindeutige Fälle vorliegen („Das ist Sputnik" vs. „Das ist definitiv nicht Sputnik"), um es ihnen zu erleichtern, die Ähnlichkeiten und Unterschiede zwischen den Moderationsausschnitten zu beschreiben.

Wie bereits in Kapitel 3.1 erläutert, sind sich Menschen bei typischen Vertretern einer Kategorie in ihrer Zuordnung meist einig, während sie bei eher untypischen Vertretern oft unsicher sind oder diese sogar benachbarten Kategorien zuordnen (vgl. Rosch 1977). „Typisch" ist ein Sputnik-Stimulus also dann, wenn möglichst viele Hörer und Hörerinnen ihn für einen Vertreter der Kategorie „MDR Sputnik" halten und sich möglichst wenige dabei unsicher sind oder ihn für einen Vertreter anderer Kategorien halten – in diesem Falle andere Radiosender. Jene Zuordnungsaufgabe wurde in Form einer Online-Befragung umgesetzt, da es gerade bei diesem Untersuchungsschritt wichtig war, eine große Zahl an Sputnik-Hörerinnen und -Hörern zu erreichen (vgl. auch Böhme 2014).

6.1 Kriterien für die Auswahl der Stimuli

Die 58 Stunden Sendemitschnitte wurden im Analyseprogramm PRAAT jeweils mit einem TextGrid versehen, in dem alle Moderationen markiert und durchnummeriert wurden (Legende für die Nomenklatur der jeweiligen Stimuli vgl. Anhang 1). In die Online-Befragung sollten möglichst viele Moderationen eingehen, um weitestgehend die Hörerinnen und Hörer entscheiden zu lassen, welche sie davon als besonders Sputnik-typisch bzw. -untypisch wahrnehmen. Um aber sicher zu stellen, dass diese Entscheidung auf dem Sprechstil basiert, insbesondere auf dessen klanglichen Aspekten, und nicht (oder zumindest weniger) auf anderen Faktoren, wurden der Auswahl der Stimuli aus den Mitschnitten folgende Kriterien zugrunde gelegt:

Um den Einfluss der Inhalte gering zu halten, waren die Stimuli von relativ kurzer Dauer (6 bis 12 Sekunden). Dabei wurde jedoch darauf geachtet, dass die Ausschnitte aus abgeschlossenen Äußerungen bestehen. Wie auch in der Untersuchung von Sendlmeier und Siegmund (2005, 159) sollte so verhindert werden, „dass eventuell Aspekte des Sprechstils ausgeklammert werden, die nur bei vollständig geäußerten Sätzen auftreten". Ausschnitte mit direkter Höreransprache („du", „ihr", „Sie") wurden vermieden, da sich diese in Voruntersuchungen als ein sehr auffälliger Hinweis auf das Alter der Zielgruppe erwiesen hatte. Man kann die Anrede damit als ein charakteristisches Unterscheidungskriterium zwischen verschiedenen Moderationsstilen werten (das sehen auch Radioschaffende so, vgl. z.B. Buchholz 2013a) – allerdings eines, das so charakteristisch ist, dass es für die Befragten andere Kriterien in einer Weise zu „überstrahlen" scheint, dass sie sich bei Moderationen mit direkter Anrede z.B. weit weniger über klangliche Merkmale des Gehörten äußern als bei Moderationen ohne.

In den Stimuli sollte darüber hinaus keine sog. „Pflichtmoderation" vorkommen, also keine Ansage des Sender-Namens, des Claims oder der Frequenz (vgl. Buchholz 2013a). Auch die Namen von Moderatoren und Moderatorinnen, Reporterinnen oder Reportern sollten nicht genannt werden, ebenso wenig die Namen von programmeigenen Sendungen. Dasselbe galt für standardisierte Begrüßungsformeln. Generell wurde keine Promotion aufgenommen, z.B. für sendereigene Veranstaltungen oder Gewinnspiele. Verzichtet wurde auch auf die Gewinnspiele selbst. Darüber hinaus sollten in den Stimuli keine Verpackung (Jingles, Musikbetten etc.) und keine direkten Hinweise auf das Musikformat vorkommen. Es gab also weder Musik – z.B. in sogenannten „Ramps" oder „Outros", in denen Moderatorinnen und Moderatoren über den Anfang oder das Ende eines gespielten Musiktitels sprechen (vgl. ebd.) – noch Musikmoderation, die direkte Schlüsse auf Interpreten, Musikstück oder Musikrichtung zulässt. Zulässig waren dagegen Musikmoderationen wie die folgende aus dem Programm von MDR 1 Radio Sachsen-Anhalt: „Die Sonne lacht, am Sonntag ist erster Advent und ja, was wäre so die Vorweihnachtszeit ohne diesen wunderbaren Song?".

Des Weiteren wurden keine Stimmen in den Pool der Stimuli aufgenommen, die nicht direkt zum Sender gehörten, also keine O-Töne oder Interview-Gespräche. Was in diesen Pool einging, waren Sprecherwechsel zwischen Moderatoren und Moderatorinnen, die im Rahmen von Doppelmoderationen erfolgten, da der Dialog zwischen den Moderatoren für das Publikum durchaus als typisches

Merkmal bestimmter Radioformate wahrgenommen werden könnte. Aus demselben Grund wurden auch Passagen einbezogen, in denen Moderatoren oder Moderatorinnen lachten. Doppelmoderationen gab es in drei Fällen: in den Morningshows von MDR Jump und MDR Sputnik sowie in der Nachmittagssendung von Jump. Von allen sechs Moderatorinnen und Moderatoren wurden sowohl Stimuli mit Sprecherwechsel aufgenommen als auch solche, in denen jeweils nur ein Sprecher zu hören war. Inhaltlich wurden solche Abschnitte bevorzugt, deren Themen über mehrere Sender hinweg behandelt wurden. In erster Linie handelte es sich dabei um Besprechungen tagesaktueller Meldungen (vgl. Kap. 5).

6.2 Vorgehen

Online-Befragungen haben den Vorteil, dass mit vergleichsweise geringem Aufwand und hoher Datenqualität (es gibt z.B. keine Eingabefehler wie bei der Übertragung von Papierfragebögen in eine Datei) schnell eine große Zahl an Probanden und Probandinnen befragt werden kann. U.a. durch die wahrgenommene Anonymität sind Online-Befragungen in großen Teilen der Bevölkerung akzeptiert. Darüber hinaus ist eine Beeinflussung durch die Person des Interviewers bzw. der Interviewerin ausgeschlossen (vgl. Taddicken 2009; Thielsch/Weltzin 2009). Nachteil dieser Methode ist, dass es schwer zu kontrollieren ist, wer genau an der Befragung teilnimmt – ob sich z.B. nur eine bestimmte Gruppe von Probandinnen und Probanden daran beteiligt und somit die Stichprobe verzerrt, wodurch wiederum die Ergebnisse nur mit Vorbehalt auf die Grundgesamtheit übertragbar sind (vgl. Baur/Florian 2009). Eine weitere Schwierigkeit ist die geringe Kontrolle über die Durchführungsbedingungen (vgl. Thielsch/Weltzin 2009). In der vorliegenden Befragung ist beispielsweise nicht überprüft worden, mit welcher Art Lautsprecher oder Kopfhörer die Stimuli gehört wurden und ob der jeweilige Proband, die jeweilige Probandin auch sonst im Alltag damit Radio hört. Ebenfalls ist nicht bekannt, in welcher Umgebung und mit welchen Hintergrundgeräuschen die Befragung jeweils stattfand.

Ein üblicher Kritikpunkt an Online-Befragungen ist auch, dass nicht jede Bevölkerungsgruppe gleichermaßen über das Internet erreichbar ist (vgl. Maurer/Jandura 2009). Die Zielgruppe von MDR Sputnik ist allerdings als sehr internetaffin bekannt und fast vollständig mit einem Internetanschluss ausgestattet (vgl. Bandilla et al. 2009; Feuerstein 2010; Medienpädagogischer Forschungsverbund Südwest 2012, 6ff; jene Studien waren während des Zeitraums der Erhebung – Herbst 2012 – aktuell). Online-Befragungen sind vor allem dann geeignet, wenn eine kleine, möglichst genau definierte Zielgruppe befragt wird, von der idealerweise sämtliche E-Mail-Adressen zur Verfügung stehen (vgl. Maurer/Jandura

2009). In der vorliegenden Befragung wurde die Zielgruppe (v.a. in Anbetracht der folgenden methodischen Schritte) von allen Sputnik-Hörerinnen und -Hörern weitgehend eingeschränkt auf alle Sputnik-Hörer und -Hörerinnen, die an der Martin-Luther-Universität in Halle studieren – u.a. auch deshalb, weil von den Studierenden sämtliche E-Mail-Adressen vorlagen, die ihnen von der Universität vergeben worden waren. Die Grundgesamtheit der Stichprobe ist aber dennoch nicht genau definierbar. Zwar existieren Zahlen darüber, wie viele Studierende im Wintersemester 2012/13 an der Martin-Luther-Universität eingeschrieben waren (laut Pressemitteilung der Universität ca. 20.000, vgl. Martin-Luther-Universität 2012) oder zur Tagesreichweite von MDR Sputnik (nach der Media-Analyse 2012 II hörten 126.000 Menschen den Sender täglich, vgl. mdr.de 2012b), es ist jedoch ungewiss, wie groß die Schnittmenge zwischen diesen beiden Gruppen war. Dabei ist es durchaus nicht trivial zu definieren, was überhaupt unter „dem Hörer oder der Hörerin eines Senders" zu verstehen ist (vgl. z.B. Crisell 1994, 202; zu den verschiedenen Hörerdefinitionen der Media-Analyse: Mai 2011). In der Befragung wurde die Häufigkeit abgefragt, mit der die Teilnehmenden üblicherweise Sputnik hören, ob es jedoch Regelmäßigkeiten bei Nichtteilnahmen oder Abbrüchen gab, konnte nicht geprüft werden (vgl. auch Kap. 6.2).

In der Online-Befragung bekamen die Probandinnen und Probanden die insgesamt 60 Sputnik- und 60 Nicht-Sputnik-Stimuli in zufälliger Reihenfolge zu hören. Bei jedem Stimulus sollten sie entscheiden, ob es sich bei der gerade gehörten Moderation entweder um einen Mitschnitt von MDR Sputnik handelte, ob sie sich bei der Zuordnung unsicher waren oder ob es kein Sputnik-Mitschnitt war. Um der Untersuchung etwas mehr Alltagsnähe zu verleihen, sollten die Teilnehmerinnen und Teilnehmer sich vorstellen, mit dem Auto nach Mitteldeutschland herein zu fahren und im Autoradio nach einem passenden Sender zu suchen – eine Situation, die vielen Studierenden vertraut ist und in der häufig innerhalb weniger Sekunden entschieden wird, ob man den gerade gehörten Sender weiterlaufen lassen möchte oder nicht. Kurze Moderationsausschnitte sind in diesem Falle also durchaus alltagsnah. Zudem dürften in dieser Hörsituation auch Menschen, die Radio üblicherweise eher nebenbei hören, sich zumindest kurzzeitig aufmerksam dem Gesprochenen zuwenden.

Nach dieser Zuordnungsaufgabe wurden noch einige demografische Angaben und Daten zu den Hörgewohnheiten erhoben. Es wurde auch erfragt, ob neben MDR Sputnik weitere Sender erkannt worden waren. Außerdem gab es für die Probanden und Probandinnen am Ende der Befragung die Möglichkeit, Anmerkungen zur Befragung selbst oder zum Thema zu machen. Die Motivation der Teilnehmenden sollte durch den Hinweis erhöht werden, dass sie am Ende der Befragung an einer Verlosung teilnehmen konnten, bei dem es einen Amazon-Gutschein von 30 € zu gewinnen gab. Damit die Hörerinnen und Hörer die Stimuli auch möglichst störungsfrei über ihren Browser abspielen konnten, wurde ein Flashplayer in die Befragungsseite integriert, da dieser über verschiedene Plattformen hinweg bei den Internetnutzern und -nutzerinnen während des Befragungszeitraums am weitesten verbreitet war. Das Design der Befragungsseite wurde in Form und Farbigkeit an das damalige Design der Sputnik-Homepage angelehnt (Screenshots der gesamten Befragung sind einsehbar unter https://www.degruyter.com/view/product/540697 unter Anhang I).

Die Aufgabe, einen Sender, den sie regelmäßig hören, anhand seiner Moderatoren und Moderatorinnen wiederzuerkennen, war für die Teilnehmenden vermutlich nicht allzu anspruchsvoll (zahlreiche Kommentare im offenen Anmerkungsteil der Befragung deuten darauf hin). Dennoch hätte es die Probandinnen und Probanden aller Wahrscheinlichkeit nach überfordert, eine Batterie von 120 Stimuli auf einmal einschätzen zu müssen, und somit zu einer sehr hohen Zahl an Abbrüchen geführt. Es wurde davon abgesehen, die Gesamtzahl der Stimuli zu reduzieren, da – wie bereits erläutert – möglichst die Hörer und Hörerinnen die Vorauswahl treffen sollten, welche Stimuli als besonders Sputnik-typische oder (im Falle der Nicht-Sputnik-Stimuli) -untypische Beispiele in die nachfolgenden Interviews eingehen sollten. Stattdessen wurden die Stimuli in sechs Einheiten von jeweils 20 Stimuli aufgeteilt (10 Sputnik-, 10 Nicht-Sputnik-Stimuli aller Sender), die dann ihrerseits randomisiert abgespielt wurden. Jeder bzw. jede Teilnehmende bekam jeweils nur eine dieser Einheiten zu hören.

Die Probandinnen und Probanden wurden über mehrere Wege rekrutiert, der Großteil davon über eine Einladungs-E-Mail an sämtliche Studierenden der Martin-Luther-Universität. Zudem gab es aber auch mehrere passive Maßnahmen, um Teilnehmende zu werben: MDR Sputnik hatte den Link zur Umfrage auf das sendereigene Facebook- und Twitter-Profil gestellt. Außerdem es gab es ein Banner und einen Link auf der Startseite sowie auf dem sog. „Schwarzen Brett" von Stud.IP, der internetbasierten Lernplattform der Martin-Luther-Universität. Darüber hinaus wurde ein kleiner Teil der Probanden und Probandinnen auch schneeballartig über verschiedene Facebook-Profile angeworben.

6.3 Auswertung

An der Online-Befragung nahmen insgesamt 1811 Hörerinnen und Hörer von MDR Sputnik teil, vollständig ausgefüllt wurde sie von 1255 Personen. Durch die Aufteilung in sechs Einheiten wurde dementsprechend in den abgeschlossenen Befragungen jeder Stimulus ca. 210mal aufgerufen und zugeordnet. Relativ hohe Abbrecherquoten sind bei Online-Befragungen der Regelfall (vgl. Thielsch/Weltzin 2009). In der vorliegenden Untersuchung ist allerdings nicht zu ermitteln, ob die Ausfälle in irgendeiner Form systematisch waren, da die demografischen Daten erst nach der Zuordnungsaufgabe abgefragt wurden. Von einem umgekehrten Vorgehen wurde abgesehen, da bei einer Untersuchung in Zusammenarbeit mit einem Radiosender bei den Teilnehmenden sonst schnell der Eindruck von Marktforschung hätte entstehen können, bei der vor allem persönliche Daten über die Hörer und Hörerinnen gesammelt werden sollen. Diese Art von Forschung stößt bei Internetnutzern in der Regel auf wenig Akzeptanz (vgl. ebd.).

Von den Teilnehmenden, die die Befragung vollständig ausgefüllt hatten, sind 66,4 % weiblich und 32 % männlich (1,6 % hatten die Option „keine Angabe" gewählt). Das Alter der Probanden und Probandinnen liegt zwischen 12 und 54 Jahren, die Mehrheit (83,2 %) ist aber zwischen 19 und 26 Jahren alt. Das Durchschnittsalter liegt bei 23,4 Jahren (bei einer Standardabweichung von 4,49). Etwa die Hälfte der Befragten (49,8 %) gibt an, fast jeden Tag MDR Sputnik zu hören, weitere 31,5 % hören mindestens ein Mal die Woche, 11,9 % schalten den Sender mindestens einmal im Monat ein, 6,8 % seltener. Da alle Teilnehmenden jeweils nur 20 Stimuli von insgesamt 120 bearbeitet hatten, enthält der gewonnene Datensatz zwangsläufig zahlreiche „Löcher". Die Datenqualität ist damit zwar geeignet, Ranglisten für die Typikalität der Stimuli zu erstellen, Signifikanztests dürften allerdings wenig Aussagegehalt haben. Nichtsdestoweniger lassen sich einige Tendenzen erkennen.

Die Antwortmöglichkeiten „Sputnik!" (codiert als 1), „unsicher" (2) und „Nicht Sputnik!" (3), die bei der Zuordnungsaufgabe zur Auswahl standen, wurden als drei Grade der Zugehörigkeit zur Kategorie „MDR Sputnik" interpretiert. Dabei bildete „unsicher" die Kategoriegrenze, bei der die Teilnehmenden sich nicht entscheiden können, wo sie den Stimulus verorten. Unter dieser Voraussetzung konnte der Mittelwert über alle Hörerinnen und Hörer hinweg für jeden Stimulus errechnet werden. Durch die Codierung bedeutet das, dass ein Stimulus umso Sputnik-typischer ist, je kleiner sein Wert ausfällt, und umso untypischer, je näher er dem Wert 3 kommt. Die Mittelwerte der einzelnen Stimuli wurden wiederum in eine Rangliste gebracht, geordnet nach dem Grad, in dem die Hörerinnen und Hörer den jeweiligen Stimulus der Kategorie „MDR Sputnik" zuordnen (Rangliste siehe Anhang 2, vgl. auch Abb. 2). Diese Rangliste bildete die Basis für die Auswahl der Stimuli, die in den Repertory-Grid-Interviews im nächsten methodischen Schritt verwendet werden sollten.

Wirft man nun einen Blick auf den Mittelwert aller Stimuli eines Senders (siehe Tab. 1), ordnen die Hörer und Hörerinnen, wie zu erwarten war, die Sputnik-Stimuli am häufigsten der Antwortkategorie „Sputnik!" zu. Dabei erkennen diejenigen Probandinnen und Probanden die Stimuli zuverlässiger (um 0,163 Punkte), die angeben, MDR Sputnik mindestens einmal die Woche oder häufiger zu hören (die „Vielhörenden"), als solche, die das Programm mindestens einmal im Monat oder seltener hören (die „Wenighörenden"). Dieser Unterschied lässt sich als Lerneffekt interpretieren, ebenso die Unterschiede bei den übrigen Sendern.

Tab. 1: Mittelwerte aller Stimuli des jeweiligen Senders, die Kategoriezugehörigkeit wurde auf einer Skala von 1–3 bewertet, mit 1 = „Sputnik!", 2 = „unsicher" und 3 = „Nicht Sputnik!".

Sender	Gesamt	Vielhörende	Wenighörende	Differenz
Sputnik	1,530	1,494	1,657	0,163
Jump	1,919	1,961	1,755	0,206
Sachsen-Anhalt	2,741	2,782	2,501	0,281
Figaro	2,790	2,831	2,663	0,168
Info	2,827	2,862	2,737	0,125

MDR Jump wird insgesamt am häufigsten mit MDR Sputnik verwechselt. Die Sputnik-Hördauer scheint aber einen deutlichen Einfluss auf die Fähigkeit zu haben, die Moderationsstile beider Sender voneinander abzugrenzen. So verwechseln die Vielhörenden MDR Jump um 0,206 Punkte weniger häufig mit MDR Sputnik als die Wenighörenden. Es folgen, zunehmend weniger Sputnik-ähnlich eingeschätzt, MDR1 Radio Sachsen-Anhalt und MDR-Figaro. Am seltensten werden die Stimuli von MDR Info für Sputnik-Stimuli gehalten, hier ist ebenso der Lerneffekt bei den Vielhörenden um einiges geringer (0,125). Am größten fällt die Differenz zwischen Viel- und Wenighörenden bei MDR1 Radio Sachsen-Anhalt aus (0,281).

Tab. 2: Durchschnittliche Standardabweichung je Sender.

Sender	SD
Sputnik	0,730
Jump	0,885
Sachsen-Anhalt	0,574
Figaro	0,491
Info	0,470

Auch Streuungsmaße zeigen auf, wie sehr die Probanden und Probandinnen bei der Zuordnung der Kategorie jeweils übereinstimmen. MDR Info wird von den Hörerinnen und Hörern nicht nur durchschnittlich am seltensten mit MDR Sputnik verwechselt, sie sind sich bei einer Standardabweichung von 0,47 auch ziemlich einig darin, dass diese Stimuli nicht von MDR Sputnik stammen. Bei

MDR Figaro ist die Streuung mit 0,491 nur geringfügig stärker. Bei MDR Jump sind sich die Teilnehmenden offenbar wesentlich unsicherer, mit 0,885 sind dort die Abweichungen vom Mittelwert am größten. Auffällig ist allerdings auch die vergleichsweise starke Streuung von 0,574 bei MDR1 Radio Sachsen-Anhalt. Die größere Standardabweichung bei MDR Sputnik von 0,73 könnte zum Teil darauf zurückzuführen sein, dass mehr Stimuli untersucht wurden (60) als bei den übrigen Sendern (15). Alles in allem spiegeln die Daten wider, dass die Hörerfahrungen einen Einfluss darauf haben, wie gut ein Hörer oder eine Hörerin die Sprechweisen in Sputnik-Moderationen von denen anderer Sender differenzieren kann (vgl. auch Kap. 3.2).

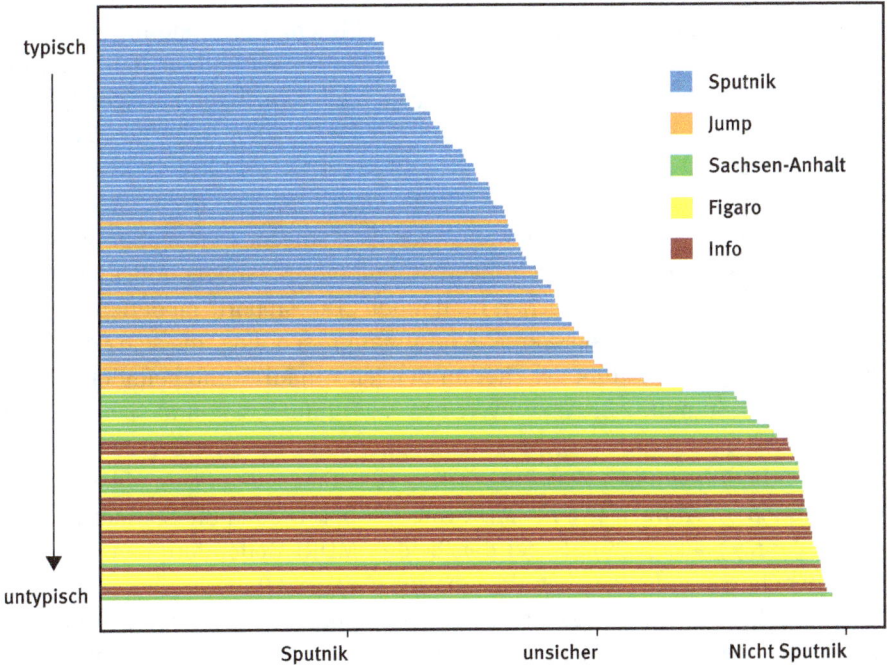

Abb. 2: Rangliste aller Stimuli geordnet nach Grad der Typikalität.

Sieht man sich die Rangliste aller Stimuli an (vgl. Abb. 2; die vollständige Liste in Zahlen: siehe Anhang 2), so fällt auf, dass die Stimuli der verschiedenen Sender gewissermaßen „Schichten" bilden, mit einer Sputnik-Schicht im Bereich zwischen „Sputnik" und „unsicher", die in eine Jump-Schicht im Bereich „unsicher" übergeht. Es folgen eine MDR1 Radio Sachsen-Anhalt-Schicht, eine Figaro- und eine Info-Schicht. Tendenziell scheinen die Moderationen eines Senders also jeweils als vergleichbar Sputnik-ähnlich oder -unähnlich wahrgenommen zu werden. Daraus könnte man die Vermutung ableiten, dass die Hörerinnen und Hörer die Stimuli eines Senders jeweils auch untereinander als ähnlich empfinden. Am Sputnik-typischsten ist offenbar das Morningshow-Team des Senders, Moderatorin WB und Moderator RF (WB: Mittelwert über alle Stimuli hinweg 1,17 – bei einer Standardabweichung von 0,52; RF: Mittelwert 1,29 – Standardabweichung 0,62; Stimuli, in denen beide zusammen vorkommen: Mittelwert 1,21, Standardabweichung 0,57). Zum einen liegt das sicherlich daran, dass die Hörerzahlen morgens in der Regel am größten sind (vgl. Kap. 2.1). So gaben 64,4% der Befragten an, MDR Sputnik häufig oder sehr häufig morgens zu hören. Zum anderen wird dieser Tatsache aber auch in der Programmgestaltung Rechnung getragen. Die „SPUTNIKer am Morgen" haben einen größeren Wortanteil als die Moderatorinnen und Moderatoren der Vor- und Nachmittagssendungen, zeigen häufig Präsenz auf Off-Air-Veranstaltungen des Senders und werden auch im übrigen Tagesprogramm häufig promotet (vgl. auch Kap. 2.2 zu häufigen Gestaltungsformen von Radioprogrammen und der besonderen Rolle der Morningshow).

Die Stimuli von MDR1 Radio Sachsen-Anhalt bilden in der Rangliste eine relativ homogene Schicht, bis auf drei „Ausreißer", die als weniger Sputnik-ähnlich eingeschätzt werden als die übrigen Stimuli dieses Senders. Alle drei Moderationen sind vom selben Sprecher, JD, der den „Tagesreport" moderierte. Dabei handelt es sich um eine tagesaktuelle Informationssendung, die sich vom Grad der Entfernung von Sputnik her eher im Bereich von MDR Info befindet (Mittelwert der drei Stimuli: 2,88; Mittelwert von MDR Info: 2,827) und sich deutlich vom Morgen- und Nachmittagsprogramm von MDR1 unterscheidet, aus dem die übrigen Stimuli stammen (letztere ergeben zusammengenommen einen Mittelwert von 2,675). Ähnlich wie bei MDR Info fiel bei JD auch die Standardabweichung geringer aus (0,39) als bei den beiden MDR1-Moderatorinnen, die sich außerdem im Stimulus-Pool befunden hatten (0,60 und 0,68).

Beim Moderator der tagesaktuellen Informationssendung von MDR Sputnik, CS, ist diese Tendenz dagegen weniger stark ausgeprägt. Er zählt mit einem Mittelwert von 1,69 bei einer Standardabweichung von 0,82 zwar eher zu den weniger typischen Sputnik-Moderatoren, allerdings fällt Sprecher AW, der vormittags moderiert hatte, noch um einiges untypischer aus. Über alle Stimuli hinweg kam AW auf einen Mittelwert von 1,82 bei einer Standardabweichung von 0,85. Aus welchen Gründen die Hörerinnen und Hörer seine Moderationen nicht als repräsentative Vertreter der Kategorie „MDR Sputnik" einschätzen, lässt sich an dieser Stelle jedoch nicht klären, da aufgrund der geringen Typikalität kein Stimulus von AW in das Korpus für die qualitativen Interviews aufgenommen wurde.

Auf die Frage, welche anderen Sender die Probanden und Probandinnen neben MDR Sputnik erkannt haben, antworten 55,4 % MDR Jump, 46,4 % MDR Info, 22,1 % MDR1 Radio Sachsen-Anhalt und 22 % MDR Figaro. 19,1 % gaben an, andere Sender außer den genannten erkannt zu haben, und 18 % meinten, sie hätten nichts außer MDR Sputnik erkannt. Zu letzterem kommentierten einige der Teilnehmenden, sie hätten sich so auf das Finden von MDR Sputnik konzentriert, dass ihnen möglicherweise bekannte andere Sender nicht aufgefallen seien.Aus den Ergebnissen der Befragung lässt sich der Schluss ziehen, dass die Hörer und Hörerinnen eines Radiosenders tatsächlich in der Lage sind, diesen anhand der Moderation zu erkennen und von anderen Sendern zu unterscheiden – und dass sich jene Unterscheidungsfähigkeit steigert, je häufiger sie diesen Radiosender hören. Es ist wenig verwunderlich, dass sich dieser Lerneffekt besonders deutlich bei der Kategorisierung von MDR Jump zeigt. Der Sender ist hinsichtlich Musikformat und Zielgruppe MDR Sputnik von allen am ähnlichsten und auch der Moderationsstil scheint – in der Wahrnehmung der Hörerinnen und Hörer – dem von MDR Sputnik zu ähneln. Die hohe Streuung der Ergebnisse würde ebenfalls dafür sprechen, dass sich die Probanden und Probandinnen in der Zuordnung eher unsicher waren. Betrachtet man den Mittelwert aller Jump-Stimuli (1,919), scheinen die Moderationen des Senders ungefähr auf der Kategoriegrenze von MDR Sputnik zu liegen. Jump-Moderationen könnten demnach als eher untypische Sputnik-Moderationen „durchgehen". MDR Info ist dagegen nach Einschätzung der Teilnehmenden am eindeutigsten Sputnik-untypisch. MDR Figaro und MDR1 Radio Sachsen-Anhalt liegen im Bereich dazwischen.

Das Ergebnis von MDR1 Radio Sachsen-Anhalt erscheint dagegen überraschend. Dafür, dass der „Heimatsender" eine wesentlich ältere Zielgruppe ansprechen soll, fällt der Lerneffekt mit 0,281 erstaunlich deutlich aus, sogar deutlicher als bei MDR Jump. Auch die Streuung bei der Zuordnung ist relativ groß, zumal hier der Gesamtwert durch den Moderator des „Tagesreports", bei dem die Antworten weniger streuen, sogar noch „abgemildert" wird. Dies könnte mehrere Gründe haben: Zum einen geben mehr als die Hälfte der Teilnehmenden (55,4 %) an, Moderationen von MDR Jump unter den Stimuli erkannt zu haben. Es ist zu vermuten, dass es Hörerinnen und Hörern bei der Zuordnungsaufgabe hilft, mit beiden Sendern vertraut zu sein. Wer eine Moderation von MDR Jump durch seine Hörerfahrung als solche erkennt, weiß, dass sie nicht von MDR Sputnik sein kann. MDR1 Radio Sachsen-Anhalt wurde von wesentlich weniger Befragten erkannt (22,1 %). Es ist anzunehmen, dass sie mit diesem Sender insgesamt auch weniger Hörerfahrungen gemacht haben, was die Unsicherheit bei der Zuordnung erhöhen könnte. Bei MDR Figaro fällt die Unsicherheit der Hörerinnen und Hörer jedoch merklich geringer aus, auch wenn der Anteil an Teilnehmenden, die angaben, Figaro erkannt zu haben, mit 22 % nahezu identisch ist. Die Vertrautheit kann es also nicht allein sein. Es ließe sich nun spekulieren, dass Begleitprogramme, zu denen auch MDR1 Radio Sachsen-Anhalt gehört, sich in ihrem Moderationsstil untereinander stärker ähneln als Einschaltprogramme – selbst dann, wenn sie sehr unterschiedliche Zielgruppen ansprechen sollen (zum Begriff von Begleit- und Einschaltprogrammen vgl. Kap. 2.2 und 2.3). Diese und andere Fragen sollen im folgenden Kapitel geklärt werden, wenn die Hörerinnen und Hörer selbst zu Wort kommen. Leider konnten aufgrund der Datenqualität keine Signifikanztests zu den aufgeführten Unterschieden durchgeführt werden. Dadurch konnte an dieser Stelle nur auf Tendenzen verwiesen werden, Rückschlüsse auf die Grundgesamtheit können jedoch nicht gezogen werden. Dieser Schritt wird dann allerdings in Kapitel 8 umgesetzt werden.

7 Untersuchungsschritt 2: Erhebung metalinguistischer Beschreibungen

In diesen Untersuchungsschritt gingen die 24 Sputnik-Stimuli ein, die in der Online-Befragung am zuverlässigsten erkannt worden waren, sowie die 24 am seltensten mit Sputnik-Moderationen verwechselten Stimuli der übrigen Sender (eine Übersicht aller verwendeten Stimuli befindet sich in Anhang 2). Ziel war es, in semistrukturierten Interviews metalinguistische Beschreibungen von den Hörerinnen und Hörern zu sammeln. Das Vorgehen lehnte sich dabei an die sog. Repertory-Grid-Methode an, die – meines Wissens – bislang noch nicht für die Untersuchung von Sprechstilen eingesetzt worden ist. Es gehört zu den Anliegen dieser Arbeit, die Methode für jenes Forschungsfeld nutzbar zu machen, daher werden hier sowohl die Methode selbst und deren theoretischen Hintergründe ausführlich beschrieben (Kap. 7.1) als auch die konkrete Umsetzung, auf welche Weise die Interviews in der vorliegenden Untersuchung durchgeführt (Kap. 7.2) und analysiert wurden (Kap. 7.3). Schwerpunkt der Analyse lag darauf, die häufigsten und trennschärfsten metalinguistischen Beschreibungen zu identifizieren, die – nach Ansicht der Hörer und Hörerinnen – besonders „treffend" in Worte fassen, was den Moderationsstil von MDR Sputnik ausmacht und worin er sich von anderen Moderationsstilen abgrenzt. 25 dieser Beschreibungen gingen wiederum in die quantitative Fragebogenerhebung ein, um die es in Kapitel 8 gehen wird. Die Auswertung der Interviewdaten in Kapitel 7.4 ist bereits nach jenen 25 Beschreibungen geordnet, so dass sich die Ergebnisse beider Untersuchungsschritte leichter zueinander in Beziehung setzen lassen.

7.1 Die Repertory-Grid-Methode

Die Repertory-Grid-Methode wurde in den 1950er Jahren von George A. Kelly entwickelt und fand bereits in den verschiedensten Bereichen Anwendung, etwa in der Bildungs- oder Marktforschung (einen Überblick bietet der von Fransella 2003 herausgegebene Sammelband). Im Laufe der Jahre wurden zahlreiche Varianten und Erweiterungen entwickelt, daher kann von „der" Repertory-Grid-Methode eigentlich kaum gesprochen werden (vgl. Fromm 2002). Kellys ursprüngliches Verfahren, der „Role Construct Repertory Test", entstand aus einer Kritik an den üblichen „objektiven" Erfassungsmöglichkeiten in der Psychologie (Tests, standardisierte Interviews, Ratingskalen). Kelly, der im Bereich der klinischen Psychologie arbeitete, stellte in Frage, dass die dem Fachmann vertrauten Konstrukte in diesen Verfahren dem wirklich angemessen sind, was seine Klienten bewegt. Er wollte zeigen, dass man die Vielschichtigkeit und den Einfallsreichtum der Menschen methodisch und theoretisch ernst nehmen kann, ohne dabei seinen wissenschaftlichen Anspruch aufgeben zu müssen (vgl. Scheer/Catina 1993; Fromm 2002). Kelly unterfütterte diese Methode mit seiner „Theorie der Persönlichen Konstrukte", die gewisse Berührungspunkte mit konstruktivistischen und kognitionspsychologischen Ansätzen aufweist, wie z.B. der von Glasersfeld oder Maturana und Varela (vgl. Scheer/Catina 1993; Fromm 1995, 11) – und wie sich im Verlauf dieses Kapitels noch zeigen wird, lassen sich auch Bezüge zu den theoretischen Erwägungen in Kap. 3 herstellen.

7.1.1 Theoretischer Hintergrund

Kelly vertritt die Ansicht, dass die „objektive" Wirklichkeit nicht in fertig portionierten Sinneinheiten vorliegt, sondern erst durch subjektive Erfahrung und Verarbeitung untergliedert wird. Dabei besteht grundsätzlich immer die Möglichkeit von alternativen Interpretationen, die Menschen aktiv vornehmen, um sich in der Welt orientieren zu können und ihre Ziele zu erreichen. Solche Interpretationen verleihen der Wirklichkeit Bedeutung, indem sie diese immer wieder neu rekonstruieren. Aus diesem Grunde bezeichnet Kelly seinen theoretischen Ansatz auch als „Konstruktiven Alternativismus" (vgl. Catina/Schmitt 1993; Fromm 1995, 12). Individuen gruppieren Personen, Gegenstände, Situationen nach wahrgenommenen Ähnlichkeiten und Unterschieden. Auf dieser Basis abstrahieren sie sog. „persönliche Konstrukte". Deren Funktion ist es, neue Situationen mit vergangenen in Beziehung zu setzen, um antizipieren zu können, was als nächstes geschieht (vgl. Kelly 1963, 49). Nach welchen Ähnlichkeiten und Unterschieden eine Situation jeweils eingruppiert wird, ist zwar kulturell beeinflusst, aber dennoch bei verschiedenen Individuen nie identisch (vgl. Fromm 1995, 15f). Um die Orientierungsfunktion erfüllen zu können, eignen sich einige Konstrukte allerdings mehr als andere, weil sie z.B. zuverlässigere Vorhersagen erlauben. Daher ist ein persönliches Konstrukt auch keine einmalige Abstraktionsleistung, die zu einem ein für alle Mal feststehenden Ergebnis führt, sondern vielmehr eine Arbeitshypothese, die immer wieder auf ihre Angemessenheit hin überprüft und entsprechend aktualisiert wird: „Thus, man comes to understand his worlds through an infinite series of successive approximations" (Kelly 1963, 43).

Wie diese offensichtliche Nähe zum wissenschaftlichen Arbeiten bereits andeutet, sieht Kelly – im Gegensatz zur Psychologie seiner Zeit und z.T. heute noch verbreiteten Ansätzen – keinen fundamentalen Unterschied zwischen wissenschaftlichem Denken und dem Denken von Laien, auch wenn wissenschaftliche Theorien zumeist präziser gefasst sind, als es für die Bewältigung des

Alltags notwendig ist (vgl. Kelly 1963, 5, 18; Ohme 2008, 134). Wie wissenschaftliche Theorien beziehen sich auch persönliche Konstrukte auf einen bestimmten Gegenstandsbereich („range of convenience"), für den sie „entwickelt" wurden und in dem sie besonders gut funktionieren (vgl. Kelly 1963, 11f). So mag es für eine Person z.B. sinnvoll sein, Radioprogramme danach zu unterscheiden, ob sie diese unterhaltsam oder langweilig findet, und die Senderwahl entsprechend danach auszurichten. Steht dieselbe Person in einem Möbelgeschäft und wägt ab, welcher der Tische für die Küche in der neuen Wohnung geeigneter ist, wird das Konstrukt „unterhaltsam – langweilig" vermutlich weniger hilfreich sein.

Kelly betont die Dichotomie persönlicher Konstrukte. Sie stellen nicht nur eine Ähnlichkeitsrelation zwischen verschiedenen Episoden („events") her, sondern grenzen diese auch von anderen ab. Dabei sind beide Seiten gleichermaßen von Bedeutung, denn

> a construct which implied similarity without contrast would represent just as much of a chaotic undifferentiated homogeneity as a construct which implied contrast without similarity would represent a chaotic particularized heterogeneity. The former would leave the person engulfed in a sea with no landmarks to relieve the monotony; the latter would confront him with an interminable series of kaleidoscopic changes in which nothing would ever appear familiar (Kelly 1963, 51).

Der Kontrastpol (im Falle des obigen Beispiels: „langweilig") gehört dabei ebenfalls dem Gegenstandsbereich des Konstrukts an (vgl. ebd. 69). Um persönliche Konstrukte eines Menschen zu erfassen, braucht es als minimalen Kontext also immer mindestens drei Elemente aus demselben Gegenstandsbereich zum Vergleich, von denen zwei einander ähneln und sich von einem dritten unterscheiden (vgl. ebd. 61).

7.1.2 Methode

Die Repertory-Grid-Methode dient dazu, das Repertoire (daher „Repertory") an persönlichen Konstrukten eines Menschen für einen bestimmten, eingegrenzten Erfahrungsbereich zu ermitteln. Dafür müssen zunächst Elemente definiert werden, die für diesen Erfahrungsbereich möglichst repräsentativ sind. In der vorliegenden Arbeit ist der Gegenstandsbereich Radiomoderation in Sachsen-Anhalt, die Elemente sind Moderationsmitschnitte. Die Konstrukte werden nun erhoben, indem die befragte Person diese Elemente zueinander in Beziehung setzt (vgl. Fromm 2002; Bell 2003, 95; Ohme 2008, 144). Wie bereits erwähnt, existieren von der Repertory-Grid-Methode zahlreiche Varianten, es gibt jedoch einige notwendige Bestandteile, die all diese Varianten gemeinsam haben:

1. Erfahrungsobjekte werden zur Unterscheidung vorgelegt. 2. Die Objekte werden nach Ähnlichkeit und Unähnlichkeit zusammengefaßt/geordnet. 3. Ähnlichkeit/Unähnlichkeit der Objekte werden jeweils mit Begriffen bezeichnet (Fromm 1995, 34).

Die Auswahl der Elemente kann dabei durch den Probanden oder die Probandin selbst erfolgen, zum Zwecke größerer Vergleichbarkeit zwischen verschiedenen Befragten können die Elemente aber auch von der Forscherin vorgegeben werden (zu den Vor- und Nachteilen dieses Verfahrens: siehe Abschn. 7.2.4).

Üblicherweise werden dem oder der Befragten zunächst jeweils drei Elemente auf einmal präsentiert, eine sog. „Triade" (vgl. Fromm 2002). Daraufhin wird die Frage gestellt, in welcher wichtigen Weise zwei dieser Elemente einander ähnlich sind, sich aber vom dritten unterscheiden (vgl. Kelly 1991, 155). Nachdem die Probandin oder der Proband die Ähnlichkeit bezeichnet hat, wird diese vom Interviewer als Konstruktpol notiert, die Bezeichnung des Unterschieds als Kontrastpol (vgl. Fromm 1995, 34). In einer weit verbreiteten Version der Methode wird das so erhobene Konstrukt im Anschluss über die Elemente der einzelnen Triade hinaus auf die Gesamtheit der Elemente angewendet. Dazu werden alle Elemente in einer Matrixdarstellung aufgelistet (daher auch die Bezeichnung „Grid"). In dieser Matrix ordnet der oder die Befragte dann mithilfe von Ratingskalen jedes Element mehr oder weniger stark ausgeprägt dem Konstrukt- oder Kontrastpol zu (vgl. ebd. 35). Die Skalen gewinnen dadurch eine gewisse Ähnlichkeit zu denen von Polaritätenprofilen – mit dem Unterschied, dass die befragte Person die Items selbst vorgibt, nach denen die Stimuli eingeschätzt werden sollen. Mittels Faktoren- oder Clusteranalysen können dann sowohl die Zusammenhänge zwischen verschiedenen Konstrukten untersucht werden als auch Beziehungen, die der oder die Befragte zwischen den verschiedenen Elementen herstellt (vgl. Bell 1988).

Die Repertory Grid-Methode hat den Vorteil, dass sie mit minimalen inhaltlichen Vorgaben und Interventionen der Interviewerin auskommt (vgl. Fromm 1995, 37) – die befragte Person kann sich vergleichsweise frei artikulieren, ihr wird kaum etwas „in den Mund gelegt" (vgl. Jankowicz 2004, 14f). Es werden auch keine isolierten Aussagen produziert. Die Probandin oder der Proband stellt Beziehungen zwischen Erfahrungsgegenständen her und strukturiert dadurch die Daten in einer Weise vor, die in anderen Verfahren der Interpretation des Forschenden obliegen (vgl. Fromm 1995, 37, 177). Darüber hinaus ist das Vorgehen sehr flexibel, es lässt sich auf jeden Erfahrungsbereich anwenden, der beispielhaft in der Form unterscheidbarer Elemente konkretisiert werden kann (vgl. ebd. 37). Die Repertory-Grid-Methode ist eine Mischform zwischen qualitativen und quantitativen Verfahren, wobei der Schwerpunkt je nach Erkenntnisabsicht in die eine oder die andere Richtung verschoben werden kann (vgl. Neimeyer 2002).

Damit eignet sie sich auch sehr gut als Pilotstudie, auf deren Basis man dann in einer größeren quantitativen Untersuchung aufbauen kann (vgl. Jancowicz 2004, 15).

Allerdings kann mit dieser Methode nur ein Teilbereich der persönlichen Konstrukte ermittelt werden: nämlich diejenigen Konstrukte, die die Interviewten auch verbalisieren können. Konstrukte sind von Emotionen belgeitet und für die Befragten selbst nicht immer offenkundig oder ohne weiteres in Worte zu fassen – dies gilt sogar eher als Sonderfall (vgl. Kelly 1963, 16; Catina/Schmitt 1993). Um als Außenstehender die subjektive Wahrnehmung einer Person besser verstehen zu können, „ist es allerdings im Interesse einer Verständigung, die sich auf tragfähige Kommunikations- und Übersetzungsregeln stützen kann, sinnvoll, sich auf diesen Sonderfall zu konzentrieren" (Fromm 2002, 197) – daher richtet sich die Aufmerksamkeit in der vorliegenden Untersuchung auch auf metalinguistische Beschreibungen der Hörer und Hörerinnen (vgl. auch Kap. 3.3. und 3.4).

7.2 Vorgehen bei der Durchführung der Interviews

Mit insgesamt 32 Hörerinnen und Hörern von MDR Sputnik wurden teilstrukturierte qualitative Interviews geführt. Dabei wurden immer jeweils zwei Befragte gleichzeitig interviewt. Gemäß der Repertory-Grid-Methode wurden ihnen die Moderationsmitschnitte in Form von Triaden präsentiert. Die Stimuli dieser Triaden waren zufällig zusammengestellt, die Auswahl erfolgte durch den „List Randomizer" von RANDOM.ORG (2017). Zusätzlich galt aber die Bedingung, dass sich in jeder Triade mindestens eine Sputnik-Moderation befinden muss – die randomisierte Reihenfolge wurde entsprechend modifiziert. Die übrigen beiden Moderationen waren entweder zwei Nicht-Sputnik-Stimuli oder ein Sputnik- und ein Nicht-Sputnik-Stimulus. Nachdem die Teilnehmenden jeweils eine Triade gehört hatten, wurden sie gefragt, welche der Moderationen sie ähnlicher zueinander finden und welche für sie anders sei. Diese Ähnlichkeiten und Unterschiede sollten sie daraufhin in eigenen Worten beschreiben. Im Anschluss folgte dann die nächste Triade und der Prozess wurde wiederholt. Auf diese Weise wurden 16 Interviews geführt. Je Interview wurden die Probanden und Probandinnen zu insgesamt 16 Triaden befragt.

Durch dieses Vorgehen lassen sich zwei Fragen untersuchen: zum einen wie die Hörerinnen und Hörer Sputnik-Moderationen von denen anderer Sender unterscheiden, zum anderen, ob und inwiefern sie Sputnik-Stimuli tatsächlich als ähnlich zueinander wahrnehmen – sofern sie in der Lage sind, dies in Worte zu fassen. Die so gefundenen Ähnlichkeiten und Unterschiede lassen sich dann wiederum zueinander und zu den jeweiligen Stimuli in Beziehung setzen (vgl.

auch Böhme 2013, 2015; Böhme/Kettel i. Vorb.). Im weiteren Verlauf dieses Unterkapitels sollen die methodischen Entscheidungen, die hinter dem geschilderten Vorgehen stehen, noch etwas näher erläutert werden.

7.2.1 Warum Interviews?

Angesichts des hohen Aufwandes, den die Aufbereitung qualitativer Face-to-Face-Interviews mit sich bringt (Erhebung, Transkription etc.), könnte es durchaus reizvoll erscheinen, die Repertory-Grid-Methode ebenfalls als Online-Befragung umzusetzen, in der die Hörer und Hörerinnen ihre metalinguistischen Beschreibungen selbst eintippen. Offene Frageformen gelten allerdings als eher ungünstig für Online-Befragungen, da sie die Motivation der Teilnehmenden senken und häufig zu hohen Abbrecherquoten führen (vgl. Thielsch/Weltzin 2009). Zudem hätte dazu die Anzahl der Stimuli reduziert werden müssen, da eine lange Bearbeitungsdauer – bei 16 Triaden müssen immerhin 48 Stimuli angehört und beschrieben werden – bei dieser Art der Befragung ebenfalls häufig zu Abbrüchen bzw. zu „Spaßantworten" führt (vgl. Faas/Schoen 2009; Diekmann 2009, 529).

Darüber hinaus besteht bei dieser Erhebungsart kaum die Möglichkeit nachzufragen. Wenn man davon ausgeht, dass nicht nur die Konstrukte der Befragten individuell unterschiedlich sind, sondern auch die Beschreibungen, die sie wählen, um über diese Konstrukte zu sprechen (vgl. Kap. 3.4 und Abschn. 7.1.1), ist eine Verständigung darüber notwendig. Fromm (1995, 49) sieht einen Verzicht auf ein Gespräch bei der Erhebung von Repertory-Grid-Daten nur dann als gerechtfertigt an, „wenn eine hinreichende Verständigung bereits vorab (z.B. in Vorerhebungen) erreicht wurde oder noch folgen kann". Mit jedem Versuch der Interviewerin, die Konstrukte der Befragten und deren Funktion durch Nachfragen besser zu verstehen, nimmt freilich ihr Einfluss auf die Probandinnen und Probanden zu und die Vergleichbarkeit der Interviews untereinander nimmt ab. Andererseits gilt aber gerade vor dem Hintergrund der explorativen Ausrichtung dieser Arbeit:

> Entweder man erhebt bedeutungsvolle und relevante Daten, betreibt dann aber nach herkömmlichen Kriterien [Validität, Reliabilität, Objektivität; Anm. G.B.] schlechte Forschung, oder man produziert unter Beachtung aller methodischen Regeln Unsinn (Fromm 1995, 205).[3]

---

3 Aus Perspektive der Spracheinstellungsforschung vgl. dazu auch Thøgersen (2005).

Die Wahrnehmung von Sprechstilen im Hörfunk ist schließlich bislang nur wenig erforscht. Um die Aussagen der Befragten dennoch so wenig wie möglich in vorgegebene Richtungen zu lenken, habe ich mich als Interviewerin darum bemüht, Nachfragen so zu stellen, dass sie nicht bereits Antworten suggerieren, und dabei Formulierungen aufzugreifen, die die Interviewten zuvor selbst geäußert hatten. Da alle 16 Interviews von derselben Person geführt wurden, bleibt deren Einfluss zudem in einem gewissen Maße konstant.

Die Reichhaltigkeit der Daten und die größeren Kontextualisierungsmöglichkeiten machen das mündliche Verfahren gerade für explorative Zwecke attraktiv (vgl. Garrett et al. 2005; Nyström Höög 2005). Außerdem konnte so ein schriftsprachlicher Bias in der Wahl der Beschreibungen ausgeschlossen werden. Die Zielgruppe von MDR Sputnik ist zwar vermutlich durch Kommunikation im Internet gewohnt, dass man Umschreibungen wie „locker-flockig fluffig" durchaus auch aufschreiben kann – im Rahmen einer schriftlichen wissenschaftlichen Befragung ist es aber dennoch wahrscheinlich, dass solche alltagsnahen, umgangssprachlichen Beschreibungen nicht geäußert werden, da die Probandinnen und Probanden sie in der gegebenen Situation nicht für angemessen halten. In einer locker gestalteten Gesprächsumgebung kommt es voraussichtlich eher zu solchen Passagen.

7.2.2 Warum zwei Befragte?

In Vortests hatte sich herausgestellt, dass die Interviewten dazu neigen, sich „besonders wissenschaftlich" auszudrücken, wenn ihr einziges Gegenüber eine Wissenschaftlerin ist – trotz aller Versuche meinerseits, eine informelle, freundliche Atmosphäre herzustellen und zu betonen, dass es keine „richtigen" und „falschen" Antworten gibt (vgl. auch Helfferich 2011, 177). Dieser Effekt ist in der soziolinguistischen und sozialpsychologischen Forschung zur Accommodation Theory seit Langem bekannt (vgl. Giles/Powesland 1997; vgl. auch Abschn. 2.3.3). Durch einen weiteren Gesprächspartner, der sich nicht in der Rolle eines Wissenschaftlers befindet, sollte jener Einfluss abgemildert werden. Auch mein methodisch bedingtes Verhalten als Interviewerin wirkte sich dadurch weniger stark auf die Gesprächssituation aus. So verstößt es etwa gegen die Normen von Alltagsgesprächen unter gleichberechtigten Partnern, ein einseitiges „Frage-Antwort-Spiel" zu führen, während man die eigenen Standpunkte zurückhält (vgl. Helfferich 2011, 47). Die Erfahrung aus den Vortests zeigt, dass es in Repertory-Grid-Interviews mit Einzelpersonen dadurch aller Gegenbemühungen zum Trotz leicht zu einer Art „Prüfungsatmosphäre" kommen kann – v.a. zu Beginn des Gesprächs, wo die Befragten sich erst mit der Methode vertraut machen müssen (vgl. Böhme 2015). Waren zwei Teilnehmende anwesend, musste sich nicht jeder allein der ungewohnten Aufgabe stellen und die Situation lockerte sich merklich auf. Darüber hinaus ließen sich durch den Fokus auf die Kommunikation zwischen den beiden Interviewten solche Frage-Antwort-Sequenzen leichter vermeiden – wenngleich das in der Literatur zu Interviews häufig formulierte Ideal des informellen, „natürlichen" Alltagsgesprächs ohne institutionelle Rahmung auch in dieser Konstellation nie erreicht werden kann (vgl. Fontana/Frey 2000; Kühn/Koschel 2011, 36; Koven 2014).

Liebscher und Dailey-O'Cain (2009, 200) plädieren generell dafür, Einstellungen zu Sprechweisen möglichst in Interaktionssituationen zu untersuchen, denn: „Language attitudes are created through interaction, and it is through interaction that they are later negotiated" (vgl. auch Kap. 3.2). Dieser Aushandlungsprozess lässt sich in Gruppendiskussionen besonders gut beobachten (vgl. Kühn/Koschel 2011, 36). Um kollektiv verankerte Muster zu erforschen – wie etwa metapragmatische Stereotype – gelten Gruppendiskussionen gegenüber Einzelbefragungen als geeigneter (vgl. Bohnsack/Przyborski 2010; Blank 2011). Ebenso bietet es interessantes Untersuchungsmaterial, wenn die Interviewten sich ihre gewählten Beschreibungen gegenseitig erläutern oder sie darüber diskutieren – v.a. dann, wenn sich ihre Ansichten zu einer Moderation unterscheiden. Dies kann wertvolle Hinweise liefern, in welcher Beziehung verschiedene Einstellungen zueinander stehen und welche grundlegenden Annahmen, welche Sprachideologien dahinterliegen (vgl. Nyström Höög 2005; D'Andrade 2005; Droste 2017). Anknüpfungspunkte an die Äußerungen des jeweils anderen können die Probanden und Probandinnen auch dazu anregen, Erfahrungen und Standpunkte einzubringen, auf die sie in einem Einzelgespräch mit einer Interviewerin – die wenig von sich preisgeben darf – möglicherweise gar nicht gekommen wären (vgl. Dreher/Dreher 1995; Fontana/Frey 2000). Gelingt es, eine vertrauensvolle Atmosphäre zu schaffen, in der es keine „korrekten" oder „falschen" Antworten gibt, kann eine Gruppendiskussion Hemmungen und Widerstände abbauen, sich offen zum Thema zu äußern (vgl. Kühn/Koschel 2011, 35; Merton et al. 1990, 146).

Das Gruppendiskussionsverfahren wird insbesondere von Forschenden aus quantitativ orientierten Fachrichtungen dafür kritisiert, die gruppendynamischen Effekte verfälschten die Antworten der Befragten und verzerrten somit die Daten (vgl. z.B. Schreier 2013). Vertreterinnen und Vertreter soziolinguistischer und konversationsanalytischer Ansätze halten jedoch dagegen, dass Menschen tagtäglich in sozialen Kontexten leben und handeln, und dass die biografische Entwicklung wie auch die Herausbildung von Einstellungen losgelöst von Gruppenzugehörigkeiten kaum denkbar sei. Von daher sei die „wahre", unverzerrte und von sozialen Einflüssen befreite Einstellung lediglich eine Konstruktion (vgl. z.B. Liebscher/Dailey-O'Cain 2009; Koven 2014). Unter der Zielstellung, möglichst alltagsnahe metalinguistische Beschreibungen von den Hörern und Hörerinnen zu gewinnen, „verfälscht" die Dynamik der Gruppendiskussion deren Aussagen voraussichtlich weniger, als es bei der Dynamik in Einzelinterviews der Fall gewesen wäre. Das bedeutet im Gegenzug aber auch, dass der Gesprächskontext der Interviews in die Interpretation der Ergebnisse einbezogen werden muss. So ist beispielsweise anzunehmen, dass die Gesprächsdynamik dadurch beeinflusst wird, dass beide Befragte regelmäßig MDR Sputnik hören und dem Sender gegenüber grundsätzlich positiv eingestellt sind. Man kann also – im Sinne eines „Stance-Dreiecks" – nachvollziehen, wie sich zwei Sputnik-Hörer bzw. -Hörerinnen zu Moderationen ihres Lieblingssenders und anderer Sender positionieren, während sie sich zugleich aufeinander ausrichten (vgl. Spitzmüller et al. 2017). Wie in Kapitel 2.1 erläutert, können über Medienpräferenzen auch soziale Zugehörigkeiten kommuniziert werden (vgl. auch Bourdieu 1987, 405ff; Hoffman/Kutscha 2010). Dies könnte die Probanden und Probandinnen dazu motivieren, sich in den Interviews darüber als In-Group auszurichten (vgl. Trepte 2006) – gerade auch, weil das „Sputnik-Hörer-Sein" eine Gemeinsamkeit zwischen zwei einander ansonsten unbekannten Personen ist, die durch den Kontext äußerst prominent hervorgehoben wird. Interessant könnte in diesem Zusammenhang sein, über welche Zuschreibungen diese In-Group ausgehandelt wird.

7.2.3 Warum kein „Grid"?

In der vorliegenden Untersuchung wurde von der verbreiteten Praxis abgesehen, die persönlichen Konstrukte der Probandinnen und Probanden während des Interviews zu notieren (vgl. Abschn. 7.1.2) – in erster Linie, weil sich dies sehr negativ auf die Gesprächsdynamik auswirken kann:

> In my own view, nothing is more intrusive [...] than a listener scribbling madly rather than looking at you while you talk. [...] Tape recorders, in this sense, may well be less intrusive than paper and pen or pencil (or their replacement, the laptop), since they free the interviewer to be a good listener and pay attention (Quinn 2005, 20).

Die Interviews wurden stattdessen mit einem Diktiergerät (Philips Digital Voice Tracer) aufgezeichnet. In Voruntersuchungen hatte sich herausgestellt, dass die Antworten der Interviewten erheblich reichhaltiger sind, als es die einzelnen Wörter oder Wortgruppen vermuten lassen, die normalerweise in Repertory-Grid-Befragungen protokolliert werden. So lieferte etwa lautes Denken und Abwägen über die passende Formulierung viele Anhaltspunkte, was genau mit der letztendlich gewählten Beschreibung gemeint sein könnte (vgl. auch Fromm 2002).

In aufgenommener und transkribierter Form lassen sich auch gruppendynamische Prozesse besser analysieren, als es bei einem ausschließlichen Rückgriff auf Erinnerungsprotokolle der Interviewerin möglich wäre. Außerdem zeigte sich die Tendenz, dass viele der Probandinnen und Probanden die Moderationen nicht nur verbal beschreiben, sondern auch imitieren und parodieren, wobei sie bestimmte Merkmale besonders übertreiben. Die Vermutung liegt nahe, dass diese Merkmale für sie besonders auffällig, besonders salient sind (vgl. Böhme 2013). In aufgenommener Form können solche Imitationen daher wertvolles Untersuchungsmaterial bieten (vgl. Niedzielski/Preston 2000, 306; Preston 2011).

Da auf ein schriftliches Protokoll während der Interviews verzichtet worden war, konnte auch das übliche Rating über alle Elemente hinweg nicht umgesetzt werden (vgl. Jankowicz 2004, 24ff; vgl. Abschn. 7.1.2). Nach jeder Triade zu dem erhobenen Konstrukt eine Ratingskala zu allen 48 Moderationen auszufüllen, wäre für die Befragten ohnehin eine enorme Überforderung gewesen und hätte die Datenqualität entsprechend beeinträchtigt. Die Menge der Stimuli sollte allerdings nicht reduziert werden, da schließlich ermittelt werden sollte, ob unter den Sputnik-Moderationen über mehrere Sprecherinnen und Sprecher hinweg Gemeinsamkeiten wahrgenommen werden bzw. ob diese auf ähnliche Weise von den Moderationen der übrigen Sender abgegrenzt werden. Die Funktion des Ratings sollte stattdessen die Fragebogenerhebung erfüllen, die auf Basis der gesammelten Beschreibungen aus den Interviews entwickelt wurde (vgl. Kap. 8).[4]

7.2.4 Auswahl und Zusammenstellung der Stimuli

Die Vortests hatten ergeben, dass 16 Triaden für die Hörerinnen und Hörer innerhalb von ca. einer Stunde zu bearbeiten sind, ohne dass Konzentration und Motivation dabei deutlich nachlassen. Von den insgesamt 48 Stimuli stammten 24 von MDR Sputnik, 24 Moderationsmitschnitte waren Nicht-Sputnik-Stimuli. Von MDR Jump, Figaro, Info und MDR1 Radio Sachsen-Anhalt gingen damit jeweils sechs Moderationen in die Untersuchung ein. Acht der 16 Triaden enthielten jeweils nur einen Sputnik-Stimulus, die übrigen acht beinhalteten je zwei Sputnik-Stimuli. Wenn in einer Triade zwei Moderationen desselben Senders vorkamen, galt zusätzlich die Bedingung, dass sie nicht dasselbe Thema behandeln durften. Darüber hinaus durften in einer Triade nicht zweimal derselbe Sprecher bzw. dieselbe Sprecherin vorkommen. So sollte sichergestellt werden, dass von den Höre-

---

[4] Zum Vorgehen bei mehreren Repertory-Grid-Interviews mit gleichen Stimuli, aber individuellen Konstrukten vgl. z.B. Jankowicz (2004, 145ff).

rinnen und Hörern beschriebene Ähnlichkeiten in erster Linie auf den Sprechstil der Moderatoren und Moderatorinnen zurückzuführen sind.

Leitkriterium bei der Auswahl der Moderationsausschnitte war die Typikalitäts-Rangliste, die aus den Ergebnissen der Online-Befragung hervorgegangen war (vgl. Kap. 6.3; Rangliste im Anhang 2). Dieses Auswahlschema wurde allerdings nicht ganz so streng umgesetzt wie ursprünglich beabsichtigt, da einige Sprecherinnen und Sprecher im Stimulus-Material ansonsten massiv überrepräsentiert gewesen wären. Insbesondere Morningshow-Moderatorin WB, die von allen Sputnik-Sprechern und -Sprecherinnen dem Sender am häufigsten zugeordnet wurde (vgl. Kap. 6.3), hätte 11 der auszuwählenden 24 Sputnik-Moderationen gestellt, wäre die Auswahl rein an der Abfolge der Rangliste orientiert gewesen. Das Interesse dieser Untersuchung besteht jedoch am sendertypischen Moderationsstil von MDR Sputnik. Sollte es einen solchen Stil in der Wahrnehmung der Hörerschaft geben, müsste er über mehrere Sprecherinnen und Sprecher hinweg erkennbar sein. Markante Besonderheiten einzelner Sprecherinnen sind unter dieser Fragestellung weniger interessant, sofern es nicht gerade diese Markanz ist, die von den Hörerinnen und Hörern als Sputnik-typisch beurteilt wird. Aus diesem Grunde wurde die Auswahl der Stimuli um das Kriterium der Sprechervielfalt erweitert. So wurden von den Stimuli aller Sputnik-Moderatorinnen und -Moderatoren jeweils diejenigen mit den besten Typikalitätswerten einbezogen – mit Ausnahme der Moderationen des Sprechers AW. Jener Sprecher war insgesamt nur von sehr wenigen Teilnehmenden der Online-Befragung MDR Sputnik zugeordnet worden, weshalb er von den weiteren Untersuchungsschritten ausgeschlossen wurde (vgl. Kap. 6.3).

Allen Probanden und Probandinnen wurden – wenn auch in unterschiedlicher Reihenfolge – dieselben Stimuli vorgespielt, um die verschiedenen Interviews gut miteinander vergleichen zu können. In der Literatur zum Repertory-Grid-Verfahren wird dieses Vorgehen aber durchaus kritisiert. In vielen Varianten der Methode wird den Interviewten die Möglichkeit gegeben, die Elemente, zu denen sie befragt werden, selbst zu wählen (z.B. in Kellys ursprünglicher Fassung für die psychologische Beratung, vgl. Bell 2003). Vorgegebene Elemente bergen die Gefahr, dass sie zwar für die Forscherin selbst das Befragungsthema sinnvoll repräsentieren, im schlimmsten Fall aber

> für den Befragten eine Sammlung beziehungsloser Stimuli darstellen können. In weniger krassen und realistischeren Fällen ist damit zu rechnen, daß Forscher und Befragte unterschiedliche Maßstäbe für die Beurteilung der Homogenität [...] eines Themas haben (Fromm 1995, 74).

Die ausgewählten Stimuli von MDR Sputnik sind hierbei wahrscheinlich eher unproblematisch. Sie wurden jeweils zuverlässig von einer großen Zahl von Sputnik-Hörern und -Hörerinnen erkannt (vgl. Kap. 6.3) und in den Interviews wurden nur Personen befragt, die angaben, regelmäßig MDR Sputnik zu hören (zu den genauen Auswahlkriterien: siehe nächster Abschnitt).

Anders sieht es allerdings bei den Nicht-Sputnik-Stimuli aus. Nach den Ergebnissen der Online-Befragung sind diese zwar für viele der Hörer und Hörerinnen definitiv nicht mit Moderationen von MDR Sputnik zu verwechseln – wie bekannt den Interviewten jedoch die Moderatorinnen und Moderatoren, die Sender oder gar die jeweiligen Formate sind, wurde bei ihrer Rekrutierung nicht erfragt. Es wurde im Forschungsdesign nicht berücksichtigt, inwieweit diese Moderationsausschnitte für sie tatsächlich repräsentative Vertreter für den Gegenstandsbereich „Radiomoderation" darstellen (zur „range of convenience" persönlicher Konstrukte vgl. Abschn. 7.1.1). Eine mangelnde „Passung" der Elemente kann dazu führen, dass nicht nur vorhandene Konstrukte ermittelt werden, sondern die Probanden und Probandinnen Konstrukte während der Befragung weiterentwickeln, sie ausdifferenzieren oder auf eine allgemeinere Ebene zurückgreifen (vgl. Fromm 1995, 79f). Aus sprech- und sprachwissenschaftlicher Perspektive dürfte zumindest Letzteres den Ertrag der Arbeit nicht wesentlich schmälern, da hier ein allgemeines Interesse an der Erforschung von Spracheinstellungen und -ideologien besteht – auch über den speziellen Kontext von Radiomoderation hinaus. Gerade wenn die Interviewten verallgemeinern, werden sie dabei sehr wahrscheinlich an bestehende kulturelle Modelle und Muster anknüpfen. Auch stammen die Konstrukte und Beschreibungsversuche auf jeden Fall von den Probandinnen und Probanden selbst und spiegeln wieder, was sie an den Stimuli als relevant erachten, wie sie diese bewerten und einordnen. Sollte diese Methode jedoch zur Marktforschung eingesetzt werden, wären die Auswahlkriterien für die verwendeten Stimuli zu überarbeiten.

7.2.5 Auswahl und Rekrutierung der Hörerinnen und Hörer

Wichtigstes Kriterium bei der Auswahl der Probandinnen und Probanden war, dass sie regelmäßig MDR Sputnik hörten. Darüber hinaus sollten sie vom Alter her zur Zielgruppe des Senders gehören, also zwischen 14 und 29 Jahren; aus praktischen Gründen wurden allerdings nur Volljährige befragt. Auch wurde sichergestellt, dass die Befragten in den Bereichen Stimme, Sprechen oder Radio über keine professionelle Ausbildung verfügen, um zu vermeiden, dass in den Interviews professionelles Beschreibungsvokabular verwendet wird – schließlich lag das Untersuchungsinteresse auf laienlinguistischen Beschreibungen. Weiterhin sollte damit einer Gruppendynamik vorgebeugt werden, in der die Laien ihre eigenen Ansichten zurückhalten und sich der Autorität der geschulten Experten unterordnen. In der Literatur zu Gruppeninterviews wird ebenfalls vor solchen Dynamiken gewarnt, wenn sich die Gruppenmitglieder in ihrem sozialen Status und insbesondere vom Bildungsgrad her deutlich voneinander unterscheiden (vgl. z.B. Merton et al. 1990, 137ff, 152). Das ist auch einer der Gründe, weshalb sich die Probandenauswahl größtenteils auf Studierende der Martin-Luther-Universität in Halle beschränkte. Ein weiterer ist, dass das Repertory-Grid-Verfahren, wie erwähnt, bislang noch nicht auf Sprache und Sprechen angewandt wurde. Um zu testen, wie gut sich mit diesem Ansatz überindividuelle metapragmatische Stereotype erheben lassen, sollte zunächst bei einer relativ homogenen Gruppe untersucht werden, wie viele Überschneidungen sich zwischen den verschiedenen Interviews finden lassen, die Hinweise liefern auf „strukturidentisches Erleben [...], welches auch denjenigen gemeinsam ist, die einander gar nicht zu kennen brauchen, wie dies bei Angehörigen einer Generation oder eines ‚Makromilieus' der Fall ist" (Bohnsack et al. 2010, 12; bezogen auf metapragmatische Aktivitäten: vgl. Agha 2003).

Homogenität bezüglich demografischer Merkmale ist allerdings nicht gleichzusetzen mit einer homogenen Gruppe, die einen ähnlichen Lebensstil pflegt. Gruppenzugehörigkeiten und Identitäten sind in den letzten Jahrzehnten wesentlich fließender geworden (vgl. Keupp et al. 2013, 53ff). Das lässt sich bereits an der Zielgruppenbeschreibung von MDR Sputnik durch die öffentlich-rechtliche MedienNutzerTypologie 2.0 absehen. Die „Jungen Wilden" und die „Zielstrebigen Trendsetter" haben in ihren demografischen Merkmalen einige Überschneidungsflächen, unterscheiden sich jedoch ihren Zielen, in der Gestaltung ihres Alltags und in ihrem Medienrepertoire (vgl. Feuerstein 2010; vgl. auch Kap. 5). Eine demografisch homogene Gruppe muss also nicht zwangsläufig zu unergiebigen oder einseitigen Ergebnissen führen, es bleibt dennoch ein beachtlicher Erfahrungsspielraum übrig (vgl. Kühn/Koschel 2011, 79f; ein Beispiel, *wie* unterschiedlich Moderationsstile unter demografisch vergleichbaren Befragten wahrgenommen werden können, findet sich bei Böhme/Kettel i. Vorb.).

Stammhörerinnen und -hörer von MDR Sputnik die Moderationen des Senders einordnen und beschreiben zu lassen kann zu einigen methodischen Schwierigkeiten führen – darunter der sog. „retroactive speech halo effect" (vgl. Ball et al. 1982). Tritt dieser Effekt ein, beschreiben die befragten Sputnik-Hörer und Hörerinnen weniger das, was sie gerade hören, als das, was sie bereits über den jeweiligen Moderator oder die Moderatorin wissen, u.U. meinen sie sogar, bestimmte Merkmale herauszuhören, die im Signal gar nicht vorhanden sind (vgl. ebd.). Andererseits würde es aber die Datenqualität nicht zwangsläufig erhöhen, sollten Personen befragt werden, die MDR Sputnik nicht kennen – etwa die Hörerschaft eines anderen öffentlich-rechtlichen Jugendradios außerhalb des Sendegebiets von MDR Sputnik. Während sie die Stimuli beurteilen, würden jene Hörerinnen und Hörer ebenfalls auf bereits bestehendes Erfahrungswissen zurückgreifen, das über das gerade Gehörte hinaus verweist – der genannte Effekt lässt sich als eine spezielle Folge von „pattern completion inferences" auffassen (vgl. Kap. 3.1 und 3.2; Barsalou 2009). Sein Auftreten wäre durch eine solche Maßnahme also genauso wenig ausgeschlossen. Die Validität der Daten würde in diesem Falle sogar eher noch stärker beeinträchtigt – denn bei Hörern und Hörerinnen von MDR Sputnik ist immerhin davon auszugehen, dass die Erfahrungen, auf die sie bei ihren Beschreibungen zurückgreifen, sich zumindest teilweise auf tatsächliche Hörerfahrungen mit Moderationen dieses Senders beziehen.

Die Interviews wurden mit sog. „Ad-Hoc-Gruppen" geführt: Die Befragten wurden eigens für die Untersuchung rekrutiert, sie kannten sich vorher nicht und die Gruppe existierte auch im Nachhinein nicht weiter (vgl. Kühn/Koschel 2011, 76). Individuen, die sich bereits länger persönlich kennen, verfügen in der Regel über gemeinsame Bezugssysteme, die in der Diskussion als selbstverständlich vorausgesetzt und nicht thematisiert werden – für die Forscherin bleiben sie somit verborgen (vgl. Lamnek 2005, 108). Eine Ad-Hoc-Gruppe bietet außerdem den Vorteil, dass man die Gruppendynamik vom ersten Moment an beobachten kann. Es gibt keine gemeinsame Geschichte mit ggf. schwelenden Konflikten oder Hierarchiegefällen, die für Außenstehende schwer zu erfassen sind. Überdies müssen die Interviewten aus der Begegnung keine Konsequenzen für ein späteres Miteinander fürchten, wodurch Effekte von sozialer Erwünschtheit abgeschwächt werden (vgl. Kühn/Koschel 2011, 76).

Die Probandinnen und Probanden wurden auf mehreren Wegen rekrutiert. Um in der Online-Befragung zur Teilnahme zu motivieren, war ein Amazon-Gutschein verlost worden (vgl. Kap. 6.2), dadurch war eine Liste von ca. 800 E-Mail-Adressen von Sputnik-Hörern und -Hörerinnen zustande gekommen. Diese wurden angeschrieben und gefragt, ob sie Interesse an einer weiteren Befragung hätten. Einige Interviewte wurden über die Startseite und das „Schwarze Brett" von Stud.IP angeworben, der Lernplattform der Martin-Luther-Universität, sowie über Aushänge in Mensen und Bibliotheken der MLU. Ein Nachteil solcher Rekrutierungspraktiken ist, dass darüber in erster Linie sehr interessierte, motivierte Teilnehmende gewonnen werden, die oft aber nur eine Untergruppe der Grundgesamtheit abbilden (vgl. auch Helfferich 2011, 176). Nach der Typologie junger Radiohörerinnen und -hörer von Hartung, Reißmann und Schorb (2009, 210) wäre es dann vermutlich v.a. die Gruppe der „Hörfunkbegeisterten", die sich auf solche Offerten zurückmelden. Diese demonstrieren ein eigenständiges Interesse und ausgeprägte Präferenzen. Das Radio ist für sie nicht nur ein beliebiger ‚Soundteppich' der Alltagsbegleitung. [...] Sie hören Radio nicht nur mit, sondern schalten dieses selbst gezielt ein. Mit der Musik und den Moderator/innen ihres Lieblingssenders können sie sich identifizieren (ebd.).

Sollten die „Hörfunkbegeisterten" unter den Interviewten tatsächlich überrepräsentiert sein, lassen sich aus der Erhebung nur bedingt Rückschlüsse auf die Allgemeinheit der Sputnik-Hörerinnen und -Hörer ziehen. „Fans" zu befragen, die sich stark mit dem Sender identifizieren, könnte sich aber auch als besonders fruchtbar erweisen, um Einstellungen zum Moderationsstil zu untersuchen, da sich diese Gruppe voraussichtlich deutlicher dazu positioniert als andere Publikumssegmente.

Die Kontaktaufnahme verlief bei allen Rekrutierungsmaßnahmen über E-Mail. Zunächst meldeten sich an der Teilnahme Interessierte bei mir, woraufhin sie eine Antwort-E-Mail mit einem Screening-Fragebogen erhielten (vgl. Kühn/Koschel 2011, 90). Darin wurden sie nach Alter, Geschlecht und Studiengang befragt und ob sie bereits Erfahrungen im professionellen Umgang mit Stimme und Sprechen gemacht haben (zum genauen Wortlaut, siehe Anhang 3). Interessierte, die über solcherlei Erfahrungen verfügten oder nicht zwischen 18 und 29 Jahren alt waren, wurden nicht zum Interview eingeladen (mit einer Ausnahme, siehe Anhang 4, Interview 12). Das Screening als zusätzlicher Auswahlschritt war eingeführt worden, da eine lange Liste von Ausschlusskriterien in den Ausschreibungen vermutlich auch geeignete Kandidaten davon abgehalten hätte, sich zu melden. Insgesamt konnten auf diese Weise 32 Teilnehmerinnen (21) und Teilnehmer (11) gewonnen werden, mit einem Durchschnittsalter von 24 Jahren (Angaben zu den einzelnen Interviewten siehe Anhang 4). Dies entspricht bei qualitativen Untersuchungen einer mittleren Stichprobengröße (vgl. Helfferich 2011, 173) und sollte ausreichen, anhand von Übereinstimmungen innerhalb der Daten kulturell beeinflusste Tendenzen und Muster zu finden (vgl. D'Andrade 2005).

7.2.6 Interviewablauf

Die Befragungen wurden in den Räumlichkeiten der Abteilung für Sprechwissenschaft und Phonetik der Martin-Luther-Universität aufgenommen. Jedes Interview begann mit einer kurzen Vorstellungsrunde unter der Fragestellung: „Wer bist du und wie und wann hörst du in deinem Alltag Radio?" – die Probanden und Probandinnen wurden während der Interviews und in allen Rekrutierungsmaßnahmen mit „du" angesprochen, um die Distanz zu verringern, die meine Rolle als Interviewerin mit sich brachte. Durch diese erste, offen gehaltene Frage konnten bereits einige Informationen zu den Hörgewohnheiten gewonnen werden, Hauptanliegen war jedoch ein möglichst lockerer Einstieg hin zum Befragungsthema. In jedem Interview stellte ich mich zunächst selbst vor, um das „Eis zu brechen", indem ich als erste persönliche Informationen über mich preisgab. Diese Vorstellung verlief immer nach demselben Schema und mit denselben Informationen: eigene Hörgewohnheiten (Radio zum Frühstück, zum Abendbrot, im Bad, nebenbei, damit das Saubermachen nicht so langweilig ist) und der persönliche Bezug zu MDR Sputnik (in letzter Zeit nicht mehr so häufig gehört, aber als gebürtige Hallenserin seit Teenager-Tagen Hörerin gewesen). In Voruntersuchungen hatte sich angedeutet, dass es einigen Befragten – möglicherweise durch den universitären Kontext – schwerfiel zuzugeben, Medien nebenbei und nicht mit voller Aufmerksamkeit zu konsumieren. Meine eigene Preisgabe sollte einen Raum schaffen, sich gefahrlos darüber äußern zu können. Allerdings könnte sie auch beeinflusst haben, welche Schwerpunkte die Probanden und Probandinnen bei ihrer eigenen Vorstellung wählten – wenngleich sie dadurch weniger festgelegt waren, als es bei geschlossenen Fragen zu ihren Hörgewohnheiten der Fall gewesen wäre.

Nach der Kennenlernrunde folgte die Instruktion. Wie bereits bei der Online-Befragung sollten die Teilnehmenden sich vorstellen, mit dem Auto nach Mitteldeutschland herein zu fahren und im Autoradio durch die Programme zu „zappen" auf der Suche nach einem passenden Sender (vgl. auch Kap. 6.2). Es wurde betont, dass in der Befragung nach möglichst alltagsnahen Beschreibungen zu Radiomoderationen gesucht wird. Die Probanden und Probandinnen sollten also Beschreibungen wählen, die ihnen spontan zum Gehörten einfallen – ausführliche, durchreflektierte Antworten würden nicht erwartet. Dennoch deuten manche Aussagen gerade zu Beginn der Interviews darauf hin, dass sich einige der Befragten um eine gewisse „Wissenschaftlichkeit" bemühten (z.B. in Int. 2, Abs. 299: *„Ich weiß auch nicht, wie das auf Schlau heißt"*). Diese Tendenz ließ im Verlauf der Interviews allerdings nach.

Weiterhin wurde darauf hingewiesen, dass sich die Interviewten zwar durchaus untereinander darauf einigen können, welche Beschreibung ihnen jeweils am „treffendsten" erscheint, sie dies aber nicht müssen, da es hier keine „richtigen" und „falschen" Beschreibungen gibt. Das sollte dabei helfen, eine Gruppennorm zu etablieren, in der Meinungsverschiedenheiten nicht als Zeichen interpersoneller Konflikte gedeutet werden (vgl. Merton et al. 1990, 175). Ab dem vierten Interview wurde zusätzlich erwähnt, dass sich die gewählten Beschreibungen auch wiederholen dürfen. In den ersten Interviews hatte sich abgezeichnet, dass sich einige der Befragten sehr darum bemühten, bei jeder Triade völlig neue Begriffe zu finden, selbst wenn bereits eingeführte Beschreibungen ihrem Eindruck besser entsprachen. Wann immer mir diese Tendenz in den ersten Interviews aufgefallen war, hatte ich diese Instruktion im Verlauf der Befragung eingebracht.

Im ersten Interview hatten die beiden Probandinnen mich nach der Bearbeitung der ersten Triaden darum gebeten, ihnen eine Orientierungshilfe zu geben, welche Aspekte von Radiomoderation mich besonders interessierten. Daraufhin bekamen sie die Antwort, dass das Untersuchungsinteresse v.a. darauf liegt, wie die Moderation klingt, auf ihrem „Sound" – dass sie inhaltliche Aspekte aber auf jeden Fall ansprechen sollten, wenn sie den Eindruck haben, dass sie die Art des Senders anhand der Inhalte erkannt haben oder wenn ihnen diese in irgendeiner Form auffällig erscheinen. Diese Orientierung half den Befragten, zu Beginn des Interviews die Unsicherheit angesichts der ungewohnten Situation leichter zu überwinden, und wurde fortan in den Instruktionsteil aller Interviews aufgenommen. Dieses Vorgehen hatte auch den Vorteil, dass die Antworten der Befragten besser auf den Fokus der Studie passten. Andererseits hat es möglicherweise einige Antworten verhindert, die relevant gewesen wären, um den Eindruck der Hörerinnen und Hörer von einem Moderationsstil zu beschreiben. Nach den Erfahrungen aus Vortests lassen sich sehr inhaltsorientierte Interviewte dadurch aber kaum davon abhalten, sich zu den Inhalten zu äußern.

Die Triaden wurden mit einem Laptop und daran angeschlossenen Boxen abgespielt (Razer Ferox Mobile Stereo Speakers). Der Bildschirm war dabei so gedreht, dass die Befragten nicht darauf schauen konnten. Nachfragen seitens der Interviewerin während der Befragung beschränkten sich größtenteils darauf, die entsprechenden Kontrastpole zu den Konstruktpolen zu ermitteln. Häufig nannten die Probanden und Probandinnen nicht nur eine Ähnlichkeit und einen Unterschied zwischen den Moderationen. Insgesamt erschien die Vorgabe des Repertory-Grid-Verfahrens, immer genau zwei Beschreibungen zu einem Konstrukt zu formieren, eher künstlich durch die verwendete Methode erzeugt zu werden. Ohne weitere Nachfrage neigten die Befragten eher dazu, zusammenhängende „Cluster" von Beschreibungen miteinander zu kontrastieren. Gelegentlich wurde aber dennoch nachgefragt, da konkrete Gegenüberstellungen die Bedeutung der Beschreibungen mitunter besser greifbar machte – so verschiebt sich etwa die Bedeutung von „unterhaltsam", wenn als Kontrast entweder „informativ" gewählt wird oder „langweilig" (vgl. Jankowicz 2004, 33).

Nach der letzten Triade wurden die Teilnehmenden zum Ende des Interviews noch gefragt, wie wichtig ihnen Moderatoren und Moderatorinnen im Radio sind und ob sie einen oder mehrere der gehörten Moderatoren und Moderatorinnen persönlich kennen. Die Radiostationen des Mitteldeutschen Rundfunks sind alle in Halle an der Saale ansässig und deren Sprecherinnen und Sprecher sind auch bei diversen Live-Veranstaltungen im Sendegebiet zugegen. Daher wäre es durchaus möglich, dass Sputnik-Hörerinnen und -Hörer, die in Halle studieren, bereits persönlichen Kontakt mit ihnen hatten, was sich wiederum auf die Wahl der Beschreibungen auswirken könnte. Zum Schluss wurden die Teilnehmenden gefragt, ob und welche anderen Radiosender sie noch regelmäßig hören. Im Verlauf der Interviews hatte sich herausgestellt, dass mit dieser Frage jedoch nur ein Teil der Hörgewohnheiten erfasst werden kann – und zwar vorwiegend diejenigen Sender, die die Befragten selbst gezielt einschalten. Gelegentlich traten während der Interviews weitere Hörerfahrungen zutage, die den Teilnehmenden offenbar nur unter bestimmten Bedingungen verfügbar sind (vgl. auch Porst 2008, 26) – beispielsweise, wenn ein Proband oder eine Probandin in einer Triade die Moderatorin eines Senders wiedererkennt, den die Großeltern regelmäßig in der Küche hören und den er oder sie daher gelegentlich mithört. Es wurde dennoch davon abgesehen, den Befragten nach über einer Stunde Interview eine lange Item-Liste mit Namen von Radiosendern vorzulegen, um anzukreuzen, welche ihnen davon bekannt sind. Überhaupt wäre es schwer zu bestimmen gewesen, welche Sender in diese Liste hätten eingehen sollen. Die befragten Studierenden stammten nicht alle aus Sachsen-Anhalt und verfügten teilweise auch über Hörerfahrungen mit Sendern aus anderen Bundesländern. Darüber hinaus bieten Internetradios eine unüberschaubare Zahl an weiteren Möglichkeiten, Hörerfahrungen zu sammeln. Auch müssen den Befragten nicht zwangsläufig die Namen aller Sender bekannt sein, die sie bei anderen mithören. Im Anschluss an die Interviews wurde jeweils zeitnah ein Gedächtnisprotokoll verfasst zu Eindrücken von der Gesprächsatmosphäre, der Beziehung und der Interaktion aller Gesprächsteilnehmerinnen und -teilnehmer untereinander, zu aufgetretenen Schwierigkeiten und besonderen Vorkommnissen während der Befragung oder bei der Rekrutierung (orientiert am Protokoll-Vorschlag von Helfferich 2011, 201). Diese wurden bei der Analyse der Interviews und bei der Interpretation der Ergebnisse mit einbezogen.

7.2.7 Transkription

Für die Analyse wurden die Interviews mithilfe des Programms F4 transkribiert, nach schriftsprachlichen Regeln, wobei eine größtmögliche Nähe zur mündlichen Form angestrebt wurde. Die Transkriptionsregeln sind orientiert an der „einfachen Transkription" nach Dresing und Pehl (2013, 20ff; die genauen Regeln: siehe Anhang 5). Bei den Befragten wurden Verzögerungs- und Rezeptionssignale wie „äh" oder „mmh" sowie längere Pausen mittranskribiert, ebenso Satzabbrüche und Wortwiederholungen. Dies alles sind potenzielle Hinweise für Unsicherheiten bei der Einschätzung der Stimuli bzw. beim Finden einer passenden Beschreibung oder auch für Zurückhaltung, weil eine geäußerte Meinung ggf. nicht sozial erwünscht sein könnte. Somit können sie wertvolle Informationen für die Interpretation liefern (vgl. auch D'Andrade 2005). Bei den Beiträgen der Interviewerin wurde dagegen aus zeitökonomischen Gründen auf die Transkription dieser Details verzichtet.

Wie in den Kapiteln 1, 3.3 und 4 bereits ausgeführt wurde, sollte auch untersucht werden, mit welchen Merkmalen der Stimuli die Beschreibungen der Hörerinnen und Hörer in Zusammenhang stehen könnten. In den folgenden Kapiteln werden Moderationsbeispiele, deren sprecherische Merkmale näher betrachtet werden sollen, zunächst nach den Konventionen des Gesprächsanalytischen Transkriptionssystems 2 (GAT 2) transkribiert (vgl. Selting et al. 2009). Entgegen der sonst üblichen GAT 2-Konventionen (vgl. ebd. 361) werden dabei auch Reduktionssilben, die dem gesprochenen Standard entsprechen, mitnotiert, da die Befragten generell sehr sensibel auf reduzierte Formen zu reagieren schienen. Parameter wie Stimmhöhe, Lautheit, Sprechgeschwindigkeit, Stimmqualität, Artikulation und deren jeweilige Modifikationen sowie Rhythmus und Sprechspannung wurden außerdem beschrieben mithilfe des Merkmalskataloges zur auditiven Deskription von stimmlich-artikulatorischen Ausdrucksmustern von Bose (2003, 38ff, 413f; 2010). Dieses Beschreibungssystem für die auditiv-phonetische Analyse stützt sich auf physiologisch basierte, intersubjektiv nachvollziehbare Kategorien, die skaliert beschrieben werden (vgl. auch Bose/Finke 2016).

7.3 Vorgehen bei der Analyse der Interviews

In der Auswertung wurde mit einer Mischung aus quantitativen Verfahren und Grounded Theory nach Corbin und Strauss (2015) vorgegangen, unter Zuhilfenahme des Analyseprogramms MAXQDA (Version 11). Zunächst wurde in den Interviewtranskripten markiert bzw. codiert, wann zu welcher Moderation etwas gesagt wurde. Diese Codes waren hierarchisch gegliedert nach Sender – Moderator/Moderatorin – einzelner Moderation. Es wurde darauf geachtet, dass sich die Codierungen für unterschiedliche Moderationen in den jeweiligen Textpassagen nur dann überlappen, wenn der oder die Befragte beide Moderationen als ähnlich zueinander eingeordnet hatte.

Dieser erste Codierungsdurchlauf wurde gleichzeitig auch dazu genutzt, sich weiter mit dem Interviewkorpus vertraut zu machen. Bei der Grounded Theory-Methodik laufen Datenerhebung, Analyse und Theoriebildung von Beginn an zeitlich parallel und miteinander verschränkt (vgl. Strübing 2014, 11). Bereits in diesem Stadium wurden Auffälligkeiten, vermutete Tendenzen und v.a. auch gruppendynamische Effekte in ersten Memos für die weitere Analyse festgehalten. Memos sind im Sinne der Grounded Theory „written records of analysis" (Corbin/Strauss 2015, 106), in denen vorläufige Analysen, Interpretationen und Hypothesen Schritt für Schritt festgehalten werden. Dabei geht es nicht um den Endbericht, sondern um einen vorläufigen Versuch, das Festhalten zunächst vager Ideen, die später, wenn sie sich als brauchbar erwiesen haben, weiter ausgebaut, detailliert und mit anderen Aspekten der Theorie zusammengeführt, andernfalls aber verworfen werden können und sollen (Strübing 2014, 34).

Durch präzise Dokumentation des Forschungsprozesses wird nicht zuletzt die intersubjektive Nachvollziehbarkeit ermöglicht, darüber hinaus zwingt sie zur Explikation, Präzisierung und größerer Konsistenz analytischer Ideen und Hypothesen (vgl. ebd. 88). In MAXQDA lassen sich solche Memos gleichsam wie Notizzettel an die entsprechenden Stellen im Interview „anheften", so dass immer wieder auf das ursprüngliche Material zurückgegriffen werden kann, das zu dieser Interpretation oder jener Hypothese geführt hat.

Neben diesem groben Überblick über das Datenmaterial boten Worthäufigkeiten eine weitere Orientierung. Die durch den ersten Codierungsschritt vorstrukturierten Interviews wurden mithilfe des „Worthäufigkeit"-Befehls in MAXQDA unter folgender Fragestellung untersucht: Bei welchem Sender kommen welche Wörter am häufigsten vor? Wie häufig treten diese Wörter über mehrere Interviews hinweg auf? Dahinter steht die Vermutung, dass Beschreibungen, die für die Befragten besonders relevant sind, in den Interviews auch besonders häufig zur Anwendung kommen (vgl. Garrett et al. 2003, 179ff; Schmidt 2007). Freilich handelt es sich hierbei um Gespräche, deren Dynamik ebenfalls die Worthäufigkeiten beeinflusst (vgl. Merton et al. 1990, 165). Wenn beispielsweise zwei Interviewte sich bei einer Beschreibung nicht einig sind und darüber diskutieren, so kommt sie in den Textstellen zu der betreffenden Moderation entsprechend häufiger vor. Zudem sind viele Wörter mehrdeutig, „natürlich" im Sinne von „echt", „authentisch" ist z.B. in MAXQDA nicht zu unterscheiden von der Verwendung im Sinne von „selbstverständlich". Das quantitative Vorgehen kann demzufolge nur heuristisch eingesetzt werden, um Phänomene ausfindig zu machen, bei denen es sich lohnen könnte, sie näher zu untersuchen. Es hatte hier v.a. die Funktion eines Perspektivwechsels, um abzugleichen, ob die Tendenzen, die mir zu diesem Zeitpunkt im Material aufgefallen waren, tatsächlich so häufig sind oder ob dies eher eine Folge der Auffälligkeit einzelner Phänomene war bzw. ob ich häufig vorkommende Phänomene zuvor übersehen hatte – ähnlich verwendet etwa auch Spitzmüller (2005, 100) die quantitative Analyse seines Korpus zu Metasprachdiskursen in erster Linie zur Illustration und als zusätzlichen Beleg.

Auf dieser Basis sollte dann ermittelt werden, welche metalinguistischen Beschreibungen der Hörerinnen und Hörer nicht nur verbreitet, sondern auch möglichst eindeutig und trennscharf sind, um die Moderationsstile der verschiedenen Sender unterscheiden zu können (sofern die Befragten sie überhaupt voneinander unterscheiden) – welche Beschreibungen sich also eignen, als Items in die Fragebogenbefragung im nächsten Untersuchungsschritt einzugehen, in dem die sendertypischen Profile erstellt werden sollten. Zudem wurde der Frage nachgegangen, was die gefundenen Beschreibungen für die Interviewten bedeuten und in welcher Beziehung diese jeweils zueinander stehen. Sich dem anzunähern erfordert eine interpretative Auseinandersetzung mit dem Interviewmaterial, in der die Bedeutungen rekonstruiert und übersetzt werden – in der qualitativen Sozialforschung spricht man im diesem Zusammenhang auch vom „Fremdverstehen" (vgl. Smith 1995; Fromm 1995, 20; Gutenberg 1998, 367ff; Strübing 2014, 15ff; Droste 2017).

Der erste Schritt auf dem Weg dorthin bestand im sog. offenen Codieren, hierbei wurden Textpassagen sehr genau Zeile für Zeile analysiert und erste Codes gefunden, um die Daten zu beschreiben (vgl. Corbin/Strauss 2015, 220ff). So wurden häufige Beschreibungen wie „locker" oder „ruhig" mithilfe der lexikalischen Suchfunktion von MAXQDA im Korpus ausfindig gemacht und auf ihre Eigenschaften („properties") hin untersucht. Eigenschaften werden im Sinne der Grounded Theory verstanden als „characteristics or qualities of concepts that define, give specifity, and differentiate one concept from another" (Corbin/Strauss 2015, 57). Dabei orientierte sich die Analyse an folgenden Leitfragen: In welchen Kontexten verwenden die Hörer und Hörerinnen die Beschreibungen? Ist die Verwendungsweise jeweils ähnlich oder gibt es Bedeutungsverschiebungen? Gibt es weitere Beschreibungen, die die Bedeutung der häufigsten Beschreibungen klären oder konkretisieren? Wovon werden sie abgegrenzt? Die Analyseeinheit bildete in der Regel der Gesprächsabschnitt zu der jeweils thematisierten Triade, in der die gesuchte Beschreibung vorkam.

Beschreibungen, die die Probandinnen und Probanden in diesen Kontexten ähnlich oder erläuternd verwendeten oder die als Kontrastpol erhoben worden waren, wurden in einem weiteren Schritt ebenfalls mittels lexikalischer Suche im Korpus ausfindig gemacht und unter denselben Fragestellungen analysiert. Wenn sich Beschreibungen bei bestimmten Moderatorinnen oder Moderatoren besonders häuften, wurden sämtliche Textstellen näher in Augenschein genommen, die Äußerungen der Befragten zu diesem Sprecher oder dieser Sprecherin enthielten. Sofern vorhanden, wurden diese daraufhin kontrastiert mit Passagen zu Sprecherinnen und Sprechern, bei denen die Beschreibung gar nicht vorkam. Die Analyse wurde währenddessen immer wieder zur Forschungsfrage hingewendet, was für die Befragten an den Moderationen jeweils (Sender-)typisch ist und wie sie sie von Moderationen anderer Programme unterscheiden. Durch diesen systematischen Vergleich von Ähnlichkeiten und Unterschieden wurden wiederum neue Codes generiert, bestehende auf ihre Angemessenheit hin überprüft und daraufhin weiterverfolgt oder fallen gelassen (vgl. auch Corbin/Strauss 2015, 93ff). In diesem Prozess wurde nahezu ausschließlich mit sog. In-Vivo-

Codes gearbeitet, also mit Bezeichnungen, die von den Befragten selbst geäußert worden sind (vgl. Brüsemeister 2008, 158ff; Corbin/Strauss 2015, 99f).

Im Analyseschritt des axialen Codierens wurde dann, aufbauend auf die bereits gewonnenen Erkenntnisse, untersucht, in welcher Beziehung diese Hörerkategorien zueinander stehen und ob sich dabei zugrundeliegende gemeinsame Muster und Dimensionen finden lassen (vgl. Strauss 1998, 63; Strübing 2014, 16ff). Maegaard (2005) hatte in einer qualitativen Untersuchung zu Einstellungen gegenüber verschiedenen Dialekten beobachtet, dass die Befragten eine metalinguistische Beschreibung oft für mehrere verschiedene Sprechweisen verwendeten – die Kombination der Beschreibungen für die jeweiligen Dialekte jedoch einzigartig war. Vermutete Beziehungen zwischen Beschreibungen und „Beschreibungs-Clustern" wurden deduktiv immer wieder von Neuem am Datenmaterial überprüft (vgl. Böhm 2000).

Dimensionen gelten in der Grounded Theory als „the range over which a property can vary" (Corbin/Strauss 2015, 57). Die Suche danach ist ein zentraler Bestandteil der Grounded Theory, denn

> um feststellen zu können, was sowohl das Spezifische des Vorkommens eines Phänomens in einem bestimmten Fall ausmacht, aber auch was die verbindende Gemeinsamkeit verschiedener Phänomene ist, die wir als in einer bestimmten Perspektive gleichartig in einer Kategorie zusammenfassen wollen, müssen wir die Variationsmöglichkeiten der relevanten Eigenschaften kennen bzw. uns analytisch erarbeiten (Strübing 2014, 22f).

Die Struktur der Repertory-Grid-Befragung kommt der Suche nach solchen Dimensionierungen sehr entgegen, da die Hörerinnen und Hörer bereits die von ihnen gewählten Beschreibungen als Konstrukt- und Kontrastpol gegenüberstellen (vgl. auch Kap. 7.1). Auf dieser Grundlage wurden abstraktere Codes entwickelt und mittels selektiven Codierens versucht, zentrale Kategorien herauszuarbeiten, die die verschiedenen Moderationsstile in der Wahrnehmung der Hörerinnen und Hörer adäquat beschreiben und erklären können (vgl. Strübing 2014, 24). Diejenigen metalinguistischen Beschreibungen, die in den Fragebogen im nächsten Untersuchungsschritt eingingen, sollten dabei besonders repräsentative Vertreter eben jener zentralen Kategorien sein. Um sicher zu stellen, dass meine Interpretation der Daten möglichst ausgewogen und nachvollziehbar ist, wurden Auszüge aus den Interviews in mehreren Datensitzungen anderen Forscherinnen und Forschern aus verschiedenen Fachrichtungen vorgelegt. Diese analysierten jene Auszüge zunächst ohne Kenntnis meiner Interpretation („unmotivated looking", vgl. Schwarze 2014, 164f), im Anschluss wurden ihre Analyseergebnisse dann mit meinen abgeglichen und diskutiert.

Um zu ergründen, welche stimmlich-artikulatorischen Merkmale in den Moderationsmitschnitten für die Reaktionen der Hörerinnen und Hörer jeweils relevant sein könnten, wurde zunächst ermittelt, bei welchen Stimuli sich welche Beschreibungen häufen und welche Stimuli die Befragten in jener Hinsicht als ähnlich bzw. unähnlich einteilten. Daraufhin wurden die entsprechenden Moderationen einer genauen auditiv-phonetischen Analyse unterzogen. Deren Ergebnisse wurden dokumentiert mithilfe des Gesprächsanalytischen Transkriptionssystems 2 (Selting et al. 2009) und des Merkmalskataloges zur auditiven Deskription stimmlich-artikulatorischer Ausdrucksmuster von Bose (2003, 38ff; 2010) (vgl. auch Abs. 7.2.7). Um die Intersubjektivität dieser Analysen zu gewährleisten, wurden einige Stimuli von Expertengruppen mit jeweils mindestens 4 weiteren phonetisch geschulten Hörerinnen und Hörern auditiv analysiert. Dabei wurde eine gegenseitige interindividuelle Eichung vorgenommen, die eine Konsenstranskription zum Ergebnis hatte. Die so gewonnenen Analyseergebnisse und die Beschreibungen der Interviewten wurden dann zueinander in Beziehung gesetzt.

7.4 Auswertung

Bei der Analyse der Interviews zeigte sich, dass es unter den Hörerinnen und Hörern tatsächlich große Übereinstimmungen gibt bei der Wahl ihrer Beschreibungen – ein Hinweis auf soziale Regelmäßigkeiten, auf metapragmatische Stereotype (vgl. Maegaard 2005; Agha 2006). Es zeigten sich allerdings auch systematische Unterschiede, wo diese Übereinstimmungen liegen. Zumindest, was die Verwendung wortgleicher Beschreibungen angeht, sind sich die Interviewten eher darin einig, wie der Moderationsstil von MDR Sputnik von denen anderer Sender abzugrenzen ist. In welcher Weise sich die Sputnik-Stimuli untereinander ähneln, was für die Probanden und Probandinnen das Typische an diesem Stil ausmacht, beschreiben sie mit einem erheblich breiteren Vokabular – wenngleich viele dieser Beschreibungen von ihrer Bedeutung her in ähnliche Richtungen tendieren. Das vorliegende Kapitel ist aus diesem Grunde so aufgebaut, dass der Fokus zunächst darauf liegt, was nach Ansicht der Befragten *nicht* Sputniktypisch ist, um dann im weiteren Verlauf herauszuarbeiten, was sie als charakteristisch an den Moderationen des Senders wahrnehmen. Mögliche Ursachen für dieses Phänomen werden in Kapitel 9.1 ausführlich diskutiert.

Im Folgenden werden nun die 25 häufigsten und trennschärfsten metalinguistischen Beschreibungen vorgestellt, die als Items in die Fragebogenbefragung im nächsten Untersuchungsschritt eingehen sollten (vgl. Kap. 8). Besonders eng miteinander in Verbindung stehende Beschreibungen werden dabei jeweils in einem gemeinsamen Abschnitt behandelt. Diese Abschnitte sind so strukturiert, dass zu Beginn immer die Häufigkeiten der behandelten Beschreibungen im Interviewkorpus angegeben werden – wie oft damit jeweils Moderationen der unterschiedlichen Sender charakterisiert wurden und wie sich die Verwendungshäufigkeit über die verschiedenen Interviews verteilt. Im Anschluss wird dann beispielhaft anhand von Interviewauszügen erläutert, was die Hörerinnen und Hörer unter jenen Beschreibungen verstehen und wie diese mit anderen Beschreibungen in Beziehung stehen. Längere Interviewauszüge sind dabei eingerückt dargestellt, kurze Zitate im Fließtext kursiviert, Auslassungen werden mit drei Punkten in eckigen Klammern markiert.

In manchen Abschnitten liegt der Schwerpunkt mehr auf typischen Einstellungen und Erklärungsmustern, die zu den Stimuli geäußert werden (z.B. Abschn. 7.4.2 *„jung/alt"* und 7.4.12 *„natürlich/der/die muss halt so sprechen"*). In anderen liegt er verstärkt auf Hypothesen, welche Merkmale des sprachlichen Signals zu den Eindrücken der Hörer und Hörerinnen beigetragen haben könnten (z.B. Abschn. 7.4.6 *„monoton/langweilig"* oder 7.4.7 *„seriös/gewählt ausgedrückt/ deutlich gesprochen"*). Um letzteres zu veranschaulichen, werden Beispielmoderationen herangezogen, die in GAT 2 transkribiert wurden (vgl. Selting et al. 2009) – wobei auch Reduktionen mitnotiert sind, die dem gesprochenen Standard entsprechen (zur Begründung vgl. Abschn. 7.2.7). Diese Transkriptionen werden im Folgenden in der Schriftart Courier New dargestellt. Stimmlich-artikulatorische Merkmale werden, wie bereits in Abschnitt 7.2.7 erläutert, darüber hinaus mithilfe des Merkmalskataloges nach Bose (2003, 38ff, 413f; 2010) beschrieben.

Die Abschnitte wurden nach den Items der Fragebogenbefragung strukturiert, um sie einfacher mit deren Ergebnissen in Bezug setzen zu können. Nichtsdestoweniger wurden in der Analyse auch Dimensionen und Muster gefunden, die den metapragmatischen Aktivitäten der Hörer und Hörerinnen zugrunde zu liegen scheinen. Auf diese wird in den Abschnitten zu den einzelnen Beschreibungen noch genauer eingegangen, im folgenden Abschnitt sollen sie jedoch zunächst kurz zusammengefasst werden.

7.4.1 Dimensionen

Nach Unterscheidung der Probandinnen und Probanden lassen sich die fünf beteiligten Sender grob einteilen in *„Nachrichtensender"* (Info und Figaro) und *„junge", „poppige"* bzw. *„normale"* Sender (Sputnik und Jump) – wobei sich diese Kategorien aus Sicht der Interviewten weitgehend gegenseitig auszuschließen scheinen. MDR1 Radio Sachsen-Anhalt bildet einen interessanten und v.a. kontroversen Fall zwischen den beiden Polen. Was genau die Befragten unter *„Nachrichtensendern"* verstehen, wird näher erläutert im Abschnitt 7.4.3 *„klingt wie*

Nachrichten". Ihre Vorstellungen von *„jungen"* Sendern sowie die Kontroverse um MDR1 werden insbesondere im Abschnitt 7.4.2 *„alt/jung"* thematisiert.

Viele der gewählten Beschreibungen lassen sich auf den Dimensionen „Superiority", „Attractiveness" und „Dynamism" verorten, die die Soziolinguisten Zahn und Hopper (1985) in einer groß angelegten Untersuchung faktorenanalytisch ermittelt hatten. Die drei Dimensionen wurden im westlichen Kulturkreis v.a. in experimentellen Matched-Guise-Studien zu Einstellungen gegenüber verschiedenen Sprechweisen immer wieder nachgewiesen und bestätigt (vgl. Garrett et al. 2003, 57). Unter die „Superiority"-Dimension fällt nach Zahn und Hopper (1985, 119) „a blend of social status, intellectual achievement, and the speech characteristics of advantaged and educated members of society". Auch für die interviewten Sputnik-Hörer und -Hörerinnen scheinen diese drei Aspekte zu einer Dimension zu verschmelzen, wie im Abschnitt 7.4.7 *„seriös/gewählt ausgedrückt/deutlich gesprochen"* gezeigt wird. Hohe Ausprägungen in dieser Richtung schreiben sie v.a. den Moderatorinnen und Moderatoren der *„Nachrichtensender"* Info und Figaro zu. Gerade bei Letzteren geht dies dabei teilweise auf Kosten der „Attractiveness" (vgl. ebd.). „Attractiveness" umfasst Qualitäten von Sprecherinnen und Sprechern sowie deren Sprechweise „which reflect both social and aesthetic appeal" (vgl. Zahn/Hopper 1985, 119).

Als besonders „attraktiv" gelten die Moderationen von MDR Sputnik, in etwas geringerer Ausprägung die von MDR Jump (vgl. Abschn. 7.4.9 *„emotional/sympathisch/ansprechend"*, 7.4.10 *„locker/umgangssprachlich/der/die redet wie mit Freunden"*, 7.4.11 *„lustig/ironisch"* sowie 7.4.12 *„natürlich/der/die muss so halt so sprechen"*). Die „Dynamism"-Dimension lässt sich mehr oder weniger als das Erregungsniveau einer Sprechweise beschreiben (vgl. Zahn/Hopper 1985). Die Interviewten bevorzugen tendenziell Sprecher und Sprecherinnen mit hohem – aber nicht maximalem – Energielevel. Die größten Unterschiede liegen hier ihrer Ansicht nach zwischen Sputnik und Figaro, wobei nicht nur das Sprechtempo eine Rolle zu spielen scheint. Stimuli, die sie als *„langsam"* empfinden, stehen die meisten Befragten ablehnend gegenüber. Bei *„ruhigen"* und *„sanften"* Moderationen gibt es dagegen Meinungsverschiedenheiten, wie diese zu bewerten sind und für welche Hörsituationen sie sich eignen (vgl. Abschn. 7.4.6 *„monoton/langweilig"* und 7.4.8 *„ruhig/langsam/schnell"*).

„Superiority", „Attractiveness" und „Dynamism" sind für die Befragten wiederum eng mit dem wahrgenommenen Alter assoziiert. Das Alter hat sich in den Interviews als eine zentrale Kategorie herausgestellt, über die Hörerinnen und Hörer sich nahezu alle Merkmale von Moderationen zu erklären versuchen – warum ein Moderator oder eine Moderatorin auf eine bestimmte Weise spricht, wird fast immer mit dessen bzw. deren Alter begründet oder mit dem vermuteten Alter der Zielgruppe (vgl. Abschn. 7.4.2 *„alt/jung"*; vgl. auch Böhme

2016). Auf die Bedeutung des Alters haben bereits Vowe und Wolling (2004, 81ff) hingewiesen. Demnach sind die Unterschiede zwischen den Präferenzen älterer und jüngerer Radiohörer und -hörerinnen größer als bei Fernsehen oder Presse – und das nicht nur aufgrund des Musikgeschmacks. Streit über die Auswahl eines Radioprogramms ist denn auch meist generationenbedingt (vgl. ebd.). Zumindest aus der Perspektive junger Hörerinnen und Hörer werden diese Ergebnisse in der vorliegenden Untersuchung bestätigt.

Auch die von Vowe und Wolling (2004) gefundenen Kriterien, nach denen Hörer und Hörerinnen die Qualität von Radioprogrammen bewerten, lassen sich – mehr oder weniger ausgeprägt – in den Interviewdaten wiederfinden. In einer qualitativen Studie hatten sie sog. „Spannungsbögen" ermittelt, auf denen Radionutzerinnen und -nutzer Sender und einzelne Programmelemente jeweils verorten: „Regionalität vs. Globalität, Überraschung vs. Erwartung, Nähe vs. Distanz, Emotionalität vs. Intellektualität, Zuhörbarkeit vs. Nebenbeihörbarkeit" (vgl. ebd. 85). Der erste Spannungsbogen, Regionalität vs. Globalität, ist in der vorliegenden Arbeit nur eine Randerscheinung. Moderationen von „jüngeren" Radiosendern werden als etwas globaler eingeschätzt als „ältere". Die Interviewten thematisieren in diesem Zusammenhang v.a. regionale vs. globale Berichterstattung. Dass es hierzu vergleichsweise wenige Äußerungen gibt, hängt vermutlich mit der kurzen Dauer der verwendeten Stimuli zusammen und mit der Instruktion der Probandinnen und Probanden, dass das Untersuchungsinteresse mehr auf den klingenden Aspekten von Radiomoderation liegt (vgl. Kap. 6.1 und Abschn. 7.2.6).

Als deutlich relevanter erweist sich das Spannungsverhältnis zwischen Überraschung und Erwartung. Wie in der Untersuchung von Vowe und Wolling (2004, 87) bevorzugen die jungen Hörer und Hörerinnen auch hier Sender, die „überraschend [sind] und weniger vorhersagbar, spontan und nicht so sehr geordnet". Wirkt eine Moderation spontan und ungeplant, interpretieren die Befragten dies häufig als ein Anzeichen von Authentizität, z.T. auch Kreativität. Beides gilt ihnen darüber hinaus als eine wichtige Voraussetzung für gelingenden Humor (vgl. Abschn. 7.4.5 *„abgelesen/frei gesprochen"*, 7.4.11 *„lustig/ironisch"*, 7.4.12 *„natürlich/der/die muss so halt so sprechen"*). Ob eine Moderation spontan formuliert oder vorgeplant klingt, steht für die Interviewten auch in enger Beziehung zum Spannungsbogen von Nähe vs. Distanz (vgl. Abschn. 7.4.9 *„emotional/sympathisch/ansprechend"* und 7.4.10 *„locker/umgangssprachlich/der/die redet wie mit Freunden"*). Die Befragten wünschen sich wie bei Vowe und Wolling (2004, 89) Nähe zu den Moderatorinnen und Moderatoren. Gelingt es diesen, eine *„freundschaftliche"* Beziehung zu den Hörern und Hörerinnen aufzubauen, wird das äußerst positiv bewertet (vgl. ebd.). Negative Bewertungen gibt es stattdessen, wenn ein Sprecher oder eine Sprecherin nach Ansicht der Befragten gar nicht erst versucht, eine Beziehung zu ihnen aufzubauen – das ist bei Stimuli von Info und Figaro häufig der Fall – oder wenn sie den Eindruck haben, die Moderatorin oder der Moderator versuche zwar, Nähe aufzubauen, könne dies aber nicht glaubwürdig umsetzen – Einschätzungen dieser Art häufen sich bei Stimuli von Jump und MDR1 Radio Sachsen-Anhalt (vgl. Abschn. 7.4.1 *„alt/jung"* und 7.4.6 *„monoton/langweilig"*). Unglaubwürdig werden die Moderatorinnen und Moderatoren dabei insbesondere durch Stilbrüche. Was die Hörerinnen und Hörer als Stilbruch wahrnehmen, hat wiederum viel mit ihrem eigenen Wissen um Stile zu tun, ihren Erwartungen und Rollenvorstellungen (vgl. Abschn. 7.4.12 *„natürlich/ der/die muss halt so sprechen"*).

Der Spannungsbogen Emotionalität vs. Intellektualität spielt nach den Ergebnissen von Vowe und Wolling (2004, 92) bei jungen Radiohörerinnen und -hörern keine Rolle. Bei der vorliegenden Untersuchung sieht dies anders aus. Für die Befragten ist die Emotionalität der Moderatorinnen und Moderatoren ein wichtiges Qualitätskriterium und erhöht den Eindruck von Hörernähe – sofern diese „echt" auf sie wirkt (vgl. Abschn. 7.4.9 *„emotional/sympathisch/ansprechend"* sowie 7.4.12 *„natürlich/der/die muss halt so sprechen"*). Ein wahrgenommener Mangel an emotionaler Beteiligung wird oft sehr negativ beurteilt. An dieser Stelle zeigen sich einige Parallelen zu den Bewertungskriterien für Radiomoderatorinnen und -moderatoren, die Lindner-Braun (1998) in ihrer Studie gefunden hatte: Aus Sicht der Befragten ist es wichtig, dass ein Sprecher oder eine Sprecherin Engagement zeigt und hörbar Spaß an der eigenen Arbeit hat (vgl. Abschn. 7.4.11 *„lustig/ironisch"*). Was als *„emotional"* bzw. *„engagiert"* wahrgenommen wird, scheint zu einem großen Teil durch stimmlich-artikulatorische Ausdrucksmittel bestimmt zu sein, doch auch sprachliche und inhaltliche Faktoren kommen hier offenkundig zum Tragen (vgl. Abschn. 7.4.5 *„sachlich/ernst"*; 7.4.6 *„monoton/langweilig"* und 7.4.9 *„emotional/sympathisch/ansprechend"*).

Die intellektuelle Seite jenes Spannungsbogens scheint für die Probanden und Probandinnen weniger wichtig zu sein – was nicht zuletzt damit zusammenhängt, dass die meisten von ihnen Radio weniger als Informationsmedium, sondern eher zum Zwecke der Stimmungsregulation nutzen (vgl. u.a. Abschn. 7.4.3 *„klingt wie Nachrichten"* sowie 7.4.8 *„ruhig/langsam/schnell"*). Eine zu *„akademische"* Präsentationsweise trifft aber mitunter auf starke Ablehnung (vgl. Abschn. 7.4.7 *„seriös/gewählt ausgedrückt/deutlich gesprochen"*). Beim Spannungsbogen Zuhörbarkeit vs. Nebenbeihörbarkeit entsprechen die vorliegenden Ergebnisse wiederum weitgehend denen, die Vowe und Wolling (2004, 90) als charakteristisch für jüngere Zielgruppen ermittelt haben – die Interviewten hören Radio in der Regel eher nebenbei, doch „ab und an [wollen sie] aus dem Klangteppich herausgeholt werden, aber nicht unsanft und nicht gegen ihren Willen" (vgl. Abschn. 7.4.5 „*sachlich/ernst*", 7.4.6 „*monoton/langweilig*" sowie 7.4.7 „*seriös/ gewählt ausgedrückt/deutlich gesprochen*").

7.4.2 „alt/jung"

Tab. 3: Überschneidungen zwischen Codierungen der Sender und Codierungen für „*alt*" und „*jung*".

Sender	alt	jung
Sputnik	1	83
Jump	1	12
Sachsen-Anhalt	33	0
Figaro	24	1
Info	23	0

Das wahrgenommene Alter der Moderatorinnen und Moderatoren oder deren Zielgruppe ist für die Befragten anscheinend ein äußerst wichtiges Kriterium, nach denen sie Radioprogramme einordnen. Im Folgenden soll gezeigt werden, dass nahezu alle übrigen Kriterien damit zusammenhängen. Es war nicht das ursprüngliche Ziel dieser Arbeit, eine Kernkategorie im Sinne der Grounded Theory herauszuarbeiten, um die herum sich alle weiteren Kategorien anordnen lassen (vgl. Corbin/Strauss 2015, 187) – nach eingehender Analyse käme das Alter jedoch am ehesten als eine solche Kategorie infrage. Die Beschreibung „*alt*" kommt im Interviewkorpus insgesamt 67 Mal vor, dabei fast ausschließlich in Bezug auf MDR1 Radio Sachsen-Anhalt, MDR Figaro und MDR Info (vgl. Tab. 3). MDR1 Radio Sachsen-Anhalt spielt dabei allerdings eine Sonderrolle, die Häufigkeit ist hier maßgeblich beeinflusst durch kontroverse Diskussionen innerhalb der Interviewgruppen, auf die im Verlauf dieses Abschnitts noch eingegangen werden soll.

Wenn die Befragten erläutern, in welcher Weise sich Moderationen innerhalb einer Triade ähneln, bezieht sich eine Beschreibung in der Regel auf zwei Moderationen. Aus diesem Grund ist hier auch die Summe der Überschneidungen von „*alt*" mit den Codes für die einzelnen Sender größer als 67. Mit einer Ausnahme kommt die Beschreibung in allen Interviews vor, dabei besonders häufig in Interview 7 (vgl. Tab. 4). Darüber hinaus finden sich im Korpus weitere 21 Mal Bezeichnungen wie „*Oma-Sender*" oder „*für Omas und Opas*", 4 Mal „*Rentner-Radio*" und 19 Mal Äußerungen, die die Moderationsweise als „*nicht jung*" oder „*nicht jugendlich*" klassifizieren. Diese beziehen sich ebenso exklusiv auf die drei genannten Sender. Umgekehrt verhält es sich bei „*jung*", das insgesamt 69 Mal vorkommt. Weitere 40 Mal wird „*jugendlich*" bzw. „*für Jugendliche*" verwendet,

13 Mal „*Jugendsender*" und weitere 13 Mal „*spricht Jugendsprache*". All diese Beschreibungen beziehen sich nahezu exklusiv auf MDR Sputnik und MDR Jump.

Tab. 4: Häufigkeit des Auftretens von „*alt*" und „*jung*" je Interview (Int.).

Int.	1	2	3	4	5	6	7	8	9	10	11	12	13	14	15	16
alt	2	2	3	4	4	4	12	3	3	6	8	4	2	5	0	5
jung	1	0	7	4	6	4	2	3	2	3	6	8	1	18	0	2

Wie bereits im Abschnitt 7.4.1 erwähnt, lassen sich die Äußerungen der Hörerinnen und Hörer grob einteilen nach den Dimensionen „Superiority", „Attractiveness", und „Dynamism" (vgl. Zahn/Hopper 1985). Diese Dimensionen scheinen wiederum in engem Zusammenhang mit dem Alter zu stehen: Je älter ein Sprecher oder eine Sprecherin bzw. die Zielgruppe eines Senders eingeschätzt werden, umso mehr gehen die Umschreibungen in Richtung der Superiority-Dimension, und umso weniger sozial attraktiv und dynamisch werden sie wahrgenommen. Bei Moderatoren und Moderatorinnen, die als jünger eingeschätzt werden, ist es dagegen genau andersherum. Recht deutlich zeigt sich dies z.B. im folgenden Zitat. Die zugehörige Triade enthält als ersten Stimulus eine Sputnik-Moderation von WB (S 191 S), die zweite Moderation stammt von MDR Jump (J 016 S, eine Doppelmoderation von LK und SN), die letzte von Info-Moderatorin AJ (I 081 S2).

Auszug 1 (Int. 10, Abs. 159–160)
B20: Eindeutig der erste und zweite Abschnitt zusammen. Ähm, bei dem dritten war es so wie du vorhin gesagt hattest, äh, ich muss auch sagen, da stelle ich mir eine sehr alte Frau (B19 lacht) darunter vor. Also wirklich bestimmt schon fu / fünfzig. Ähm, hatte halt eine sehr, äh, tiefe Frauenstimme und dadurch so eine, ähm, so eine dominante Stimme. Also ich glaube, ich hätte auch vor ihr / ähm, wenn ich vor ihr stehen würde und sie mich angucken würde, ähm, würde ich, glaube ich, gar nichts sagen. Wobei es bei den anderen beiden, ähm, nicht so wäre. Mit denen könnte ich / da würde ich hingehen, na hey und so. Also ganz normal reden. Aber bei ihr, ähm, hat man gemerkt, dass sie ihren Text vorliest, jedenfalls empfinde ich das so, und sie distanziert sich halt von den Zuschauern, oder Zuhörern besser gesagt. Sie möchte halt nicht mehr auf diese zwischenmenschliche Beziehung eingehen.

Probandin B19 stimmt Probandin B20 daraufhin zu, Nummer eins und zwei sind für sie „*Peergroup*", da hat sie „*keine Berührungsängste*". Die dritte Moderatorin – darin sind sich beide Interviewten einig – ist dagegen „höher" als sie selbst. Die Info-Sprecherin wird als dominant beschrieben und von hohem sozialem Status. Die wahrgenommene Distanz wird dabei u.a. durch das Hierarchiegefälle und den Altersunterschied zwischen Sprecherin und Hörerin hergestellt. Zusätzlich wird sie durch den Eindruck verstärkt, dass die Sprecherin keinerlei soziale Beziehung wünscht – sie ist nicht bereit, die bestehende Distanz zu überbrücken. Das mag die Berührungsängste verstärken (zum Einfluss des *„Vorlesens"* auf die Wahrnehmung von Distanz vgl. Abschn. 7.4.5 *„abgelesen/frei gesprochen"*). Mit der Sputnik-Moderatorin und dem Jump-Moderatoren-Team kann man dagegen *„ganz normal"* reden (auf den Normalitäts-Begriff der Hörerinnen und Hörer wird im Abschnitt 7.4.12 *„natürlich/der/die muss halt so sprechen"* eingegangen). Sputnik-Moderatorinnen und -Moderatoren werden nicht nur auf der gleichen sozialen Ebene verortet wie die Probandinnen und Probanden selbst, das Gefühl von Nähe ist z.T. so groß, dass sie für sie *„wie Freunde"* klingen, die *„uns"* direkt ansprechen (vgl. Abschn. 7.4.10 „locker/umgangssprachlich/der/die redet wie mit Freunden").

Welche sozialen Stereotype die Befragten mit den Sprecherinnen und Sprechern von MDR Figaro und MDR Info verbinden, zeigt sich in den häufig sehr plastischen Beschreibungen ihrer Person: Sie tragen Schlips, Anzug oder Kostüm und zumeist auch Brille, haben graue Schläfen, hören sich an wie Professoren, lieben politische Diskussionen und trinken gern Wein – kurz, es handelt sich um prototypische „Bildungsbürger" (vgl. auch Abschn. 7.4.7 *„seriös/drückt sich gewählt aus/deutlich"*). Sowohl Kultur- als auch Info-Radios sind Formate, die in der Regel ein formal höher gebildetes Publikum ansprechen (vgl. Eckert/Feuerstein 2015). Es würde daher naheliegen, die große Zahl der Beschreibungen in Richtung einer „Superiority"-Dimension allein darüber zu erklären. In zahlreichen quantitativen Untersuchungen zu Spracheinstellungen verlieren Sprecherinnen und Sprecher, die in Ratings auf dieser Dimension hohe Ausprägungen zeigen, gleichzeitig im Bereich der sozialen Attraktivität – u.a. durch die wahrgenommene Distanziertheit (vgl. Hodge/Kress 1997; Garrett et al. 2003, 67; vgl. auch Abschn. 7.4.7 *„seriös/drückt sich gewählt aus/deutlich"*). Was hat dies also mit dem Alter zu tun? Der Zusammenhang wird deutlicher, wenn man die Reaktionen der Hörer und Hörerinnen zu den Moderationen von MDR1 Radio Sachsen-Anhalt betrachtet. Der „Heimatsender" ist auf ein älteres Publikum ausgerichtet, wobei in diesem Format typischerweise versucht wird, vor allem „dem Bedürfnis der Hörer nach Wärme, Herzlichkeit und Menschlichkeit" zu entsprechen (vgl. Brünjes/Wenger 1998, 76; vgl. auch Kap. 5). Der beabsichtigte Schwerpunkt liegt hier also eher auf sozialer Attraktivität, weniger auf dem Vermitteln von Autorität oder Intellektualität. Bei den Hörerinnen und -Hörern führen die Stimuli von MDR1 zu einigen Irritationen, insbesondere bei der Moderation von Sprecherin IH:

Beispielmoderation 1 (M 061 S1, IH)
```
01 IH: der fÜnfjährige rIchard aus R:Oßlau;
02     h° (.) gEht noch in den KINdergartn.
03     (.) <<lachend>in seiner FREIzeit> aber-
04     da DÜST er mit seiner crOssmaschine MUtig durchs
       gelÄnde.
```

Während es bei den meisten Stimuli unter den Befragten viele Übereinstimmungen gibt, reicht das Spektrum bei dieser Moderation von starker Ablehnung (*„also ich weiß nicht, was sie genommen hat, warum sie so geredet hat, aber es war ganz schlimm"*, Int. 10, Abs. 177) bis hin zu *„schwungvoll"*, *„flippig"* und ähnlich der Sputnik-Moderation in derselben Triade (Int. 15, Abs. 109). Warum diese Polarisierung? Zunächst fällt auf, dass sich bei diesem Stimulus in 10 der 16 Interviews eine Diskussion um Authentizität entspinnt. Geht man dabei von den Worthäufigkeiten aus, so kommt 18 Mal das Wort *„versucht"* vor, sechs Mal davon *„bewusst"*. Die Moderatorin versucht etwas, es scheint ihr allerdings nicht zu gelingen:

Auszug 2 (Int. 8, Abs. 317–327)

B16: (lacht) Ja. Nee, ich habe mich nur irgendwie gerade gewundert, weil die, weil die Stimme von der dritten schon irgendwie seriös klang und dann...

B15: Doch so unseriös wirkte.

B16: (nachdrücklich) Ja (alle lachen). Also ich habe mich gefragt, was ist denn das für ein Sender oder was haben die denn da gerade irgendwie versucht, rüberzubringen? Es war echt / (alle lachen).

I: Wie kam es denn bei dir an?

B16: Na irgendwo lächerlich.

B15: Ja (lacht). Der arme Junge.

B16: Aber, aber sie hat es ja, sie hat es ja selber irgendwie so, so provoziert mit dem (...) naja, mit dem RR, ich hab es wieder, oh Gott, mein Gehirn (lacht). Ähm, ja, und auch so hat sie irgendwie alles so, so, so merkwürdig überbetont, was, was man, glaube ich, auch als, als junger Sprecher oder so irgendwie anders machen würde. Es wirkte irgendwie, ja, lächerlich. [...]

B16: Ja. Also es kam auf jeden Fall nicht, nicht gut rüber. Sie wollte wahrscheinlich eher so, na, und, und lustig, niedlich, aber irgendwie, mmh, nee (I lacht). Komisch einfach. (...) Es passte irgendwie überhaupt nicht zusammen einfach. Also, (...) wenn es wahrscheinlich jemand anderes gesprochen hätte, hätte man gedacht, ah, naja, hier.

Für Probandin B16 scheint die Moderation offenbar keinem bekannten Muster zuzuordnen zu sein. Sie wirkt „*komisch einfach*", „*lächerlich*", die Probandin ist verwundert und kann sich weder vorstellen, in welchem Format ein solcher Moderationsstil vorkommen könnte, noch was „*die denn da gerade irgendwie versuch*[en] *rüberzubringen*" (Wobei es eine interessante Frage ist, wer sich hier hinter „*die*" verbirgt – die Institution Radiosender? die Programmleitung?). Solche Unsicherheiten häufen sich – wenn auch in etwas geringerem Umfang – ebenso bei den übrigen MDR1-Moderatorinnen. Hier treten auch die meisten Fälle auf, in denen sich die Interview-Gruppen in ihrer Zuordnung nicht einig sind, was darauf hindeutet, dass ihnen das Radioformat nicht allzu vertraut ist (in der Online-Befragung hatten auch nur 22,1 % der Sputnik-Hörer und -Hörerinnen angegeben, dass sie MDR1 Radio Sachsen-Anhalt unter den Stimuli erkannt hätten, vgl. Kap. 6.3).

Am Inhalt scheint die Verwirrung bei B16 nicht zu liegen, hätte es „*jemand anderes*" gesprochen (ein „*junger Sprecher*"?), hätte die Moderation durchaus angemessen sein können (dann „*hätte man gedacht, ah naja hier*"). Es gerät also die Präsentationsweise in Verdacht, und diese scheint widersprüchlich zu sein: Es passt nicht zusammen, die Stimme klingt zwar „*seriös*", insgesamt wirkt es aber nicht so – vermutlich auch, weil die Moderatorin versucht, „*lustig*" zu sein, was ihr jedoch nicht gelingt. Im folgenden Auszug wird deutlicher, worin sich dieser Widerspruch begründet. Kurz vor dem zitierten Ausschnitt diskutieren die beiden Interviewten darüber, dass bei der MDR1-Moderation zwar „*umgangssprachliche Worte wieder eingefügt*" sind – ähnlich wie bei der Sputnik-Moderation von LW (S 098 S2, in der Triade an erster Stelle) – allerdings macht eine Wortwahl wie „*düsen*" und „*crossen*" für sie „*auch schon wieder einen Unterschied*" aus (Int. 4, Abs. 173). Auszug 3 ist die Antwort auf meine Nachfrage, worin dieser Unterschied denn liege:

Auszug 3 (Int. 4, Abs. 177–179)
B8:   Naja, also (...) die Eins war (...) sehr, sehr authentisch, äh, jugendlich und die Zwei überhaupt nicht. Also das war nicht authentisch, aber versucht, äh, irgendwie locker, umgangssprachlich, jugendlich zu sein. Aber hat (...) versagt. (B7 und I lachen).
I: Kommt das für dich auch so rüber?
B7:   Ja, das stimmt. Ja. (...) Ja, das war einfach nur versucht, das, äh, den Radiobeitrag ein bisschen spritziger zu gestalten und Worte zu nehmen, die man eigentlich da in dem Sinne wahrscheinlich nie benutzt.

Äußerungen dieser Art sind häufig, die MDR1-Moderatorin klingt „*so wirklich wie, jetzt muss ich was Jugendliches machen*" (Int. 14, Abs. 80) oder wird als „*wannabe-*

jugendnah" beschrieben (Int. 16, Abs. 108). Aber wie kommen die Hörer und Hörerinnen zu dieser Interpretation? Mit dem eigenen Eindruck deckt sich dies überhaupt nicht. Für die Befragten scheinen die Attribute „*locker, umgangssprachlich, jugendlich"* jedoch untrennbar miteinander verknüpft zu sein, wie sich auch im folgenden Auszug andeutet:

Auszug 4 (Int. 5, Abs. 165)
B9: 	[...] Das war zwar auch so ein bisschen mit Elan gesagt, aber trotzdem, ähm, war die, die Art der Stimme, hat man auch wieder gemerkt, dass es schon eine etwas ältere Dame ist, die (...) die eine andere Zuhörergruppe ansprechen möchte. Also das sind dann / klingt die eher mehr so nach einer seriösen Information als die / was heißt seriös? Die anderen sind natürlich auch seriös, aber (...) die eine seriösere Zielgruppe ansprechen wi / soll, das wahrscheinlich war es eher.

Man beachte hier die Verwendung von „*trotzdem"*. „*Elan"* und Alter stehen offenbar im Widerspruch zueinander. Elan und Spritzigkeit, oder allgemeiner, ein höheres Energielevel („Dynamism") überzeugend zu vermitteln, gelingt anscheinend nur, wenn die Moderatoren oder Moderatorinnen sich jugendsprachlich ausdrücken – wobei „*jugendsprachlich"* bei den Befragten praktisch synonym mit „*umgangssprachlich"* verwendet wird (ausführlicher dazu: Abschn. 7.4.10 „*locker/ umgangssprachlich/der/die redet wie mit Freunden"*). So lässt sich jedenfalls die Aussage von B7 in Auszug 3 interpretieren: „*sie benutzt Worte, die man in dem Sinne wahrscheinlich nie benutzt"*. Diese passen nicht zum jugendsprachlichen Code, wodurch die Moderatorin gewissermaßen einen Stilbruch begeht („*es passte irgendwie überhaupt nicht zusammen"*, Auszug 1). Darüber hinaus klingt die Moderation für B9 „*mehr so nach einer seriösen Information"* für eine „*seriösere Zielgruppe"* – obgleich es sich inhaltlich eher um eine sog. „bunte Meldung" handelt, die v.a. unterhalten soll (vgl. Burger 2005, 315f.; Buchholz 2013). Offenbar sind älter klingende Stimmen für den Befragten eng mit Seriosität assoziiert (vgl. auch 7.4.2 „*seriös/drückt sich gewählt aus/deutlich gesprochen"*). Eine solche Assoziation würde auch erklären, warum die Moderatorin für die Probandinnen B15 und B16 im Auszug 1 „*seriös klang* [...] *und doch so unseriös wirkte"*. Eine ältere Sprecherin kann, so scheint es, keine bunte Meldung bringen, ohne dabei unauthentisch zu wirken. Von einem jüngeren Moderator oder einer jüngeren Moderatorin hätte derselbe Inhalt dagegen angemessener vermittelt werden können.

Dass „ältere" Sprecher und Sprecherinnen für viele der Befragten nicht authentisch „*locker"* sein können, belegt auch der einzige Fall, in dem sich die Beschreibung „*alt"* auf eine Moderation von MDR Jump bezieht (Anmerkung: Probandin B22 ordnet Moderationen von MDR Jump konsequent bei Radio SAW ein, dem Marktführer in Sachsen-Anhalt mit einer ähnlichen Formatierung und Zielgruppe wie MDR Jump; vgl. Kap. 5; Radioszene.de 2015; Radiozentrale.de 2016):

Auszug 5 (Int. 11, Abs. 321–325)

B22: [...] und ich glaube, ich bin gerade drauf gekommen, warum (lacht) für mich SAW, als Oberbegriff für alle Privatsender, warum das auf mich so künstlich wirkt. Weil die Moderatoren in meinen Augen eine ältere Stimme haben als die Sputnik-Sprecher, aber sich so jung verkaufen. Und die bei, äh, Figaro und Info, die Klassik- oder Nachrichtensender, das sind auch, glaube ich, ältere Sprecher, die haben ein höheres Alter und sprechen aber auch ihrem Alter angemessen und dadurch wirkt es auf mich seriös, auch ehrlich und, äh, wie du vorhin auch einmal sagtest...

B21: Mmh.

B22: ...da würdest du auch zuhören und du glaubst denen auch. Also wie sie die Nachrichten präsentieren...

B21: Ja.

B22: ...wirkt das auf mich glaubwürdig, aber, ich glaube, das ist bei mir der Grund, warum ich bei SAW immer denke, die reden Bullshit (I lacht) und es kommt auf mich / ich kann da nicht zuhören. Ich glaube, weil das eben nicht, nicht zusammenpasst. Die müssten dann vielleicht jüngere Sprecher nehmen, wenn sie sich so jung verkaufen wollen, oder einfach eine eigene Schiene fahren und ein eigenes Konzept entwickeln (lacht). Aber die sind so in der Mitte und können sich nicht entscheiden, ob alt oder jung.

An anderer Stelle spricht die Probandin auch von einer „lockeren Schiene", auf die die Moderatoren und Moderatorinnen von MDR Jump erfolglos aufzuspringen versuchen, was noch einmal verdeutlicht, wie stark „locker" und „jugendlich" miteinander verknüpft sind (vgl. Int. 11, Abs. 189). Gewissermaßen „authentisch alt" sind dagegen die Sprecherinnen und Sprecher von Figaro und Info – diese versuchen nicht, sich als etwas „zu verkaufen" was sie nicht sind. Im Gegensatz zu den Moderatoren und Moderatorinnen von MDR Jump sprechen sie „ihrem Alter angemessen".

Stimuli der beiden Sender werden häufig als „monoton", „langsam", „abgelesen" und eher informationsorientiert beschrieben (vgl. Abschn. 7.4.6 „monoton/langweilig", 7.4.8 „ruhig/langsam/schnell", 7.4.5 „abgelesen/frei gesprochen"). Nach Meinung vieler Hörerinnen und Hörer sind es aber nicht nur die Inhalte, die einen solchen Moderationsstil erfordern (vgl. dazu 7.4.4 „sachlich/ernst") – jene Sprechweise ist offenbar auch genau auf die Bedürfnisse älterer Zielgruppen abgestimmt. Das wird beispielsweise deutlich in Auszug 6. Die Triade besteht aus einer Moderation von MDR Info (Sprecher HM, I 162 S), Figaro (Sprecher CT, F 104 S2) und einer Doppelmoderation aus der Morningshow von MDR Sputnik (WB und RF, S 153 S). Der Auszug setzt ein, nachdem Proband B15 erklärt hatte, dass die Sputnik-Moderation u.a. deshalb anders sei als die anderen beiden Moderationen der Triade, weil der Sprecher und die Sprecherin „*mit Spaß an die Sache rangegangen sind*":

Auszug 6 (Int. 8, 110–118)
B15: [...] Die ersten beiden waren wieder so, ja, wir berichten über etwas, aber machen das so trocken wie möglich, so sachlich wie möglich für dann halt anderes Publikum. Versuchen nicht, die Jungen anzusprechen, sondern die älteren Herrschaften da draußen.
I: Und die haben keinen Spaß?
B15: Ja, aber ich, äh, ich glaube so, die legen mehr Wert dann auf solche sachlichen Informationen und nicht...
B16: Mmh, ja.
B15: ...ähm, die aktuellen Ereignisse aus dem Dschungelcamp.
B16: Ja, ich glaube auch, wenn, dann wollen die wahrscheinlich eher irgendwas wissen, was jetzt Meldungen aus der Region sind und Pipapo. Aber halt nicht (...) unbedingt, was jetzt im Fernsehen los ist oder sonst irgendwas oder wenn, dann halt auch so, dass sie es vielleicht auch gut verstehen, dass sie wissen worum es geht, immer schön langsam, dass man mitkommt. Und nicht so holterdipolter und dann irgendwelcher Sinnloskram, ja eigentlich. Oh Gott (B16 und I lachen).
I: Also die letzten waren dann eher so holterdipolter?
B16: Ja, das letzte auf jeden Fall. Also ich meine, das ist ja generell, ich meine, wenn man, wenn man sich jetzt vorstellt, man muss einem zuhören oder zwei fallen sich immer so gegenseitig ins Wort, dann ist es schon, denke ich mal, auf jeden Fall anstrengender, dann den zwei Personen zuzuhören, als wenn jemand da ganz gemächlich erzählt (lacht).

Die Moderationen von Figaro und Info sind nicht nur trocken, sondern „*so trocken wie möglich*", woraus der Proband ableitet, dass ein älteres Publikum angesprochen werden soll. Auf spaßige Moderationen und bunte Meldungen („*Sinnloskram*") legen ältere Hörer seiner Ansicht nach weniger Wert. Moderationen von Info, aber auch von Figaro werden von den Interviewten häufig als „*Nachrichten*" kategorisiert (vgl. Auszug 5 bzw. Abschn. 7.4.3 „*klingt wie Nachrichten*"). Spätestens seit Horkheimers und Adornos (2006, 128ff) Kritik an der „Kulturindustrie" ist es ein verbreiteter Topos, dass „Bildungsbürger" populäre Unterhaltungsangebote ablehnen (vgl. auch Spang 2006, 45ff.). Stattdessen interessieren sie sich „neben Kunst und Kultur auch für Politik, Gesellschaft sowie Geschichte und Zeitgeschehen" (vgl. Feuerstein 2010, 44 zum MedienNutzerTypen der als „bildungsbürgerlich" beschriebenen, meist älteren „kulturorientierten Traditionellen"). Der Auszug lässt sich als weiterer Hinweis interpretieren, dass viele der Befragten ältere Menschen offenbar grundsätzlich im bildungsbürgerlichen Milieu verorten.

Interessant ist in diesem Zusammenhang auch die inhaltliche Deutung der Sputnik-Moderation (Wortlaut: WB: „In Stuttgart definitiv und noch drei anderen Städten, sie wissen aber noch nicht wo (lacht)." RF: „Hm, halt das irgendwie, also ich halte die Methoden irgendwie für, wie soll ich sagen?" WB: „Fragwürdig?" RF: „Ja, nicht ganz zeitgemäß."). In der Moderation geht es um eine Werbeaktion, mit der der Ministerpräsident Sachsen-Anhalts aus seinem Bundesland stammende Fachkräfte, die in Baden-Württemberg leben und arbeiten, zur Rückkehr bewegen wollte – also ein durchaus politisches Thema. Dies wird aus dem Ausschnitt nicht ersichtlich, er bietet den Probanden und Probandinnen daher relativ viel Interpretationsspielraum. B15 assoziiert mit der Moderation laufende Berichterstattung über das *„Dschungelcamp"* – einer Sendung, die im medialen Echo immer wieder mit Begriffen wie „Unterschichtenfernsehen" in Verbindung gebracht wurde (vgl. z.B. Backovic 2014). Es ist zu vermuten, dass diese Deutung mit dem Moderationsstil zusammenhängt, der mit politischen Informationen offensichtlich nicht assoziiert wird – ganz im Gegensatz zur *„seriöseren"* Sprechweise der weiter oben behandelten MDR1-Moderatorin IH (vgl. auch Abschn. 7.4.4 *„sachlich/ernst"* sowie 7.4.7 *„seriös/drückt sich gewählt aus/deutlich"*). Auf dieselbe Sputnik-Moderation bezieht sich auch der folgende Auszug, in dem sich andeutet, dass die „Spaßfeindlichkeit", die älteren Hörerinnen und Hörern zugeschrieben wird, sich mitunter aus Erfahrungen mit der eigenen Familie speist:

Auszug 7 (Int. 14, Abs. 293–297)
B28: Diese, äh, Menschen da von Sputnik oder von diesen jüngeren Sendern, die wirken auch immer ein bisschen fröhlicher so. Also nicht nur, weil die jetzt so gelacht hat, sondern also gerade am Anfang dieses dritten Soundschnipsels, wo die noch nicht gelacht hat, da hat man das schon so rausgehört so, gute Laune so, als, als feiert die sich gerade über irgendwas oder so. Irgendwie wirkt das immer ein bisschen fröhlicher und, äh, offener. So.
B27: Meine Oma (schlägt mit der Hand auf den Tisch) würde jetzt sagen, albern.
B28: Ja?
B27: Ich sehe das genauso wie du, aber genau aus dem Grund, meine Oma würde jetzt sagen, das ist albern.

B28: Genau, das wollte ich noch hinzufügen, dass das wahrscheinlich ältere Leute ganz anders sehen. Ja. (...) Ich meine, wir sind ja jung, wir können uns ja irgendwie damit dann eher identifizieren, ja? Und meine Oma würde wahrscheinlich auch albern sagen.

Nach Ansicht vieler Interviewter eignen sich Moderationen von Figaro und Info jedoch nicht nur durch ihren Informationsgehalt, ihre Ernsthaftigkeit und die „seriöse" Präsentation besonders für ältere Zielgruppen; die Moderationsstile beider Sender werden auch als Maßnahme betrachtet, um altersbedingte Verfallserscheinungen zu kompensieren. Den im Vergleich zu MDR Sputnik und Jump geringeren Melodieumfang (vgl. auch Abschn. 7.4.6 „monoton/langweilig") erklärt sich Proband B21 beispielsweise so:

Auszug 8 (Int. 11, Abs. 111)
B21: [...] Das hat sich wirklich, wirklich wie Figaro oder MDR Info angehört. Weil das wieder monoton gesprochen wurde und wag / wirklich auch so passt, dass es, ähm, die Zuhörer, also das Zuhörerpublikum ansprechen möchte, die vielleicht durch, ja, einen Stimmwechsel oder Klangwechsel von hoch nach unten, äh, vielleicht verwirrt werden.

In derlei (kognitiven) Einschränkungen könnte man einen gewissen Widerspruch zum gleichzeitig hohen intellektuellen Anspruch der älteren Hörerschaft sehen, von den Befragten wird dies jedoch an keiner Stelle thematisiert. Beide Argumentationslinien können innerhalb eines Interviews parallel zueinander verlaufen, ohne sich gegenseitig zu beeinflussen, was sich z.B. auch in Auszug 6 widerspiegelt: Ältere Hörerinnen und Hörer *„legen mehr Wert dann auf solche sachlichen Informationen"*, die Moderation ist aber auch *„immer schön langsam, dass man mitkommt"*, weil das *„Holterdipolter"* der überlappenden Sprecherwechsel in Doppelmoderationen jenes Publikum zu sehr anstrengt. Generell ist für die Interviewten ein *„schneller"*, *„umgangssprachlich"* und *„spontan"* wirkender Sprechstil eher für jüngere Formate typisch (vgl. auch Abschn. 7.4.8 *„ruhig/langsam/ schnell"*, 7.4.5 *„abgelesen/frei gesprochen"*). Eine Probandin geht dabei sogar so weit, dass ältere Moderatorinnen und Moderatoren überhaupt nicht in der Lage seien, sich spontan zu äußern:

Auszug 9 (Int. 7, Abs. 230)
B14: Ja, (...) weil sie halt auch älter sind und dieses Spontane nicht kennen (I und B13 lachen). Könnte ich mir gut / nein, im Sinne von ich kann mir das halt gut vorstellen, dass die sich lieber an einen fertig gehaltenen Text halten als da spontan reinzureden.

Vor diesem Hintergrund ist wahrscheinlich auch Auszug 10 zu interpretieren. Die Probandinnen B25 und B26 äußern darin die Überzeugung, dass in der Sprechweise älterer Moderatorinnen und Moderatoren – bzw. älterer Menschen allgemein – Klitisierungen nicht vorkommen und ihnen vielleicht sogar gänzlich unbekannt sind. Reduktionen (z.B. auch von Endsilben) sind für viele Befragte ein Merkmal von *„Jugendsprache"*, die wiederum in engem Zusammenhang steht mit dem Eindruck *„spontanen"* Sprechens (vgl. Abschn. 7.4.7 *„seriös/gewählt ausgedrückt/deutlich gesprochen"*, 7.4.10 *„locker/umgangssprachlich/wie mit Freunden"*). Die beiden Interviewten beziehen sich hierbei auf eine Jump-Moderation von SN und LK:

Beispielmoderation 2 (J 020 S, SN & LK)
```
01 SN: Ich hab dafür so_n SPRÜHzeug;
02     wie wÄr_s denn DAmit.
03 LK: OH;
04     (.) kEine schlechte idEE.
05 SN: ja bei den temperatUrn müss_mer GUCKn;
06     wie=wir die autos FREIkriegn;=ne,
```

Auszug 10 (Int. 13, Abs. 221–224)
B25: [...] Doch. Mir ist beim ersten nur diese Wortgruppe so'n, also so und ein wahrscheinlich.
B26: Mmh (zustimmend).
B25: Und dieses so'n zusammengezogen würde wahrscheinlich in so einer Radiosendung für / mit der Zielgruppe der älteren Leute nie kommen. Gehe ich jetzt einfach davon aus.
B26: Ja. Ja, weil sie es, weil sie es so nicht sagen / sprechen würden und vielleicht auch gar nicht kennen, ja.

Die Sputnik-Hörer und Hörerinnen können sich aber durchaus vorstellen, dass sie irgendwann selbst Informations- und Kulturprogramme hören werden, wenn sie älter sind. Probandin B13 sagt kurz vor dem folgenden Auszug, dass sie sich eine *„monotone"* Stimme wie die von Info-Moderator HM (I 170 S) nicht den ganzen Tag lang anhören könne, allerdings:

Auszug 11 (Int.7, Abs. 261–263)
B13: [...] Vielleicht kommt das im Alter mal, aber jetzt würde ich das überhaupt nicht machen. Da würde ich...
B14: Irgendwann geht das Gedudel von Sputnik dann auch auf den Geist.

B13: Ja, wahrscheinlich (I lacht). Da ändert sich das wahrscheinlich alles mal und dann kann man sich das vorstellen, dann so Vormittag beim Kochen. Mit der Sippschaft.

In eine ähnliche Richtung geht auch eine Aussage von Probandin 22. Sie hört gelegentlich Figaro und begründet dies damit, dass sie sich mit Ende zwanzig jetzt erwachsener fühlt und dadurch „an der Schwelle" ist, sich mit beiden Sendern, Sputnik und Figaro identifizieren zu können. Fünf Jahre zuvor hätte sie Figaro nie freiwillig gehört (vgl. Int. 11, 414-415). Diese Entwicklung trifft offenbar auch auf die Moderatoren und Moderatorinnen zu. In der Triade von Auszug 11 wird Figaro-Sprecher CT (F 092 S1) den beiden Sputnik-Moderatoren LW (S 099 S2) und CS (S 131 S1) gegenübergestellt:

Auszug 12 (Int. 8, Abs. 296)
B15: [...] der erste hat halt wirklich schon so ein paar Jahre wahrscheinlich als Moderator auch, auch gearbeitet, daher die Erfahrung auch und spricht halt dementsprechend auch seriöser und sachlicher noch darüber als diese anderen beiden.

Mit Erfahrung und zunehmendem Alter scheint sich CT aus Sicht von B15 kontinuierlich in Richtung Seriosität und Sachlichkeit entwickelt zu haben. Eine derart vorgezeichnete Entwicklungslinie würde wiederum gut zu der engen Verknüpfung zwischen Alter und der „Superiority"-Dimension passen. Wenn in der Vorstellung der Hörerinnen und Hörer praktisch alle älteren Menschen Sprechstile verwenden, die als „*seriös*", „*sachlich*" und „*höher*" gelten, dann ist nicht auszuschließen, dass sie dies im Alter selbst ebenfalls tun werden. Solcherlei Spracheinstellungen finden sich beispielsweise bei Berufsschülern und -schülerinnen, die die bislang verwendete Jugendsprache – für die befragten Sputnik-Hörerinnen und Hörer, wie bereits erwähnt, ein Synonym für „*Umgangssprache*" – bewusst ablegen, zugunsten einer standardnäheren Erwachsenen- bzw. Berufssprache, denn das bringe „*Erwachsenwerden so mit sich*" (vgl. Erfing 2016, 249; ähnliche Überzeugungen gibt es auch unter Sprecherinnen und Sprechern von Amerikanischem Englisch, vgl. Niedzielski/Preston 2000, 174ff). Es sei daran erinnert, dass das Probanden-Sample nahezu ausschließlich aus Studierenden besteht. Für ihr späteres Arbeitsleben werden die meisten Befragten zumindest bis zu einem gewissen Grade einen professionellen Habitus entwickeln müssen, zu dem auch eine „*akademische*" Sprechweise gehört. Dies zeigt sich etwa im folgenden Zitat, in dem es um den Figaro-Moderator SB geht (F 052 S3):

Auszug 13 (Int. 3, Abs. 378–379)

B5: […] Also ich weiß nicht, ähm, vielleicht komme ich da noch, wenn ich älter werde und so, vielleicht (B6 und I lachen) finde ich das das dann interessanter, aber momentan würde ich sagen, um Gottes Willen, wie schaffen die da ihre Einschaltquoten? […] Und, ähm (…) ja, ich fand das Sprechtempo, fand ich unmöglich. Ich fand das jetzt / dieses Sprachregister fand ich gar nicht / fand ich ja gut, weil ich finde, wir Jugendlichen könnten uns ja auch mal langsam an ein höheres Sprachregister, ähm, anpassen. Wurde mir ja auch in der mündlichen Prüfung gesagt, dass ich mich mal jetzt (lacht) ein bisschen gehobener ausdrücken soll (B6 lacht).

Beachtenswert ist hierbei auch die Formulierung „wir Jugendlichen". Die befragten Sputnik-Hörer und Hörerinnen identifizieren sich relativ stark damit, „jung" zu sein (vgl. ebenso der letzte Turn von Proband B28 in Auszug 7: „…wir sind ja jung, wir können uns ja irgendwie damit dann eher identifizieren, ja?"). Sie mögen eventuell irgendwann auch so reden wie die Moderatorinnen und Moderatoren von Kultur- und Informationssendern oder diese zumindest gerne hören, aber diese Zeit der „Erwachsen-Seins" ist noch nicht gekommen. Gelegentlich wird in den Interviews erwähnt, dass die Eltern oder Großeltern regelmäßig Informations- oder Kulturprogramme hören. Möglicherweise spielen bei den Reaktionen der befragten Hörer und Hörerinnen auch innerfamiliäre Abgrenzungsprozesse eine Rolle (vgl. auch Auszug 7). Jener Verdacht kommt insbesondere bei Probandin B14 in Interview 7 auf, die im Gespräch mehrfach eine starke Abneigung gegenüber dem öffentlich-rechtlichen Informationssender Deutschlandfunk bekundet, den sie habe „jahrelang hören müssen" – der sich allerdings dennoch „warum auch immer" unter den zehn eingespeicherten Sendern auf ihrem Handy befand, über das sie nach eigener Aussage häufig Radio hört (vgl. Int. 7, Abs. 68 und 587). Dies hat auch dazu beigetragen, dass die Beschreibung „alt" in diesem Interview häufiger vorkommt als in allen anderen (vgl. Tab. 4). Interessant wäre in diesem Zusammenhang sicherlich auch eine Untersuchung von Sputnik-Hörern und -Hörerinnen aus anderen Milieus. Dass die Einstellungen zum Alter bei jungen Radiohörerinnen und -hörern aus Mitteldeutschland auch ganz anders aussehen können als in diesem Abschnitt beschrieben, zeigt Böhme (2016).

7.4.3 „klingt wie Nachrichten"

Tab. 5: Überschneidungen zwischen Codierungen der Sender und Codierungen für *„klingt wie Nachrichten"*.

Sender	klingt wie Nachrichten
Sputnik	13
Jump	5
Sachsen-Anhalt	24
Figaro	38
Info	64

Insgesamt 116 Mal assoziieren die Hörerinnen und Hörer Moderationen mit *„Nachrichten"*, wobei auch Formulierungen wie *„Nachrichten-artig"*, *„Nachrichten-Sprech"* oder *„Nachrichten-Ton"* codiert wurden. Solcherlei Beschreibungen häufen sich u.a. bei den beiden Moderationen von Sprecher JD, die 16 der 24 Codierungen von MDR1 Radio Sachsen-Anhalt auf sich vereinen. Sie unterscheiden sich damit – wie bereits in der Online-Befragung (vgl. Kap. 6.3) – deutlich von den übrigen Moderationen des Senders. Der Moderator des „Tagesreports" wird von den Befragten eher in der Nähe von MDR Info verortet, dessen Sprecher und Sprecherinnen sie mit Abstand am häufigsten mit *„Nachrichten"* in Verbindung bringen.

Tab. 6: Häufigkeit des Auftretens von *„klingt wie Nachrichten"* (Na.) je Interview (Int.).

Int.	1	2	3	4	5	6	7	8	9	10	11	12	13	14	15	16
Na.	9	1	16	3	23	12	15	6	1	3	16	0	4	1	6	0

Von MDR Info wiederum scheinen insbesondere die beiden Stimuli von Moderatorin AJ typisch für *„Nachrichten"* zu sein (I 069 S: siehe Bsp. 1, sowie I 081 S2, Wortlaut: „Offenbar wurden die drei in den Neunzigerjahren von Ermittlern beobachtet, doch dann hat man sie aus den Augen verloren, hieß es bisher"). Die Sprechstimmlage der Moderatorin ist mittel bis tief, durch die dichte, klangvolle Stimme und die technische Überformung des Signals (Kompression etc.) wirkt sie jedoch tendenziell noch etwas tiefer. Die Kompression lässt sie auch vergleichsweise laut erscheinen, wenngleich ihre Sprechspannung eher auf eine mittlere Lautheit hindeutet (sie „ruft" nicht). Die Akzente sind dynamisch-melodisch abgesetzt, die Tonhöhenbewegungen gehen dabei maximal bis zu neun Halbtönen (steigender Melodieverlauf zur Akzentsilbe von „Politiker" hin, Zeile 1). Die hohe Akzentdichte verstärkt jedoch den Eindruck eines gleichförmigen Lautheits- und Melodieverlaufs. Die Geschwindigkeit ist gleichbleibend im mittleren Bereich. Der gesamte Ausspruch wird auf einem Spannungsbogen gesprochen, Gliederungssignale sind dabei rein melodisch, Pausen kommen innerhalb des Ausschnittes nicht vor.

Beispielmoderation 1 (I 069 S, AJ)
```
01 AJ:  unter¯dEssn beratn die po↑`LItiker da¯rüber-
02      wie ↑`Ähnliche terrorgruppm in ↑`zUkunft ´bEsser
        er´MITtelt,
03      und `DINGfest gemacht werdn könn:.
```

Dass die Moderatorin für die Hörerinnen und Hörer typische „Nachrichten" spricht, zeigt sich in der Anzahl der Codierungen (insgesamt 22 Mal), aber auch darin, dass ihr in allen Eigenschaften hohe Ausprägungen zugeschrieben werden, die die Interviewten mit „Nachrichten" verbinden. Sie ist beispielsweise *„bierernst [...] das, was man halt bei einem Info-Radio erwartet. Wirklich hundertprozentig Sachlichkeit"* (Int. 4, Abs. 67) – was z.T. daran liegt, dass sie in beiden Stimuli jeweils ein *„ernsthaftes Thema"* behandelt (Int. 10, Abs. 56; vgl. auch Abschn. 7.4.4 *„sachlich/ernst"*). Ihre Moderationen sind *„eindeutig abgelesen [...] schön monoton, damit auch alle zuhören und alles verstehen. Damit die älteren Leute das auch nachvollziehen können [...] schön langsam und deutlich"* (Int. 7, Abs. 137–138; vgl. auch Abschn. 7.4.5 *„abgelesen/frei gesprochen"*; 7.4.6 *„monoton/langweilig"*; 7.4.2 *„alt/jung"*; 7.4.8 *„ruhig/langsam/schnell"*). Durch ihre *„ganz, ja, nüchtern[e]"* (Int. 6, Abs. 284) und *„seriösere Sprechweise"* (Int. 5, Abs. 66) wirkt sie *„nicht so sehr lebendig"* (Int. 14, Abs. 213), sie macht eben einfach eine *„Informationsweitergabe, ja, mehr war es nicht"* (Int. 9, Abs. 127). Dabei spricht sie *„sehr hochdeutsch"* (Int. 13, Abs. 67) und benutzt *„verschachtelte Sätze"* (Int. 4, Abs. 116), es ist *„übelst so hochtrabend, so wie die das erzählt hat"* (Int. 2, Abs. 45; vgl. auch Abschn. 7.4.7 *„seriös/gewählt/deutlich"*). Kombiniert mit einer *„tiefe[n]"* und *„dominante[n]"* Stimme (Int. 10, Abs. 159) schafft sie *„so eine gewisse Distanz zwischen Zuhörer und Sprecher"* (Int. 11, Abs. 234). Andererseits *„klingt es halt professioneller [...] es ist halt nicht so diese Alltagssprache"* (Int. 13, Abs. 72) und sie wird als *„konservativer"* wahrgenommen (Int. 11, Abs. 233).

Darüber hinaus wirkt der Moderationsstil *„so ein bisschen wie Abend / Tagesthemen und wir machen jetzt unsere Nachrichten"* (Int. 8, Abs. 288). Anscheinend sind öffentlich-rechtliche Fernsehnachrichten – z.B. auch die „Tagesschau", die 5 Mal im Korpus vorkommt – für mehrere Befragte besonders prototypische Vertreter der Kategorie *„Nachrichten"*. Solche Verweise auf ein anderes Medium könnten damit zusammenhängen, dass Nachrichtentexte als wenig medienspezifisch gelten (im Sinne von radiophon, fernsehtypisch etc.), „da sie (von Agenturen und Redakteuren) vorformuliert und schriftlich fixiert, auch durch den Vortrag eines geübten Sprechers ihren Schreibduktus nicht verlieren" (vgl. Fluck 2002, 2081; die Hörerinnen und Hörer nehmen auch gerade bei Moderationen, die sie als *„Nachrichten"* kategorisieren, einen gewissen „Schreibduktus" wahr, vgl. Abschn. 7.4.5 *„abgelesen/frei gesprochen")*. Assoziationen mit Fernsehnachrichten beziehen sich dabei ausschließlich auf Info-Moderatorinnen und -Moderatoren sowie den eingangs erwähnten MDR1-Sprecher JD. Diese Stimuli sind für die Mehrzahl der Befragten keine „richtigen" Moderationen, wie sich am Beispiel einer Info-Moderation von Sprecher HM zeigt (I 170 S). Proband B12 beschreibt die Sprechweise zunächst als *„Nachrichten-Ton, sehr neutral, dass die Information rüberkommt"* (Int. 6, Abs. 96). Die beiden Sputnik-Moderationen in derselben Triade würden sich davon unterscheiden, weil sie *„doch eher reißerisch und so Klatsch-und-Tratsch-mäßig"* sowie *„im Plauderton gehalten"* sind (vgl. ebd. 96–97). Nichtsdestoweniger könnten für B12 alle drei Stimuli im selben Programm laufen, jedoch als unterschiedliche Radiogenres:

Auszug 1 (Int. 6, Abs. 98)
B12:   Könnte aber auch wieder auf demselben Sender laufen, wenn das der eine Nachrichtensprecher, der bringt das dann eben formal rüber und die anderen moderieren dazwischen.

Ausgedrückt in der Terminologie der Repertory-Grid-Methode gehört für B12 die Moderation von HM offenbar nicht zur „range of convenience" der persönlichen Konstrukte für den Gegenstandsbereich „Radiomoderation" – eine Situation, die eintreten kann, wenn die Elemente für eine Befragung vorgegeben und nicht von den Befragten selbst erhoben werden (vgl. auch Abschn. 7.1.2 und 7.2.4). Gerade Info-Moderationen werden häufiger als Nachrichtensendung von Pop-Formaten kategorisiert. Ähnlich eingeordnet werden auch CS, Moderator des „Sputnik Tagesupdates", und CD von Jump, der zumeist unter *„Sportnachrichten"* verortet wird (z.B. Int. 7, Abs. 68; 100–106; Int. 8, Abs. 243).
   „Nachrichten" ist für viele der Hörerinnen und Hörer allerdings nicht nur eine Bezeichnung für ein spezielles Genre, sondern auch für ein ganzes Format: der „Nachrichtensender". Dass die Beschreibung in einigen Interviews nur für ersteres, in anderen dagegen für beides verwendet wird, erklärt auch die ausgeprägten Häufigkeitsunterschiede zwischen den einzelnen Interviews (vgl. Tab. 6). „Nachrichtensender" zeichnen sich dadurch aus, dass dort nach Meinung der Interviewten entweder gar keine Musik gespielt wird oder sie zumindest nicht im Vordergrund steht (z.B. Int. 5, 56–58; Int. 11, Abs. 118). Im Gegensatz etwa zu Sputnik,

von dem man sich unbeschwert „*beduseln*" lassen kann, dienen Sender dieses Formats dazu, „*sich wirklich zu informieren*" und „*irgendwie weiterzubilden*" (Int. 10, Abs. 256). Was die Befragten unter „*Nachrichtensendern*" verstehen, hat eine gewisse Nähe zu dem, was Radiopraktiker als „*Einschaltprogramme*" bezeichnen, die einen höheren Wortanteil haben und weniger auf Nebenbeihören optimiert sind (vgl. Benecke 2013; vgl. auch Kap. 2.2 und 2.3; die Wirkung von Moderationen, bei denen man „*aufmerksam zuhören*" muss, wird näher beleuchtet in den Abschnitten 7.4.6 „*monoton/langweilig*" und 7.4.7 „*seriös/gewählt/deutlich*").

In diese Kategorie fallen nicht nur Moderationen von MDR Info, sondern auch von Figaro. Eine Trennung zwischen Informations- und Kulturformaten wird von der überwiegenden Mehrheit der Befragten nicht vorgenommen. Es fallen zwar auch Beschreibungen wie „*Kultursender*" oder „*Klassiksender*", diese werden aber oft synonym mit „*Nachrichtensender*" verwandt (z.B. „*war halt wieder so ein, so ein Kultursender, so ein Nachrichtensender komplett*", Int. 7, Abs. 419; „*wieder Klassik, MDR Info, äh, Sender sozusagen*", Int. 6, Abs. 180). Dies ist nicht zwangsläufig auf mangelnde Hörerfahrung zurückzuführen, selbst (die wenigen) Probandinnen und Probanden, die angeben, Figaro zumindest gelegentlich zu hören und die die Moderationen des Senders auch relativ zuverlässig erkennen, ordnen das Programm den „*Nachrichten*" zu („*Das erste war irgendwas Art in Richtung Figaro, irgendwas Nachrichten-technisches, so*", Int. 1, Abs. 13). Vermutlich durch Hörerfahrung bedingt sind dagegen Zuordnungen, nach denen Figaro-Moderatoren und -Moderatorinnen *gar* keine professionellen Radiosprecher und -sprecherinnen sind – wie beispielsweise die Moderatorin BS (F 070 S, Wortlaut: „Wenn man Opfer eines Betrugs wird, es merkt und gleichzeitig weiß, dass man vernünftig sicherlich nicht zum Ziel kommt, dann kann einem schon mal ne Sicherung durchbrennen."):

Auszug 2 (Int. 14, Abs. 147–150)

B27: [...] Ähm, und das letzte, das war einfach von der, von der Stimme her sehr zurückhaltend. Also da hat jemand, äh, versucht, was zu erklären, aber nicht irgendwie, ähm, draufzuhauen oder es unnötig aufzubauschen, wichtiger zu machen, sondern hat sehr zurückhaltend gesprochen, fand ich. War vielleicht auch gar keine Moderatorin, sondern es klang eher so wie eine Expertin von extern, die jetzt, äh, sie geholt haben, die am Telefon spricht oder die vielleicht als, äh, Radio-Ungewohnte vorm Mikro steht.

I: Weil sie nicht so hier bin ich?

B27: Genau.

B28: Nee, das / also in diesem dritten Beispiel mit dieser Frau ging mir auch durch den Kopf, also, dass das eigentlich keine (...) ähm, Frau sein kann, die (B28 und I lachen) / nee, natürlich ist es eine Frau, aber dass das keine Frau sein kann, die jetzt, sage ich mal, große Erfahrungen, äh, mit dem Medium Radio hat hinter dem Mikrofon. Also auch (...) sehr, äh, stehe ich eng oder bin ich ganz nah bei dir. Also auch, ähm, ja, sehr zurückhaltend, fast schon ein bisschen schüchtern. Ähm, auch sehr lange gesprochen, also das war ja, glaube ich, ein Satz nur, was weiß ich, Haupt- und Nebensatz und keine Ahnung. Ähm, also auch qualitativ hochwertig, würde ich jetzt so behaupten.

Inhaltlich nehmen die beiden Probanden die Sprecherin durchaus als professionell wahr („*Expertin*", „*qualitativ hochwertig*"; vgl. auch Abschn. 7.4.7 „*seriös/ gewählt ausgedrückt/deutlich gesprochen*"), nur scheint ihre Präsentationsweise nicht der einer professionellen Radiomoderatorin zu entsprechen. Besonders untypisch ist dabei offenbar ihre „Zurückhaltung", die u.a. mit dem Stimmgebrauch der Sprecherin zusammenhängen könnte (vgl. auch Abschnitt 7.4.8 „*ruhig/ langsam/schnell*", Bsp. 4). Im Abschnitt 7.4.10 „*locker/umgangssprachlich/der/die redet wie mit Freunden*" (Bsp. 2) wird darüber hinaus gezeigt, dass die stilistische Gestaltung dieser Moderation für die Befragten einige Widersprüche birgt, was vermutlich ebenso zu dem Eindruck von B27 und B28 beiträgt, die Sprecherin sei eine „*Radio-Ungewohnte*".

BS ist damit unter den Moderatorinnen und Moderatoren von Figaro kein Einzelfall: Auch SB (F 052 S1 und F 052 S3) ist zwar einerseits „*wieder der typische Nachrichtensprecher*" (Int. 5, Abs. 113), andererseits könnte er „*jetzt auch einen Dokumentationsfilm kommentieren oder so*" (vgl. Int. 9, Abs. 64); ein anderer Proband dachte zunächst, „*da kommt jetzt eine, eine Predigt von irgendeinem Pfarrer oder so ähnlich. Also weil das so ruhig und langsam gesprochen war oder es wird, äh, ein Hörbuch vorgelesen*" (Int. 5, Abs. 27). Darüber hinaus wird dieser Sprecher selbst von Probanden, die Deutsch nicht als Erstsprache sprechen, als geladener (Film-)Experte kategorisiert (vgl. Böhme 2015). CT (F 092 S1) „*klang ja wie ein Interview, fand ich. Na, also nicht so als würde er der Moderator da sein, sondern interviewt werden*" (Int. 9, 76); an anderer Stelle wird er als Moderator von Radio Corax identifiziert (Int. 3, Abs. 204), einem freien, nichtkommerziellen Radiosender aus Halle, bei dem in der Regel keine Berufssprecher am Mikrofon sind. Etwas Radio-typischer ist schon die Einordnung von RG (F 004 S2) als „*eine Reporterin [...] die jetzt von außen zugeschalten ist und die anderen beiden als Studio-Moderatoren, die einfach ihre Sendung fortführen wollen*" (Int. 8, Abs. 46) – aber auch sie macht keine „Moderation" wie der Sputnik-Moderator und die Sputnik-Moderatorin, die sich in derselben Triade befinden.

Eine derart vielfältige Streuung ist bei den Reaktionen zu Info-Moderationen nicht zu finden, letztere sind ausschließlich „Nachrichten" in unterschiedlichen Radioformaten, u.a. eben auch auf „Nachrichtensendern". Figaro-Moderationen befinden sich für viele der Befragten also offensichtlich noch weiter außerhalb des Geltungsbereiches von „Moderation" – oder sogar von „Radio" im Allgemeinen – als Info-Moderationen. In der Online-Befragung hatten nur 22 % der Sputnik-Hörer und -Hörerinnen angegeben, Figaro-Moderationen unter den Stimuli erkannt zu haben (vgl. Kap. 6.3). Die Vermutung liegt nahe, dass den meisten Interviewten das Kulturradioformat generell nicht allzu sehr vertraut ist. Angesichts der zum Teil stark ablehnenden Haltung gegenüber Figaro-Moderationen („*Und eins war schon wieder scheiße. Also ich kann das, kann das nicht hören*", Int. 16, Abs. 238) ist davon auszugehen, dass Hörerfahrungen mit diesem und ähnlichen Sendern aktiv vermieden werden („*Naja also, da schalte ich sofort weiter*", Int. 5, Abs. 153; vgl. auch Böhme 2015 bzw. Kap. 2.1 zu den Möglichkeiten der Selbstsozialisation in der Medienrezeption).

Die Stimuli von MDR Figaro haben einiges gemeinsam mit dem, was die Hörerinnen und Hörer unter „Nachrichten" verstehen – sie wirken „*monoton*" (alle Figaro-Stimuli insgesamt: 21 Überschneidungen), „*abgelesen*" (25 Überschneidungen), „*sachlich*" (11 Überschneidungen), „*ernst*" (11 Überschneidungen) und „*seriös*" (9 Überschneidungen). Vor allem Monotonie wird eng mit „Nachrichten" verbunden, denn „*die müssen ja auch relativ objektiv bleiben. Also, also von der Meinung her, die müssen das ja relativ neutral sagen. [...] Aber die dürfen ja nicht so einen Sarkasmus mit reinbringen, weil somit wird ja der Zuhörer beeinflusst*" (vgl. Int. 3, Abs. 379; vgl. auch Abschn. 7.4.6 „monoton/langweilig"). Dasselbe gilt für das Ablesen von Texten, was auch für die Nachrichten von MDR Sputnik als Norm betrachtet wird („*wenn es gerade Nachrichten sind, dann lesen wahrscheinlich auch die Sputniker einfach die Nachrichten ab, müssen sie ja*", Int. 7, Abs. 118; vgl. auch Abschn. 7.4.5 „abgelesen/frei gesprochen"). Andererseits spricht die hohe Zahl an verschiedenen Kategorisierungen für eine gewisse Unsicherheit bei der Zuordnung. Bei typischen Vertretern einer Kategorie neigen Mitglieder einer Sprachgemeinschaft – wie bereits mehrfach erwähnt – zu großer Übereinstimmung, wie dieser Vertreter einzuordnen ist (vgl. Rosch 1975; Kap. 3.1). Daher ist anzunehmen, dass die Befragten an Figaro-Moderationen auch Merkmale wahrnehmen, die für sie nicht Nachrichten-typisch sind und die sich eher mit anderen Kategorien überschneiden, wie etwa „*Pfarrer*" oder „*Hörbuch*". Aller Wahrscheinlichkeit nach spielen hierbei auch die – zumindest meiner eigenen Ansicht nach – für Nachrichten eher untypischen Themen eine Rolle (z.B. im Falle von BS oder SB Filmkritiken).

„Nachrichtenthemen" sind nach Auffassung einiger Befragter allein schon dadurch wichtig, dass sie in den Nachrichten kommen – „*das sind bestimmt alles sehr wichtige Themen, einfach weil ich damit assoziiere, dass die bei der ARD bei der Tagesschau laufen und in der Zeitung stehen bei den News, bei den wichtigen politischen, wirtschaftlichen News"* (Int. 13, Abs. 191). Viele der Sputnik-Hörerinnen und -Hörer sehen Radio jedoch nicht in erster Linie als Informationsmedium, *„die jüngere Zielgruppe, äh, klar möchte man informiert sein, aber das steht, glaube ich, nicht beim Radiohören im Vordergrund"* (Int. 13, Abs. 251). Das hängt insbesondere mit dem bevorzugten Rezeptionsmodus zusammen, dem „Nebenbeihören" zum Zwecke der Stimmungsregulation (vgl. auch Kap 2.1). Dabei werden „ernste Themen" wie etwa die Nuklearkatastrophe von Fukushima eher als störend empfunden. Das heißt allerdings nicht, dass eine gewisse „Grundversorgung" mit Nachrichten nicht erwünscht wäre:

Auszug 3 (Int. 10, Abs. 258–268)
B19: [...] Ähm, ich muss sagen, das klingt jetzt vielleicht ein bisschen blöd, aber, ähm, ich mag lieber solche Themen, die jetzt nicht extrem wichtig sind, die höre ich halt nebenbei. Ich lasse mich ja auch nur berieseln, so gesagt. Ähm, höre ich nebenbei viel lieber, als irgendwelche, ähm, wichtigen Themen, die man unbedingt ansprechen muss, weil man wird einfach komplett abgelenkt von den Sachen, die man eigentlich zu tun hat, wenn es jetzt darauf eingehen soll. Oder vielleicht hört man dann auch gar nicht hin, weil man sagt, och nee, das kann ich mir jetzt nicht anhören. Weil meistens hört man ja Radio beim Putzen oder so, oder wenn man in der Wanne liegt und da möchte ich jetzt nicht irgendwie mit, ähm, Fukushima irgendwie in Kontakt treten und möchte darüber eigentlich zu dem Zeitpunkt auch gar nichts hören. [...]
B19: Mmh, was ich aber dann / aber trotzdem gut finde, ist, dass diese Themen nicht komplett ausgeblendet werden.
B20: Nein.
B19: Also und das finde ich halt sehr wichtig, weil ich das, ähm, ich würde das schon vermissen und nicht gut finden, wenn das komplett ausgeblendet wird, weil die Welt ist nun mal nicht heil und ich denke, gerade dadurch, dass viele junge Leute Radio hören, ist es auch gut, wenn dann ernstere Themen immer mal wieder in Erinnerung gebracht werden.
B20: Mmh (zustimmend).
B19: Man muss sie ja nicht auskauen und, ähm, komplett ausklamüsern und diskutieren, aber, dass man in Erinnerung bringt, da gibt es noch was, was (...) schlechter läuft auf dieser Welt.

Es ist nicht auszuschließen, dass in dieser Passage soziale Erwünschtheit eine Rolle spielt. Vor allem die Einleitung von B19, *„das klingt jetzt vielleicht ein biss-*

chen blöd", deutet darauf hin, dass die Probandin mit einer negativen Bewertung ihrer folgenden Aussagen rechnet. Der universitäre Kontext der Befragung mag zu dieser Erwartungshaltung beigetragen haben. Zumindest lassen aber die zahlreichen Kommentare der Hörerinnen und Hörer zum Umgang von MDR Sputnik mit „ernsten Themen" den Schluss zu, dass der Sender solche Inhalte für sie in einer angemessenen und auch attraktiven Weise präsentiert (vgl. Abschn. 7.4.4 „sachlich/ernst").

7.4.4 „sachlich/ernst"

Tab. 7: Überschneidungen zwischen Codierungen der Sender und Codierungen für „sachlich" und „ernst".

Sender	sachlich	ernst
Sputnik	5	18
Jump	0	0
Sachsen-Anhalt	9	5
Figaro	11	11
Info	17	8

„*Sachlich*" kommt in den Interviews insgesamt 32 Mal vor. Gemeinsam mit „*ernst*" (33 Mal verwendet) gehört es zu einer großen Zahl an Beschreibungen, die für eine geringere emotionale Beteiligung der Moderatorinnen und Moderatoren stehen – was sich sowohl auf die vermittelten Inhalte als auch die Einstellung dem Publikum gegenüber beziehen kann (vgl. auch Abschn. 7.4.6 „*monoton/langweilig*"). In diese Kategorie fallen auch Bezeichnungen wie „*nüchtern*" (11 Mal im Korpus), „*neutral*" (8 Mal) oder „*präsentiert nur die Fakten*" (7 Mal). Insgesamt wurden Beschreibungen dieser Art 220 Mal in den Interviews codiert. Sie beziehen sich mehrheitlich auf Figaro (68 Überschneidungen) und insbesondere auf Moderationen von MDR Info (80 Überschneidungen). Jene Tendenz zeigt sich auch bei „*sachlich*" und „*ernst*". Die große Zahl an Überschneidungen mit MDR Sputnik (siehe Tab. 7) ist auf den ersten Blick etwas irreführend. Der Sender wird von den Befragten mitnichten als der „*ernsthafteste*" wahrgenommen. Die Häufigkeit ist zurückzuführen auf längere Exkurse der Befragten zum angemessenen Umgang mit „*ernsten Themen*", wie sich im Folgenden noch zeigen wird. „*Sachlich*" und „*ernst*" liegen in ihren Verwendungskontexten relativ dicht beieinander – mit dem Unterschied, dass sich „*sachlich*" eher auf sprechsprachliche Merkmale bezieht, „*ernst*" eher auf inhaltliche, worauf im Verlauf dieses Abschnittes noch näher eingegangen werden soll.

Tab. 8: Häufigkeit des Auftretens von „*sachlich*" (sach.) und „*ernst*" je Interview (Int.).

Int.	1	2	3	4	5	6	7	8	9	10	11	12	13	14	15	16
sach.	0	0	7	4	0	3	0	9	0	0	1	0	7	1	0	0
ernst	0	2	1	10	2	0	2	2	0	3	1	0	0	3	7	0

Gelegentlich (in 4 Fällen) tritt „*sachlich*" gemeinsam mit „*monoton*" auf. Ähnlich wie „*monotone*" werden auch „*sachliche*" Stimuli in erster Linie abgegrenzt von „*mitfühlend*[en]" Sprechweisen, bei denen die Moderatoren und Moderatorinnen „*ein bisschen Ton auf jeden Fall in ihrer Stimme, von unten nach oben auch mal so die Tonleiter*" einsetzen (vgl. Int. 13, Abs. 37–42). Der Einfluss der Sprechmelodie wird auch im ersten Auszug deutlich. Die Moderatorin SH (I 135 S2, zweiter Stimulus in der Triade), die bei MDR Info regelmäßig über Sport berichtet, verwendet nach dem Eindruck von Probandin B25 mehr „*Tonlagen*" als Sprecherin RG von Figaro (F 004 S2, erster Stimulus in der Triade). Aus diesem Grund nimmt sie diese auch als etwas weniger „*sachlich*" wahr. Der dritte Stimulus in der Triade stammt von Sputnik-Moderatorin SM (S 265 S1).

Beispielmoderation 1 (F 004 S2, RG)
```
01 RG:   ¯mAn (.) ´wArtet darauf dass sie ihr ´SCHWEIgn bricht,
02       und ´AUSsagt,
03       in´hAftiert ¯IST sie,
04       sie ¯hAt sich-
05       (.) °hh der poli¯zEi freiwillig ge´STELLT,
06       die sechsun¯DREIßigjährige- °h
```

Beispielmoderation 2 (I 135 S2, SH)
```
01 SH:   der ef ce schalke null ´vIEr ¯bAngt unter¯dEssn:-
02       im ´bUndesligaspiel gegn den erstn ef ce:
         ↑↑`NÜRNberg am samstag;
03       um `Angreifer jeffersn far´FAN,
```

Beispielmoderation 3 (S 265 S1, SM)
```
01 SM:   ¯M: un_da kamm_man ´Abmds ↑`schÖn mit ↑`KUMPls;
02       °h (.) an_ner ↑`HÜTTe stehn;
03       und_n ↑`GLÜHwein schlürfn;
04       und_n ↑`SCHOkoapfl essn;
05       oder °h (.) ↑↑`!GRÜN!kohl und all diese lecker↓´Ein,
```

Auszug 1 (Int. 13, Abs. 80-91)

B26: Ja, also, äh, da sind / fällt das dritte in dem Sinne raus, weil die ersten zwei sehr, ich nenne es jetzt mal nachrichtlich, also mon / nüchtern und sachlich vorgetragen wurden und das dritte wieder mit mehr Emotionen und, äh, mehr, mehr Stimmung sozusagen. Ja.

B25: Ja, das dritte hebt sich auf jeden Fall ab, wobei ich, wobei ich gedacht habe, auch das zweite würde sich ein bisschen vom ersten abheben. Also ich bin mir unsicher, ob das jetzt ins gleiche Genre fallen könnte, das erste und zweite. Aber bei dem dritten bin ich mir eindeutig sicher, dass es viel mehr mit, ähm, Stimmung auch (...) viel mehr mit Stimmung gearbeitet wurde, genau. Mmh, aber bei dem zweiten möchte ich mich nicht festlegen. Kann ich nicht sagen. Also das erste und das dritte sind Pole und das zweite (...)

B26: Dazwischen.

B25: Bin ich mir unsicher.

B26: Mmh.

I: Dazwischen?

B25: Ja, genau.

I: Was wäre denn das zweite so für dich? So alleinstehend?

B25: Also das zweite, ich würde es schon mehr, ähm, zu diesen Umgangssprachlichen fast denken, weil auch viel mit Tonlagen gearbeitet wurde, ja? Also sie hat jetzt nicht wirklich mitgefiebert mit dem Fußballverein, aber (lacht) ich fand es nicht ganz so sachlich wie das erste am Anfang.

B26: Ja. Aber ich glaube, das ist halt aufgrund des Themas, kann ich mir vorstellen. Halt Fußball und so. Also ich weiß, äh, ja, ich verstehe, was du, was du meinst, aber ich kann mir vorstellen, dass es damit zu tun hat, aber (lautes Einatmen).

B25: Ja, das kann sein, ja, dass es motivierend wirken soll.

B26: Ja. Das ist möglich, ja.

„*Viel mit Tonlagen arbeiten*" bezieht sich hier vermutlich v.a. auf melodische Akzente, die für die Befragten generell recht auffällig zu sein scheinen (vgl. auch Abschn. 7.4.6 „*monoton/langweilig*"). Die größten Melodiebewegungen liegen bei der Sputnik-Moderatorin mit jeweils 11 Halbtönen zwischen „oder" und „Grünkohl" sowie zur Akzentsilbe von „Leckereien" hin (Zeile 5). Auf „Nürnberg" (Zeile 2) und „Farfan" (Zeile 3), die SH am stärksten akzentuiert, bewegt sich die Tonhöhe sogar um je 13 Halbtöne. In der Figaro-Moderation hingegen erreichen die größten Tonhöhenunterschiede zwischen „Schweigen bricht" (Zeile 1) sowie auf „aussagt" (Zeile 2) jeweils nur 6 Halbtöne. Auch in der Untersuchung von Sendlmeier und Siegmund (2005, 186) bewerteten Hörerinnen und Hörer Radiomoderationen, in denen die Sprechtonhöhe stark variiert, im Semantischen Differenzial als „eher gefühlsmäßig wirksam", während sie diejenigen mit geringer Tonhöhenvariation eher als „verstandesgemäß wirksam" einschätzten. Dass die Sputnik-Moderatorin auf B25 und B26 am emotionalsten und „stimmungsvollsten" wirkt, liegt wahrscheinlich nicht nur am Tonhöhenumfang, sondern ebenso am Thema und an der sprachlichen Gestaltung; zudem variiert die Sprecherin Tempo, Artikulationspräzision und Lautheit stärker als die beiden übrigen Sprecherinnen.

Auch andere Interviewte sehen die Info-Moderatorin SH als *„doch schon noch irgendwie peppiger"* im Gegensatz zu anderen *„Nachrichtensprecherin[nen]"* (vgl. Int. 6, Abs. 104). Sie *„klang auch ein bisschen lockerer, aber bei weitem nicht so, ähm, mit so viel Freude an der Arbeit wie"* die Sputnik- und die Jump-Moderatoren in derselben Triade (Int. 5, Abs. 78). Mehrfach verorten die Befragten ihre Sprechweise zwischen den beiden Extrempolen *„Jugend-"* und *„Nachrichtensender"*; sie ist *„nicht komplett sachlich, das wird jetzt wahrscheinlich kein Alte-Herren-Sender gewesen sein, aber es ist halt auch kein Jugendsender wie Sputnik [...] bei diesen Jugendsendern wäre das ja noch peppiger gewesen"* (Int. 8, Abs. 169–173; auf die verbreitete Sicht der Hörerinnen und Hörer, *„seriöse Nachrichten"* zielten vor allem auf ältere Zielgruppen wird im Abschnitt 7.4.2 *„alt/jung"* eingegangen, was sie dabei alles unter *„Nachrichten"* verstehen, behandelt der Abschnitt 7.4.3 *„klingt wie Nachrichten"*). Auch Auszug 2 deutet darauf hin, dass die (melodische) Akzentuierung zu dieser Zwischenposition beiträgt:

Auszug 2 (Int. 7, Abs. 328–330)
B14:   [...] und dann beim zweiten war halt dann auch eine Betonung im, ähm, (imitiert Akzentuierung) der macht gegen den, also dass man das schon unterschieden / scheiden kann. Aber, äh, man hat gehört, die Moderatorin hat da keinen persönlichen Bezug zu irgendeinem Fußballverein, ja? Die hat das zwar betont und deutlich vorgetragen, aber halt ohne emotionalen Hintergrund.

Aussagen, nach denen eine Moderation mehr oder weniger „betont" ist, wurden im Korpus insgesamt 89 Mal codiert. Was „Betonung" für die Probandinnen und Probanden bedeutet, ist dabei sehr vielfältig (wodurch sich „betont" als Item in Fragebögen wenig eignet) – eine Verwendung wie in Auszug 2 ist allerdings recht verbreitet. Die Formulierung *„zwar betont [...], aber halt ohne emotionalen Hintergrund"* impliziert einerseits, dass für Proband B14 *„betont[e]"* Moderationen typischerweise einen *„emotionalen Hintergrund"* haben und andererseits Moderationen ohne diesen Hintergrund üblicherweise nicht *„betont"* sind. Diese Auffassung wird in zahlreichen Interviews vertreten (vgl. auch Abschn. 7.4.6

„*monoton/langweilig*"). Versteht man unter „*Betonung*" melodische Akzente, deckt sich das mit den Ausführungen von Häusermann und Käppeli (1994, 143) zum Sprechstil von Nachrichtensprechern und -sprecherinnen, diese „verzichten [...] weitgehend auf melodische Akzente und heben die wichtigen Teile mehr mit Zäsuren hervor, um möglichst wenig emotionelle Interpretation in den Text zu legen". Es ist anzunehmen, dass eine mehr oder weniger melodische Akzentuierung mitbeeinflusst, ob ein Stimulus als „*Nachrichten*" oder als „*Moderation*" eingeordnet wird (vgl. auch Abschn. 7.4.3 „*klingt wie Nachrichten*"). Weichen Sprecherinnen und Sprecher von jener Norm ab, führt dies regelmäßig zu Unsicherheiten bei der Zuordnung und zu Meinungsverschiedenheiten unter den Befragten, wie sich z.B. in Auszug 1 zeigt – von Probandin B26 wird Sprecherin SH als „*nachrichtlich*" bezeichnet, wohingegen sich B25 nicht sicher ist, welchem „*Genre*" sie die Moderatorin zuordnen sollte.

Hinweise auf wahrgenommene Normabweichungen (oder zumindest Widersprüche, die sich in der Verwendung von „*zwar*", „*obwohl*" oder „*trotzdem*" andeuten) finden sich aber auch dann, wenn in einem Stimulus ein Thema behandelt wird, das prinzipiell auch in den Nachrichten laufen könnte (weil es etwa um politische Akteure geht, vgl. Ohler 2013) – dieses jedoch nicht wie „*Nachrichten*" präsentiert wird. So spricht beispielsweise Sputnik-Moderatorin WB (S 158 S), die über den neuen Youtube-Channel von Bundeskanzlerin Angela Merkel informiert, „*mit so einem Schwung, glaube ich auch, der so da in der Stimme mitschwingt, ähm, wo es dann halt so ein bisschen so, so ein bisschen Pep reinkommt, obwohl es so eine relativ sachliche Nachricht war*" (Int. 3, Abs. 305). Letzteres ist eine der wenigen Passagen (insgesamt sind es zwei), in denen sich „*sachlich*" explizit auf den Inhalt bezieht („*sachliche Nachricht*"). Doch zeigen auch Begründungen wie in Auszug 1, wonach SH weniger „*sachlich*" spricht, weil sie ja über „*Fußball halt*" berichtet, dass implizite Vorstellungen existieren, bei welchen Themen eine mehr oder weniger „*sachliche*" Sprechweise zu erwarten ist. Daneben gibt es vereinzelt auch „*Wörter, die sehr, mmh, sachlich wieder sind*" (Int. 13, Abs. 53). Im Gegensatz zu „*monoton*" bezieht sich „*sachlich*" zwar hauptsächlich, aber nicht nur auf klangliche Bestandteile einer Moderation.

Um „*sachlich*" zu wirken und „*Nachrichten*" angemessen zu vermitteln, muss ein Moderator oder eine Moderatorin auch nicht zwangsläufig „*monoton*" sprechen – wie das Beispiel von Sputnik-Sprecher CS belegt (S 131 S1), der täglich ein Magazin moderiert mit „Reportagen, Hintergrund- und Korrespondentenberichten über das aktuelle Geschehen" (vgl. ard.de 2016). In seiner Moderation sind Tonhöhenbewegungen von bis zu 16 Halbtönen zu finden (von „la" zu „ten" in „Islamisten", Zeile 5).

Beispielmoderation 4 (S 131 S1, CS)
```
01 CS: ´dIese ˇZAHL=äh,
02     be´rUhigt=äh nich `WIRKlich.
03     ˇDENN: wir ´wIssn seit einign ´TAgn,
04     ´TERror in ↓´dEutschland,
05     geht ↑`nIcht nur von mili⁻tAntn isla´MIStn?
06     °hh sondern ⁻Auch von ⁻rEchtn `TERroristn aus.
```

Auszug 3 (Int. 3, 125–129)

B5: [...] also die Nummer zwei war wirklich dann so ein / auch noch ein bisschen (...) ja, anders ist ein dummes Wort, anders gesprochen, also mehr so / also genauso nicht monoton und, äh, zwar doch trotzdem sachlich, weil es ja auch um Nachrichten ging, die da vermittelt wurden. Ähm, aber es war so ein (...) mmh, wie sagt man denn dazu? Es war halt einfach auch wieder, wieder so ein anderes, äh, Rüberbringen, äh, gefühlt. Da war ja eher / also es war so ein, mehr so eine / also auch auf jüngere Leute, glaube ich, zugeschnitten.

B6: Mmh (zustimmend).

B5: Einfach so eine / also trotzdem Nachrichten, dass es so informativ ist...

B6: Mmh (zustimmend).

B5: ...aber, äh, trotzdem noch, äh, für jüngere Leute dann akzeptabel bleibt. (...) Ja, glaube ich. (lacht)

Eine ähnliche Ansicht vertritt auch Probandin B7:

Auszug 4 (Int. 4, Abs. 113)

B14: Ja, es war eher nur eine ernste Nachricht. Mmh, der Inhalt war ernst, aber (...) ja, also wie das halt gemacht wurde, fand ich jetzt, wie gesagt, so ernst wie es nur ging für Sputnik wahrscheinlich. (lacht)

Wie u.a. der zahlreiche Gebrauch von „*trotzdem*" vermuten lässt, müssen jugendliche Formate für einen – aus Sicht der Befragten – angemessenen Umgang mit „ernsten" Themen offenbar widersprüchlichen Anforderungen gerecht werden. Einerseits „*muss [man] halt bei manchen Themen schon die Ernsthaftigkeit dahinter merken*" (vgl. Int. 7, 565), andererseits sollte es aber auch nicht „*zu hart verarbeitet*" sein – wie z.B. der Stimulus von Info-Moderatorin AJ, die viele der Befragten als „*Nachrichtensprecherin*" kategorisieren (I 069 S, Wortlaut: „Unterdessen beraten die Politiker darüber, wie ähnliche Terrorgruppen in Zukunft besser ermittelt und dingfest gemacht werden können"; vgl. auch Abschn. 7.4.2 „*klingt wie Nachrichten*", Bsp. 1):

Auszug 5 (Int. 10, Abs. 56)
B19: [...] es klang halt auch sehr ernst. Also mal vom Inhalt abgesehen, dass es auch ein ernsthaftes Thema war und auch ein wichtiges, nicht zu bespaßendes Thema, aber nichtsdestotrotz kann man Inhalte so und so verkaufen. Und dann auch das sprachliche Drumherum basteln, dass man es / also, dass auch gerade junge Zuhörer sich von solchen Themen angesprochen fühlen, die, ähm, wo man vielleicht sonst, ich sage mal in der Tagesschau oder Ähnlichem, ähm, abschalten würde, weil es einem zu hart verarbeitet ist.

Moderatorinnen und Moderatoren von MDR Sputnik können dagegen *„dieses Objektive, die ernsteren Inhalte [...] trotzdem interessant verpacken"* (Int. 10, Abs. 56). Auch Burger (2005, 317f.) beschreibt die Schwierigkeit der „stilistische[n] Anpassung von humoristischen und ernsthaften Themen, genereller: von soft und hard news" in einigen Radioformaten:

> Für den Moderator ergibt sich dabei die Schwierigkeit, die Balance zu finden zwischen flapsigem Moderationston und einer für ernsthafte Beiträge angemessenen Diktion. [...] Manchmal gelingt die Balance einigermaßen, z.B. indem der Moderator den spontan wirkenden Sprechstil beibehält, aber allzu saloppe Formulierungen vermeidet.

Letzteres trägt neben dem „*peppigeren*" Melodieumfang wahrscheinlich ebenfalls dazu bei, dass der Sputnik-Moderator CS (Beispielmoderation 4) „*trotz*" seiner „*sachlich*[en]" Darstellung *„für jüngere Leute dann akzeptabel bleibt"* (vgl. Auszug 3). Umgangssprachliche Wendungen („nicht wirklich") wie auch gefüllte Pausen („äh") können dazu beitragen, dass das Gesprochene als spontan formuliert wahrgenommen wird (vgl. Stock 1996a, 81ff; Duden online 2017a). Dass der Eindruck von Spontaneität eine Moderation für die Hörerinnen und Hörer erheblich attraktiver machen kann, wird u.a. im folgenden Abschnitt gezeigt. Wie das Einbringen von Emotionen und *„sprachliches Drumherum"* (vgl. Auszug 5) diese Attraktivität noch steigern können, darauf soll in den Abschnitten 7.4.9 „*emotional/sympathisch/ansprechend*" und 7.4.11 „*lustig/ironisch*" eingegangen werden.

7.4.5 „abgelesen/frei gesprochen"

Tab. 9: Überschneidungen zwischen Codierungen der Sender und Codierungen für „abgelesen" und „frei gesprochen".

Sender	abgelesen	frei gesprochen
Sputnik	4	26
Jump	4	8
Sachsen-Anhalt	15	3
Figaro	25	0
Info	20	0

Ob eine Moderation spontan formuliert oder nach Vorbereitung und Planung klingt, ist für die Hörerinnen und Hörer ein äußerst wichtiges Bewertungskriterium. Beschreibungen, nach denen das Gesprochene geplant wirkt, sind im Korpus insgesamt 123 Mal codiert. Am häufigsten kommen dabei „vorgelesen/ liest vor" (28 Mal verwendet) und „abgelesen/liest ab" (22 Mal) vor, etwas seltener „vorgetragen" (18 Mal). Außerdem gibt es zahlreiche nur einmal vertretene Beschreibungen, wie beispielsweise „das wird alles vorher abgekaspert" (Int. 10, Abs. 308). Bei den insgesamt 79 Codierungen für ungeplant wirkende Moderationen sieht es ähnlich aus, nach „frei gesprochen" (20 Mal im Korpus) kommen nur noch „spontan" und „drauflos gequatscht" in größerer Zahl vor (jeweils 7 Mal).

Tab. 10: Häufigkeit des Auftretens von „vor-/abgelesen" (les.) und „frei gesprochen" (frei) je Interview (Int.).

Int.	1	2	3	4	5	6	7	8	9	10	11	12	13	14	15	16
les.	2	0	5	1	1	1	7	1	7	4	3	0	8	6	2	1
frei	0	0	3	1	0	0	2	0	4	1	3	0	3	0	3	0

Ein typisches Beispiel für die Wahrnehmung und Bewertung von „abgelesenen" und „frei gesprochenen" Moderationen findet sich im Auszug 1. Darin wird eine Triade besprochen mit Sputnik-Moderatorin SM an erster Stelle (S 252 S, Wortlaut: „Mann! Da wartet man vier Tage auf das blöde, blöde Päckchen und was ist dann? Am Ende passt die Jacke nicht."), Sputnik-Moderator DK an zweiter (S 210 S1, Wortlaut: „Da wird man an ein paar Kabel angestöpselt und dann werden, je nach Aufregung, irgendwelche Wellen auf Papier gemalt. Bei großer Welle hat man dann auch, äh, schon gelogen.") sowie an dritter Stelle Info-Moderator IB (I 100 S1, Wortlaut: „Auch Frankreich und Österreich sollen tiefengeprüft werden und es ist wohl nur eine Frage der Zeit, wann Deutschland an der Reihe ist. Bei unseren Nachbarn in Österreich jedenfalls herrscht Hektik.").

Auszug 1 (Int. 10, Abs. 56)
B19: (im Anschluss an S 252 S, lacht) Das kenne ich.
B20: OK (lacht). Ähm, der erste und der zweite Abschnitt passen für mich besser zusammen. Ähm, weil einfach (...) / also mir kam es so vor, als wenn sie halt, ähm, die Situation gerade selbst erlebt hätten. Zum Beispiel, äh, der erste Abschnitt, sie hat gerade ein Päckchen bekommen und dann passt es nicht und dann sagt sie einfach zu sich selbst irgendwie (imitiert), Mann, da wartet man vier Tage drauf, und, ähm, ja, so habe ich das halt empfunden, dass sie [...] irgendwie dieselbe Meinung haben dazu und auch im zweiten Abschnitt, ähm, wieder das Lustige war und man wieder Interesse hatte, zuzuhören und dem Thema folgen zu können. Und bei dem dritten war es halt wieder nicht der Zielgruppe entsprechend wie von den ersten beiden. Da war es wieder monoton und, ähm, der Text wurde vorgeschrieben und man möchte keine Beziehung zu den Zuhörern irgendwie binden oder, ähm, erstehen la / äh, entstehen lassen.

Moderationen, die nicht abgelesen klingen, bewerten die Hörer und Hörerinnen in der Regel als wesentlich attraktiver. Dabei spielt der Eindruck von Nähe eine große Rolle, und zwar im doppelten Sinne: einerseits die Nähe, der persönliche Bezug der Sprecherin oder des Sprechers zum Thema („*als wenn sie [...] die Situation gerade selbst erlebt hätten*", vgl. auch d Abschn. 7.4.9 „*emotional/sympathisch/ansprechend*"), andererseits die Nähe zum Publikum. Die distanzierende Wirkung von abgelesenen Texten wird auch in der Literatur zum Radio häufig thematisiert: „The addresser has been replaced by a text, so that if a radio listener is aware that a broadcaster is reading he will assume that she is either relaying the words of somebody else or erecting a barrier between herself and her audience" (Crisell 1994, 56; vgl. auch Abschn. 2.3.1). Probandin B20 vermutet beides, der Text wurde „*vorgeschrieben*", er stammt offenbar nicht vom Moderator selbst, und er „*möchte keine Beziehung zu den Zuhörern*".

In Radionachrichten wird dieser Effekt bewusst eingesetzt: „In the news the words must carry an air of definiteness and accuracy; it must seem to be 'authorless' – originated by the events themselves" (vgl. Crisell 1994, 58). Um – im Sinne Bühlers (1999) – die Ausdrucksfunktion des Gesprochenen zu minimieren bei gleichzeitiger Maximierung der Darstellungsfunktion, erfolgt dabei die paraverbale Realisierung des Textes [...] gänzlich ‚schriftlich', d.h. man hört (und soll es hören), dass der Text nicht etwa spontan formuliert ist, sondern total abgelesen wird. Unterstrichen wird dies durch Stereotypien in der Intonation, die bei den einzelnen Sprechern zu beobachten sind (Burger 2005, 242).

Der Eindruck, ein Stimulus sei abgelesen, ist denn auch eine der häufigsten Begründungen, warum die Hörerinnen und Hörer Moderationen von MDR Info und Figaro als „Nachrichten" klassifizieren (vgl. Abschn. 7.4.3 „klingt wie Nachrichten"). „Abgelesene" Moderationen werden dabei in der Tat oft als „reine Information" beschrieben, also gewissermaßen als „authorless" (vgl. Crisell 1994, 58). Häufig werden solche Moderationen auch als besonders „professionell" charakterisiert (vgl. Abschn. 7.4.7 „seriös/gewählt ausgedrückt/deutlich"). Eine Ausnahme bilden allerdings Stimuli, die nicht sinngerecht gesprochen sind. Dies ist z.B. bei einer Moderatorin von Figaro-Sprecherin RG (F004 S2) der Fall.

Beispielmoderation 1 (F 004 S2, RG)
```
01 RG:  ⁻mAn (.) ´wArtet darauf dass sie ihr ´SCHWEIgn bricht,
02      und ´AUSsagt,
03      in´hAftiert ⁻IST sie,
04      sie ⁻hAt sich-
05      (.) °hh der poli⁻zEi freiwillig ge´STELLT,
06      die sechsun_⁻DREIßigjährige- °h
```

Der Stimulus zeichnet sich durch eine hohe Akzentdichte aus, wobei die Akzente selbst – wie bei anderen Figaro-Moderationen auch – relativ schwach hervorgehoben sind. Die Sprechmelodie verläuft auf den Akzentsilben entweder gleichbleibend oder steigend. Zusammen mit der Regelmäßigkeit der Akzentuierungen entsteht dadurch der Eindruck eines sich wiederholenden rhythmisch-melodischen Musters. Der gleichmäßige Rhythmus der Sprecherin wird erst durch die Atempause in Zeile 4 unterbrochen, die sich inmitten einer inhaltlich-prosodischen Spracheinheit befindet und sich weder syntaktisch noch emphatisch erklären lässt. Nach sprechwissenschaftlich-sprecherzieherischer Literatur entspricht dies einem in den Massenmedien verbreiteten Sprechmuster, das durch nicht sinngemäßes Ablesen von meist wenig hörverständlich gestalteten Texten entsteht: „regelmäßige, skandierende, viel zu viele Betonungen, kaum Pausen, und wenn, dann an Stellen die den Sinn zerreißen, willkürliche Melodiebewegungen, die den Text nur garnieren" (Gutenberg 1999, 85; vgl. auch z.B. Gutenberg 2005; Apel 2009; Bose/Schwiesau 2011). Im Gegensatz zur sprechwissenschaftlichen Literatur kritisiert Proband B28 nicht die geringe Verständlichkeit dieser Sprechweise, es ist aber davon auszugehen, dass „willkürliche Melodiebewegungen" bzw. „Stereotypien in der Intonation" und möglicherweise auch die sinnwidrige Pause seinen Eindruck beeinflusst haben:

Auszug 2 (Int. 14, Abs. 225–226)
B27: Also der Frau könnte ich im Radio nicht zuhören.
B28: Davon mal abgesehen, aber die Betonung dahin gesetzt, wo sie eigentlich gar nicht hingehört. Also irgendwie mitten im Wort. Also fand ich irgendwie ganz eigenartig, als eigentlich jetzt so, ähm, ich würde jetzt auch / na wir haben ja vorhin gesagt, wenn es langsamer ist und dann, dann deutet das immer ein bisschen vielleicht auch darauf hin, dass es seriöser wirken soll, fand ich überhaupt nicht, bei dem Beispiel jetzt. Weil einfach die Betonung, die hat einfach alles kaputt gemacht. [...] Also langsames Sprechen (...), längere Sätze, hat sie alles gemacht, ja, aber, ähm, hat es dann eben an anderen Stellen nicht gemacht und hat eben die Betonung vor allem (...) da irgendwie voll verhauen (lacht), fand ich.

„*Verhauen*[e]" Akzentuierungen und sinnwidrige Pausen führen auch bei anderen Figaro-Moderationen dazu, dass sie als unprofessionell und wenig attraktiv wahrgenommen werden (vgl. Abschn. 7.4.12 „*natürlich/der/die muss halt so sprechen*"). Es ist möglich, dass solche Sprechmuster auch dazu beitragen, dass die Moderatoren und Moderatorinnen des Senders gelegentlich nicht als professionelle Radiosprecherinnen und -sprecher angesehen werden (vgl. Abschn. 7.4.3 „*klingt wie Nachrichten*").

Wie der Auszug ebenso andeutet, werden „*langsam*" gesprochene Moderationen, deren Sätze länger sind, normalerweise als „*seriös*" beurteilt (vgl. auch Abschn. 7.4.8 „*ruhig/langsam/schnell*" und 7.4.7 „*seriös/gewählt ausgedrückt/ deutlich gesprochen*"). Das hängt auch damit zusammen, dass sie „*gewählter*" und in der Wahrnehmung vieler Befragter schriftsprachlicher formuliert sind. Einerseits findet sich dies auf lexikalischer Ebene, z.B. bei der Moderation des Info-Sprechers, um den es in Auszug 1 ging: „*Na gut, der letzte hat vermutlich sowieso abgelesen. Das war einfach eine informierende Meldung, die, da waren auch Wörter drin, auf die vermutlich im normalen Gespräch keiner kommt. Die Tiefenprüfung oder so*" (vgl. Int. 14, Abs. 291). Andererseits sind bei den Stimuli von Figaro, Info und in Teilen auch von MDR1 Radio Sachsen-Anhalt „*die Sätze noch ausgeschriebener*" (vgl. Int. 4, Abs. 211) und „*verschachtelt*" (vgl. Int. 12, Abs. 116). Darüber hinaus sind sie auch stringenter und kohärenter, wie z.B. bei der Figaro-Moderation von SB (F 052 S3, Wortlaut: „Er weist solche Kritik von sich, Provokation interessiere ihn nicht, Wahrhaftigkeit hingegen schon."): „*Der würde nicht jetzt einfach bloß improvisieren, der weiß schon ganz genau, was er als Nächstes sagt und was der nächste Satz zum Inhalt hat, und das hat alles so seine logische Verknüpfung"* (Int. 1, Abs. 281). Damit beschreiben die Hörerinnen und Hörer Merkmale, die auch in sprachwissenschaftlicher Literatur als typisch schriftsprachlich gelten (vgl. z.B. Holly 1996).

Die Moderationen von MDR Sputnik wirken auf die Befragten dagegen mündlicher und weniger geradlinig, zielorientiert oder geplant – auch im Vergleich zu MDR Jump, dessen Doppelmoderationen als *„abgestecktes Gespräch"* wahrgenommen werden (Int. 13, Abs. 175). In Auszug 3 beschreibt Proband B5 den Unterschied zwischen einer Sputnik-Moderation von WB und RF (S 153 S, der erste Stimulus in der Triade) und einer Jump-Moderation mit LK und SN (J 016 S, an zweiter Stelle).

Beispielmoderation 2 (S 153 S, WB & RF)
```
01 WB: °hh in STUTTgart definitiv,
02     <<:-)>un_noch drei ANdern städtn;
03     sie WISsn aber noch nich wO.
04     (.) [ähi] hi>
05 RF:     [hm.]
06     (.) hAlt das irgnwie-
07     also ich hAlte die meTHOdn irgnwie für wie soll
       ich SAgn;
08     (.) [NICH     ]
09 WB:     [<<:-)>°h FRAG]würdig?//>
10 RF: ja nIch ganz ZEITgemäß irgnwie.
11 WB: ((stimmloses nasales Auflachen))
```

Beispielmoderation 3 (J 016 S, LK & SN)
```
01 LK  °hh bei diesm drEi zu drEi gegn die [ukraIne;=ja,]
02 SN                                      [°hh         ]
ja.
03 LK  wir hOffm_ma;
04     das MUSS doch irgnwie BESSer werdn;
05     das dArf nicht noch so ne blamMAge sein-
06     °h äh wir hAm jetzt unsren !BUN!destrainer dran;
07     einen !WUN!derschön: gutn mOrgn;
```

Auszug 3 (Int. 3, Abs. 154–160)
B5: [...] Und, ähm, bei Nummer eins haben die sich ganz, also bei Sputnik haben sich WB und RF ganz, äh, ganz oft abgewechselt so.
B6: Mmh (zustimmend).

B5: Und dann sich auch über, über, äh, so Wortfindungsschwierigkeiten drübergeholfen (B6 lacht). Also, wie sagt man da gleich und dann sagt WB irgendwas und dann sagt der, ach ja, genau so. Und, ähm, bei dem anderen hat der, also die Frau hat einmal mmh gesagt und der Mann die ganze Zeit diese Anmoderation gemacht. Und, also ich glaube, das ist dann auch noch mal ein Unterschied, wo man dann merkt, so OK, die wollen so ein bisschen mehr (…) also nicht so viel Durcheinander und Kuddelmuddel in das, in das Radio bringen, sondern mehr so einen, äh, so einen, also es ist schon, schon sich unterhalten und auch ein bisschen lockerer als irgendwie was Monotones. Aber eben schon so, dass man immer noch, also ohne Probleme folgen kann und dann was so sich nicht einfach, also dass man zuhört und denkt, OK, ja, so ist es halt. Und bei Sputnik da ist ja immer noch so ein bisschen Witz dabei und bei denen so ein bisschen, äh, ja, also ich würde es jetzt nicht sagen antiqu / also nicht so antiquiert wie bei manchen Nachrichtensendungen, aber trotzdem so, dass es halt ein bisschen (…) ja, äh, so (…) so ein bisschen, äh, wie so in einer, wie so in einer strengeren Bahn, äh, klangen. Also es war so, einfach so mit einem Ziel da hin moderiert. Und bei Sputnik geht das dann immer so von (…) was weiß ich wie vielen [...] tausend, tausend Wegen dann auf ein Ziel hin und bei denen war es halt ziemlich stringent.

An anderen Stellen im Interview wird noch deutlicher, dass Proband B5 das *„Kuddelmuddel"*, das auf *„tausend Wegen dann auf ein Ziel hin"* führt, als ein Zeichen von Kreativität betrachtet, die er schätzt und genießt, während er *„abgelesene"* Moderationen eher ablehnt: *„Ähm, wenn sich das so abgelesen anhört, [...] da werde ich einfach nicht zuhören. [...] Ja und bei WB, das ist dann halt wirklich so eine Ironie [...], wo man wirklich immer schmunzeln muss und (lacht) wo man sagt, Mensch, worauf wollen sie denn jetzt schon wieder hinaus?"* (Int. 3, Abs. 213–214). Ähnliche Tendenzen finden sich auch in anderen Interviews, z.B.: *„Ich meine, das wirkt immer wie Stand-up. Also jetzt, ad-hoc. Nicht wie, äh, man kriegt einen Zettel rein, ja, gut, Nachrichten oder sowas und Wetterlage oder so, aber, äh, sonst, glaube ich, machen die das immer, wie es ihnen gerade einfällt und das zeichnet die Moderatoren letztendlich aus, die einfallsreich sind"* (Int. 1, Abs. 92). Offenbar setzt die Zuschreibung von „Einfallsreichtum" voraus, dass eine Moderation spontan improvisiert erscheint. In nahezu allen Interviews findet sich darüber hinaus ein Zusammenhang zwischen wahrgenommener Spontaneität und Humor (vgl. Abschn. 7.4.11 *„lustig/ironisch"*).

Das spontane Gespräch scheint für die Befragten überhaupt die prototypische und auch die ideale Form von Moderation zu sein. Es wird immer wieder als Qualitätsmerkmal hervorgehoben: *„Und da hat man halt auch wieder gemerkt,* *dass es [...] also ein typisches Gespräch halt einfach ist. Dass halt nicht irgendwas abgelesen wird, und da jeder gerade das sagt, was ihm einfällt"* (vgl. Int. 7, Abs. 96). Das gilt auch für Einzelmoderationen, die im Sinne Geißners (1993, 59) „virtuell dialogisch" wie ein Gespräch mit den Hörerinnen und Hörern gestaltet werden sollen, und die bei MDR Sputnik zwar *„monologisch, aber trotzdem dahergequatscht"* sind (Int. 4 Abs. 154, vgl. auch Abschn. 7.4.9 *„emotional/sympathisch/ansprechend"*). Für das Gespräch als prototypische Moderationsform spricht auch, dass „abgelesene" Stimuli oft gar nicht erst als Moderationen erkannt, sondern vielerlei anderen Genres zugeordnet werden (vgl. Abschn. 7.4.3 *„klingt wie Nachrichten"*). Für die Hörerinnen und Hörer gilt es als der Normalfall, wenn Moderatoren und Moderatorinnen *„Alltagssprache"* und *„Füllwörter"* verwenden – was zugleich als Beleg angeführt wird, dass spontan formuliert wurde (vgl. Abschn. 7.4.10 *„locker/umgangssprachlich/der/die redet wie mit Freunden"*; 7.4.12 *„natürlich/der/die muss halt so sprechen"*). Augenscheinlich korrespondiert diese Vorstellung mit dem bereits seit Jahren anhaltenden Trend zu mehr „Mündlichkeit" bzw. „Gesprächshaftigkeit" in den Massenmedien und speziell auch beim Moderieren im Radio (vgl. Fairclough 1994; Holly 1996; Burger 2005, 330; vgl. auch Abschn. 2.3.1).

Einander überlappende Sprecherwechsel und Lachen werden ebenfalls oft als Anzeichen von Spontaneität interpretiert (vgl. Abschn. 7.4.11 *„lustig/ironisch"*). Satzabbrüche, Wiederholungen und Korrekturen im Satzglied, wie sie bei RF in Beispielmoderation 2 vorkommen („halt das irgendwie / also ich halte die Methoden irgendwie für / wie soll ich sagen?", Zeile 6–7), gelten auch in der Fachliteratur als typisch für „frei produzierendes Sprechen" (vgl. Stock 1996a, 81ff). Solcherlei *„Wortfindungsschwierigkeiten"* (vgl. Auszug 3) können offenbar auch zu größerer Hörernähe beitragen:

Auszug 4 (Int. 11, Abs. 90)
B22: [...] Und bei Sputnik ist wirklich so, dass die wirklich sehr frei reden und auch total ungeplant und man das auch manchmal bei der Moderation frühmorgens vor allen Dingen, scheinbar wenn sie noch total, äh, müde sind, auch mal ein, einmal, ab und zu ein paar Fehler auftreten (I lacht), aber die das durch Wortwitz und durch ihre Spontaneität eigentlich wieder so hinstellen, als wäre es geplant. Aber, ja, das / also es wirkt auf jeden Fall recht, recht angenehm und auch vertraut und was ich selbst so merke, dass es manchmal einfach auf Spontaneität ankommt.

Sputnik-Moderatorinnen und -Moderatoren wirken durch ihre *„Spontaneität"* nicht nur *„angenehm"* und *„vertraut"* (vgl. auch Abschn. 7.4.9 *„emotional/sympathisch/ansprechend"*). Da ihr Sprechstil weniger *„durchgeklügelt"* ist, würden – im vorliegenden Fall hypothetische – „*Fehler*" wie etwa Versprecher auch weniger auffallen. Dies entspricht auch der Auffassung von Häusermann und Käppeli (1994, 144), die in ihrem Handbuch für Journalistinnen und Journalisten in Radio und Fernsehen von „mildernden Umständen" sprechen, was Normverstöße beim freien Formulieren angeht. Auszug 4 bezieht sich auf eine Moderation des MDR1-Sprechers JD (M 085 S, in der Triade an dritter Stelle) sowie zwei Sputnik-Moderationen (S 191 S und S 265 S1).

Auszug 5 (Int. 11, Abs. 227–230)
B21: [...] bei drei ist es wirklich, da hat sich vorher jemand hingesetzt, was die zu sprechen haben, die haben ihren Text und den haben sie vorzulesen. Das Einzige, was dort vielleicht ab und zu auftritt, wenn sie sich verlesen, oh, Entschuldigung, und zack geht es weiter (I lacht). Das ist das Einzige, wo man merkt, jetzt hat er mal wirklich kurz einen Hänger gehabt, aber ansonsten ist es wirklich wie einstudiert.
B22: Ja, genau. Und ich finde, so ein Hänger oder so ein Versprecher fällt gerade beim dritten Beispiel, bei diesem öffentlich, äh, Nachrichtensender / Sendern, fällt das total auf.
B21: Ja.
B22: Und bei den anderen, bei den, äh, jugendlichen Sendern, also eins und zwei, war garantiert wieder Sputnik, da würde das nicht auffallen oder wenn, dann würde man denken so, ha (kurzes, ungespanntes Ausatmen). Und beim dritten Sender würde ich denken so, ha (geräuschvolles Einatmen, wie erstaunt, erschrocken), der hat sich gerade versprochen (alle lachen). Da würde ich, da würde ich denken, so krass, das darf doch nicht passieren, also bei diesen / weil es so perfekt wirkt, so, so glatt, so durchgeklügelt, durchkonzipiert und bei eins und zwei würde es mir vielleicht auffallen, aber ich, würde nicht oben bei mir im Kopf ankommen, ich würde es registrieren, aber nicht drüber nachdenken und nicht das gleich bewerten, den so tststs (B22 und I lachen), ne?

Im Sinne von Stock und Suttner (1991, 71) befinden sich Moderatoren und Moderatorinnen von „*Nachrichtensendern*" also in einer Sprechsituation, in der „bewusste Kontrolle" verlangt wird (vgl. ebenso Abschn. 7.4.12 „*natürlich/der/die muss halt so sprechen*"). Damit hängt auch zusammen, dass die Hörerinnen und Hörer jene Stimuli häufig mit öffentlichen Situationen assoziieren wie Vorlesungen, Vorträgen oder Kommunikation mit Behörden (z.B. Int. 2, Abs. 364; Int. 10, Abs. 191–198). Neben dem gleichmäßigeren Rhythmus hängt dies wahrscheinlich auch mit der präziseren Artikulation und dem langsameren Sprechtempo der Sprecherinnen und Sprecher zusammen (vgl. Abschn. 7.4.7 „*seriös/gewählt ausgedrückt/deutlich gesprochen"*; 7.4.8 *"ruhig/langsam/schnell"*). Alle drei Merkmale gelten auch in der soziophonetischen Forschung als typisch für die phonostilistische Ebene „mit hoher bis mittlerer Artikulationspräzision", die üblicherweise Verwendung findet „beim Vorlesen von Nachrichtentexten und anderen Sachbeiträgen in Funk und Fernsehen" sowie bei „wissenschaftliche[n] und populärwissenschaftliche[n] Vorträgen" (vgl. Krech et al. 2009, 100). Demgegenüber verbinden die Befragten Programme mit jüngerem Zielpublikum eher mit einer Situation der „spontane[n] Ausdrucksfreudigkeit" – *„das ist so lockerflockig so daher und, äh, als müssten die gar nicht überlegen, was, was, was sie jetzt sagen, sondern das kommt so aus denen raus"* (vgl. Int. 14, Abs. 97; Stock/ Suttner 1991, 71). Die assoziierten Sprechsituationen sind denn auch eher private Gespräche im eigenen Freundeskreis (vgl. dazu Abschn. 7.4.10 *"locker/umgangssprachlich/der/die redet wie mit Freunden"*).

Es gibt allerdings durchaus auch Sputnik-Moderationen, die von den Hörerinnen und Hörern als *„abgelesen"* wahrgenommen werden. Dazu zählen v.a. die beiden Stimuli von CS, Moderator des „Sputnik Tagesupdates". Er wird von vielen Interviewten als *„Nachrichtensprecher"* eingeordnet, der seine Nachrichten jedoch für jüngere Hörer und Hörerinnen angemessen und attraktiv präsentiert – *„so redet man auch nicht im Alltag, aber der hat es irgendwie noch, noch am normalsten, fand ich, rübergebracht, so die ernste Situation"* (vgl. Int. 2, Abs. 265). Seine Sprechweise wirkt abgelesen, ist aber immer noch näher am „normalen" mündlichen Sprechen als der Figaro-Moderator und die MDR1-Moderatorin in derselben Triade (vgl. auch Abschn. 7.4.4 *"ernst/sachlich"*, Bsp. 4). Doch selbst Moderationen, die klingen, *„als würde es der beste Freund einem erzählen, hast du schon gesehen, und jetzt geht das"* (vgl. Int. 6, Abs. 69), sind möglicherweise geplanter, als sie sich anhören. Diese Vermutung wird beispielsweise bei einem Stimulus von Sputnik-Sprecherin SM laut, der sich in der Triade, die in Auszug 6 besprochen wird, an erster Stelle befindet (S 264 S, Wortlaut: „Hat nen Grammy gewonnen, letzte Woche gerade einen American Music Award, und den Soundtrack zum neuen – Achtung, bitte nicht krietschen – ‚Twighlight'-Film geschrieben."). Bei ihr *„war es so, Achtung, bitten nicht krietschen, also eher sowas, ähm, Alltagssprachliches"* (vgl. Int. 4, Abs. 116), aber dennoch:

Auszug 6 (Int. 4, Abs. 128)
B8: Ja, aber das erste würde ich auch immer sagen, dass das abgelesen ist. Aber die Sätze an sich sind, äh, eher aus der mündlichen Sprache genommen. Aber es / also trotzdem würde ich sagen, ist es abgelesen. Was es ja bestimmt auch war.

Auch wenn Sputnik- und – etwas seltener – Jump-Moderationen in der Regel als „*spontan*" und „*einfach drauflos*" charakterisiert werden, tauchen in den Interviews immer wieder vereinzelte Anmerkungen auf, dass es sich dabei zumindest in einem gewissen Maße um eine Inszenierung handeln könnte (z.B. auch „*also die wissen schon ganz genau, auf welches Publikum sie abzielen*", Int. 6, Abs. 288; vgl. ebenso Abschn. 2.3.1). Dieses Phänomen wird in den Abschnitten 7.4.11 „*lustig/ironisch*" und 7.4.12 „*natürlich/der/die muss halt so sprechen*" ausführlicher betrachtet.

7.4.6 „monoton/langweilig"

Tab. 11: Überschneidungen zwischen Codierungen der Sender und Codierungen für „*monoton*" und „*langweilig*".

Sender	monoton	langweilig
Sputnik	1	2
Jump	2	0
Sachsen-Anhalt	13	13
Figaro	21	11
Info	28	11

„*Monoton*" findet in den Interviews insgesamt 59 Mal Erwähnung, vor allem in Bezug auf MDR Info und Figaro (siehe Tab. 11), „*langweilig*" kommt 36 Mal vor. Beide Beschreibungen treten häufig gemeinsam auf und gehören für die Hörerinnen und Hörer zu den Hauptgründen, bei einem Sender weiter zu „zappen" (vgl. z.B. Auszug 3 s.u.).

Tab. 12: Häufigkeit des Auftretens von „*monoton*" (mon.) und „*langweilig*" (lang.) je Interview (Int.).

Int.	1	2	3	4	5	6	7	8	9	10	11	12	13	14	15	16
mon.	0	5	7	0	6	2	6	0	0	7	5	0	10	4	6	1
lang.	0	0	5	6	6	3	2	0	0	3	2	1	5	1	1	1

„*Langweilige*" und „*monotone*" Moderationen werden in der Regel von „*lustigen*" und „*emotionalen*" abgegrenzt, bei denen die Sprecherinnen und Sprecher selbst „*Spaß an der Arbeit*" haben (vgl. Abschn. 7.4.11 „*lustig/ironisch*"; 7.4.12 „*emotional/sympathisch/ansprechend*"). Nach Ansicht vieler Befragter motivieren „*monotone*" Moderationen nicht nur wenig zum Zuhören – es wird als schwierig empfunden, überhaupt die Aufmerksamkeit auf sie zu richten. Das zeigen etwa die Hörerkommentare im ersten Auszug, in dem es um eine Moderation des Figaro-Sprechers CT geht (F 092 S1, Bsp. 1, in der Triade an erster Position). Die beiden übrigen Moderationen der Triade stammen von MDR Sputnik (S 131 S1 von CS und S 098 S2 von LW):

Beispielmoderation 1 (F 092 S1, CT)
```
01 CT:  ´Ein `flÜchtling ¯In `DEUTSCHland;
02      wird man_ja ´nIcht durch ´FLUCHT,
03      sondern ´EIgntlich erst-
04      durch die ´Offizielle anerkennung ¯Als a¯SYLbewerber.
```

Beispielmoderation 2 (S 131 S1, CS)
```
01 CS:  ´dIese ˇZAHL=äh,
02      be´rUhigt=äh nich `WIRKlich.
03      ˇDENN: wir ´wIssn seit einign ´TAgn,
04      ´TERror in ↓´dEutschland,
05      geht ↑`nIcht nur von mili¯tAntn isla´MIStn?
06      °hh sondern ¯Auch von ¯rEchtn `TERroristn aus.
```

Beispielmoderation 3 (S 098 S2, LW)
```
01 LW:  da ist ne ↑¯FORschergruppe-
02      und die entdeckt im ´EIs der ¯Ewign antarktis ein
        `RAUMschiff.
03      was is ↑¯DRIN,
04      (.) `LOgisch;
05      (.) n ↑`ALien.
06      (.) ↑↑`!TIEF!gefrorn.
07      h° was ´MACHn die ´fOrscher?
08      (--) <<lachend> ↓´LO:gisch,>
10      (.) taun_s ↑¯AUF,
11      (-) und ↑↑¯!DANN! merken_se-
12      (.) h° das `Alien is `DOCH nich so lieb.
```

CT spricht in einem ausgeprägten Legato-Rhythmus bei eher geringer Sprechspannung, aber mit hoher Artikulationspräzision. Die Akzentdichte ist hoch, es wird nahezu jedes zweite Wort betont. Die Abstände zwischen den Akzenten wirken dabei sehr gleichmäßig. Außerdem wird der gesamte Stimulus auf einem Spannungsbogen gesprochen und enthält keinerlei Pausen. All dies trägt vermutlich zu dem Eindruck von B25 bei, die Moderation sei „*vorgelesen*" (vgl. dazu auch

Abschn. 7.4.5 „*abgelesen/frei gesprochen*"). Nahezu alle „*monotonen*" Stimuli werden zugleich auch als nicht frei gesprochen wahrgenommen. Die Akzente selbst sind eher schwach ausgeprägt, v.a. was Lautheit und Sprechspannung angeht. Der Tonhöhenumfang liegt im mittleren Bereich. Die größte Tonhöhenbewegung von „durch" zu „Flucht" (Zeile 2) umfasst einen Anstieg um 12 Halbtöne. Zeitweise entsteht der Eindruck eines sich wiederholenden melodischen Musters, so ähneln sich beispielsweise die beiden Akzentgruppen „ein Flüchtling" und „in Deutschland" stark ihn ihrer Melodieführung (Zeile 1).

In den beiden Sputnik-Stimuli sind die Akzente erheblich stärker hervorgehoben, und zwar sowohl dynamisch, als auch temporal und melodisch. Der Tonhöhenumfang fällt größer aus, in der Beispielmoderation 3 bewegt sich z.B. die Tonhöhe in Zeile 8 von „was" zu „Forscher" kontinuierlich um 22 Halbtöne nach oben. In Beispielmoderation 2 erfolgt innerhalb des Wortes „Islamisten" ein Tonhöhensprung von 16 Halbtönen (Zeile 5). Der Rhythmus wirkt in beiden Sputnik-Stimuli mehr staccato, die Akzente sind zudem – v.a. in Beispielmoderation 3 – weniger regelmäßig gesetzt als in der Moderation des Figaro-Sprechers. Eine Toningenieurin, die bei MDR Sputnik arbeitet, sagte mir in einem persönlichen Gespräch, LW schreibe sich normalerweise tatsächlich vorher nichts auf. Die kontrast- und abwechslungsreichere Prosodie sowie die Vertauschung „im Eis der ewigen Antarktis" – die interessanterweise von keiner bzw. keinem der Befragten angesprochen wurde – deuten ebenfalls auf relativ freies Formulieren hin (vgl. Stock 1996a, 83; Krech et al. 2009, 103).

Die Sprechstimmlage von Sputnik-Moderator CS ist mittel bis hoch, die von LW eher mittel. Beide zeichnen sich durch eine sehr helle Klangfarbe aus (insbesondere CS), die Stimmen wirken dabei eher klangarm und eng (v.a. die von LW). Die Sprechstimmlage des Figaro-Moderators liegt im mittleren bis tiefen Bereich, seine Stimme ist sehr klangvoll mit einem dunklen Timbre und großer faukaler Weite. Dies und die gleichförmige Art der Akzentuierung tragen vermutlich zum Eindruck eines „*immer gleichen Geräusch*[es]" einer tief brummenden „*Bohrmaschine*" bei:

Auszug 1 (Int. 13, Abs. 123–133)

B25: Ja, hier fällt der erste für mich raus. Es waren aber alles drei Männer, nur der erste hat so langweilig, monoton und tief gesprochen, dass ich, ich hätte das nicht wahrgenommen, das wäre irgendwo bei mir vorbeigegangen. Und die anderen beiden, auch Männer, eigentlich, glaube ich, auch eine recht tiefe Stimmlage, aber die haben versucht, auch am Satzanfang schon recht hoch zu sprechen. Und der dritte hat jetzt sich selber eine Frage beantwortet, also dieses, diese rhetorische Fragestellung, ähm, die dann versuchen, wahrscheinlich den Zuhörer ein bisschen zu animieren und zum Nachdenken zu erregen. Also das erste fällt raus und die anderen beiden ähneln sich.

I: Und das würde der erste dann praktisch nicht machen?

B25: Genau, den fand ich auch wieder vorgelesen und ganz, so ganz schlimm (alle lachen).

B26: Ja, also ich, äh, bei mir ist es auch so. Der erste fällt raus, die anderen beiden gehören so mehr oder weniger zusammen. Bei dem ersten ist halt, ja, dieses Vorgelesene, ohne Emotionen. Und gerade bei dem letzten ist es auffällig halt auch diese Wiederholung, dieses endlich, endlich. Das, das bewegt ja was im Hörer, na? Man erinnert sich daran und, äh, halt auch dieses Animieren zum Nachzudenken, ja. Das fand ich auch stärker auf jeden Fall.

I: Also bei dem ersten würde dich das nicht zum Nachdenken animieren sozusagen?

B26: Ich habe auch ehrlich schon gesagt, schon wieder vergessen, worum es ging.

B25: Ja, bei mir auch. Ich habe das Gefühl, das ist wie so eine unterschwellige Bohrmaschine, die in ein paar (I lacht) Stockwerken unter einem bohren würde, das ist so ein tiefes Geräusch, was einfach so nebenbei laufen würde.

B26: Ja.

B25: Ja.

B26: Wo man, naja, wo man halt einfach nicht so drauf achtet. Ja.

B25: Vielleicht auch zum Einschlafen (B26 lacht), so dieses gleiche Geräusch immer, ne?

Mit einer Bohrmaschine wird zumeist kein sehr angenehmes Geräusch verbunden, weshalb Bohrzeiten in Hausordnungen üblicherweise reguliert werden. Dadurch, dass das Bohren *„unterschwellig"* und *„ein paar Stockwerk*[e]*"* tiefer stattfindet – vermutlich eine Folge der relativ geringen Sprechspannung – lässt sich die unangenehme „Belästigung" allerdings leicht ausblenden (*„ich hätte das* *nicht wahrgenommen, das wäre irgendwo bei mir vorbeigegangen"*). Es erscheint zunächst etwas widersprüchlich, dass dieses negativ bewertete *„ganz, so ganz schlimm*[e]*"* Geräusch andererseits als Einschlafhilfe dienen könnte. Ein möglicher Erklärungsansatz findet sich in Auszug 2, in dem es um eine Figaro-Moderation von RG geht (F 004 S2):

Auszug 2 (Int. 15, Abs. 164–167)
B29: [...] und ich finde das zweite schon ein Stückchen auch mit abgelesen, dass man nichts Wichtiges vergisst oder irgendwie sowas.
B30: Würde ich auch sagen. Und ich finde, das zweite Beispiel, das hört sich gesungen an (I lacht). Wenn jemand so, so beim, beim Sprechen so halb singt.
B29: Mmh mmh.
B30: Das kann ich nämlich nicht leiden (alle lachen). Da gibt es nämlich bei uns auch einen Professor und da kann / das nervt mich irgendwann. Weil das so lang / langgezogen und so fließend ist, so monoton dann irgendwann, wie so ein Summen.

Das *„Gesungen*[e]*"* bezieht sich vermutlich auf das sich wiederholende Intonationsmuster in diesem Stimulus, das *„Fließend*[e]*"* auf den Legato-Rhythmus (vgl. auch Abschn. 7.4.5 *„abgelesen/frei gesprochen"*, Bsp. 1). Interessant ist an dieser Stelle die Assoziation mit der Sprechweise von Professoren, die in mehreren Interviews vorkommt (vgl. auch Abschn. 7.4.7 *„seriös/gewählt ausgedrückt/ deutlich gesprochen"* und 7.4.2 *„alt/jung"*). In der Hörsituation einer Vorlesung, auf die sich Proband B30 hier wahrscheinlich beruft, wird von ihm, dem Studenten, üblicherweise erwartet, dass er dem oder der Sprechenden zuhört – unabhängig davon, wie *„nerv*[end]*"* oder eben auch einschläfernd er das Thema oder die Präsentationsweise empfindet. Dies trägt vermutlich auch zu der negativen Bewertung bei.

Nach Meinung vieler Befragter setzen die Moderatoren und Moderatorinnen von Figaro und Info die Aufmerksamkeit des Zuhörenden als gegeben voraus, *„also nicht so hört mir zu, sondern ich glaube, er geht davon aus, die hören mir zu [...] er ist sich entweder sicher, dass er die Aufmerksamkeit hat oder braucht sie nicht"* (Int. 12, Abs. 60–63) – *„wir wollen Sie nicht ansprechen, aber wenn [...] Sie sich für unser Thema interessieren, dann schalten Sie ein, ja?"* (Int. 7, Abs. 549). Im Gegensatz zu den Moderatorinnen und Moderatoren von Sputnik versuchen sie also nicht, *„den Zuhörer ein bisschen zu animieren und zum Nachdenken zu erregen"* (vgl. Auszug 1). Wie bereits im vorangegangenen Abschnitt gezeigt wurde, nehmen die Interviewten Sprecher und Sprecherinnen, die hörbar *„ablesen"*, als besonders distanziert wahr. Ist ein Stimulus darüber hinaus noch "*monoton*", wird dies häufig nicht nur als Distanz gegenüber dem Publikum und den behandelten Themen wahrgenommen, sondern als Desinteresse. In Auszug 3 wird ebenfalls die Figaro-Moderation von CT besprochen (F 092 S1, Bsp. 1, in der Triade an zweiter Stelle) sowie ein Stimulus von Info-Moderatorin AJ (I 081 S2, die dritte Moderation in der Triade).

Auszug 3 (Int. 3, Abs. 196–200)
B6: [...] Ähm, bei zwei (...) also, wenn ich jetzt wirklich den Inhalt jetzt nicht, ähm (...) mitbetrachte, dann würde ich einschlafen. Da würde ich sagen, oh, schnarch, und schnell weiter zappen. Ist einfach so. Also ich bin da auch so ein Typ, das wäre mir zu langweilig. Ich glaube sogar auch, wenn es ein richtiges interessantes Thema wäre, ich würde trotzdem weiter (...) zappen. Weil, da sage ich mir OK, dann würde ich das eher sogar noch googeln oder irgendwo noch bei n-tv gucken oder bei Phoenix, weil das wird sicherlich genauso dort (...) dann übertragen. Aber das / ich finde solche Radiosender / also es ist Geschmackssache, aber die gehen bei mir zum Beispiel gar nicht. Ähm, der dritte war auch sehr (...) also der war auch / also es wurden auch Nachrichten übermittelt oder Informationen, seriöse Informationen. Aber sie hat wenigstens noch mit der Stimme betont und, ähm, ja, hat sich versucht, anzustrengen, sage ich mal so (B5 und I lachen). Also da würde ich schon eher zuhören, aber der zweite, es ist, wie gesagt, Geschmackssache, aber der wäre für mich gar nichts gewesen.
I: Ist nicht genug?
B6: Ja, das ist wirklich so (...) wirklich so wie manche Politiker, die da irgendwie am Pult stehen und dann einfach nur das alles runterrasseln und die wissen eigentlich gar nicht, was sie reden. Ähm, so kam mir das vor, also richtig langweilig.

Nach Ansicht von Probandin B6 hat der Figaro-Moderator – im Gegensatz zu der Info-Moderatorin – gar nicht erst *"versucht"*, sich *"anzustrengen"*. Auch hier wird der Sprecher mit einer Autoritätsperson (Politiker) in Verbindung gebracht, die aus einer gewissen Distanz heraus (er steht an einem Pult) ein mutmaßlich größeres Publikum anspricht, dem gegenüber sie das alleinige Rederecht hat. Das mangelnde *"Bemühen"*, auf die Bedürfnisse des Publikums einzugehen, bei gleichzeitig unterstellter Erwartung, man möge dennoch zuhören, wird von den Befragten tendenziell als anmaßend empfunden – für einen Radiomoderator ist diese Art, Autorität zu demonstrieren, anscheinend nicht angemessen (ein weiterer Hinweis darauf wird besprochen im Abschnitt 7.4.7 *"seriös/gewählt ausgedrückt/deutlich gesprochen"*).

Dagegen hat Info-Sprecherin AJ „wenigstens noch mit der Stimme betont", was offenbar als Anstrengung verstanden wird, die Moderation für die Hörerinnen und Hörer attraktiver zu gestalten. Aus Sicht von B6 scheint dieser Versuch nicht unbedingt gelungen zu sein, sie erkennt aber das „Bemühen" an.[5] Auch hier spielt melodische Akzentuierung offenbar eine Rolle. Wie die Transkription zeigt, sind bei AJ die Akzente zwar relativ dicht und regelmäßig gesetzt, allerdings gibt es bei ihr melodische Bewegungen von bis zu 10 Halbtönen (Steigung von der Akzentsilbe bis zum Wortende auf „beobachtet"). Stimuli von MDR Info wurden im Interviewkorpus zwar am häufigsten mit „monoton" codiert (vgl. Tab. 11), im direkten Vergleich innerhalb einer Triade werden sie von den Befragten aber meist als etwas weniger „monoton" beschrieben als Figaro-Moderationen.[6]

Beispielmoderation 4 (I 081 S2, AJ)
```
01 AJ:   ´Offmbar,
02       °h ´wUrden die ⁻drEi in den ⁻nEunziger jahren von
         er↑`mIttlern be´Obachtet,
03       °h doch ´dAnn,
04       hat man sie aus den `AUgn verloren;
06       `hIeß es ↑`BISher.
```

Verglichen mit einer Sputnik- und einer Jump-Moderation (in diesem Falle S 042 S und J 030 S4) ist allerdings auch die Sprechweise von AJ „scheißlangweilig":

Auszug 4 (Int. 7, Abs. 315–317)
B14: [...] Und das dritte komplett abgelesen, neutral, emotionslos. Aber (...) echt nicht. Vielleicht, vielleicht ist das gerade wichtig, dass man halt, ähm, alles aus der Stimme rausnimmt, um die In / die, die, ähm (...)
B13: Um die Nachrichten zu moderieren? (lacht)
B14: Oder um, um das Interesse komplett nur auf die Nachricht an sich zu, äh, lenken. Oder wenn man sich denkt, OK, die Stimme ist scheißlangweilig, dann kümmere ich mich vielleicht gerade mal um die Information.

---

[5] Ähnlich „großzügige" Reaktionen, die ebenfalls Lachen auslösen, gibt es auch bei dem „Versuch" der MDR1-Moderatorin IH, „locker" zu sein: „Der Versuch ist aber vorhanden, das erkennen wir an" (Int. 13, Abs. 219; vgl. dazu ebenso Abschn. 7.4.2 „alt/jung", Bsp. 1).
[6] Ein weiteres Beispiel hierfür ist eine Moderation von Sprecherin SH (Abschn. 7.4.4 „sachlich/ernst", Bsp. 2).

Fast alle Interviewten vertreten die Ansicht, dass in „Nachrichtensendern" mit älterer Zielgruppe die Information im Mittelpunkt steht und eine attraktive Gestaltung oder Hörerbezug keine oder nur eine untergeordnete Rolle spielen, *„also als wären die Fakten vordergründig und nicht vordergründig, wie kommt es bei meinem Hörer an, so wirkt das"* (Int. 11, Abs. 67). Moderatorinnen und Moderatoren von „Jugendsendern" würden hingegen sehr darauf achten, *„dass man sich damit indent / identifizieren kann und dass man nicht gelangweilt weiter schaltet"* (vgl. Int. 16, Abs. 51). Eine *„monotone"* Sprechweise ist darüber hinaus nicht nur wenig attraktiv für die Hörer und Hörerinnen, sie erschwert ihnen auch, relevante Informationen herauszuhören – insbesondere dann, wenn es der bevorzugte Rezeptionsmodus ist, Radio nebenbei zu hören. Der folgende Auszug bezieht sich ebenfalls auf die Info-Moderation von AJ:

Auszug 5 (Int. 13, Abs. 191–198)
B25: [...] So dieses ganz Monotone, Flache. Und das würde vorbeigehen, und das sind sehr wichtige Nachrichten, ja?
B26: Ja. Ja, es ist halt so dieses typische Nebenbei-Medium mit dem Moment. Also man / also (lacht) ich kenne mich, wenn ich jetzt beim Autofahren irgendwie, äh, dann das Radio lauter mache, weil Nachrichten kommen, aber irgendwie geht es dann doch / also, wenn man mich dann eine Minute später dann noch mal fragt, was war denn jetzt die erste Meldung, äh, kann ich es, glaube ich, nicht beantworten. Weil es halt / also man hört es in dem Moment, man weiß es, aber ich glaube, man merkt es sich einfach nicht so gut.
B25: Ja, na man kann nicht unterscheiden, was jetzt wichtig ist...
B26: Mmh (zustimmend).
B25: ...in diesem Satz. Oder welcher Aspekt ist eigentlich hier ausschlaggebend...
B26: Mmh (zustimmend).
B25: ...für diese Nachricht? Wahrscheinlich.
B26: Ja, weil es halt so monoton ist, ja.

Bei Moderationen von Sputnik und Jump *„kann man so nebenbei mal zuhören und da hört man trotzdem noch so Schlagwörter und weiß trotzdem, worum es geht"* (Int. 7, Abs. 70). Bei Moderationen von Info und Figaro haben einige Befragte indes *„nicht das Gefühl, jetzt passiert was und jetzt kann ich wieder ab / aufhören mit zuzuhören oder, äh, weniger zuhören und jetzt passiert wieder was, sondern es ist immer irgendwie gleich"* (Int. 10, Abs. 239). Teilweise *„hat man tatsächlich manchmal das Gefühl bei, äh, so eher seriöseren Sendern, die einem dann so Banalitäten als Neuigkeiten verkaufen, weil sie einfach nicht, äh, nicht unterscheiden in* *ihrem Sprechstil, äh, oder es nicht durchblicken lassen, dass es eigentlich ein alter Hut ist"* (Int. 14, 213–217).

Bei einer „*monotonen*" Sprechweise sind für die Interviewten mehrere Funktionen nicht erfüllt, die bei Radiomoderatoren und -moderatorinnen üblicherweise als besonders wichtig erachtet werden: Orientierung zu bieten, Aufmerksamkeit, Interesse für die behandelten Themen zu wecken und den Kontakt zum Publikum herzustellen (vgl. Pawlowski 2004; Wasian 2008, 59ff; ausführlicher dazu: Kap. 2.3). Bereits im Abschnitt 7.4.4 „*sachlich/ernst*" wurde gezeigt, dass es durchaus ein Balanceakt ist, bei „*ernsten*" Themen die von den Hörerinnen und Hörern erwartete Sachlichkeit und Seriosität zu gewährleisten und dabei gleichzeitig ihren Bedürfnissen nach einer ansprechenden Gestaltung nachzukommen. Als unangemessen wird einerseits bewertet, dass die Moderatorinnen und Moderatoren von „*Nachrichtensendern*" unabhängig vom Inhalt „*immer mit dieser emotionslosen Stimme rangehen*", wohingegen es bei Sputnik-Moderationen sofort herauszuhören ist, „*wenn irgendwie so wichtige Themen sind oder wenn gerade wirklich was Schlimmes passiert ist*" (Int. 7, Abs. 321). Andererseits wird aber auch bei den „*passenden*" Themen eine beabsichtigt sachliche Sprechweise nicht immer als solche interpretiert. Wie Geißner (1975, 141) bereits vor über 40 Jahren zum Sprechen von Hörfunknachrichten anmerkte, ist

> der Verzicht auf Expressivität nicht expressionsfrei [...], vielmehr gewinnt gerade der Verzicht auf ‚Expressivität' einen expressiven Signalwert, z.B. den der Gleichgültigkeit, Zurückhaltung, Sachlichkeit, Desinteressiertheit, Stumpfheit, des Nichtverstehens – wie sie typischerweise mit Monotonisierung oder einer ihr sich annähernden Isotonisierung [...] verbunden werden.

Auch in allgemeiner gefassten experimentellen Untersuchungen zum Zusammenhang zwischen Prosodie und Emotion haben die Probandinnen und Probanden in Perzeptionstests z.T. Schwierigkeiten, als „neutral" intendierte Sprechweisen von gelangweilten zu unterscheiden (vgl. Paeschke 2003, 236f) – was daran liegt, dass sich der stimmlich-artikulatorische Ausdruck in beiden Fällen ähnelt:

> Dies betrifft die mittlere Grundfrequenz, den Range, die Anzahl der Betonungen, die Richtungswechsel der Grundfrequenzbewegungen, den Anteil der steigenden Grundfrequenzbewegungen, die abnehmende Lautheit im Verlauf der Äußerungen und das Einschwingverhalten (ebd. 240).

Paeschke (2003, 126f) findet jedoch auch messbare Unterschiede,

> während neutrale Sprechweise durch eine möglichst abwechslungsreiche Intonation erreicht werden soll, wird Langeweile durch Gleichförmigkeit und wiederkehrende Intonationsmuster erzeugt. [...] Die Betonungen nehmen in ihrer Stärke zum Ende hin ab und

folgen in regelmäßigen Abständen aufeinander, was zu einem gleichmäßigen, flüssigen, plätschernden Rhythmus führt.

Gerade ein solch gleichmäßiger Rhythmus scheint bei den befragten Sputnik-Hörern und -Hörerinnen dazu zu führen, dass sie eine Moderation nicht nur für sich selbst als „*langweilig*" befinden, sondern ebenso die Sprecherinnen und Sprecher als „*gelangweilt*" wahrnehmen (mit diesem Phänomen setzt sich Abschnitt 7.4.11 „*lustig/ironisch*" auseinander).

Wie bereits im vorangegangenen Abschnitt zu „*abgelesen/frei gesprochen*" erwähnt, wird ein isotonischer Rhythmus in der Literatur zum Mediensprechen häufig mit reproduzierendem Sprechen in Verbindung gebracht. Dabei werden Texte von den Sprechenden nicht sinngerecht gegliedert, es kommt zu stereotypen Melodieverläufen und es werden zu viele, untereinander kaum nach Sinnwichtigkeit abgestufte Akzente gesetzt, was Hörerinnen und Hörern die Orientierung und das Verständnis erschwert (vgl. Fiukowski 1999; Wachtel 2002, 68). Eine fehlende Hierarchie der Akzente deutet sich etwa in Auszug 6 an („*na man kann nicht unterscheiden, was jetzt wichtig ist*"). Die meist sprechwissenschaftlichen Autoren und Autorinnen führen diese Art zu lesen in der Regel auf einen misslungenen Sprechdenkvorgang zurück, da „die Vorlesenden erst in der Sprechsituation mögliche Sinnvarianten" des Textes erfassen, was möglich ist, „weil geschriebene Sätze mehrere Gliederungs- und Betonungsvarianten zulassen" (vgl. Wachtel 2002, 68). Vor diesem Hintergrund lässt sich der letzte Turn von Probandin B6 in Auszug 3 interpretieren. Sprecher, die „*einfach nur das alles runterrasseln*" und während sie das tun nicht wissen, „*was sie reden*", reproduzieren einen Text, ohne dabei vorausschauend zu planen. B6 sieht dies anscheinend als Hinweis, dass der Text dem Sprecher bis zum Zeitpunkt des Verlesens nicht bekannt war. Damit hängt vermutlich auch ihr Eindruck zusammen, der Figaro-Moderator „*streng*[e]" sich nicht ausreichend „*an*". Dies wiederum deckt sich auch mit den Ergebnissen von Lindner-Braun (1998), wonach das wahrgenommene „Engagement" eines Moderators oder einer Moderatorin eine wichtige Dimension zu dessen oder deren Bewertung ist. Auf den Einfluss von Engagement und emotionaler Beteiligung wird wiederum im Abschnitt 7.4.9 „*emotional/sympathisch/ansprechend*" ausführlicher eingegangen.

7.4.7 „seriös/gewählt ausgedrückt/deutlich gesprochen"

Tab. 13: Überschneidungen zwischen Codierungen der Sender und Codierungen für „seriös", „gewählt ausgedrückt" und „deutlich".

Sender	seriös	gewählt ausgedrückt	deutlich gesprochen
Sputnik	5	0	5
Jump	1	1	1
Sachsen-Anhalt	5	3	14
Figaro	9	6	4
Info	16	4	15

Mit „seriös" beschreiben die Hörerinnen und Hörer einen Eindruck, den sie in hohem Maße auf eine „gewählte" Ausdrucksweise und „deutliches" Sprechen zurückführen, weshalb alle drei Beschreibungen in diesem Abschnitt zusammen behandelt werden sollen. „Seriös" wird insgesamt 40 Mal verwendet und bezieht sich zumeist auf Stimuli von MDR Info und – in geringerem Umfang – von Figaro. Die Häufung bei Info hängt u.a. damit zusammen, dass viele der Moderationen sowohl inhaltlich als auch sprecherisch mit „Nachrichten" assoziiert werden, die wiederum sehr eng verknüpft sind mit Seriosität (vgl. Abschn. 7.4.3 „klingt wie Nachrichten"). Hinzu kommen 15 weitere Fälle, in denen Moderationen jeweils als nicht oder zumindest weniger „seriös" wahrgenommen werden, diese referieren hauptsächlich auf Stimuli von Sputnik (12 Überschneidungen) und Jump (7 Überschneidungen).

Tab. 14: Häufigkeit des Auftretens von „seriös" (ser.), „gewählt ausgedrückt" (gew.) und „deutlich gesprochen" (deut.) je Interview (Int.).

Int.	1	2	3	4	5	6	7	8	9	10	11	12	13	14	15	16
ser.	0	3	1	2	7	0	2	9	0	1	2	3	1	5	4	0
gew.	0	2	1	0	1	0	0	0	3	1	6	0	0	0	0	0
deut.	2	2	2	0	0	5	4	0	0	0	2	0	0	7	3	3

„Deutlich gesprochen" kommt 30 Mal in den Interviews vor, ebenfalls am häufigsten in Bezug auf MDR Info. Ihrer Verwendung nach steht diese Beschreibung nicht nur für Artikulationspräzision, was auch im folgenden Auszug erkennbar wird. In der darin besprochenen Triade geht es um eine Info-Moderation von HM (I 170 S, Bsp. 1) an erster Stelle, eine Sputnik-Moderation von WB (S 191 S, Bsp. 2) an zweiter Stelle und an dritter Position eine Moderation von MDR1-Sprecherin

SK (M 031 S). Dabei werden v.a. die Stimuli der Sputnik-Moderatorin und des Info-Moderators zueinander ins Verhältnis gesetzt.

Beispielmoderation 1 (I 170 S, HM)
```
01 HM: die EUrokrise-
02     (.) °hh HÄLT,
03     (.) europa in Atem,
04     und trotz ALler bemühungen;
05     lässt sich die gefAhr offenbar nich BANnen;
06     auch mit blIck Auf dIe fiNANZmärkte;
07     denn der mArkt BLEIBT misstrauisch,
```

Beispielmoderation 2 (S 191 S, WB)
```
01 WB: Aso;
02     (.) im KLARtex,
03     man kann=da was HINschickn,
04     dann setz_sich die königin vor die KAmera,
05     und gEht (.) dann auch schon LOS mit den Antwortn.
```

Auszug 1 (Int. 14, Abs. 65–69)

B27: [...] Ähm, beim ersten war es so, ähm, da ist mir aufgefallen, dass der Sprecher sehr deutlich gesprochen hat. Äh, es sind Ts im Auslaut mitgesprochen worden, es sind Endungen mitgesprochen worden, was im zweiten und teilweise auch im dritten nicht passiert ist. Äh, also im zweiten sowieso nicht. Also das war schon recht jugendsprachlich (...) schlampig hätte ich fast gesagt, aber einfach von der Sprache, äh, äh, von der Aussprache her, ähm, teilweise undeutlich. [...]

B28: [...] Und das, was du gesagt hast, mit dieser, mit dieser Aussprache, das ist mir jetzt auch ganz / also gerade bei dem ersten war das ja ganz deutlich, also auch verglichen mit den ersten dreien. Also ganz, ganz korrekt gesprochen und auch so sehr seriös. Ja, also man kann sich da richtig so einen, so einen Experten vorstellen, der da im Anzug sitzt, ja? Und das soll ja auch so transportiert werden, ja? Man soll ja dem, diesem Experten, der dann eben was dazu zu sagen hat, soll man ja auch trauen. Und da kann es ja nicht irgendeine Jungsche machen, ja? Nicht, weil sie das vielleicht nicht weiß oder nicht versteht oder so, sondern weil ja irgendwas transportiert werden muss. Und ich glaube, dass macht sich besser in, in so einer Art und Weise. Und, äh, das ist dann sicherlich auch so gewollt.

Mit den „*Ts im Auslaut*" in der Info-Moderation ist wahrscheinlich der relativ stark aspirierte Plosiv in „hält" gemeint (Zeile 2). Durch den Akzent und die beiden Staupausen davor und danach ist dieses Wort für die Befragten so auffällig, dass es mehrfach kommentiert wird (z.B. in Int. 2, Abs. 179–180 oder Int. 8, Abs. 257). Auch die auditiv-phonetische Analyse ergibt, dass die Sputnik-Moderatorin insgesamt weniger präzise artikuliert als der Info-Moderator – was z.T. mit der höheren Sprechgeschwindigkeit zu tun haben könnte (vgl. Krech et al. 2009, 98). Auffällig ist insbesondere die Apokope von /t/ in „Klartext" (Zeile 2), da auf diesem Wort der Akzent eines Teilausspruchs liegt. Möglicherweise bildet dies auch die Vergleichsgrundlage für Proband B27, denn an unbetonter Stelle elidiert auch HM („nich", Zeile 5), wenn auch seltener als WB („setz", Zeile 4). Darüber hinaus ist bei der Moderatorin der Lateral in „also" elidiert (Zeile 1), der Lenis-Plosiv in „kann da" (Zeile 3) sehr geschwächt und in den Endsilben sind mehrere Schwas elidiert („hinschickn" und „Antwortn", Zeile 3 und 5).

Auch in anderen Interviews fällt auf, dass *„deutliche"* Aussprache für die Hörerinnen und Hörer eine normative Komponente enthält. Die Sprechweise von Info-, Figaro- und MDR1-Moderatorinnen und -Moderatoren wird oft als *„perfekt"* (Int. 11, Abs. 230), *„ordentlich"* (Int. 8, Abs. 257) oder *„sehr gut"* ausgesprochen beschrieben (Int. 13, Abs. 53), *„die betonen das dann auch richtig korrekt, so klingt das immer, sprechen gutes Hochdeutsch"* (Int. 5, Abs. 107). Die Aussprache in Sputnik-Moderationen wird indessen eher als *„schlampig"* bezeichnet, gerade die *„so krass schnodderig"* sprechende Moderatorin WB achtet nach Ansicht einiger Interviewter *„gar nicht drauf [...], wie sie sich artikuliert oder so"* (Int. 8, Abs. 187–197). Teilweise ist auch von dialektalen Einflüssen die Rede (s.u.).

Bewertungen dieser Art passen zur ersten der drei parallel verlaufenden Entwicklungslinien, die Stoeckle und Svenstrup (2011, 87) für gesprochenes Deutsch ausgemacht haben. Diese bewegt sich in Richtung einer normativen, an der Schriftsprache orientierten Standardaussprache, die kodifiziert ist (etwa im Deutsche[n] Aussprachewörterbuch, vgl. Krech et al. 2009) und v.a. im Bildungssystem gelehrt und verwendet wird. Die dahinterliegende Sprachideologie besagt, dass es nur *eine* „korrekte" (Aus-)Sprache innerhalb einer Nation gibt, und zwar diejenige, die im Bildungssystem, in „formellen" Medien wie z.B. Nachrichten und in der Bürokratie gebraucht wird (vgl. Stoeckle/Svenstrup 2009, 87). Abweichungen davon „erscheinen als *degeneriert*, also als *Perversionen* dieses Ideals" – so fasst Spitzmüller (2005, 314) den öffentlichen Diskurs zu „,*Hochdeutsch*' bzw. ,*gute*[m]/*richtige*[m] *Deutsch*'" zusammen (Hervorhebungen im Original). Häufig werden solche Abweichungen auch als Versagen interpretiert, jenem Ideal zu entsprechen, woraufhin der Sprecher oder die Sprecherin in der sozialen Hierarchie niedriger verortet wird (vgl. Bucholtz/Hall 2006). Dies alles trägt dazu bei, dass Standardsprachlichkeit oft mit hohem sozialen Status,

Bildung und intellektuellen Fähigkeiten verbunden wird – also mit der bereits mehrfach erwähnten „Superiority"-Dimension (vgl. Zahn/Hopper 1985; Coupland 2007, 42ff; eine sprachgeschichtliche Erklärung, warum die nationale Standardvarietät Deutschlands oft mit dem sog. „Bildungsbürgertum" assoziiert wird, ist nachzulesen bei Mattheier 2003).

Dem Info-Moderator wird u.a. aufgrund seiner standardsprachlichen Aussprache der Expertenstatus und – damit verbunden – eine höhere Glaubwürdigkeit bei „*ernste*[n]" Themen zugetraut (vgl. Int. 14, Abs. 72), wobei Proband B28 reflektiert, dass dieses Zutrauen nicht nur mit tatsächlich vorhandenen Kompetenzen, sondern auch mit stereotypen Zuschreibungen zu tun haben könnte, *„man entwickelt ja so ein Bild im Kopf. Und, äh, ich glaube, das wirkt dann einfach seriöser, wenn man dann eben so ein Bild hat von so einem grauhaarigen Menschen, der da eben seine Thesen spricht"* (vgl. ebd.). Ebenso geht er davon aus, dass dieser Effekt von den Radioschaffenden bewusst eingesetzt wird: *„Und, äh, das ist dann sicherlich auch so gewollt"* (vgl. Auszug 1). Darüber hinaus zeigt sich auch hier der bereits im Abschnitt 7.4.2 *„alt/jung"* beschriebene Zusammenhang zwischen Seriosität und wahrgenommenem Alter des Sprechers oder der Sprecherin. Ein typischer „*seriöser*" Moderator ist *„so Mitte vierzig, äh, Anfang fünfzig und der macht halt seriös seine, seine Arbeit, ohne dabei, äh, irgendwas ins Lächerliche zu ziehen, sondern vermittelt reine Information"* (Int. 5, Abs. 88).

Im Gegensatz dazu entspricht – nach Ansicht von Proband B27 – die Sprechweise der Sputnik-Moderatorin offenbar nicht der standardsprachlichen Norm. Interessant daran ist, dass Forscher und Forscherinnen in Dialektologie und Normphonetik seit einiger Zeit einen Sprachwandel in Deutschland beobachten, demzufolge gebildete, standardnahe Sprecherinnen und Sprecher auch in formellen Situationen zunehmend nicht-regionale alltags- bzw. allegrosprachliche Varianten verwenden, darunter insbesondere Apokope von Schwa und /t/ (vgl. Spiekermann 2005; vgl. auch die phonostilistische Ebene der „Standardaussprache mit verminderter Artikulationspräzision" bei Krech et al. 2009, 103ff).

Zumindest in dem Ausmaß, in dem WB diese Varianten gebraucht, scheinen sie hier (noch) nicht als Standard akzeptiert zu sein. Auch Hollmach (2007, 270ff) stellt in seiner Untersuchung fest, dass zumindest bei der Kommunikation in Massenmedien (z.B. Fernseh-Talkshows) die Elision von Plosiven im Auslaut ab einer gewissen Auftretenshäufigkeit sanktioniert wird. Es ist jedoch nicht auszuschließen, dass die Akzeptanz größer wird in Hörsituationen, in denen die Aufmerksamkeit weniger auf die sprecherische Form gelenkt ist. Bei der Moderation von WB beeinflussen überdies vermutlich umgangssprachliche Wendungen wie „im Klartext" reden (vgl. DWDS 2017) den Eindruck von *„schlampig*[er]" Jugendsprache (dass die Hörerinnen und Hörer *„jugend-"* und *„umgangssprachlich"* oft synonym verwenden, wird gezeigt im Abschnitt 7.4.10 *„locker/umgangs-*

sprachlich/der/die redet wie mit Freunden"). Ähnliche Kommentare häufen sich aber auch bei anderen Stimuli von Sputnik und Jump: Sie artikulieren nicht *„klar und deutlich"*, sondern da *„fällt"* dann *„mal ein Buchstabe hinten runter"* (Int. 1, Abs. 45–47), es werden *„viele Endungen weggelassen"* (Int. 13, 67). In den Moderationen beider Sender ist *„Alltags-Jargon so ein bisschen mit dabei, also, dass man nicht alles so super-penibel ausspricht"* (Int. 10, Abs. 22) – in einer Weise, dass *„der Deutschlehrer die Hände überm Kopf verschränken würde, wenn er sich das anhört"* (Int. 11, Abs. 225).

Allerdings werden zwischen Sputnik- und Jump-Moderationen auch subtile Unterschiede wahrgenommen. In der Triade, die in Auszug 2 besprochen wird, befinden sich als erster Stimulus eine Jump-Moderation (J 020 S mit Moderatorin SN und Moderator LK) und im Anschluss zwei Sputnik-Moderationen (S 023 S1 mit dem Morningshow-Team WB und RF sowie S 098 S2 von Moderator LW):

Beispielmoderation 3 (J 020 S, SN & LK)
```
01 SN: Ich hab dafür so_n SPRÜHzeug;
02     wie wÄr_s denn DAmit.
03 LK: OH;
04     (.) kEine schlechte idEE.
05 SN: ja bei den temperatUrn müss_mer GUCKn;
06     wie=wir die autos FREIkriegn;=ne,
```

Beispielmoderation 4 (S 023 S1, WB & RF)
```
01 RF: mIt gutn NACHrichtn,
02     ab heute ist rAuchn nämlich weniger
       ge!SUND!heitsschädlich;
03     zuMINdes:_isses deutlich schwieriger zu verBRENN:.
04 WB: =hehe
05     (.) denn ab hEute ham zigarettn den Eingebautn
       !FEU!erschutz.
```

Beispielmoderation 5 (S 098 S2, LW)
```
01 LW: da ist ne FORschergruppe-
02     und die entdeckt im EIs der Ewign antarktis ein
       RAUMschiff.
03     was is DRIN,
04     (.) LOgisch;
05     (.) n ALien.
06     (.) !TIEF!gefrorn.
07     h° was MACHn die fOrscher?
```

```
08      (--) <<lachend> ↓LO:gisch,>
10      (.) taun_s AUF,
11      (-) und !DANN! merken_se-
12      (.) h° das Alien is DOCH nich so lieb.
```

Auszug 2 (Int. 6, Abs. 121–126)

B12: [...] die letzten beiden sind sehr, sehr umgangssprachlich gesprochen, also, dass mal was verschluckt wurde, eine Endung oder eben doch so ein leichter Dialekt gesprochen wird. Und dann auch so (...) durch das Wiederholen, das ist / solche Sachen, dass es nicht ganz normaler Satzbau ist, den man schriftlich da hätte. Das erste ist schon noch ein bisschen, äh, formaler gesprochen, aber auch, ähm, schon unterhaltend, unterhaltsam. Also das ist, wenn man das so einordnen würde, würde ich sagen, das erste doch so in diese Best-Agers, so Mitte dreißig, vierzig, nicht mehr so ganz ins Seniorenalter gehend (B11 und I lachen). Und die anderen beiden auch wieder f / also für, für die Jugend.

I: Das erste war dann ein bisschen schriftlicher?

B12: Naja, äh, nicht so viel Umgangssprache und nicht so viel vernuschelte Endungen oder solche Sachen.

B11: Ja stimmt, die Sprache war auf jeden Fall klarer, aber trotzdem wurde gesagt, das Sprühzeug. Das ist ja dann doch wieder...

B12: Mmh (zustimmend).

B11: ...ja, so ein bisschen um / umgangssprachlich, ja. Aber die waren eigentlich alle sehr locker-flockig, äh, umgangssprachlich halt, wie einem halt gerade der Mund gewachsen ist.

Dass die Jump-Moderationen – bei aller Ähnlichkeit mit denen von Sputnik – als etwas älter, geplanter und „*formaler*" eingeschätzt werden, dies findet sich als Tendenz im gesamten Interviewkorpus (vgl. Abschn. 7.4.2 „*alt/jung*", 7.4.5 „*abgelesen/frei gesprochen*", 7.4.12 „*natürlich/der/die muss halt so sprechen*"). Wie aus der Transkription (Bsp. 3) hervorgeht, nehmen die Sprecherin und der Sprecher der Jump-Moderation durchaus Reduktionen, Assimilationen und Elisionen vor, diese scheinen allerdings weniger auffällig zu sein als bei den beiden Sputnik-Stimuli. Nach der auditiven Analyse ist die Artikulationspräzision bei der Jump-Moderation tatsächlich insgesamt etwas höher, v.a. in den ersten beiden Turns. Außerdem sind gerade bei akzentuierten Wörtern wie „Sprühzeug" (Zeile 1) und „damit" (Zeile 2) die Plosive im Auslaut mit relativ hoher Spannung realisiert und deutlich hörbar aspiriert – während etwa das /t/ vom ebenfalls akzentuierten „zumindest" im ersten Turn von Beispielmoderation 4 vollständig apokopiert ist (Zeile 3).

Der Eindruck von „*ein*[em] *leichte*[en] *Dialekt*" bei den Sputnik-Moderatorinnen und -Moderatoren scheint in erster Linie mit reduzierten bzw. elidierten Formen zusammenzuhängen, die Spiekermann (2005) explizit als *nicht*-regional einordnet. Dazu zählt er auch Klitisierungen von Pronomina und unbestimmten Artikeln (vgl. ebd.). Probandin B6 scheint diese in Auszug 3 jedoch als Dialektmerkmal zu betrachten. Dabei bezieht sie sich auf den Stimulus von LW (Beispielmoderation 5, Zeilen 1, 6, 10 und 11). Jene Sputnik-Moderation wurde durch eine Gruppe von sechs phonetisch geschulten Expertinnen auditiv analysiert, keine der Beteiligten konnte darin regionalspezifische Merkmale ausmachen. Die Probandin begründet hier, warum die Moderation für sie definitiv zu Sputnik gehört:

Auszug 3 (Int. 3, Abs. 275–277)
B6: [...] Ähm, man hat es auch wieder an der Jugendsprache oder an dieser jungen Sprache erkannt. Schon allein dieser Dialekt (imitiert), da ham die so ne Umfrage gemacht, oder, ähm, merkste oder so. Also statt mer / ich weiß nicht, ob es merkste war, aber haste oder sowas ähnliches. Ähm (...) das ist zwar jetzt zum Glück nicht so schlimm wie sie reden, weil ich finde zum Beispiel, wie hieß denn der in Leipzig, der Radiosender? Dieser ganz (...) Energy? Genau. Die finde ich ganz schlimm, wie die reden. Also da mache ich immer weiter. Das finde ich zum / ich hoffe, Sputnik, die gucken sich das jetzt nicht so extrem ab, weil, ich habe auch einen Dialekt, das weiß ich, aber ich finde, im Radio muss es jetzt nicht unbedingt sein. Also schon mal so ein bisschen zusammengezogene Wörter ja, aber, äh, da finde ich Energy schlimmer. Und da hoffe ich auch, dass Sputnik da nicht diese Richtung einschlägt. Hoffe ich (lacht).

„*Jugendsprache*" scheint sich für B6 auf einem Kontinuum zwischen Standardsprache und Dialekt zu bewegen. Der Sprechstil der Moderatorinnen und Moderatoren von Sputnik befindet sich dabei nicht am Standard-Pol, u.a. weicht er durch Merkmale wie „*zusammengezogene Wörter*" davon ab. Dennoch ist er für das Sprechen im Radio noch im angemessenen Bereich. Der Moderationsstil von Energy Sachsen, einem Privatradio mit ähnlicher Zielgruppe wie MDR Sputnik, befindet sich dagegen auf dem Kontinuum nicht mehr im akzeptablen Bereich („*ganz schlimm*") – auch wenn die Probandin ihre eigene Sprechweise anscheinend ebenfalls näher am Dialekt-Pol verortet („*ich habe auch einen Dialekt, das weiß ich, aber ich finde, im Radio muss es jetzt nicht unbedingt sein*"), im Interview spricht sie mit einer leichten ostmitteldeutschen Färbung. In der im englischsprachigen Raum verbreiteten Terminologie von Wolfram und Fasold (1974, 19) könnte man sagen, der Sprechstil von Energy Sachsen gehört für die Probandin in den Bereich des „Substandards", während sich der von Sputnik im Bereich des „informellen Standards" bewegt.

Für viele Befragte fallen unter den untersuchten Moderationsstilen einige aber auch in jene Kategorie, die Wolfram und Fasold als „Superstandard" bezeichnen würden. Dieser beinhaltet sprachlichen Formen, die von Sprachverwendern und -verwenderinnen zwar als „korrekt", der kodifizierten Norm entsprechend anerkannt werden, die sie selbst aber nicht gebrauchen und auch bei anderen Sprecherinnen und Sprechern negativ bewerten, weil sie ihnen zu „hochnäsig" erscheinen (vgl. ebd.; Niedzielski/Preston 2000, 162). Das ist einer der Gründe, warum in Untersuchungen zu Spracheinstellungen hohe Ausprägungen auf der „Superiority"-Dimension oft negativ mit der sozialen Attraktivität korreliert sind (vgl. ebd. 57; Garrett et al. 2003, 67). Diese Tendenz findet sich auch in den vorliegenden Interviews wieder, wobei sie sich besonders deutlich bei Figaro-Moderationen zeigt. Die stärksten Reaktionen gibt es dabei wiederum bei den beiden Stimuli von Figaro-Moderator SB (F 052 S1 und F 052 S3), der hier als Beispiel dienen soll:

Beispielmoderation 6 (F 052 S3, SB)
```
01 SB  Er weist sOlche (.) kritik VON sich.
02     provokaTION,
03     (-) interessiere ihn NICHT,
04     (-) wahrHAFTigkeit hingegn SCHON.
```

Auszug 4 ist so eine typische Reaktion, die Moderation von SB (F 052 S3) befindet sich in der hier besprochenen Triade an letzter Stelle.

Auszug 4 (Int. 2, Abs. 353–370)
B4: Och. (B3 lacht gleichzeitig) Also der letzte, der war ja (...) ganz akademisch (alle lachen). Das ist...
B3: Das kannst du auch wieder nicht nebenbei hören.
B4: Nee.
B3: Da musst du dich so konzentrieren, was der jetzt sagen will.
B4: Also ich habe mir jetzt...
B3: Wenn der so auf Schlau macht. Och nee (lacht).
B4: Ich habe mir jetzt wirklich einen vorgesetzt, äh, vorgestellt mit Brille (spricht mit offen nasalem Beiklang und tiefer), hier, ja (lacht) also (alle lachen). [...] Also es war (...) das letzte war mir einfach ein bisschen zu seriös.

B3: Mmh (zustimmend, B4 lacht). (...) Der hat so (...) halt so wie wenn er uns extra was sagen will und wir sollen jetzt alle auf ihn hören und da könnte man erst recht nicht zuhören, wenn das dann / also, da kann man mal fünf Minuten zuhören, aber das ist genau wieder wie vorhin, da kann man nicht, (...) wenn man das Abendbrot zubereitet, zuhören, irgendwie.
B4: Ja.
B3: Das schaltest du dann ab irgendwie, weil es dich irgendwann nervt einfach.
B4: Mmh (zustimmend). Das ist, das ist wie in einer Vorlesung bei einem furchtbar monoton sprechenden Professor (lacht). Dass es zwar vielleicht interessant ist, aber du denkst dann, ahä, nee, geht nicht mehr, tut mir leid (lacht).
B3: Auch wenn die sich immer so absichtlich so gewählt ausdrücken und jedes Wort mit Wahrhaftigkeit und...
B4: Mmh (zustimmend).
B3: Och nee, das ist nicht so meins.
B4: (spricht gleichzeitig mit B3, I lacht) Das kann ich ja sowieso nicht, das kann ich auch sowieso nicht leiden. Also (...) weil für mich spielt auch immer viel so (...) der Charakter oder wie er halt rüberkommt, der Charakter, spielt für mich immer eine groß, große Rolle beim Zuhören. Und das letzte war jetzt für mich so (imitiert eingeschränkten Melodieumfang des Sprechers, tiefer, langsamer), der hält ganz, ganz viel von sich und, na dann, äh, sollen wir zusehen da, ja? (alle lachen) Nee, äh, kann ich nicht zuhören, also (...) ist mir zu gehoben, zu gewählt ausgedrückt, ähm, das ist von Akademikern für Akademiker (alle lachen). Aber nicht für das gemeine Volk wür / Volk würde ich sagen.

Offenbar wird hier die „*monotone*", „*gewählte*" Sprechweise des Moderators nicht nur – wie es in den Interviews verbreitet geschieht – als Desinteresse an Inhalt und Publikum ausgelegt (vgl. Abschn. 7.4.6 „*monoton/langweilig*"), sondern auch als arrogant empfunden. Für Probandin B3 scheint die wahrgenommene Erwartungshaltung des Sprechers, „*und wir sollen jetzt alle auf ihn hören*", eine Anmaßung zu sein. Er beansprucht ihre volle Aufmerksamkeit und tritt damit in Konkurrenz zu anderen Tätigkeiten, auf die sie sich beim Radiohören üblicherweise vorrangig konzentriert[7]. Durch seinen Anspruch auf Aufmerksamkeit

---

7 Sie hört regelmäßig während des Essens und dessen Zubereitung Radio: „*Wenn ich abends irgendwie was koche oder so, dann muss auch immer parallel das Radio an sein. Und früh zum Frühstück. Weil, also ich wohne halt alleine und sonst ist es echt scheiße irgendwie. Weil dann sitzt*

setzt der Moderator sich über ihre Bedürfnisse hinweg und macht sich gewissermaßen „wichtig", wozu auch die Charakterisierung von Probandin B4 passt, er halte *„ganz, ganz viel von sich"*. Dabei scheint sich B4 – obgleich selbst Studentin der Medienwissenschaften und Germanistik – weniger mit den *„Akademikern"* als mit dem *„gemeine*[n] *Volk"* zu identifizieren, dass SB ihrer Ansicht nach explizit nicht ansprechen will (dass sie damit nicht allein ist, wird deutlich im Abschnitt 7.4.10 *„locker/umgangssprachlich/der/die redet wie mit Freunden"*). Die *„akademisch*[e]*"* Ansprache scheint für B3 wiederum nicht recht überzeugend zu sein. Formulierungen wie *„wenn der so auf Schlau macht"* und *„wenn die sich immer so absichtlich so gewählt ausdrücken"* deuten an, dass sie dem Sprecher einen bewussten Versuch unterstellt, sich als besonders „intellektuell" darzustellen. Die Äußerungen der beiden Probandinnen zeigen deutliche Parallelen zu einer medienpädagogischen Untersuchung unter der Leitung und Herausgeberschaft von Schorb und Hartung (2003), die sich u.a. mit den Erwartungen befasst, die junge Radiohörerinnen und -hörer aus Mitteldeutschland an Moderatoren und Moderatorinnen richten. Als repräsentatives Beispiel für die Ergebnisse einer qualitativen Befragung wird darin die 13-jährige Livia zitiert:

> Das soll nicht so ein Mensch sein, der die ganze Zeit so gehoben spricht, dass es kaum einer versteht. Dass er so mit Fremdwörtern rumwirft und damit angeben will. Also er sollte ziemlich Ahnung haben und sollte wissen, wie man etwas für Leute interessant machen kann (Böhm/Schulz 2003, 94).[8]

Figaro-Moderationen werden mit Abstand am häufigsten mit Professoren, Lehrern, oder allgemein mit „Bildungsbürgern" verbunden. Auch wenn die Befragten teilweise Schwierigkeiten haben, die Moderationen einem Radio-Genre zuzuordnen (vgl. Abschn. 7.4.3 *„klingt wie Nachrichten"*), so sind sie sich in dieser Hinsicht weitgehend einig. Die schnellen und mitunter heftigen Reaktionen der Probanden und Probandinnen – v.a. bei Moderator SB beginnen sie z.B. oft noch während des Hörens zu lachen oder aufzustöhnen – lassen vermuten, dass der Sprecher einem verinnerlichten Stereotyp nahekommt (vgl. Møller 2009; Böhme 2015). Gelegentlich werden zwar auch Info-Moderatoren und -Moderatorinnen, wie in Auszug 1, als *„Experten"* beschrieben, *„die da im Anzug"* sitzen, bei den Sprecherinnen und Sprechern von Figaro sind Personenbeschreibungen jedoch nicht nur sehr häufig, sondern auch besonders plastisch – wie beispielsweise in

---

man so da und mufft so sein Brötchen da in sich rein und es ist irgendwie ätzend und da ist es halt schöner, wenn man da ein bisschen was hört" (Int. 2, Abs. 5).
8 Hinweise, dass bestimmte Gruppen junger Hörer und Hörerinnen derselben Region auch völlig andere Erwartungen haben können, liefern dagegen Böhme (2016) und Böhme/Kettel (i. Vorb.).

Auszug 3 zu erkennen ist, der sich ebenfalls auf eine Moderation von SB bezieht (F 052 S1, Wortlaut: „Andreas Dresen hat mit seinem neuen Film ‚Halt auf freier Strecke' viele Freunde beim Festival in Cannes gefunden und auch einen wichtigen Preis gewonnen."):

Auszug 5 (Int. 1, Abs. 279)
B2: Ich versuche, mir gerade denjenigen vorzustellen. Ähm, es ist wieder ein Anzugträger in meiner Vorstellung, ähm, wieder, äh (...) es ist keiner, der auf Partys geht. Der geht mal / der sitzt abends mit Wein, irgendein Buch und liest halt das, was er gerade da vorstellt oder schaut gerade in solche Wissenslektüre rein und denkt, Mensch, heute das Neue von Günter Grass, ja gar nicht so schlecht, ein gutes Werk und morgen vielleicht die Filmschpe / Filmfestspiele Bonn. Weiß nicht, der schaut sich wirklich Kultur an.

Ähnliche Vorstellungen gelten auch für das Publikum. Obwohl die meisten Hörerinnen und Hörer Figaro-Moderationen typischerweise eher mit einer älteren Zielgruppe verbinden, wird dieser Zusammenhang nicht als zwangsläufig angesehen. Eine Präferenz für Kultursender ist demzufolge „weniger altersabhängig, sondern mehr so neigungsabhängig. Also es gibt ja sicherlich auch Leute in meinem Alter, die Klassik hören. [...] So Klassik-Menschen, kulturinteressierte Menschen, die dann nicht Pop hören möchten oder Rock, [...] welche, zum Beispiel, die Instrumente spielen, die selber so mit klassischer Musik aufwachsen" (Int. 6, Abs. 145-149). „Deutliche" Aussprache spielt auch hier eine wichtige Rolle bei der Einordnung der Moderatoren und Moderatorinnen. So hat SB (F 052 S1) etwa „wirklich ganz deutlich gesprochen und auch diese Endungen ausgesprochen, nicht gewonn, sondern gewonnen die ganze Zeit, [...] sehr professionell fand ich das" (Int. 14, Abs. 245). Auch Figaro-Moderatorin RG (F 004 S2) klingt im Gegensatz zu Stimuli von Sputnik und Jump „viel, viel gebildeter [...] also von der, von der Aussprache her" (vgl. Int. 1, Abs. 14).

Das für die Befragten auffälligste Merkmal scheint allerdings der „gewählte" Ausdruck auf lexikalischer Ebene zu sein. „Gewählt" kommt im Korpus insgesamt nur 14 Mal vor, was zum einen daran liegt, dass die Interviewten sehr viele andere Umschreibungen verwenden, die von der Bedeutung her in eine ähnliche Richtung tendieren, jeweils aber noch seltener auftreten, beispielsweise „gehoben", „hochtrabend", „hochstilisiert", „gediegen", „gesittet", „gebildet", „professionell", „fachkundig" oder auch „Fachgedöns". Insgesamt sind Figaro-Moderationen „schon höher als irgendwie so ein Alltagsgespräch" (Int. 3, Abs. 375). Zum anderen werden gerade in Triaden, die eine Figaro-Moderation enthalten, die Stimuli oft weniger beschrieben, sondern vielmehr stilistisch und inhaltlich ineinander "übersetzt" (vgl. auch Böhme 2015). Dies geschieht z.B. in Auszug 4, in dem es abermals um eine Moderation von SB geht (Beispielmoderation 3, in der Triade an zweiter Stelle) und eine Sputnik-Moderation von DK (S 204 S3, in der Triade an erster Stelle, Wortlaut: „Kiefer an beiden Aufhängungen gebrochen, was bitteschön sind das für Schmerzen? Der musste auch noch in der Nacht operiert werden, was Dortmund-Trainer Jürgen Klopp natürlich auch, äh, dolle mitgenommen hat.").

Auszug 6 (Int. 6, Abs. 40–43)
B12: [...] Äh, das zweite ist so ein Kulturradio, die das wirklich wie so eine Geschichte erzählen. Und das erste ist schon so jugendorientiert. Auch in der Art und Weise wie das / über eine Verletzung gesprochen wurde. [...]
I: Also das wäre praktisch bei den anderen beiden nicht so gekommen mit dem Fußball?
B12: Da wäre sicherlich nur gesagt worden, er hätte sich beim Spiel verletzt (B11 lacht) und eventuell beim zweiten noch eine Abhandlung da drüber, wie das auf Lateinisch heißt (alle lachen) und welcher Arzt da jetzt angeraten wäre. Aber nicht so reißerisch wie beim ersten, auch noch mit einem flotten Spruch.

Die Stimuli von MDR1 Radio Sachsen-Anhalt gelten für die Hörer und Hörerinnen ebenfalls als „seriöser" und „gewählter" als Stimuli von Sputnik und Jump, wenn auch in geringerem Ausmaß als bei Info und Figaro. MDR1-Moderationen sind hier, wie auch bei vielen anderen Beschreibungen, ein „Zwischending" (Int. 13, Abs. 94; vgl. z.B. ebenso Abschn. 7.4.2 „alt/jung"). So klingt beispielsweise eine Moderation der Sprecherin SK (M 002 S1, Beispielmoderation 7, s.u.) für die beiden Probandinnen in Interview 13 einerseits „wie ein Vorlesen" und ist „definitiv hochdeutsch vorgetragen", wodurch sie der Figaro-Moderation in derselben Triade ähnelt. Andererseits hat sie „viele Betonungen gesetzt", ist „mehr mit, mit Höhen und so verbunden" (Int. 13, Abs. 93–96). Und, „weil es auch ein bisschen so mit Umgangssprache war und einfach aufgelockerter als jetzt so ein richtig nachrichtlicher Text", zeigt die Moderation auch Gemeinsamkeiten mit dem Sputnik-Stimulus in der Triade (Int. 13, Abs. 93–96).

Beispielmoderation 7 (M 002 S1, SK)
```
01 SK:  °h für ↑↑`vIEle (.) be↑`sUcher gehörn sie einfach
        da`ZU.
02      ´w:Ilde tiere in der `ZIRkusmanege.
03      °hh wenn ↑`bÄren auf dem ↑¯RAD fahrn;
```

```
04      oder eleᵣ⁻fAntn sich gegnseitig an den ↑`RÜSsel
        nehm:;
05      `dAnn gibt es ap`PLAUS.
```

Wie in der Transkription zu erkennen ist, setzt die Moderatorin zahlreiche Akzente, die zu einem vergleichsweise regelmäßigen Rhythmus führen. Die Akzentuierung ist dabei ausgeprägt melodisch, überhaupt nutzt sie einen großen Tonhöhenumfang. So steigt die Tonhöhe z.B. um 10 Halbtöne von „für" zum Akzent von „viele" hin, um dann zur Lösungstiefe auf „dazu" um 16 Halbtöne wieder abzusinken (Zeile 1). Zugleich artikuliert sie überaus präzise, besonders auffällig ist dabei der mit hoher Sprechspannung gebildete, gelängte Lenis-Frikativ in „wilde" (Zeile 2).

Die hohe Artikulationspräzision von MDR1-Moderatorinnen und -Moderatoren kommentieren die Befragten mehrfach, sie werden z.B. als „überartikuliert" beschrieben (vgl. Int. 16, Abs. 280). Die Kombination von sehr „deutlich" und (melodisch) „betont" scheint einige der Befragten an einen Sprechstil zu erinnern, der typischerweise kleinen Kindern gegenüber gebraucht wird. Als charakteristisch für den sog. „Baby Talk" bzw. „Motherese" gelten

> geringer Äußerungsumfang, große Redundanz durch Wiederholungen und Paraphrasierungen; hohe Sprechstimmlage mit überdeutlichen, häufig widerholten Melodieverlaufsmustern, geringe Sprechgeschwindigkeit und Lautstärke, Skandierungstendenz mit häufigen Akzenten, lange Grenzpausen, präzise Artikulation mit Vokaldehnungen (Bose 2003, 223).[9]

Der folgende Auszug bezieht sich ebenfalls auf Beispielmoderation 7:

Auszug 7 (Int. 14, Abs. 151)
B28:   [...] Ja, und bei diesem Zirkus-Beispiel, ja, da bin ich halt wieder / ach ich weiß nicht, irgendwie komme ich mit dieser Frau nicht ganz so zurecht (B27 lacht). Also mit dieser Sprechweise. Es wirkt für mich irgendwie so / also auch gerade wieder hier, na wie so belehrend, so, so, also so wie man, wie man mit Kindern spricht.

Dieser Effekt lässt sich bei anderen Sprechern und Sprecherinnen des Senders ebenfalls finden. Bei Moderatorin IH (M 061 S1) hat eine Probandin beispielsweise *„wirklich das Gefühl, da spricht eine Mutti, die ihrem Kind über den Kopf streichelt und sagt, fein hast du's gemacht"* (vgl. Int. 10, Abs. 174; in Int. 13, Abs. 103 wurden daher auch Kinder als Zielgruppe angegeben). Besonders „deutlich gesprochen"

---

[9] Die hohe Sprechstimmlage muss dabei nicht immer gegeben sein (vgl. Dittmann 2006, 28).

ist für die Hörerinnen und Hörer offenbar der MDR1-Moderator JD, bei dem diese Beschreibung insgesamt 7 Mal codiert wurde. Der Moderator spricht mit sehr hoher Artikulationspräzision, was sich u.a. darin äußert, dass er kaum Reduktionen vornimmt und sämtliche Plosive im Auslaut (z.T. sehr deutlich hörbar) aspiriert sind, auffällig ist auch die Vokaldehnung in „Bundesrat" (Zeile 3). Er setzt häufige, stark melodische Akzente, z.B. fällt die Tonhöhe vom Akzent auf „Menschen" bis zur Erstsilbe von „bestimmen" um 14 Halbtöne, und steigt dann von dort aus bis zum Ende der Intonationsphrase hin wieder um 18 Halbtöne an (Zeile 2).

Beispielmoderation 8 (M 082 S2, JD)
```
01 JD:  ⁻dA was ↑↑`ARTgerecht ist,
02      (-) ^MENschn be´stImmen?
03      (-) hat der bundes´RA:T,
04      (.) die vertretung der ´LÄNder,
05      (.) eine ent`SCHLIEßung verabschiedet.
06      (-) Sie ´FORdert,
07      (.) ein ver´bOt einer ˇrEihe von `WILDtieren.
```

Der Eindruck der beiden Probandinnen in Auszug 8 scheint darüber hinaus beeinflusst vom langsamen Sprechtempo und der – im Vergleich zu allen anderen Stimuli – außerordentlichen Länge und Häufigkeit der Pausen, bei gleichzeitiger Kürze der inhaltlich-prosodischen Sprecheinheiten.

Auszug 8 (Int. 2, 53–59)

B4: [...] also vor allem der erste hat sehr komisch gesprochen, mit den Abständen so zwischen den Wörtern. [...]
B3: Ich fand, der erste Sender klang so extrem wie für Sechzigjährige und älter (I lacht), weil der das so krass deutlich gesprochen hat, dass das also gar nicht, gar nicht mehr normal klang, fand ich. Das war so...
B4: Ja.
B3: (imitiert melodische Akzente) ...der Bundesrat und wir machen den Mund weit auf (B4 und I lachen). Und, also, das fand ich schrecklich. Also das klang richtig wirklich wie für alte Omas und Opas, jetzt mal auf den Punkt gebracht.

Probandin B3 verbindet die Sprechweise offenkundig mit dem, was in sprachwissenschaftlicher Literatur unter dem Begriff „Secondary Baby Talk" gefasst wird – einem dem „Baby Talk" sehr ähnlichem Stil, der häufig Älteren gegenüber verwendet wird, etwa in Pflegeheimen (vgl. Sachweh 1998; Thimm 2000, 120). Als typisch für diesen Stil wird u.a. die Anrede in der ersten Person Plural angesehen (vgl. Thimm 2000, 124). Auf dieses Muster scheint sich die Probandin mit ihrem (im Sinne von Baldauf 1998) parodierenden „*und wir machen den Mund weit auf*" zu beziehen. Nicht nur die Anrede verweist darauf, sondern ebenso ihr verlangsamtes Sprechtempo und die starken melodischen Akzente und Vokaldehnungen auf „*Bundesrat*", „*Mund*" und „*auf*" (darüber hinaus ist es möglich, dass die Aussage nicht nur auf eine große Kieferöffnung zum Zweck einer deutlicheren Aussprache referiert, es könnten auch Assoziationen mit Arzt-Patienten-Gesprächen aufgekommen sein).

Dass B3 die Sprechweise des Moderators als Maßnahme interpretiert, eingeschränkte Verständnisfähigkeiten seines Zielpublikums zu kompensieren, wird noch deutlicher im weiteren Verlauf des Interviews, wo sie sich zur Sputnik-Moderation von SM (S 281 S) äußert, die sich ebenfalls in der besprochenen Triade befindet: „*Also die hat ganz normal geredet und man hat sie trotzdem verstanden*" (Int. 2, Abs. 59). Eine Anpassung an mangelnde Sprachkompetenzen des Publikums wird auch in anderen Interviews vermutet: „*Und das Deutliche war wirklich, damit man es richtig krass versteht, auch jetzt irgendjemand, der Deutsch jetzt nicht als Muttersprache hat*" (Int. 15, Abs. 38). Nach Auszug 5 zu urteilen, scheint das „Bemühen" der MDR1-Moderatoren und -Moderatorinnen um Verständlichkeit überdies auch mit einem gewissen „didaktischen Nachdruck" in Verbindung gebracht zu werden („*na wie so belehrend*" in Auszug 5, vgl. auch Geißner 1975, 142).

An dieser Stelle sei noch einmal auf Eckerts (2008) Theorie der indexikalischen Felder verwiesen (vgl. auch Kap. 3.2). Einem salienten Merkmal – in diesem Falle eine präzise, standardsprachliche Artikulation – können, je nachdem, in welchem Kontext es gebraucht wird, verschiedene Bedeutungen zugeschrieben werden, die jedoch miteinander in Zusammenhang stehen: Sie befinden sich in einem gemeinsamen Bedeutungsfeld. Einerseits wird das Merkmal sowohl bei Info-, Figaro- wie auch MDR1-Moderationen mit hohem sozialen Status und Kompetenz verbunden – mit einer gewissen Tendenz zum Kompetenz- bzw. Statusgefälle zwischen Sprechenden und Hörenden (sei es die Expertise, „ernste Themen" glaubwürdig zu vermitteln, der Versuch, eine größere intellektuelle Kompetenz zu demonstrieren, oder das Eingehen auf die, im Vergleich zum Sprecher, geringere sprachliche Kompetenz der Hörerschaft).

Andererseits bewegen sich die Bedeutungen jeweils in verschiedene Richtungen, was sich ganz besonders darin zeigt, dass den Sprecherinnen und Sprechern der verschiedenen Sender so unterschiedliche Zielgruppen wie ältere Akademiker und kleine Kinder zugeschrieben werden.

7.4.8 „ruhig/langsam/schnell"

Tab. 15: Überschneidungen zwischen Codierungen der Sender und Codierungen für „ruhig", „langsam" und „schnell".

Sender	ruhig	langsam	schnell
Sputnik	9	1	24
Jump	1	0	4
Sachsen-Anhalt	20	12	3
Figaro	26	21	1
Info	24	12	1

„Ruhig" (68 Mal im Korpus), „langsam" (49 Mal) und „schnell" (23 Mal) gehören zu den häufigsten Beschreibungen, die sich vergleichsweise eindeutig unter der „Dynamism"-Dimension zusammenfassen lassen, also einem mehr oder weniger stark ausgeprägten Erregungslevel (vgl. Zahn/Hopper 1985) – wobei es auch Tendenzen in Richtung der Dimension sozialer Attraktivität gibt, wenngleich in geringerem Umfang als etwa bei „langweilig" (vgl. Abschn. 7.4.6 „monoton/ langweilig"). Wie bei vielen anderen Beschreibungen der Hörer und Hörerinnen stehen sich auch hier zwei Pole gegenüber: Auf der einen Seite sind die „schwungvollen", „peppigen", „aufgeregten" Moderationen von Sputnik und Jump, auf der anderen die „bedächtigen", „lahmen", „entspannten" Sprechstile von Info und v.a. von Figaro. Stimuli von MDR1 Radio Sachsen-Anhalt nehmen abermals eine Zwischenposition ein.

Tab. 16: Häufigkeit des Auftretens von „ruhig", „langsam" (lang.) und „schnell" (schn.) je Interview (Int.).

Int.	1	2	3	4	5	6	7	8	9	10	11	12	13	14	15	16
ruhig	22	0	4	4	5	8	6	3	1	0	3	9	0	0	1	2
lang.	3	0	5	6	6	3	5	3	3	1	0	5	0	6	3	0
schn.	1	2	2	1	0	1	4	3	1	4	1	1	0	2	0	0

Die meisten Hörerinnen und Hörer bewerten „langsame" Moderationen eher negativ, sie gelten als „langweilig. Also einfach zu lange. Also ich mag es an sich nicht, wenn Leute immer so langsam reden. Denke mal, kann jetzt ein bisschen schneller gehen. Also, [...] mich nervt das" (Int. 4, Abs. 158). Eine gewisse „Ungeduld" schimmert dabei in mehreren Äußerungen hindurch („und man hat immer gewartet, ja was sagt er denn jetzt?" Int. 12, Abs. 43). In erster Linie entspricht eine „langsame" Sprechweise im Radio schlicht nicht den Bedürfnissen der Befragten, insbesondere was die gewünschte Stimmungsregulation, das „Mood Management" anbelangt (vgl. Kap. 2.1). Moderation soll „*mitreißen, es soll mich motivieren, äh, frühmorgens aufwecken, es soll mich unterhalten*" (Int. 6, Abs. 309). Damit spiegeln die Interviews Ergebnisse aus der Mediennutzungsforschung wider, nach denen gerade unter jüngeren Nutzern viele „intensive Reizsucher" zu finden sind (vgl. z.B. Eckert/Feuerstein 2015, 484).

Die Moderatoren und Moderatorinnen von Sputnik können dieser Erwartung eher entsprechen, ihr Sprechstil zeichnet sich aus durch „*dieses Fetzige, jetzt muss es vorwärtsgehen, jetzt ist hier knall Feuerwerk, [...] es ist total euphorisch gesprochen, total, äh, ja, los komm jetzt, äh, äh, geh in den Tag hinaus*" (Int. 6, Abs. 246–254). Dabei spielt das Sprechtempo eine Rolle, aber auch der größere Tonhöhenumfang, „*die versuchen wirklich, ähm, nur mit der Stimme oder, ja, nur mit [...] ihrer Tonlage halt, ähm, wirklich die Leute abzuholen*" (Int. 1, Abs. 75; vgl. auch Abschn. 7.4.9 „*emotional/sympathisch/ansprechend*" und 7.4.4 „*sachlich/ernst*"). Dies entspricht auch den Ergebnissen einer Studie von Schubert und Sendlmeier (2005, 63f), in der Radiohörerinnen und -hörer Nachrichtensprecher verschiedener Formate beurteilen sollten:

> Sprecher mit einer höheren Anzahl an Richtungswechseln der Grundfrequenzbewegung pro Sekunde werden jünger, engagierter, abwechslungsreicher, aber auch schneller, drängender und lebhafter wahrgenommen.

Wie sich u.a. in Auszug 1 zeigt, beeinflusst zudem die Gestaltung der Pausen, wie die Befragten die Sprechgeschwindigkeit wahrnehmen – was ebenfalls gut mit den Ergebnissen von Schubert und Sendlmeier (2005, 64) vereinbar ist:

> Ein zu hoher Pausenanteil, gemessen an der Gesamtlänge der Meldung, korreliert mit einer langsameren wahrgenommenen Sprechgeschwindigkeit und führt unter Umständen zu einem ‚schleppenden' Höreindruck. Ein geringerer Pausenzeitanteil steht dagegen in Verbindung mit Eigenschaften wie schnell, drängend, lebhaft, abwechslungsreich und jung.

In dem Auszug wird eine Figaro-Moderation von SB (F 052 S3, in der Triade an erster Position) mit einem Sputnik-Stimulus der Moderatorin WB verglichen (S 158 S, an zweiter Position).

Beispielmoderation 1 (F 052 S3, SB)

```
01 SB   Er weist sOlche (.) kritik VON sich.
02      provokaTION,
03      (-) interessiere ihn NICHT,
04      (-) wahrHAFTigkeit hingegn SCHON.
```

Beispielmoderation 2 (S 158 S, WB)
```
01 WB: ENDlich.
02     (.) <<all>kamma wirklich nur SAGgn,>
03     ENDlich.
04     °h seit EInign tagn schOn,
05     (.) °h beantwortet <<all>Angela merkel auf dem>
       !YOU!tubechannel der bundesregierung;
06     <<len> die FRA:gen (.) °h des VOLkes.>
```

Die Zahl der Pausen ist in beiden Moderationen zwar gleich, die Sprecheinheiten dazwischen sind jedoch bei WB z.T. deutlich länger, bei gleichzeitig etwas kürzerer Pausendauer. Sowohl der Figaro-Moderator (in Zeile 3 und 4) als auch die Sputnik-Moderatorin (in Zeile 2 und 6) setzen Pausen, die sich als Emphase interpretieren lassen. Probandin B24 scheint allerdings nur den Pausen im Sputnik-Stimulus eine rhetorische Funktion zuzuschreiben, was möglicherweise auch an der nicht-sinnfassenden Pause von SB zwischen „solche" und „Kritik" liegt (Zeile 1, vgl. auch Abschn. 7.4.12 *„natürlich/der/die muss halt so sprechen"*, Bsp. 1):

Auszug 1 (Int. 12, 110–111)
B24: Ich glaube, ich würde die Eins rausnehmen. Einfach weil die Eins hat längere Pausen, ähm, gemacht zwischen den, ähm, Sätzen oder manchmal waren es ja sogar nur einzelne Worte. Die Zwei hat auch Pausen gemacht, aber die hat danach nochmal wiederholt, vielleicht auch, um zu zeigen, ähm, ja, hört genauer hin und, mmh, ja.
B23: Ja, ich würde auch die Eins rausnehmen, also das fand ich auch extrem schwer zum Zuhören, weil es war, es hat sich wirklich sehr gezogen, bis er, bis er zum Ende gekommen ist, ähm, ja, fand ich anstrengend.

Eine ähnliche Wirkung entfalten längere Pausen auch in anderen Interviews, beispielsweise macht MDR1-Sprecher JD *„solche Riesenpausen und betont es so extra, [...], weil da muss man dann immer so, sage ich mal, mitüberlegen, so was will er denn jetzt sagen und musst du eigentlich noch zuhören"* (Int. 2, Abs. 190, zur Wirkung jener Moderation vgl. auch Abschn. 7.4.7 *„seriös/gewählt ausgedrückt/ deutlich gesprochen"*). Die Sputnik-Moderatorin spricht allerdings auch insgesamt schneller als SB, jedoch nicht in jeder Passage – die stark akzentuierten „Fragen des Volkes" sind z.B. erheblich langsamer und präziser artikuliert als das nicht akzentuierte „beantwortet Angela Merkel". Solcherlei Fluktuationen gelten als typisch für eher frei formuliertes (Medien-)Sprechen (vgl. Krech et al 2009, 103f). Ebenso variiert die Länge der inhaltlich-prosodischen Sprecheinheiten stark. Die Figaro-Moderation wirkt hingegen in vielerlei Hinsicht eher gleichmäßig, das gilt sowohl für das Tempo, die Länge der Einheiten als auch für die Abstände zwischen den Akzenten. Vermutlich haben diese Unterschiede über die Pausengestaltung hinaus den Eindruck von Proband B23 mitbeeinflusst.

Auf einen Einfluss der Tempovariation deutet jedenfalls der Auszug 2 hin, in dem eine Triade besprochen wird mit dem Team der Jump-Morningshow an erster Stelle (J 020 S), einer Figaro-Moderation von CT an zweiter (F 104 S2) und an dritter Stelle mit der Sputnik-Moderation von WB, um die es bereits im ersten Auszug ging (S 158 S).

Auszug 2 (Int. 5, Abs. 46–50)
B10: [...] Ähm, bei zweitens, ja, ist mir halt aufgefallen, dass der wirklich langsam spricht. Das scheint anscheinend so ein Merkmal zu sein für solche Sender, die nur Nachrichten sprechen. Dass die halt langsam sprechen müssen und dass man das alles versteht oder was weiß ich. Also, ja (lacht). Und eins und drei, ja, die machen das halt auf lockere Art und Weise. Da ist es dann egal, ob sie mal ein bisschen schneller oder mal ein bisschen langsamer sprechen.
I: Wie kommt denn das so rüber? Also diese langsamen Sprecher können dann sozusagen auch gleichzeitig nicht locker sein?
B10: Mmh, sollen sie vielleicht nicht. Also sie können es vielleicht, aber sollen sie halt nicht im Rahmen der Sendung. Weil, äh, das eine andere Zielgruppe dann, würde ich sagen, ist als jetzt Zwanzigjährige, die ein bisschen lockere Unterhaltung haben möchte / möchten.
I: Was möchte denn die andere Zielgruppe?
B10: Na die möchte anscheinend ruhige Information haben, also, ja. Irgendwelche Rentner, die da drei Stunden vorm Radio sitzen, äh, und sich Geschichten anhören.

Unter den Interviewten ist die Ansicht sehr verbreitet, dass Sprecherinnen und Sprecher von „Sender[n], *die nur Nachrichten sprechen"*, strengere Regeln einhalten müssen als die von populären Formaten (ausführlicher behandelt wird dies in den Abschnitten 7.4.12 „natürlich/der/die muss halt so sprechen" und 7.4.5 „abgelesen/frei gesprochen"). Deutlich wird hier auch die Verbindung zwischen „langsamer" Sprechweise und vermutetem Alter des Publikums, das angesprochen werden soll.

Dass ein geringes Tempo nach Auffassung der Befragten den Bedürfnissen älterer Zielgruppen eher entspricht, spiegelt sich auch in Auszug 3 wieder (vgl. ebenso Abschn. 7.4.2 „alt/jung"). Interessant ist darin v.a., wie sich die beiden Probandinnen selbst zur Sprechgeschwindigkeit in Beziehung setzen. Thematisiert werden in diesem Auszug zwei Sputnik-Moderationen, die sich in der Triade an zweiter und dritter Stelle befinden (S 198 S von WB und S 210 S2 von DK):

Auszug 3 (Int. 7, Abs. 381–388)
B14: [...] Aber halt beim zweiten und beim dritten dieses Lockere, Schnelle, ähm (...) mich Ansprechende.
B13: Mmh.
B14: Es ist einfach auch die, die, die wenn man dann Stimmen irgendwie, die Stimmen sprechen mich an, ja. Das ist meine Art auch zu reden.
B13: Mmh. Ja, äh, war ein bisschen lockerer und schneller.
B14: Ja.
B13: Wahrscheinlich ein bisschen zu schnell. Aber so sind die halt auch meistens.
B14: Ja.
B13: Dass die manchmal wirklich so schnell reden, also, dass wahrscheinlich irgendwie meine Oma wohl wahrscheinlich wieder sagen würde, ach rede doch mal langsam, ich verstehe das so schnell nicht. Aber gut, wenn wir das immer / wir können einfach folgen. Wahrscheinlich, weil man da noch selber so schnell redet.

Das hohe Sprechtempo von Sputnik-Moderationen ist also deshalb ansprechend, weil die Hörerinnen und Hörer selber schnell sprechen. Derlei Verweise auf das eigene Sprechen kommen mehrfach vor, z.B.: *„Aber, ich bin aber persönlich auch so eine Person, die schnell redet, von daher höre ich auch lär / gerne Leuten zu, die auch schnell reden"* (Int. 3, Abs. 70). *„Wir"* scheint dabei auf *„junge Leute"* zu referieren. Das *„noch"* am Ende des Auszuges deutet an, dass Probandin B13 glaubt, sie selbst werde irgendwann langsamer sprechen, als sie es aktuell tut. Ähnliche Überzeugungen zum Wandel der eigenen Sprechweise im Laufe des Lebens finden sich auch in weiteren Stellen des Interviews und ebenso bei anderen Befragten (vgl. dazu Abschn. 7.4.2 *„alt/jung"*).

Die Hörerinnen und Hörer verbinden *„langsames"* Sprechen jedoch nicht nur mit höherem Lebensalter, es ist auch das angemessene Tempo bei Themen, *„über die man wohl schlicht einfach nicht so schnell rüber weg erzählen könnte"* (Int. 7, Abs. 254), denn, *„wenn dann halt schlimme Nachrichten kommen, braucht man, glaube ich, jetzt nicht jemanden, der voll rumflippt"* (Int. 15, Abs. 201). Wird eine Moderation *„langsamer"* gesprochen, *„dann wirkt das auch, äh, bisschen überlegter, bisschen professioneller. Der einzelne Satz kriegt mehr Gewicht, muss dementsprechend halt auch besser überlegt sein"* (Int. 4, Abs. 165) – *„das muss halt wirklich ein bisschen fundierter sein und dann ist es halt auch einfach angebracht, dass man ein bisschen ruhiger spricht"* (Int. 3, Abs. 135). Das Tempo wird z.T. als

Hinweis auf die Sorgfalt und Tiefe der (inhaltlichen) Vorbereitung interpretiert. Redet ein Sprecher oder eine Sprecherin *„spontan"*, wird er oder sie demnach zwangsläufig schneller, denn *„dann weißt du nicht, was, was kommt, sondern du erzählst [...] einfach drauflos und du kannst ja in dem Sinne dann keine Pausen machen. Das heißt, du musst es ja füllen mit irgendwelchen Wörtern und, wenn du da etwas hast, woran du dich halten kannst, dann hast du eben auch mehr Zeit, weil du weißt, äh, du hast ja keine Lücke, brauchst ja einfach nur vorlesen"* (Int. 14, Abs. 116).

Die daraus resultierende schriftnahe Darstellungsweise (vgl. dazu Abschn. 7.4.7 *„seriös/gewählt ausgedrückt/deutlich gesprochen"* und 7.4.5 *„abgelesen/frei gesprochen"*), hat wiederum zur Folge, dass der Moderationstext gar nicht schneller gesprochen werden kann, will man ihm als Hörer oder Hörerin noch folgen – zumindest, solange nicht mehr *„betont"* wird (vgl. auch Abschn. 7.4.6 *„monoton/langweilig"*). In Auszug 4 geht es um die bereits erwähnte Figaro-Moderation von SB, der zweite Stimulus in jener Triade (F 052 S3, Beispielmoderation 1). Die beiden übrigen Moderationen stammen von MDR Sputnik (S 099 S2 von LW sowie S 210 S1 von DK). In den Ausführungen von Proband B5 lassen sich einige interessante Parallelen zu Erkenntnissen der Hörverständlichkeitsforschung finden (vgl. z.B. Apel 2009, 2018):

Auszug 4 (Int. 3, Abs. 380–381)
B5: [...] also, wenn ich mir jetzt vorstellen würde, dass der Nummer zwei schneller reden würde und trotzdem so monoton bleiben würde, dass das ja dann, also das war ja auch eine relativ komplexe Satzstruktur, die der verwendet hat, dass ich dann, dass man dann wirklich nicht mehr folgen könnte. Also, ich glaube, deshalb ist es wichtig, dass wenn man, also je mehr Schwierigkeiten man irgendwie verpacken will, umso langsamer man reden muss. Und wenn man [...] schneller reden will, dann muss man dafür auch mehr betonen. Und das, das merkt man, glaube ich, auch, also bei Nummer eins und Nummer zwei war halt wirklich so ein schnelleres Gespräch, aber auch mit Höhen und Tiefen in der Stimme und ein bisschen so Abwandlungen, leichte, leichte Atempausen, wo man dann so ein bisschen so nachkommen konnte. Und bei Nummer zwei das war relativ hintereinander weg, aber dafür monoton und langsam, damit man das trotzdem noch verstehen konnte.

Im Gegensatz zu *„langsam"* ist *„ruhig"* nicht nur mit Langeweile, Alter, Seriosität oder *„schlimmen Nachrichten"* verknüpft. Einige Befragte nehmen eine *„ruhige"* Moderationsweise durchaus als angenehm wahr – die Meinungen gehen hierbei jedoch auseinander, wie Auszug 5 zeigt, in dem die Probandinnen B31 und B32 einen Stimulus von Figaro-Moderator CT diskutieren (F 092 S1, Wortlaut: „Ein Flüchtling in Deutschland wird man ja nicht durch Flucht, sondern eigentlich erst durch die offizielle Anerkennung als Asylbewerber"; vgl. auch Abschn. 7.4.6 *„monoton/langweilig"*, Bsp. 1).

Auszug 5 (Int. 16, 238–244)

B31: Und eins war schon wieder scheiße (B32 lacht). Also ich kann das, kann das nicht hören, wenn die das so betonen. Das kann vielleicht grammatikalisch richtig sein, aber, keine Ahnung, aber das hört sich ganz schrecklich an. [...]

B32: Also zum Arbeiten finde ich es eigentlich immer ganz angenehm. Wenn man irgendwas lesen muss oder sowas und dann so eine ruhige Stimme im Hintergrund hat, die dann nicht immer so viel irgendwie betont oder sowas, also das ist eigentlich immer als leise Berieselung eigentlich immer ganz angenehm, finde ich.

Die Mehrheit der Befragten reagiert ähnlich wie B31 (vgl. v.a. Abschn. 7.4.7 *„seriös/ gewählt ausgedrückt/deutlich gesprochen"*). Die Probandin bewertet den aus ihrer Sicht „lehrerhaften" („*wie in der Schule*") Sprechstil der Figaro-Moderatoren und -Moderatorinnen im gesamten Interview sehr negativ (z.B. Int. 16, Abs. 71–76). Probandin B32 schätzt es hingegen in bestimmten Hörsituationen, wenn ein Sprecher „*nicht immer so viel irgendwie betont*", womit sie sich wahrscheinlich auf die Akzentuierungen bezieht, die im Vergleich etwa zu Sputnik-Moderationen melodisch und dynamisch eher schwach ausgeprägt sind. Diese Sprechweise lenkt sie möglicherweise weniger ab, „*wenn man irgendwas lesen muss*". In ihrer Freizeit hört sie gelegentlich Figaro und kann es nach eigener Aussage „*gar nicht haben* [...], *wenn die Leute so hyper-überspitzt sind*" – die Moderatorinnen und Moderatoren von Sputnik findet sie in dieser Hinsicht „*noch ganz angenehm*", die Moderationen des ähnlich formatierten Privatsenders RTL 89.0 kann sie sich jedoch aus diesem Grunde „*überhaupt nicht anhören*" (ebd. Abs. 406–407). Auch dieser Pol der „Dynamism"-Dimension kann also unangemessen stark ausgeprägt sein.

Einige weitere Interviewte nutzen Figaro ebenfalls als „*Berieselung*" beim Arbeiten. Probandin B22 arbeitet beispielsweise neben dem Studium in einer Restaurationswerkstatt, „*das ist so eine sehr ruhige Arbeit, man ist so ganz bei sich und ist nicht jetzt, ist nicht so im Trubel in der Werkstatt. Und da passt der Sender auch und der ist mir dadurch auch mit der Zeit immer sympathischer geworden. Auch mit der Klassik und mit der Musik, würde ich Zuhause nie hören, es ist für mich, das passt zu der Situation dort, für dieses Arbeitsumfeld*" (Int. 11, Abs. 411–412). Wie in den ethnographischen Arbeiten von Tacchi (1998, 2003) fällt auch hier auf, dass viele Hörerinnen und Hörer Radio sehr gezielt einschalten, um eine gewünschte Stimmung zu erzeugen. Proband B8 mag Radio im Auto „lieber ruhig", denn „Verkehr ist immer Stress" (Int. 4, Abs. 159–166). Proband B12 hört Figaro nur „bei langen Autobahnfahrten, weil dann läuft noch Klassik nebenbei und dann kann man sehr entspannt bei Klavierkonzerten. [...] Da wird man auch selber nicht zum Drängler" (Int. 6, Abs. 50–52). Proband B28 findet Figaro dagegen „sehr angenehm, wirklich, ich könnte da wunderbar dazu schlafen, aber im Auto macht sich das ja nicht so gut", weshalb er in dieser Situation lieber Sputnik und Jump hört, denn bei denen „ist die Aussprache irgendwie ein bisschen, bisschen härter, würde ich mal sagen und, äh, ist nicht so, dass man da nun stramm im Auto sitzt und dann geht es los, aber es ist doch schon ein Unterschied" (Int. 14, Abs. 343). Proband B6 nutzt MDR Info gezielt zum Einschlafen, „ich höre da schon eigentlich noch zu, aber es beruhigt einfach. Und manchmal wirklich, wenn ich so ein bisschen gestresst bin und runterkommen will, dann höre ich mir das auch an" – wenn er sich in einer solchen Situation „dann auch noch so ein schnelles Gelaber von Sputnik anhören müsste, in dem Fall, dann, dann würde ich ja durchdrehen dann irgendwann" (Int. 3, Abs. 381–383). Sputnik hört er wiederum gezielt, „zum Wachwerden und zum, zum Spaß haben, zum mit guter Laune in den Tag starten" (ebd. Abs. 272). Gemeinsam ist all denen, die gelegentlich (freiwillig) Figaro hören, dass sie die Sprechweise der Moderatoren und Moderatorinnen anscheinend nicht als Aufforderung verstehen, konzentriert zuzuhören – im Gegensatz zu mehreren Probandinnen und Probanden, die Figaro stark ablehnen: „Weil ich, ich stelle mir dann immer vor, wenn ich so im Auto unterwegs bin, da läuft das ja meistens so nebenbei, und wenn ich dann noch, ähm, zuhören müsste, wie jemand so ganz langsam und ruhig da sowas erzählt, da denke ich mir, mmh, das, da kann ich [...] entweder nur zuhören oder ich kann Autofahren" (Int. 12, Abs. 102–104; vgl. auch Abschn. 7.4.7 „seriös/gewählt ausgedrückt/deutlich gesprochen").

Zur „beruhigenden", stressmindernden Wirkung von Moderationen scheinen auch Stimmqualität und Sprechspannung beizutragen. Im folgenden Auszug sprechen die beiden Interviewten über eine Triade mit 1. Figaro-Moderatorin BS (F 070 S, Beispielmoderation 3), 2. Sputnik-Moderatorin SM (S 281 S, Beispielmoderation 5) sowie 3. MDR1-Sprecherin IH (M 061 S1).

Beispielmoderation 3 (F 070 S, BS)
```
01 BS: wEnn man Opfer eines beTRUGS wird;
02     es MERKT,
03     und glEichzeitig WEIß-
04     dass man verNÜNFtig;
05     sicherlich nicht zum ZIEL kommt;
06     dann (.) °h KANN Einem schon mal ne SICHerung
       durchbrenn:,
```

Auszug 6 (Int. 15, Abs. 119–110)

B29: Ja, also ich finde bei, beim ersten die Stimme war jetzt, war zwar eine Frauenstimme, aber ein bisschen dunkler und ganz sanft. Also es war (...) beruhigend, hätte man schon fast ein Märchen von vorlesen bekommen können zum Einschlafen (lacht). Ähm, die anderen beiden waren so, ja, so flippig und ein bisschen Schwung mit reinbringen. Ja. Also das erste fällt auf jeden Fall ein Stückchen raus.

B30: Bei mir wäre auch das, das dritte Beispiel am flippigsten gewesen, obwohl ich bei den ersten beiden keinen so großen Unterschied gesehen habe, also von der, naja gut, von der Stimme her ein bisschen sanfter, aber jetzt für mich kaum spürbar.

Die Stimmlage von BS ist mittel bis tief. Ihre Stimme ist klangvoll, mit einem eher dunklen Timbre. Die große faukale Weite sowie die relativ geringe Sprechspannung und Lautheit tragen aller Wahrscheinlichkeit nach dazu bei, dass die Stimme als *„ganz sanft"* wahrgenommen wird. Assoziationen wie *„Märchen"*, *„Geschichten"* oder *„Hörbücher vorlesen"* häufen sich bei allen Figaro-Sprecherinnen und -Sprechern. Einerseits hat dies sicherlich damit zu tun, dass die Moderationen auf den Großteil der Interviewten *„abgelesen"* wirken (vgl. Abschn. 7.4.5 *„abgelesen/frei gesprochen"*), die *„beruhigende"* Stimmqualität könnte jedoch ebenfalls Anteil daran haben (insbesondere bei *„Märchen zum Einschlafen"*).

Zu beachten ist an dieser Stelle auch, dass Proband B30 *„keinen so großen Unterschied"* zwischen der Moderation von BS und der von Sputnik-Moderatorin SM sieht. Tatsächlich wird auch SM in mehreren Interviews als *„ruhiger"* oder *„beruhigend"* (insgesamt 5 Mal) und *„bedächtiger"* (Int. 14, Abs. 207) beschrieben, sie hat *„nicht so eine Stimme, die dich mitreißt"* (Int. 10, Abs. 153). Zudem attestieren noch weitere Interviewte ihrer Stimme eine gewisse Ähnlichkeit zu den Stimmen von Figaro-Moderatorinnen (vgl. Int. 11, Abs. 320; Int. 1, Abs. 239). In einem Fall wird aus diesem Grunde sogar die Authentizität ihrer Sprechweise infrage gestellt – was bemerkenswert ist, da sie ansonsten in vielen Interviewpassagen als überaus authentisch wahrgenommen wird. Was die Befragten unter Authentizität verstehen, wird im Abschnitt 7.4.12 *„natürlich/der/die muss halt so sprechen"* behandelt. An dieser Stelle soll nur gezeigt werden, dass SM teilweise aus dem Sputnik-typischen Moderationsstil auszubrechen scheint, obgleich sie neben der Morningshow-Moderatorin WB von allen Sputnik-Sprecherinnen und -Sprechern am häufigsten von der Hörerschaft erkannt wird (vgl. Kap. 6.3). In Auszug 7 stellt sich Probandin B2 vor, wie WB eine Moderation von SM (S 281 S, Beispielmoderation 5) gesprochen hätte. In anderen Interviewpassagen erkennt die Probandin SM als Sputnik-Moderatorin (z.B. Int. 1, Abs. 239), im vorliegenden Auszug ist das aber anscheinend nicht der Fall.

Beispielmoderation 4 (S 281 S, SM)
```
01 SM:  !KAM!ma natürlich auch HÖrn,
02      und sich dabei so_n-
03      (.) °h SCHÖn:;
04      gliItzernden fUnkelnden WEIHnachtsmarkt vorstelln;
05      und dazU ne tasse GLÜHwein;
06      JA: GE:HT AUch.
```

In der Triade selbst befindet sich keine Moderation von WB. Vergleicht man jedoch z.B. Beispielmoderation 2 (S 158 S) mit Beispielmoderation 4, zeigt sich, dass beide einen ähnlich großen Tonhöhenumfang nutzen und sich auch vom Tempo her nur wenig unterscheiden. Anders sieht es bei der Lautheit und Stimmqualität aus. WB spricht lauter, mit geringer faukaler Distanz. Die Sprechstimmlage ist tief, der Stimmklang relativ rau (von den Hörerinnen und Hörern wird er mitunter als *„kratzig"* beschrieben, z.B. in Int. 8, Abs, 22). Die hohe Sprechspannung zeigt sich u.a. auch in gepressten bis knarrenden Vokaleinsätzen (z.B. in *„beantwortet"*, Zeile 5). Die Sprechstimmlage von SM ist dagegen eher hoch. Ähnlich wie die Figaro-Moderatorin spricht sie wenig gespannt, die Lautheit ist mittel bis leise, die faukale Distanz eher weit. Auch ihr Stimmklang ist wesentlich resonanzreicher als der von WB, der Rhythmus wirkt trotz der großen Tonhöhenbewegungen etwas mehr legato, was vermutlich auch mit der geringeren Sprechspannung zusammenhängt. Probandin B2 charakterisiert die Unterschiede zwischen beiden Sprecherinnen folgendermaßen:

Auszug 7 (Int. 1, Abs. 175–177)

B2: [...] bei Nummer eins habe ich kurz daran gedacht, wie wäre es, wenn es WB sagen würde? Da würde immer so ein leichter Ton von Ironie mitschwingen, irgendwie. Keine Ahnung, du würdest dir denken, so, hach, wie lustig, du würdest immer denken, das ist ein bisschen lustiger. Aber so wie das die erste Moderatorin gesagt hat, war es einfach nur schön. Du hast es gehört, du hast gedacht, hach ja, schön, darauf habe ich ja auch Lust. Also ...

B1: Ja.

B2: ...von innen heraus (lacht), (unv.) keine Ahnung. Das wäre, das wäre bei Sputnik jetzt nicht der Fall, dass sie, ja hier, komm, gehen wir mal einen saufen, na? Was denkst du dir denn dabei, wenn, äh, wenn, also so, so habe ich mir das kurz vorgestellt.

Im Anschluss fasst B2 den Unterschied noch einmal zusammen, SM klingt *„von, äh, dem Gefühl in der Stimme, also was ich für ein Gefühl bei der Stimme habe, war* *es einfach beruhigender"* (Int. 1, Abs. 191). Es zeigt sich hier, dass *„ruhige"* Stimuli nicht in jedem Falle langsamer und monotoner gesprochen sein müssen – zumindest lassen sich in dieser Hinsicht nach auditiver Analyse keine wesentlichen Unterschiede finden beim direkten Vergleich zwischen den *„ruhigen"* Moderationen von SM (nicht alle ihrer Moderationen werden so wahrgenommen) und anderen Sputnik-Moderationen, die nicht als *„ruhig"* beschrieben werden.

In den meisten Interviews werden *„lustige"* Moderationen abgegrenzt von *„langweiligen"* und solchen, bei denen den Sprechern und Sprecherinnen vorgegeben ist, möglichst keine Emotionen zu äußern (vgl. Abschn. 7.4.11 *„lustig/ironisch"*). Das ist hier offensichtlich nicht der Fall. B2 findet die Moderation von SM *„einfach nur schön"*, außerdem kommt sie *„von innen heraus"*, was viele Befragte als eine Umschreibung für Authentizität verwenden (vgl. Abschn. 7.4.12 *„natürlich/der/die muss halt so sprechen"*). Sehr wahrscheinlich hat auch die Wortwahl von SM einen Einfluss auf diese Wirkung. Kurz vor dem Auszug 7 vermutet Probandin B1, die Moderatorin male *„praktisch metaphorisch so ein bisschen schön"*, um Werbung für ein *„Event"* zu machen, etwa *„Glühwein trinken mit Radio Irgendwem"*, und um die Hörerinnen und Hörer dazu einzuladen (Int. 1, 166–169). Die Aufforderung *„ja hier, komm, gehen wir mal einen saufen, na?"* lässt sich also nicht nur als Versuch von B2 interpretieren, den ihrer Ansicht nach typischen Sprechstil von WB zu imitieren, sondern auch als eine *„Übersetzung"* der Moderation von SM in eben diesen Stil. Der Gebrauch von *„saufen"* gilt, bezogen auf Menschen, üblicherweise als salopp (vgl. Duden online 2017b). Im späteren Verlauf des Interviews wird darüber hinaus das Frageanhängsel („tag question") *„na"* als *„so typisch Hallensisch"* beschrieben (Int. 1, Abs. 226), dem Dialekt der Stadt Halle, in der auch das Sendestudio von MDR Sputnik steht. Die Vermutung liegt daher nahe, dass Probandin B2 die Sputnik-Moderatorin SM auf einer etwas formaleren, standard-näheren Stilebene verortet – was sie ebenfalls in die Nähe der Figaro-Moderatorin BS rücken würde (deren Moderation wiederum als etwas *„umgangssprachlicher"* wahrgenommen wird als die anderer Figaro-Sprecherinnen und -Sprecher, vgl. der Absatz 7.4.10 *„locker/umgangssprachlich/der/die redet wie mit Freunden"*).

7.4.9 „emotional/sympathisch/ansprechend"

Tab. 17: Überschneidungen zwischen Codierungen der Sender und Codierungen für „*emotional*", „*sympathisch*" und „*ansprechend*".

Sender	emotional	sympathisch	ansprechend
Sputnik	19	12	24
Jump	4	0	5
Sachsen-Anhalt	2	0	1
Figaro	1	0	2
Info	0	0	0

Umschreibungen, die die Befragten für Emotionen, Nähe, Zuneigung und Gefallen verwenden, sind eng miteinander verbunden. Wie in der Übersicht von Kapitel 7 bereits erläutert wurde, ähneln sich die metalinguistischen Beschreibungen für Sputnik-Moderationen zwar in ihren Bedeutungen, doch die Wortwahl ist dabei sehr divers. Das gilt in diesem Falle ganz besonders. Hörerkommentare zur emotionalen Beteiligung wurden insgesamt 105 Mal codiert, zum Eindruck von Nähe und Intimität 127 Mal. Die überwiegende Mehrheit dieser Codes bezieht sich auf Moderationen von Sputnik, es folgen die Moderationen von Jump und MDR1 Radio Sachsen-Anhalt. „*Emotional*" (insgesamt 17 Mal im Korpus), „*sympathisch*" (16 Mal) und „*ansprechend/spricht mich an*" (20 Mal) sind vergleichsweise häufig und eignen sich, die verschiedenen Facetten beider Bereiche zu repräsentieren.

Tab. 18: Häufigkeit des Auftretens von „*emotional*" (emo.), „*sympathisch*" (sym) und „*ansprechend*" (ansp.) je Interview (Int.).

Int.	1	2	3	4	5	6	7	8	9	10	11	12	13	14	15	16
emo.	0	0	1	0	1	3	0	2	0	2	0	2	3	0	0	3
sym.	0	1	2	0	0	0	0	0	2	0	10	0	0	1	0	0
ansp.	0	0	1	1	2	1	0	3	0	7	1	0	1	0	1	2

Auch wenn „*sympathisch*" nicht allzu regelmäßig über die verschiedenen Interviews verteilt vorkommt (vgl. Tab. 18), so ist es doch die am meisten verbreitete und eindeutigste Bezeichnung für eine Bewertung der Moderatoren und Moderatorinnen, die in den Interviews sehr häufig anzutreffen ist. Große Überschneidungen bestehen außerdem mit „*locker*", „*umgangssprachlich*" und „*der/die redet wie mit Freunden*", die im folgenden Abschnitt behandelt werden sollen. In jenem Abschnitt liegt der Schwerpunkt stärker darauf, mit welchen Merkmalen des sprachlichen Signals die Beschreibungen der Hörerinnen und Hörer zusammenhängen könnten. Der vorliegende Abschnitt konzentriert sich dagegen vorwiegend auf die Diskussion über die Stimuli, weniger auf die Stimuli selbst.

Wie nahe „emotional" und „ansprechend" beieinanderliegen, wird im ersten Auszug deutlich. Darin geht es um eine Moderation von Sputnik-Sprecherin SM (S 281 S, Wortlaut: „Kann man natürlich auch hören und sich dabei so'n schönen glitzernden, funkelnden Weihnachtsmarkt vorstellen und dazu ne Tasse Glühwein, ja, geht auch", vgl. auch Abschn. 7.4.8 „ruhig/langsam/schnell").

Auszug 1 (Int. 10, Abs. 220)
B19: Ähm, was mir jetzt schön aufgefallen ist, auch so in den, äh, Teilen davor, dass sie Emotionen so schön verpacken können in Worte. Also, ähm, ein, ein Thema wird angesprochen, ähm, und löst ja in dem Hörer eine Emotion aus und, äh, im Idealfall haben die gleiche Emotion ganz viele Leute und die können sie schön aufgreifen und in Worte, auch etwas ironisch eventuell verpackt, rüberbringen. So dass man dann gleich merkt, ach gucke, ja, die haben ja dieselbe (lacht) Meinung oder Auffassung oder Emotion zu dem Thema wie ich und dann fühle ich mich natürlich angesprochen.

Vergleichbare Aussagen finden sich in allen Interviews: Sputnik-Moderatorinnen und -Moderatoren bringen Emotionen und eigene Gedanken ein und bieten damit ein Identifikationsangebot, das von den Hörern und Hörerinnen auch angenommen wird. Da diese Emotionen in Bezug zur eigenen Lebenswelt stehen, können die Befragten sie nachvollziehen und teilen – *„die dritte jetzt hat mehr Emotionen rübergebracht, so was man auch im Alltag wirklich, äh, was man selber so denkt"* (Int. 5, Abs. 137). Dadurch entsteht ein Gefühl von Nähe und Vertrautheit, *„einfach, weil ich als Zuhörer das Gefühl habe, dass die Person, die spricht, genau weiß, wie ich reagieren würde"* (Int. 13, Abs. 138). Die Beziehung, die die Sprecherinnen und Sprecher zu ihrem Publikum aufbauen, beschreiben die Interviewten oft als *„freundschaftlich"* (vgl. Abschn. 7.4.10 *„locker/umgangssprachlich/der/die redet wie mit Freunden"*). In mehreren Passagen deutet sich zudem an, dass die Hörerinnen und Hörer sich nicht nur persönlich angesprochen, sondern auch als Teil einer Gruppe fühlen, *„weil der halt wirklich so wieder so dieses Kumpelhafte so rübergebracht hat. Also dieses wir sind doch alle jetzt eine große Gemeinschaft und, äh, [...] wir finden das doch alle"* (Int. 8, Abs. 70). Die gemeinschaftsbildende Funktion von Radio ist seit Langem bekannt (vgl. Fornatale/Mills 1984, xvii; vgl. auch Kap. 2.1 und Abschn. 2.3.2) – eine *„emotionale"* und *„kumpelhafte"* Ansprache scheint dazu beizutragen (vgl. auch Hartung et al. 2003). In den Formulierungen der Befragten ist es dabei oft schwer zu trennen, von wessen Emotionen eigentlich die Rede ist – von denen der Sprecherin oder des Sprechers, des jeweiligen Interviewten oder der „*Gemeinschaft*" der Hörer und Hörerinnen. In Auszug 1 löst die Moderatorin z.B. zunächst „*ja in dem Hörer eine Emotion aus*", greift die Emotionen der Hörerschaft auf und hat gleichzeitig „*dieselbe* [...] *Emotion zu dem Thema*" wie die Probandin selbst. Der Eindruck, dass alle Beteiligten gerade das gleiche emotionale Erleben miteinander teilen, spricht für eine hohe Identifikation. Die Reaktionen der Hörer und Hörerinnen entsprechen hier weitgehend dem, was Radioschaffende als das Ziel ihrer Bemühungen sehen und als eine der wichtigsten Aufgaben von Moderatorinnen und Moderatoren:

> als das akustische Gesicht, als die alleinige Stimme des Senders ist der Moderator damit derjenige, der den Hörer persönlich anspricht und ihm eine Kommunikation, auch auf emotionaler Ebene, anbietet und die Wünsche, Interessen und Vorlieben seiner Hörer berücksichtigt (Wasian 2008, 71).[10]

Es sei allerdings daran erinnert, dass durch das Rekrutierungsverfahren vermutlich viele „Sputnik-Fans" unter den Befragten waren, die sich – im Vergleich zur Grundgesamtheit aller Hörerinnen und Hörer – überdurchschnittlich stark mit dem Sender identifizieren (vgl. Abschn. 7.2.5).

Bei den Sprecherinnen und Sprechern von MDR Sputnik werden die Emotionen – wenngleich sie „*schön verpack*[*t*]" sind – in der Regel nicht als inszeniert wahrgenommen. Die Befragten interpretieren sie häufig als spontanes Einbringen eigener Meinungen und Erfahrungen. So ist z.B. Sputnik-Moderator DK „*viel emotionaler, äh, ja, da ist halt mehr, ja, seine Erfahrungen mit reingebracht und was er halt dazu denkt*" (Int. 6, Abs. 226). Daher ist es auch wichtig, dass das Gesprochene nicht geplant wirkt – „*also da hat man auf jeden Fall gehört, das, äh, die Moderatorin es nicht aufgeschrieben hat, was sie gesagt hat. Also sie hat, äh, spontan geredet und sich halt gerade, äh, ihre Meinung dazu gesagt*" (Int. 7, Abs. 67). „*Emotionale*" Moderationen werden häufig von „*monotone*[*n*]" und „*vorgelesen*[*en*]" abgegrenzt: „*Aber auch von der Vortragsweise, es ist wieder dieses Anteilnahmslose irgendwie, dieses Monotone, dieses Vorgelesene. Und bei den ersten zweien [Sputnik und Jump, G.B.] ist es halt emotionaler und mitfühlender und, äh, freier, also nicht so vorgelesen*" (Int. 13, Abs. 162; vgl. auch Abschn. 7.4.5 „abgelesen/ frei gesprochen"). Eine spontan „*drauflos gequatscht*[*e*]" Moderation „*kommt halt sehr sympathisch rüber*" und ist in der Wahrnehmung der Hörerinnen und Hörer auch stärker an das „*zuhörende Publikum*" gerichtet (Int. 9, Abs. 59; 89). Sie fühlen sich im doppelten Sinne mehr davon „*angesprochen*". Überhaupt ist es oft kaum auseinander zu halten, ob mit „*ansprechend*" eher Gefallen bekundet wird oder

---

10 Vgl. auch Kap. 2.3.

ob damit ein imaginäres Gespräch gemeint ist, in dem der Moderator oder die Moderatorin das Publikum scheinbar persönlich anspricht. Das liegt v.a. daran, dass die Befragten diese Art von „*virtuell*[em]" Dialog als sehr positiv bewerten (vgl. Geißner 1993, 59; vgl. auch Abschn. 2.3.1 sowie 7.4.10 „*locker/umgangssprachlich/der/die redet wie mit Freunden*").

Wie sich bereits im ersten Auszug andeutet, hat Emotionen einzubringen für die Hörer und Hörerinnen außerdem einen ästhetischen Wert. Dadurch kann es sogar kompensiert werden, falls das Thema der Moderation weniger relevant für die eigene Lebenswelt sein sollte. Das ist z.B. bei einem weiteren Stimulus von Sputnik-Sprecherin SM der Fall, die mit insgesamt 7 Überschneidungen die „*emotionalste*" unter den Sputnik-Moderatorinnen und Moderatoren ist (S 252 S, Wortlaut: „Mann! Da wartet man vier Tage auf das blöde, blöde Päckchen und was ist dann? Am Ende passt die Jacke nicht.").

Auszug 2 (Int. 11, Abs. 207)
B21: [...] also wäre jetzt ein Thema, äh, ich warte auf mein Versandpacket, da sage ich mir, OK, typisch Frau. Interessiert mich jetzt als Typ recht wenig (B22 lacht), obwohl ich auch auf meine Päckchen immer mal warte, wenn man was, was bestellt. Nee, ähm, ist aber wirklich wieder, sie teilt einfach ihre Gedanken, was sie gerade denkt, teilt sie der Hörerschaft mit. Und das ist, ähm, sy / ähm, sympathisch, wirkt auf mich sympathisch und ist witzig [...].

Einen ähnlichen Standpunkt vertritt auch Proband B6 – „*wenn es um Klamotten geht, das ist halt so ein Frauenthema*", aber „*das stört mich jetzt auch nicht, wenn das jetzt mal kommt. [...] Weil da auch so ein bisschen so ein [...] Selbstverständnis für das Gefühl von dem Anderen da noch mit dabei ist*" (Int. 3, 342). Eine „*emotionale*" und – dem Publikum gegenüber – empathische Darstellungsweise kann die Moderation für die Befragten also über die vermittelten Inhalte hinaus attraktiver machen (vgl. auch Abschn. 7.4.4 „*sachlich/ernst*"). Die Moderation „*stört*" dann zumindest nicht, was bereits eine vergleichsweise positive Bewertung ist; bei Stimuli, die die Interviewten weder inhaltlich noch von der Präsentation her ansprechen, ist die übliche Reaktion eher: „*Wirklich, äh, es betrifft mich nicht. Also höre ich weg, es interessiert mich komplett nicht*" (Int. 7, Abs. 429).

Im Gegensatz zu Info-Moderationen werden Stimuli von Figaro mitunter durchaus als emotional gefärbt wahrgenommen. In Auszug 3 diskutieren beispielsweise Probandin B11 und Proband B12 einen Stimulus von CT, der in der Triade an erster Stelle abgespielt worden war (F 092 S1, Wortlaut: „Ein Flüchtling in Deutschland wird man ja nicht durch Flucht, sondern eigentlich erst durch die offizielle Anerkennung als Asylbewerber"):

Auszug 3 (Int. 6, 226–237)

B11: […] Das war halt, äh, äh, ja, vielleicht etwas trocken erzählt, aber trotzdem hat man die Emotionen, äh, zu dem Thema dann schon mit rausgehört. Äh, ja, Thema Asylbewerber und sozusagen auch ein bisschen gebrochen die Sätze dann, gesprochen.

B12: Und was aber auffällt, dass es eben nicht, nicht nur sachlich gewesen ist, sondern eben auch den, die Meinung oder dass die Vorstellung des Zuhörers vorweggegriffen wurde mit, es ist nicht so, wie man so denkt, sondern also in den, in Informationsradiosendern würde der das, glaube ich, wirklich sachlich einfach sagen. Er gibt dann halt die (Rede?) vor und dann ist das so und das andere ist eben das, was man so, der Normalo denkt. […]

B11: Na der erste, der hat ja, ähm, ja, der, ja, der / genau, der versucht noch zu unterhalten und das ist halt so eine gute Mischung aus, äh, ich bringe hier Informationen rüber, und ich tue das aber trotzdem so, dass der, dass gerne zugehört wird, dass man sich da drüber auch Gedanken macht, und nicht, nicht so nüchtern, nicht so, naja, kalt halt wie bei dem dritten.

Der „*kalt*[e]" dritte Stimulus stammte von SB, ebenfalls Figaro-Moderator (F 052 S1, Wortlaut: „Andreas Dresen hat mit seinem neuen Film ‚Halt auf freier Strecke' viele Freunde beim Festival in Cannes gefunden und auch einen wichtigen Preis gewonnen."). Nach auditiver Analyse unterscheiden sich beide Moderationen in Sprechstimmlage, -spannung, Tempo, Melodieführung und auch vom gleichmäßigen Legato-Rhythmus her nur unwesentlich.[11] Daher beeinflusst hier vermutlich weniger der „*trocken*[e]" stimmlich-artikulatorische Ausdruck den Eindruck von Emotionalität als die scheinbar absurde Formulierung CTs, man werde nicht durch Flucht zum Flüchtling. Deren rhetorischer Effekt speist sich daraus, dass der „*Normalo*" das Wort „Flüchtling" zunächst wie im alltäglichen Gebrauch versteht und nicht als Fachterminus aus der rechtlichen Domäne. Dieses Spiel mit der „*Vorstellung des Zuhörers*" macht die Moderation für B11 offenbar unterhaltsamer und emotionaler (zur Unterhaltsamkeit von Brüchen mit Erwartungen vgl. auch Knop 2007, 53ff.). Hierbei sind es mutmaßlich die Emotionen des Moderators zum besprochenen Thema, die sie „*raus*[zu]*hör*[en]" glaubt. Für B11

---

[11] In den Abschnitten 7.4.6 „*monoton/langweilig*" (Bsp. 1) und 7.4.11 „*lustig/ironisch*" (Bsp. 3) wird auch die „*langweilende*" bzw. „*gelangweilte*" Wirkung beschrieben, die die stimmlich-artikulatorischen Merkmale beider Moderatoren auf viele der Befragten haben. In jenen Abschnitten befinden sich auch Transkriptionen und ohrenphonetische Analysen der beiden Stimuli.

scheint der Balanceakt, ein „ernstes" Thema angemessen und zugleich attraktiv zu vermitteln, hier gelungen – ein Qualitätskriterium, das aus Sicht vieler Befragter Moderationen, die „Nachrichtensendern" zugeordnet werden, oft nicht erfüllen (vgl. Abschn. 7.4.4 „sachlich/ernst"). Die Interviewten betrachten es zudem oft als typisch für „Nachrichtensender", dass deren Moderatoren und Moderatorinnen nur „reine Wissensvermittlung" betreiben, ohne „die Hörer mit einzubeziehen" (Int. 12, Abs. 65–66), wobei sie „mehr Wert auf den Inhalt ihrer, ähm, Beiträge als auf die Vermittlung" legen (Int. 7, Abs. 549; vgl. auch Abschn. 7.4.4 „sachlich/ernst" sowie 7.4.11 „lustig/ironisch"). Der Figaro-Moderator greift hingegen „der Meinung" bzw. „Vorstellung des Zuhörers" vor und bezieht ihn damit ein. Für Proband B12 passt die Moderation damit nicht ins Format der „Informationssender". Ähnliche Reaktionen treten auch bei Figaro-Moderatorin BS auf, die von jenem Format abweicht, indem sie versucht, „sich mit den, ähm, Zuhörern zu identifizieren" (vgl. Abschn. 7.4.10 „locker/umgangssprachlich/der/die redet wie mit Freunden", Bsp. 2).

Als typisch für „Nachrichtensender" gilt darüber hinaus, dass die Moderatorinnen und Moderatoren in ihrer Persönlichkeit nicht greifbar werden. Eigene Emotionen und Erfahrungen einzubringen verleiht einer Moderation nach Meinung vieler Befragter erst eine „private, ähm, persönliche Note" und macht sie „sympathisch" (Int. 11, Abs. 109). Dazu muss ein Sprecher oder eine Sprecherin aber auch etwas von sich preisgeben. Auszug 5 folgt auf eine Triade mit Sputnik-Moderatorin SM (S 252 S, um die es auch in Auszug 2 geht). Anlass für die Gesprächspassage ist wahrscheinlich deren „Erfahrungsbericht" vom Warten auf eine bestellte Jacke, die ihr am Ende nicht passt. Dass sich die beiden Interviewten statt auf SM auf das Moderatoren-Team der Morningshow des Senders beziehen, liegt vermutlich daran, dass Moderatorin WB und der Moderator RF den Befragten insgesamt am vertrautesten sind, beide werden über alle Interviews hinweg auch mit Abstand am häufigsten namentlich genannt (WB 59 Mal, RF 52 Mal; vgl. auch Kap. 6.3).

Auszug 4 (Int. 14, Abs. 308–311)
B27: [...] Die Moderatoren treten ja als, also gerade bei Info ist das ja, [...] da nimmt man ja den Moderatoren gar nicht als Person wahr.
B28: Mmh (zustimmend).
B27: Das sind ja einfach Leute, die was berichten, während, ähm, bei diesen jüngeren Sendern, klar, kann man mit WB und RF was anfangen, nicht bloß, weil man die Namen zwanzigtausend Mal am Morgen hört, ähm, sondern weil einfach die Personen einem vertrauter sind. Weil sie auch privat ein bisschen was, äh, erzählen und dazu tragen eben solche Geschichtchen bei.

B28: Ist ein guter Punkt, sehe ich absolut genauso. Also, ähm, ja, man hat so das Gefühl, manchmal machen die auch so Aktionen. Also ich kann mich erinnern da zu Weihnachten hat man sich ja da am Weihnachtsmarkt irgendwie getroffen mit Hörern. Und, äh, dadurch, dass die eben, wie du gesagt hast, so auch so private Geschichten erzählen, dann denkt man, ja, da mache ich das jetzt mal und dann habe ich mit denen auch was zu erzählen und, und die wirken sympathisch und, und mir relativ nah, weil ich weiß ja schon ein bisschen über die Bescheid und, äh, wirken halt nicht so steril, ja, wie jetzt möglicherweise Moderatoren anderer Radiosender, die wirklich nur ein, ein Sprechmedium sind.

Gerade die „Sputniker am Morgen" werden von vielen der Befragten fast wie „alte Bekannte" beschrieben (vgl. auch Abschn. 7.4.11 *„lustig/ironisch"*). Nach Ansicht der Hörerinnen und Hörer können bei WB und RF *„so die typischen menschlichen Züge auch einfach mal, ja, gehört werden"* (Int. 11, Abs. 181), *„man, äh, nimmt die Person wirklich wahr und sagt, hey, das ist eine coole Sau, sag ich jetzt mal"* und man kann mit ihnen *„wirklich was anfangen"* (Int. 10, Abs. 292). *„So private Geschichten"* zu erzählen wird in Handbüchern für Radioschaffende denn auch häufig empfohlen, um genau diese Wirkung zu erzielen (vgl. Abschn. 2.3.2)

Bei der Zuschreibung von Sympathie scheint darüber hinaus das Unperfekte eine besondere Rolle zu spielen (vgl. dazu insbesondere Abschn. zu 7.4.11 *„natürlich/der/die muss halt so sprechen"*). Das gilt auch für das Aussehen, das die Hörerinnen und Hörer von MDR Sputnik u.a. auf den verschiedenen Internetpräsenzen des Senders einsehen können: *„Gerade RF, weil er nicht so perfekt aussieht. Das ist irgendwie cool, also. So sympathisch. Und der nimmt es ja selbst immer auf die Schippe, so wegen seinem Aussehen und so, habe ich ein paar Mal mitbekommen"* (Int. 11, Abs. 465–466). „Sympathische" Moderatoren und Moderatorinnen sind *„jetzt nicht so die Übervorbilder"*, niemand, der einen *„noch mal belehrt"*, sondern *„so wirklich die Leute von nebenan"* (Int. 14, Abs. 369). Sie befinden sich auf Augenhöhe mit ihrem Publikum. Auf diesen Aspekt soll im folgenden Abschnitt noch genauer eingegangen werden.

7.4.10 „locker/umgangssprachlich/der/die redet wie mit Freunden"

Tab. 19: Überschneidungen zwischen Codierungen der Sender und Codierungen für „*locker*", „*umgangssprachlich*" und „*der/die redet wie mit Freunden*".

Sender	locker	umgangs-sprachlich	redet wie mit Freunden
Sputnik	73	59	17
Jump	23	7	1
Sachsen-Anhalt	8	7	0
Figaro	1	3	0
Info	4	4	0

„Locker" wurde im Interviewkorpus insgesamt 80 Mal verwendet und ist eine der häufigsten Beschreibungen, mit der Stimuli von MDR Sputnik charakterisiert werden, ebenso aber auch von Jump und MDR1 Radio Sachsen-Anhalt. „*Umgangssprachlich*" (48 Mal im Korpus) und „*der/die redet wie mit Freunden*" (12 Mal) kommen deutlich seltener vor, beziehen sich jedoch noch exklusiver auf Sputnik-Moderationen. Alle drei Beschreibungen liegen für die Interviewten relativ nahe beieinander, enge Bezüge bestehen aber auch zu „*emotional*", „*sympathisch*" und „*ansprechend*", die im vorangegangenen Abschnitt behandelt worden sind.

Tab. 20: Häufigkeit des Auftretens von „*locker*" (lock.), „*umgangssprachlich*" (ugs.) und „*der/die redet wie mit Freunden*" (Freu.) je Interview (Int.).

Int.	1	2	3	4	5	6	7	8	9	10	11	12	13	14	15	16
lock.	2	0	12	6	13	3	10	0	6	3	10	1	7	5	2	0
ugs.	0	0	1	7	7	6	0	2	0	2	9	0	9	1	1	1
Freu.	0	1	1	0	1	1	0	4	0	3	1	0	0	0	0	0

„Umgangssprachlich" und „locker" werden von den Befragten häufig synonym verwendet – so sind beispielsweise für Proband B8 Moderationen von Sputnik und Jump „*so von Sprachwahl umgang / sehr umgangssprachlich, sehr locker*" (Int. 4, Abs. 136). „*Locker*" ist in der Verwendung jedoch allgemeiner: Es wird mitunter zur Beschreibung von Personen gebraucht – Sputnik-Moderatorin WB ist z.B. in der Vorstellung von Probandin B1 „*ein bisschen lockerer, modisch, äh, Haare irgendwie blond und offen*" (Int. 1, Abs. 114). Außerdem kann ein Moderator oder eine Moderatorin auch vom Inhalt her „*irgendwas Lockeres*" erzählen (Int. 5, Abs. 110), das ist dann „*halt ein bisschen lockerer und man muss nicht so viel dabei nachdenken*" (Int. 3, Abs. 52). „*Umgangssprachlich*" bezieht sich dagegen ausschließlich auf sprachliche und sprecherische Aspekte, dabei insbesondere auf die lexikalische Ebene, wie das Beispiel von Sputnik-Sprecherin SM zeigt.

Beispielmoderation 1 (S 252 S, SM)
```
01 SM:  !MA::NN!;
02      da wArtet man VIER tage=auf das;
03      (.) °h !BLÖ!de !BLÖ!de pÄckchen-
04      °h un_was is DANN-
05      °h am Ende (.) pass_die JACKe nich.
```

Diese Moderation wurde über alle Interviews hinweg insgesamt 7 Mal als „umgangssprachlich" bezeichnet, sie scheint für diese Beschreibung also relativ typisch zu sein:

Auszug 1 (Int. 11, Abs. 194)
B22: [...] Und, ja, die Wortwahl, also komplett slangmäßig, umgangssprachlich, Jugend, äh, Studentensprache, Jugendsprache. Na, also hätte sie auch anders verpacken können, dass es oft vorkommt, dass, weiß ich nicht, wenn man sich beim Großversand irgendwas bestellt oder so. Also ich rede jetzt auch gar nicht so gewählt, aber (lacht). Sie hat es eben wieder sehr umgangssprachlich verpackt.

Umformulierungen, wie eine Moderation auf „gewählt[ere]" Weise hätte gestaltet werden können („wenn man sich im Großversand irgendwas bestellt") treten gerade bei Sputnik-Stimuli häufiger auf, wobei v.a. die Wortwahl verändert wird (z.B. „Toilette" statt „Klo" in Int. 14, Abs. 365). Als Illustration und Begründung, warum sie eine Moderation als „umgangssprachlich" wahrnehmen, zitieren die Hörerinnen und Hörer auch oft einzelne Wörter oder Wortgruppen, im Falle von SM etwa „blöde, blöde" oder „Mann" (z.B. in Int. 13, Abs. 55–58). Das gilt auch für Moderationen, die die Befragten explizit von „umgangssprachlichen" Stimuli abgrenzen. Bei MDR Info wird beispielsweise „mit Begriffen um sich geworfen" (Int. 9, Abs. 43) oder die Sprecher und Sprecherinnen des Senders verwenden Wörter „so wie sie im Lexikon stehen könnten" (Int. 13, Abs. 53; vgl. auch Abschn. 7.4.5 „abgelesen/frei gesprochen"). Die Wortwahl von Sputnik-Moderatorinnen und Moderatoren wird insgesamt als „einfach einfacher" (Int. 1, Abs. 14) beschrieben und „nun nicht gerade was die, die feine Art" (Int. 5, Abs. 19), was für eine eher niedrige Ausprägung im Bereich der „Superiority"-Dimension spricht (vgl. auch 7.4.7 „seriös/gewählt/deutlich").

Auffällig ist die häufige Assoziation mit jugendlichem Alter. Die Bezeichnung „Jugendsprache" tritt im Korpus 13 Mal auf und bezieht sich ausschließlich auf

Sputnik und Jump, dabei wird sie, wie in Auszug 1, zumeist mit „*Umgangssprache*" gleichgesetzt. „*Älteren*" Moderatorinnen und Moderatoren wird teilweise sogar die Authentizität abgesprochen, wenn sie versuchen, sich „*locker*" und „*umgangssprachlich*" zu präsentieren (vgl. das Beispiel der MDR1-Moderatorin IH, im Abschnitt 7.4.2 „*alt/jung*", Bsp. 1). So wie „*Jugend*" bei den Befragten eher mit einem höheren Erregungslevel besetzt ist, so hat auch die Lockerheit „*junger*" Moderatorinnen und Moderatoren wenig mit Entspannung zu tun. Stimuli von Sputnik und Jump sind „*locker und dy / und dynamisch*" (Int. 12, Abs. 55). Dabei spielen auch Tempo, Sprechspannung und Lautheit eine Rolle (vgl. auch Abschn. 7.4.8 „*ruhig/langsam/schnell*").

In Beispielmoderation 1 sind die Akzente auf „blöde, blöde" und insbesondere auf „Mann" mit hoher Sprechspannung und Lautheit, fast rufend gesprochen (Zeile 1 und 3). Während der Interjektion „Mann" klingt die Stimme der Moderatorin darüber hinaus rau, was sich deutlich von ihrer sonst eher klangvollen bis leicht behauchten Stimmqualität unterscheidet. In den akzentuierten Silben artikuliert SM überaus präzise, was sich besonders bei den Plosiven zeigt, die mit sehr hoher Sprechspannung realisiert werden. An unbetonter Stelle sind sie dagegen teilweise geschwächt, wie der Lenis-Plosiv in „Tage" (Zeile 2), oder gänzlich elidiert (Apokope in „und", „ist" und „nicht", Zeile 3 und 4). Überhaupt sind die Kontraste zwischen betonten und unbetonten Silben groß, auch in temporaler Hinsicht, am auffälligsten ist dabei der gelängte Vokal in „Mann". Zusammen mit dem durchgängig recht hohen Tempo ergibt sich dadurch ein schneller Staccato-Rhythmus. Der stimmlich-artikulatorische Ausdruck von SM kommt damit den prosodischen Merkmalen von ärgerlicher Erregung nahe, wie sie Kienast (2002, 121) beschreibt und wird von den Hörerinnen und Hörern offenbar auch so wahrgenommen, „*man hatte wirklich das Gefühl, dass sie sich auch mit aufgeregt hat, also als ob sie das Problem selber kennt*" (Int. 3, Abs. 334; das Moderationsbeispiel 1 ist auch der „emotionalste" unter allen verwendeten Stimuli, vgl. Abschn. 7.4.9 „*emotional/sympathisch/ansprechend*").

Dass sich „lockere Umgangssprache" trotz des wichtigen Einflusses der Wortwahl nicht allein auf diese reduzieren lässt, wird bei einer Moderation der Figaro-Sprecherin BS deutlich, um die sich in Interview 11 eine längere Diskussion entspinnt.

Beispielmoderation 2 (F 070 S, BS)
```
01 BS:  ⁻wEnn man ↑`Opfer eines be´TRUGS wird;
02      es ⁻MERKT,
03      und gl⁻Eichzeitig ⁻WEIß-
04      dass man ver↑`NÜNFtig;
05      sicherlich nicht zum ↑⁻ZIEL kommt;
```

```
06      dann (.) °h ↑⁻KANN ´Einem schon mal ne `SICHerung
        durchbrenn:,
```

Für Probandin B22 gehört die Moderation zu einem „*eher klassische*[n], *konservativere*[n] *Sender*", was sie folgendermaßen begründet:

Auszug 2 (Int. 11, Abs. 158)
B22: [...] obwohl sie dieses Wort Sicherung durchbrennen genannt hatte, was, naja, doch eher aus der Umgangssprache kommt, ähm, wirkt es aber trotzdem verpackt, weil sie sich anders auswählt und auch anders betont, wirkt es trotzdem, äh, nicht umgangssprachlich. Obwohl sie es eben nutzt, weil der restliche Kontext, weil es bloß ein Wort ist oder ein Begriff aus der Umgangs / Umgangssprache und der Rest, äh, eben, ja, gewählter, fachlicher (lacht), äh, bedachter rüberkommt.

In anderen Interviews gibt es ähnliche Reaktionen, die Moderatorin hat „*auch so, äh, verbale Umgangssprache schon benutzt. Aber, ähm, es ist trotzdem anders rübergekommen als*" die Sputnik-Moderation in derselben Triade (Int. 10, Abs. 67), sie wirkt „*älter*", außerdem „*ein bisschen strenger und etwas reservierter*" (vgl. ebd. Abs. 65–70). Reservierter ist sie offenbar auch für Proband 21:

Auszug 3 (Int. 11, Abs. 164–166)
B21: Und sie versucht vielleicht nur, sich mit den, ähm, Zuhörern zu identifizieren, indem sie mal kurz so ne umgangssprach / umgangssprachliche Ausdrucksweise wie, ja, Sicherung durchbrennen wählt.
B22: Ja.
B21: Aber ansonsten ist es wieder mit leichtem Abstand zum Hörer eigentlich ausgedrückt.

In einigen Interviews wird die Moderation als „*sehr vorgelesen*" wahrgenommen (z.B. in Int. 9, Abs. 20). Das hängt vermutlich mit den relativ gleichmäßig gesetzten, häufigen, aber jeweils eher schwach ausgeprägten Akzenten zusammen (sie „*betont*" anders, vgl. Auszug 2). Auch die Syntax könnte hier einen Einfluss haben: „*Ähm, auch sehr lange gesprochen, also das war ja, glaube ich, ein Satz nur, was weiß ich, Haupt- und Nebensatz und keine Ahnung*" (Int. 14, Abs. 150). Wie bereits im Abschnitt 7.4.5 „*abgelesen/frei gesprochen*" gezeigt, wird es als starkes Distanzsignal aufgefasst, wenn eine Moderation vorgeplant oder gar abgelesen wirkt. Zu dem Eindruck, dass die „*umgangssprachliche*" Wortwahl und die übrige Sprechweise stilistisch nicht recht zusammenpassen, trägt wahrscheinlich auch die insgesamt hohe Artikulationspräzision bei (vgl. auch Abschn. 7.4.7

"seriös/gewählt ausgedrückt/deutlich gesprochen"). Es ist anzunehmen, dass die im Abschnitt 7.4.3 *"klingt wie Nachrichten"* beschriebenen Unsicherheiten bei der Kategorisierung von Figaro-Moderationen auch mit solchen „Stilbrüchen" zusammenhängen.

Interessant ist, dass B21 die *"umgangssprachliche Ausdrucksweise"* als einen Versuch wertet, *"sich mit den, ähm, Zuhörern zu identifizieren"*. Seine Gesprächspartnerin B22 ergänzt, dass die Moderatorin damit außerdem auf die *"Gefühlsebene"* abziele (Int. 11, Abs. 177). Beides steht offenbar im Widerspruch zu den ansonsten vermittelten Distanzsignalen. Die identifikationsstiftende, Nähe erzeugende Funktion von *"Umgangssprache"* (bzw. *"Jugend-"* oder auch *"Alltagssprache"*) wird in den Interviews sehr häufig angesprochen, z.B. auch in Auszug 4, in dem es um eine weitere Moderation von Sputnik-Sprecherin SM geht (S 265 S, Wortlaut: „Und da kann man abends schön mit Kumpels anner Hütte stehen und n Glühwein schlürfen und n Schokoapfel essen oder Grünkohl und all diese Leckereien"; vgl. auch Abschn. 7.4.4 *"sachlich/ernst"*, Bsp. 3):

Auszug 4 (Int. 8, Abs. 183)
B15: Von der letzten habe ich mich jetzt aber auch schon wieder persönlicher angesprochen gefühlt. Weil sie halt die Sprache so der Jugend so versucht mit zu ge / sprechen. Sie spricht nicht in so einem geschwollenen Deutsch, sie spricht einfach wie die Leute auf der Straße auch sprechen. Und sie adressiert auch an die Zuhörer.

Moderatorinnen und Moderatoren von MDR Sputnik und z.T. auch von Jump sprechen *"wie man es halt im Alltag auch machen würde"* (Int. 13, Abs. 68). Damit grenzen sie sich deutlich ab vom *"geschwollenen Deutsch"* der *"Älteren"* und des Bildungssystems (vgl. Abschn. 7.4.2 *"alt/jung"* und 7.4.7 *"seriös/gewählt ausgedrückt/deutlich gesprochen"*). Vielmehr fühlen sich die Befragten von der Sprechweise der Sputnik-Moderatorinnen und -Moderatoren an die eigene Peergroup erinnert, dies kommt in mehreren Interviews zur Sprache: *„Äh, manchmal, wenn man die so reden hört, die Moderatoren, klingt das so als wenn das der eigene Freundeskreis wäre. Also von der Sprachart. Deswegen mag man das, mag man da vielleicht auch eher zuhören als bei den anderen"* (Int. 5, Abs. 165). Diese *"ansprechende"* Wirkung zeigt sich auch im folgenden Auszug. Darin wird eine Moderation von Sputnik-Moderatorin WB besprochen (Anmerkung: „X-Factor", „Das Supertalent" und „Germany's next Topmodel" sind zum Zeitpunkt des Interviews quotenstarke Casting-Shows im deutschen Fernsehen):

Beispielmoderation 3 (S 198 S, WB)
```
01 WB:  !BIS!her dachtn wir ja-
02      es braucht Iksfactor das SUpertalent-
03      oder auch germanys next TOPmodl;
04      um !GANZ! nach obm zu komm:,
05      A:ber (.) °h !NEIN!-
06      (-) es REICHT auch vollkomm: AUs,
07      (.) °h !WEIH!nachtsbaumkönigin zu werdn.
```

Auszug 5 (Int. 8, 23–26)

B15: Die erste, die fand ich mehr so freundschaftlich im Um / also in der St / also wie ich mich angesprochen gefühlt habe von der, war das mehr so freundschaftlich.

B16: Mmh.

B15: So dieses eben mit meinen Freunden in der Gruppe, wir unterhalten uns über irgendwas und so klang sie eher von der (…) Redensweise, wie sie gesprochen hat mit uns oder zu uns, über…

B16: Ja, überhaupt vielleicht, dass sie überhaupt zu einem selber mehr gesprochen hat.

Sputnik-Moderationen vermitteln „*halt irgendwie so ein lockeres, äh, Gesprächsgefühl*" (Int. 3, Abs. 38), so „*dass man denken könnte, sie sitzen neben einem und reden persönlich von Auge zu Auge mit einem*" (Int. 10, Abs. 105). Die Sprecher und Sprecherinnen stehen – im Gegensatz zu denen von „*Nachrichtensendern*" – nicht hierarchisch über ihrem Publikum, sondern „*sie sind so auf, auf einer Ebene, wie wenn ich mit […] irgendeinem Kumpel reden würde*" (Int. 3, Abs. 247–249), „*so wie ich erzähle gerade mit Freunden*" (Int. 2, Abs. 55). Dazu trägt auch der „*umgangssprachliche*" Moderationsstil bei. Umgangssprache wird üblicherweise eher im privaten Bereich und vertrauten Personen gegenüber verwendet (vgl. z.B. Mattheier 2008). Umgekehrt kann durch den (bewussten) Einsatz von Umgangssprache – durch einen „initiative style shift" – auch ein Gefühl von Nähe und Vertrautheit hergestellt werden (vgl. Bell 2001; vgl. auch Abschn. 7.4.9 „*emotional/sympathisch/ansprechend*"). Von Moderatorinnen und Moderatoren wird daher in der Regel erwartet, sich möglichst der Alltags- und Umgangssprache ihrer Zielgruppe anzunähern (vgl. Wasian 2008, 106; vgl. auch Abschn. 2.3.3). Zumindest in der Wahrnehmung der Interviewten scheint dies den Sprechern und Sprecherinnen von MDR Sputnik gelungen zu sein.

Ähnlich wie bei den Radiohörerinnen und -hörern in der ethnografischen Feldstudie von Tacchi (1998) lässt sich die Beschreibung „*freundschaftlich*" hierbei als eine Metapher verstehen, mit der die Befragten versuchen, eine Beziehung zu den Moderatoren und Moderatorinnen in Worte zu fassen, die in ihrem Alltag normalerweise keiner Erklärung bedarf. Was die Befragten unter dieser Beziehung verstehen, wird in den folgenden Auszügen klarer. Auszug 9 ist die Antwort von Probandin B2 auf meine Frage, wie wichtig ihr bei einem Radiosender die Moderatorinnen und Moderatoren sind:

Auszug 6 (Int. 1, Abs., 325)
B2: Man hat dann irgendwann frühmorgens, wenn man auf / aufsteht und man weiß, man macht Sputnik an, dann hat man Bezug zu den beiden Moderatoren zum Beispiel (lacht), finde ich dann persönlich. Also, ich finde es dann auch schwierig, für mich, äh, umzupolen, wenn ich dann zum Beispiel im Urlaub bin, irgendwo in Deutschland unterwegs, und dann Radio anmache frühmorgens und es kommen halt nicht die, bin ich schon enttäuscht. Also das ist jetzt aber nicht überlebenswichtig für mich. Aber es ist schon schön, die zu hören. Dieses Routine-Ding und, äh, das immer, ja, abholen lassen.

Ihre Interviewpartnerin schließt sich an: *„Ist halt mal schön, manchmal so bekannte Stimmen zu haben, die dann im Hintergrund irgendwas sagen oder ja. Und ich denke, man baut halt auch, äh, über die Zeit eine Art, mehr oder weniger Verbindung auf"* (Int. 1, Abs. 331). Ähnlich reagiert auch Probandin B17 auf diese Frage nach der Relevanz von Moderatoren und Moderatorinnen: *„Na sie sollten schon sehr sympathisch rüberkommen, so kumpelmäßig, sage ich mal und dann würde ich es den ganzen, den ganzen Tag halt laufen lassen […], Moderatoren, die halt locker und frei und vor sich hinsprechen und auch irgendwie gute Laune verbreiten wollen"* (Int. 9, 154). In der Vorstellungsrunde (vgl. Abschn. 7.2.6) beschreibt Probandin B25 ihren persönlichen Bezug zu MDR Sputnik:

Auszug 7 (Int. 13, Abs. 9)
B25: [...] Und, äh, was ich noch sagen wollte, ist, dass es auch bei mir so einen nostalgischen Wert hat, vor allen Dingen, weil ich drei Jahre woanders studiert habe, und da ist es wirklich so gewesen, dass ich dann übers Webradio das gehört habe. Einfach, um dieses Heimatgefühl, hat man ja, verbindet damit.

„Heimatgefühl" löst der Sender auch bei Probandin B29 aus:

Auszug 8 (Int. 15, Abs. 72)
B29: [...] Also ich finde, WB und RF haben da schon einen sehr großen Wiedererkennungswert (lacht). Ob gewollt oder nicht, ähm, aber die, die erkennt man sofort raus, finde ich. Und das, äh, ist auch ganz angenehm, weil gerade, wenn man, was weiß ich, irgendwo im Urlaub oder, ähm, Zuhause bei den Eltern war und dann wieder nach Mitteldeutschland reinkommt, und das hat, hat das sowas kleines bisschen von Heimatgefühl (B29 und I lachen).

Diese Auszüge veranschaulichen eine Beziehung zu den Moderatorinnen und Moderatoren von Sputnik, die man als eine Art „liebgewonnene Gewohnheit" beschreiben könnte, die fest in den Alltag integriert ist, weil sie etwa zum morgendlichen Aufsteh-Ritual gehört (*„dieses Routine-Ding"*). Auch wenn den Sprechern und Sprecherinnen nicht allzu viel Aufmerksamkeit zukommt (sie laufen *„den ganzen Tag"* und *„im Hintergrund"*), so baut sich durch ihre regelmäßige Anwesenheit ein Gefühl von Vertrautheit auf, das durchaus vermisst wird, wenn es nicht mehr da ist – und wie im Falle von B25 sogar bewusst hergestellt wird, um in der „Fremde" ein gewisses „Heimatgefühl" zu erleben. Gerade *weil* Radio so stark mit täglichen Routinen verwoben ist, kann es auch Erinnerungen an einen Alltag wachrufen, der in dieser Form gar nicht mehr gelebt wird, und ermöglicht ein Verbundenheitsgefühl über räumliche und zeitliche Grenzen hinweg (vgl. Tacchi 2003; zu den kognitiven Grundlagen dafür vgl. auch Kap. 3.1). Dies alles entspricht verbreiteten Nutzungsmustern (vgl. Kap. 2.1). So schreibt etwa auch Gattringer (2011, 61f) zur Radionutzung im Alltag:

> Wie kaum ein anderes Medium kann Radio über seine Alltagsnähe und seine Inhalte eine persönliche und emotionale Bindung zum Hörer aufbauen. Radio gehört einfach dazu, ohne ‚ihren Sender' würde den Hörern etwas Wichtiges fehlen. Radio ist auch im Internetzeitalter kein mediales Auslaufmodell, die technischen Entwicklungen haben die Funktionen und Möglichkeiten des Radios sogar noch erweitert.

7.4.11 „lustig/ironisch"

Tab. 21: Überschneidungen zwischen Codierungen der Sender und Codierungen für *„lustig"* und *„ironisch"*.

Sender	lustig	ironisch
Sputnik	34	21
Jump	16	2
Sachsen-Anhalt	1	0
Figaro	0	0
Info	1	0

In den Interviews wurden insgesamt 206 Mal Beschreibungen zu Spaß und Humor codiert, die nahezu ausschließlich Moderationen von MDR Sputnik und Jump betreffen. Die Wortwahl der Probandinnen und Probanden ist dabei gerade in diesem Bereich sehr vielfältig (z.B. *„witzig"*, *„bringt einen zum Schmunzeln"*, *„da wird was auf die Schippe genommen"*, *„schlagfertig"*, *„flachsen"*, *„Gag-Modus"*, *„Spaß-Faktor"* etc.). *„Lustig"* wurde als Stellvertreter ausgewählt, da es mit 34 Codierungen von allen diesen Beschreibungen die häufigste ist. Hinzu kommen noch zehn weitere Fälle, in denen Moderatorinnen und Moderatoren nach Ansicht der Interviewten zwar versuchen, *„lustig"* zu sein, es ihnen aber nicht gelingt. Diese Fälle treten vorrangig bei Moderationen von MDR1 Radio Sachsen-Anhalt auf, insbesondere bei der Moderation von IH (M 061 S), eine Untersuchung möglicher Gründe hierfür befindet sich im Abschnitt 7.4.2 *„alt/jung"*. Auch bei einigen Jump-Moderationen ist von solch misslungenen Versuchen die Rede, diese werden im Abschnitt 7.4.12 *„natürlich/der/die muss halt so sprechen"* behandelt. *„Ironisch"* wird mit insgesamt 16 Vorkommen deutlich seltener verwendet, allerdings wird Ironie mehrfach explizit als besonders *„Sputnik-typisch"* bezeichnet (z.B. in Int. 3, Abs. 305). Daher habe ich mich entschieden, es als Item in den Fragebogen im nächsten Untersuchungsschritt aufzunehmen (vgl. Kap. 8), um zu ermitteln, ob es sich dort als Sputnik-spezifischer erweist.

Tab. 22: Häufigkeit des Auftretens von *„lustig"* (lust.) und *„ironisch/Ironie"* (iron.) je Interview (Int.).

Int.	1	2	3	4	5	6	7	8	9	10	11	12	13	14	15	16
lust.	2	1	0	0	8	6	8	0	0	3	3	0	0	0	1	2
iron.	1	0	5	0	0	1	1	0	0	1	3	0	3	0	1	0

Humor ist für die Probandinnen und Probanden ein wichtiges Bewertungskriterium, mehrfach wird er als Grund genannt, *„schon mal hängen* [zu] *bleiben bei dem Sender"* (Int. 5, Abs. 89). Dies deckt sich mit Untersuchungen zu Nutzungsmotiven junger Radiohörer und -hörerinnen (vgl. z.B. Böhm/Schulz 2003, 93ff; Egger/Windgasse 2007; Gattringer et al. 2019). Eine gelungene *„lustige"* Moderation deuten viele Befragte überdies als Anzeichen für zugrundeliegende Merkmale, die man im weitesten Sinne als ästhetisch bezeichnen kann (vgl. Bauman 1975; Bose/Föllmer 2015). Viele solcher Merkmale finden sich im Auszug 1, in dem es um eine Triade geht mit einer Doppelmoderation der „Sputniker am Morgen" WB und RF (S 153 S) als erstem Stimulus, einer Moderation von Info-Sprecher HM (I 162 S) als zweitem sowie einer Jump-Moderation von Sprecherin MS (S 068 S3) als drittem Stimulus. Von besonderem Interesse ist hier die erste Moderation:

Beispielmoderation 1 (S 153 S, WB & RF)
```
01 WB:  °hh in STUTTgart definitiv,
02      <<:-)>un_noch drei ANdern städtn;
03      sie WISsn aber noch nich wO.
04      (.) [ähi] hi>
05 RF:      [hm.]
06      (.) hAlt das irgnwie-
07      also ich hAlte die meTHOdn irgnwie für wie soll
        ich SAgn;
08      (.) [NICH     ]
09 WB:      [<<:-)>°h FRAG]würdig?//>
10 RF: ja nIch ganz ZEITgemäß irgnwie.
11 WB: ((stimmloses nasales Auflachen))
```

Die Probandinnen B19 und B20 hatten von der Triade folgenden Eindruck:

Auszug 1 (Int. 10, Abs. 34–46)
B20: Also ich hätte den ersten und den dritten Abschnitt zusammengepackt. Weil es halt auch wieder so war, dass die Leute angesprochen wurden, also man fühlt sich jedenfalls irgendwie gesehen, so nach dem Motto.
B19: Mmh (zustimmend).
B20: Ähm, auch so an sich war es wieder extrem freundlich, also man kriegt gleich gute Laune, wenn man es hört.
B19: Mmh (zustimmend).

B20: Und beim zweiten Abschnitt, ähm, er hat zwar nicht ganz monoton und, äh, langweilig gesprochen, sage ich jetzt mal, aber man konnte schon den Unterschied raushören im Gegensatz zum Beispiel zum ersten, die sich ja doch nun auch sehr mit sich selbst unterhalten haben und halt auch mal gelacht haben, was zeigt, dass, äh, sie jetzt nicht davorstehen mit einem Blatt Papier und das einfach alles nur so runterrattern.
I: Also bei dem zweiten ist eher schon so ein Blatt Papier da?
B20: Genau. Richtig. Ja.
B19: Also ich finde auch, der erste und der dritte Abschnitt passen gut zusammen, weil es so ungezwungen klingt. Also das hängt dann wahrscheinlich auch schon zusammen, dass man das Gefühl hat, es kommt spontan.
B20: Genau.
B19: Von, von innen heraus und nicht, ähm, so vorgegeben, dass man da eine Richtlinie hat, die man da versucht irgendwie einzubasteln. Und, ähm, ich finde auch, die, sie haben Humor und das merkt man, das, das kann nur persönlich sein. Also man kann ja nicht humorvoll sein, wenn man es aufgezwungen bekommt. Sondern, ähm, dass die Moderatoren selber einen Humor mitbringen, den sie auch gut verarbeiten können mit den Texten, die sie dann, oder mit den Inhalten, die sie verbinden sollen. Und dass ich dadurch auch mitlachen kann, weil es eben ungezwungen klingt.
I: Also mitlachen kannst du bei dem zweiten dann nicht so?
B19: Nein (lacht). Also dann fühle ich mich natürlich glücklich und verstanden, weil, ähm, wenn man mitlächeln kann, schon am frühen Morgen sag ich mal, dann ist man ja schon ein bisschen glücklicher.

Humor ist für die befragten Sputnik-Hörer und -Hörerinnen eng verknüpft mit Authentizität – er gelingt nur, wenn er *„ungezwungen"*, *„von innen heraus"* und *„spontan"* kommt. Die Sprecherinnen und Sprecher haben dabei nach Ansicht der Interviewten volle Gestaltungsfreiheit, sie müssen keine *„Richtlinie"* in ihre Moderation *„einbasteln"*. Vorgegeben sind höchstens *„die Inhalte, die sie verbinden sollen"*. Was genau mit diesen *„Inhalt*[en]*"* gemeint ist, wird an dieser Stelle nicht ganz klar. Es finden sich jedoch auch in anderen Interviews Kommentare wie: *„Also da hatten die vielleicht einen Fakt, den sie gerade rüberbringen wollen, aber ansonsten also alles selber auch formuliert, spontan, lustig"* (Int. 7, Abs. 314). Sprecherinnen und Sprecher von MDR Sputnik sind damit im Sinne Goffmans (1998, 226) gewissermaßen die *„Autoren"* ihrer Darbietungen. Moderatoren und Moderatorinnen von Info (und ebenso von Figaro) sehen die Befragten dagegen eher als *„Animatoren"*, die *„nur"* vorgegebene Texte wiedergeben – sie stehen da *„mit einem Blatt Papier"* und rattern *„das einfach alles nur so runter"* (vgl. auch

Abschn. 7.4.5 „*abgelesen/frei gesprochen*" sowie 7.4.12 „*natürlich/der/die muss halt so sprechen*").

Als besonders „*lustig*" und „*spontan*" gelten Doppelmoderationen. In Auszug 2 geht es dabei ebenfalls um eine Sputnik-Moderation von WB und RF (S 023 S1):

Auszug 2 (Int. 5, Abs. 89)
B10: [...] Bei eins, äh, gab es natürlich dann auch die Interaktion zwischen den, äh, zwei Moderatoren und das ist dann auch automatisch schon lustig, wenn sie es, ähm, wenn sie da irgendwelche Witze reißen und ja, wie du schon sagst, da drüber selber lachen. Und, ja. Meistens muss man dann auch selber mitlachen.

Bei einer Doppelmoderation können sich die Moderatorinnen und Moderatoren „*gegenseitig dann immer noch so ein bisschen hochschaukeln*" und müssen keinen „*Joke* [...] *dann so ins Leere machen*" (Int. 8, Abs. 124), „*die ergänzen sich so schön und, äh, können so schön miteinander flachsen dann auch und das ist dann so humorvoll*" (Int. 10, Abs. 174). Durch gemeinsames „*Flachsen*" und Frotzeln lässt sich auch ihre Schlagfertigkeit besser in Szene setzen:

Auszug 3 (Int. 3, Abs. 83)
B6: Was ich auch immer sehr lustig finde bei WB und RF, das ist so erstens, wenn ich die immer höre, ich höre die wirklich immer, wenn ich Auto fahre und das mache ich ja jeden Tag, ähm, als ob ich die erstens schon übelst lange kenne und dann, und dass die beiden sich auch schon voll gut kennen. Also da merkt man wirklich so die Sympathie zwischen den beiden. Die machen sich ja auch gegenseitig manchmal runter, das wird aber auch nicht so ernst genommen und so. Und jeder ist schlagfertig, das ist Wahnsinn, wie die sich manchmal gegenseitig ausspielen oder auch immer kontern, das ist, finde ich immer sehr beeindruckend.

Frotzeleien sind „spielerisch-spaßhafte Attacken", die „aufgrund ihres Inszenierungscharakters [...] eng verwandt mit verbalen ‚performance'-Aktivitäten" sind (vgl. Günthner 1996, 81, 85). Vom Publikum werden sie also oft auch einer ästhetischen Bewertung unterzogen. Sie haben nicht nur einen hohen Unterhaltungswert, in geselligen Gesprächen setzt gerade die Fähigkeit, eine Frotzelei schlagfertig zu kontern, ein hohes Maß an kommunikativer Kompetenz voraus (vgl. ebd. 85) – die Probandin B6 hier offensichtlich bewundert. Um die Kompetenz anerkennen zu können, schnell, treffend und witzig auf eine sich ständig verändernde Kommunikationssituation zu reagieren, muss wiederum vorausgesetzt werden, dass das Gesprochene nicht vorgeplant ist.

Es gilt außerdem als typisch für Frotzeleien, dass sie sich im „Grenzbereich zwischen Spiel und Ernst" befinden (vgl. Günthner 1996, 81). Sie enthalten negative Zuschreibungen, Kritik an tatsächlichen Verhaltensweisen des Frotzelobjekts – die zwar spielerisch überformt und dadurch abgemildert werden – nichtsdestoweniger sind sie aber auch eine Provokation und können potenziell gesichtsbedrohend sein (vgl. ebd. 102). Damit die Situation nicht von der spielerisch-spaßigen Modalität in einen ernsten Konflikt umkippt, muss eine tragfähige Beziehung zwischen den Kommunikationspartnern bestehen. Aus diesem Grunde sind „provokante Sprechaktivitäten" v.a.

> in Freundschaftsbeziehungen an der Tagesordnung. Sie scheinen lediglich die Informalität der Situation, das geteilte Wissen untereinander und die Sattelfestigkeit der Beziehungen zu bestätigen. Freundschafts- und Familienbeziehungen rekonstruieren sich als Intimbeziehungen gerade dadurch, daß auf markierte Höflichkeit oft verzichtet wird (Kotthoff 1998, 346).

Daher spricht es auch für *„die Sympathie"* und die enge Vertrautheit zwischen dem Moderator und der Moderatorin, wenn sie sich *„gegenseitig manchmal runter* [machen]*"*, dies aber *„nicht so ernst genommen"* wird. Durch regelmäßiges Hören scheint die Probandin darüber hinaus auch eine gewisse „Teilhabe" an dieser vertrauten Beziehung erlangt zu haben (zum Einfluss dieser „persönlichen Bekanntschaft" vgl. Abschn. 7.4.9 *„emotional/sympathisch/ansprechend"* und 7.4.10 *„locker/umgangssprachlich/der/die redet wie mit Freunden"*).

Doppelmoderationen werden im Radio u.a. dazu eingesetzt, genau diesen Effekt zu erzielen: „Die Co-Moderation heutiger Programme gibt nicht nur Anlass zu persönlichen Bemerkungen, sie kann auch demonstrieren, wie gut sich die Moderatoren verstehen, wie sie in heiter-ironischer Modalität miteinander umgehen" (Burger/Luginbuehl 2014, 343). Zudem soll „gegenseitiges freundlich/ neckisches ‚Anmachen'" der Moderation „mehr Schwung" verleihen (vgl. Buchholz 2013, 66). Dieses „Anmachen" darf jedoch nicht zu weit gehen. Wird aus Sicht der Hörerinnen und Hörer die Interaktionsmodalität des Spiels verlassen, kann das ein Grund sein, einen Sender wegzuschalten – selbst, wenn es sich nicht um „echte" Angriffe handeln sollte:

Auszug 4 (Int. 6, Abs. 322–328)

B11: [...] Zwei Personen sind in Ordnung. Ähm, ja, die sind auf jeden Fall lustig, äh (lacht), wozu dann natürlich auch wieder ist, wenn die sich zu dolle, äh, gegenseitig ärgern, stört mich das auch. Das, also, zum Beispiel bei Jump, da macht der eine den andern so ein bisschen, ja, naja, dumm oder nieder, äh, immer drauf auf den Mann sozusagen, äh, dann nervt mich das schon so ein bisschen. Also ist manchmal extrem und manchmal ist es ganz OK, dass es in einem ordentlichen Verhältnis ist. Aber das würde mich extrem stören.

I: Also nicht zu aggro.

B11: Genau. Also die Be / persönlichen Beziehungen möchte ich in dem Fall dann eigentlich gar nicht wissen. Ja (B11 und I lachen).

B12: Ja, das sollte eben nicht so sein, dass die, ist auch meine Meinung, dass die sich gegenseitig fertigmachen oder darauf aus sind. Also es ist natürlich gespielt, es sind sicherlich normale Arbeitskollegen und Freunde. Aber selbst, wenn es dann immer zu weit geht, dann, dass man dann doch, äh, den anderen (...) ja, nicht, nicht beleidigt, aber doch schon angreift. Und bei Sputnik fällt mir auf, dass die beiden Morgenmoderatoren, dass, die setzen immer an, und dann wird aber immer vorher schon gestoppt. Und dann ist wieder Friede-Freude-Eierkuchen, das ist schon...

B11: Ja.

B12: Das ist schon, schon lieber dann. Das war auch ein Grund, warum ich bei Jump dann weggeschalten habe.

Interessant ist, dass beide Interviewte selbstverständlich davon ausgehen, dass die Interaktion in Doppelmoderationen „*natürlich gespielt*" sei – Probandin B12 will z.B. im Falle eines Konflikts von der „echten" Beziehung zwischen den Moderatoren gar nichts wissen. Der Widerspruch, dass insbesondere Sputnik-Moderationen einerseits oft als völlig „*von innen heraus*" und „*spontan*" beschriebenen werden, den Befragten andererseits aber deren Inszenierungscharakter durchaus bewusst ist, erinnert an den Authentizitätsbegriff von van Leeuwen (2001, 396):

> authenticity could be considered to be a special kind of modality, or a special aspect of modality, concerned more with the moral or artistic authority of the representation than with its truth or reality.

Für die Bewertung einer Moderation wäre es demnach wichtig, dass diese überzeugend danach klingt, als ob es sich dabei um eine spontane, humorvolle Interaktion handeln würde. Es ist dagegen irrelevant, ob dies auch tatsächlich der Fall ist (auf den Authentizitätsbegriff der Befragten wird im Abschnitt 7.4.12 *„natürlich/der/die muss halt so sprechen"* noch näher eingegangen).

Interessant ist allerdings auch, dass die gewünschte Zurückhaltung im Angriffsverhalten offenbar weniger gegenüber Personen aus dem öffentlichen Leben gilt, wie sich am Beispiel einer Moderation über den ehemaligen Bundesverteidigungsminister Karl-Theodor zu Guttenberg zeigt. Die Vorwürfe, dieser habe in seiner Doktorarbeit plagiiert, hatten seit Frühjahr 2011 ein enormes Medienecho ausgelöst und letztlich zur Aberkennung des Doktortitels und zum Rücktritt Guttenbergs von seinem Ministerposten geführt (vgl. ler/dpa/dapd 2011). Der Mitschnitt von Sputnik-Morningshow-Moderator RF wurde Ende 2011 aufgenommen, als zu Guttenberg nach einem längeren Zeitraum zum ersten Mal wieder in den Medien aufgetreten war:

Beispielmoderation 2 (S 175 S1, RF)
```
01 RF: also der ↑↑⁻!TYP! mit der `Abgeschriebnen
       ´dOktorarbeit-
02     wir=er↑`INnern uns alle,
03     ⁻Ist (.) wieder ↓´DA,
04     °h und hat ein ↑`INterview gegebm,
05     und da ⁻SAGT er,
06     wie es zu diesm (.) °h ↑↑`!SCHRECK!lichn
       `mIssverständnis;
07     mit diesm plagiat `KOMm: konnte.
```

RF spricht in allen seinen Moderationen mit hohem Sprechtempo, ausgeprägten Kontrasten zwischen akzentuierten und nicht akzentuierten Passagen (in Bezug auf Lautheit, Tempo, Melodie, Sprechspannung) sowie mit sehr bewegter Sprechmelodie mit sprunghaften Tonhöhenverläufen. In Beispielmoderation 2 ist dies jedoch ganz besonders ausgeprägt und kulminiert in der Akzentsilbe von „schrecklichen" (Zeile 7). Auffällig ist dabei nicht nur die große Lautheit der Silbe, sondern auch der Tonhöhensprung zwischen „diesem" und „schrecklichen" von 17 Halbtönen, bei dem die Stimme des Moderators auf dem Akzent sogar in das Falsettregister umschlägt. Durch die emphatische Pause davor wird die Silbe noch zusätzlich hervorgehoben. Das fällt auch den Befragten auf: *„Der erste, finde ich, der hat sich so ein bisschen, sage ich mal, hier die Stimmfrequenz oder so hat man da ein bisschen gehört, weil einmal ist er übelst weit hochgegangen"* (Int. 2, Abs. 241). Die Wirkung dessen ist *„nicht wirklich ernsthaft, sondern mehr so spaßig. Also es wurde eigentlich auf die Schippe genommen"* (Int. 6, Abs. 177), *„beim zweiten war es zwar inhaltlich auch ernst, aber man hat schon gemerkt, dass es eher so ironisch, sarkastisch war"* (Int. 15, Abs. 92).

Viele Theorien zu Ironie gehen von einem „Drei-Personen-Interaktanten-Modell" aus:

> Die erste Person (Sprecher) bezieht sich explizit in bestätigender Weise auf eine zweite Person (Adressat), die sie in Wirklichkeit aber durch ein implizites Dementi der Affirmation angreift und dadurch vor der dritten Person, der Zuhörerin, bloßstellt. Von Bloßstellung und Lächerlichmachen des Opfers ist im Falle der Ironie oft die Rede (Kotthoff 1998, 335).

Dieses „implizite Dementi" weist auf eine „Bewertungskluft" hin, dem „Opfer" wird „eine Haltung attribuiert, von der sich der Ironiker selbst kontrastiv distanziert" (ebd. 336). Der Moderator unterstellt hier dem Politiker, er vertrete den Standpunkt, der Plagiatsvorfall sei ein „schreckliches Missverständnis". In der vollständigen Moderationspassage wird im weiteren Verlauf zu Guttenberg zitiert, die Plagiate seien unbeabsichtigt durch ungenaues Arbeiten zustande gekommen. Damit wollte der ehemalige Minister vermutlich dem häufig geäußerten Verdacht begegnen, er habe einen gezielten Betrugsversuch unternommen. RF übertreibt seine „explizit bestätigende" Aussage aber prosodisch und verbal dermaßen, dass klar wird, dass er sich davon ironisch distanziert (vgl. ebd. 335; vgl. auch Schmiedel 2017, 30ff) – so würde z.B. ein wahrhaft „schreckliches Missverständnis" zu Guttenberg ja sogar vom Tatbestand des ungenauen Arbeitens freisprechen. Die wenig respektvolle Einführung des „Typ[s] mit der abgeschriebenen Doktorarbeit" macht die „tatsächliche" Bewertung des Moderators ebenfalls deutlich. Das nehmen Hörerinnen und Hörer auch so wahr, *„weil die schon mit lockeren Worten um sich, äh, geworfen haben, also, der Typ mit der Doktorarbeit, das ist nun nicht gerade was die, die feine Art, also, man hätte ihn ja auch ansprechen können"* (Int. 5, Abs. 19); *„beim ersten hat man schon gehört, na ach, der Typ da mit der / komm hier, vergiss es"* (Int. 7, Abs. 330–331). Die Reaktion des Publikums darauf: *„Da sitzt man automatisch davor und schmunzelt und lacht Guttenberg aus"* (Int. 7, Abs. 555).

Humor gilt als ein Mittel, mit dem „Kritik und Auflehnung gegen Höhergestellte und Autoritäten" in einer sozial akzeptierten Weise geäußert werden kann (Knop 2007, 61). Er ermöglicht auch, sich Personen überlegen zu fühlen, denen man normalerweise eher machtlos gegenübersteht (vgl. ebd. 62). Gleichzeitig kann man sich mithilfe des sarkastisch-ironischen Austausches über abwesende Dritte „implizit geteilter Ansichten versichern" (Kotthoff 1998, 343). Die Verwendung des definiten Artikels („der Typ"), der geteiltes Wissen voraussetzt, und Formulierungen wie „wir erinnern uns alle" mögen ebenfalls zu dieser gemeinschaftsbildenden Funktion beitragen:

Auszug 5 (Int. 8, Abs. 288)
B15: [...] Die anderen beiden waren schon wieder, ja, freundschaf / auf der freundschaftlichen Basis geschwommen. Wobei ich aber auch, wir jetzt auch so langsam festgestellt haben, dass so viele Sachen gar nicht genannt werden. Sondern einfach so beim Radiozuhörer dann erst im Kopf entstehen, wer denn jetzt gemeint ist, ja der, dieser Typ da, der abgeschrieben hat.

Gerade in Jugendradios sind humoristische Angriffe auf Autoritäten und Persönlichkeiten des öffentlichen Lebens häufig (vgl. Hartung et al. 2003). Jugendliche werden von Erwachsenen selten ernst genommen (vgl. ebd.). Entsprechend gibt es viele Autoritäten, denen gegenüber sie sich potenziell machtlos fühlen – was diese Art von Humor für die Zielgruppe umso anziehender macht. Wie bereits in den Abschnitten 7.4.2 „*alt/jung*" und 7.4.7 „*seriös/gewählt/deutlich gesprochen*" beschrieben, identifizieren sich viele der befragten Sputnik-Hörerinnen und -Hörer relativ stark damit, „*jugendlich*" zu sein und zeigen „*erwachsenen*" Autoritäten wie Professoren, Lehrern und in einigen Fällen auch Politikern gegenüber eine ambivalente, teils ablehnende Haltung. Eine sarkastisch-ironische Darstellung macht es allerdings auch attraktiver, sich überhaupt mit politischen Themen zu befassen – „*ist ja eigentlich ein Thema, wo man vielleicht nicht drüber lachen sollte, aber es ist halt trotzdem irgendwie so sarkastisch irgendwie rübergebracht und, ähm, ja, das bewegt vielleicht auch jüngere Leute dazu, ähm, sich sowas auch mal anzuhören oder das auch mitzukriegen*" (Int. 7, Abs. 334).

Ironie macht eine Moderation nicht nur unterhaltsamer, ironisch übertriebene Prosodie wird auch als Hinweis gedeutet, dass die Moderatoren und Moderatorinnen Spaß an ihrer Arbeit haben. Nach einer Studie von Lindner-Braun (1998, 182) ist dies für Radiohörerinnen und -hörer ein wichtiges Qualitätskriterium. Das spiegelt sich auch in den vorliegenden Interviews wider. Im Folgenden geht es um eine Triade mit einer Moderation von Jump (J 034 S) an erster Stelle, von Figaro-Sprecher SB an zweiter (F 052 S1, Bsp. 3) sowie an dritter Stelle abermals eine Moderation der „Sputniker am Morgen" (S 159 S1, Bsp. 4).

Beispielmoderation 3 (F 052 S1, SB)
```
01 SB:   andrEas h° DREsn;
02       hat mit seinem NEUen fIlm hAlt auf freier (.) STRECke-
03       viele (.) FREUNde beim fEstival in CANNES gefUndn
         und auch einen wichtign PREIS gewOnnen,
```

Beispielmoderation 4 (S 159 S1, WB & RF)
```
01 RF: von CAnnabis,
02     (.) wird man nich=nur DUMM Kopf,
03     sOndern unsre königin hat auch gesagt dass man
       davon !AB!hängig werdn kann;
04     [von diesm CANabis.]
05 WB: [!DAS! is ja    ] wIrklich was ganz nEues-
```

In Auszug 6 gehen die beiden Probandinnen B25 und B26 v.a. auf die beiden letzten Stimuli in der Triade ein:

Auszug 6 (Int. 13, Abs. 228–241)

B26: [...] Aber, ähm, die ersten beiden sind halt wieder viel, viel, äh, spielen mehr mit der Stimme von, von den Tonlagen her. Und sind wieder, gehen mehr so auf das, auf die Zielgruppe ein, also man fühlt sich davon angesprochen, finde ich. Also, ja.

B25: Ja. Stimme ich zu. Bei dem zweiten, [...] also dieses Langweilige. Also man hat das Gefühl, der sitzt auf seinem Stuhl und langweilt sich selber (I lacht) und lacht auch nicht dabei. Und Eins und Drei habe ich so ein bisschen das Gefühl gehabt, och, die freuen sich dabei und lesen die Nachricht und denken, (imitiert) hey, ach so, ja ich habe von / wird man ja abhängig, wieder dieses Ironische ein bisschen.

B26: Mmh (zustimmend).

B25: Ja, und die feiern sich vielleicht ein bisschen selber sogar bei der Arbeit.

B26: Ja, ja. Also ich finde auch bei, bei, gerade bei drei hat man gemerkt, die haben Spaß daran.

B25: Auf jeden.

Wie bereits im Abschnitt 7.4.6 *„monoton/langweilig"* gezeigt wurde, nehmen die Hörerinnen und Hörer Figaro-Moderationen häufig als *„monoton"* und *„lustlos"* wahr – dies hängt offenbar zusammen mit dem vergleichsweise langsamen, regelmäßigen Legato-Rhythmus mit zahlreichen, aber jeweils wenig hervorgehobenen Akzenten und einer insgesamt eher geringen Sprechspannung (vgl. auch Abschn. 7.4.8 *„ruhig/langsam/schnell"*). Jener Sprechstil findet sich auch in Beispielmoderation 3 wieder. WB und RF sprechen dagegen deutlich lauter, schneller und mit höherer Sprechspannung, fast rufend. Die Akzente sind melodisch wie auch dynamisch wesentlich stärker hervorgehoben, insbesondere auf „abhängig" (RF, Zeile 3) und „das" (WB, Zeile 5). Neben der verbalen Übertreibung markiert auf diese Weise auch der stimmlich-artikulatorische Ausdruck die „bahnbrechende" Erkenntnis der „Königin" (hiermit ist Bundeskanzlerin Angela

Merkel gemeint) als ironisch. Kontraste von Form und Inhalt – etwa, dass eine triviale Feststellung als neu „und höchst bemerkenswert dargeboten" wird – gelten als ein verbreitetes Verfahren, konversationelle Komik zu erzeugen (vgl. Kotthoff 1998, 193).

Während sich Moderatorinnen und Moderatoren von Sputnik also anhören, *„als würden sie wirklich auch Spaß daran haben, das so weiter zu geben"* (Int. 9, Abs. 127), werden Moderationen von Figaro und Info wahrgenommen als *„Informations-Weitergabe, ja, mehr war es nicht"* (ebd.). Es ist zwar nicht völlig auszuschließen, dass die Sprecher und Sprecherinnen dieser Sender ebenfalls Freude an ihrer Arbeit haben – doch *„es kommt halt nicht so rüber"* (ebd.). Die Befragten führen für diesen Eindruck mehrere Begründungen an (vgl. auch Abschn. 7.4.6 *„monoton/langweilig"*). Eine davon ist die geringe Gestaltungsfreiheit, die sie den Sprecherinnen und Sprechern zuschreiben. Deren *„durchgeklügelter"* Sprechstil erlaubt nicht nur weniger *„Fehler"* (vgl. Abschn. 7.4.5 *„abgelesen/frei gesprochen"*), sie dürfen auch kaum Emotionen zeigen – denn *„so ein Radiosender, der muss ja auch seiner Linie treu bleiben. [...] die können ja da jetzt nicht die Sau rauslassen. Also die müssen das ja irgendwie dann auch quasi ihrer Linie entsprechend, äh, rüberbringen"* (Int. 14, Abs. 253; vgl. auch 7.4.4 *„sachlich/ernst"* und 7.4.6 *„monoton/langweilig"*). Das gilt insbesondere für Lachen, das in Formaten wie Kultursendern offenbar nicht angemessen ist:

Auszug 7 (Int. 1, Abs. 72)
B2: [...] also das Maximale an Gekicher, ähm, was ich mal bei Figaro gehört habe, ist halt wirklich nur [...] war maximal so, so ein kleines Kichern. So mal ganz kurz, ähm, dann wurde sich aber auch vom Mikro weggedreht (lacht).

Sollte *„Gekicher"* also einmal unbeabsichtigter Weise auftreten, so wird es nach Meinung der Probandin der Aufmerksamkeit des Publikums aktiv entzogen (der Sprecher oder die Sprecherin dreht sich vom Mikrofon weg). Auch in anderen Interviews gibt es Anmerkungen, dass so etwas wie Lachen in Einschaltprogrammen *„eigentlich niemals gehen würde"* (Int. 11, Abs. 179), das sei *„gar nicht denkbar"* (Int. 7, Abs. 135).

Moderatorinnen und Moderatoren von Jugendsendern können sich dagegen aus Sicht vieler Befragter wesentlich freier am Mikrofon „ausleben". Auszug 8 bezieht sich auf Beispielmoderation 1 von WB und RF (S 153 S), in der die Moderatorin WB lacht und in einigen Passagen mit „smile voice" spricht (siehe Transkription), bei der die Lippenspreizung deutlich herauszuhören ist:

Auszug 8 (Int. 11, Abs. 182)
B22: [...] die kommen mir dadurch auch so natürlich vor, weil das wirkt nicht so, als würde sie jetzt gerade lachen, weil sie weiß, oh, jetzt muss ich gleich das und das sagen, so und an der Stelle muss ich bestimmt lachen dann so ha ha (alle lachen). Weil damit die Zuhörer auch lachen. Das wirkt auf mich also sehr natürlich, nicht geplant.

Probandin B22 scheint sich darüber bewusst zu sein, dass Lachen in den Massenmedien mitunter strategisch eingesetzt wird, um das Publikum zum Mitlachen zu bewegen (vgl. Chapman 2007). Auf WBs Lachen trifft dies ihrer Ansicht nach jedoch nicht zu, es wirkt auf sie absichtslos und *„natürlich"*. Auch in anderen Interviews wird das Lachen der beiden Sputnik-Morningshow-Moderatoren als spontane Gefühlsäußerung aufgefasst, *„da wird auch mal zwischendrin gelacht und, ähm, wenn einem da was einfällt, was man kurz noch einwerfen möchte, dann, als ob sie sich selbst auch irgendwie darüber lustig machen oder freuen, was sie da jetzt gerade erzählt haben"* (Int. 7, Abs. 309); *„also hier war mal die Freude deutlich rauszuhören [...]. Weil, äh, die lachen ja sogar beim Moderieren, freuen sich selber über die Witze, die sie machen"* (Int. 5, Abs. 82). Dieser Eindruck scheint die Hörer und Hörerinnen umso stärker dazu einzuladen, auch selbst *„mit*[zu] *lachen"* bzw. *„mit*[zu]*lächeln"* (vgl. Auszug 2 und 1). Gleicher Humor und gemeinsames Lachen gelten gemeinhin als verbindende Faktoren, die zu Identifikation und Gruppenkohäsion beitragen können (vgl. Knop 2007, 63). Wie sich darüber hinaus in Auszug 8 bereits andeutet, ist der Eindruck, ein Moderator oder eine Moderatorin könne frei und ohne erkennbare Inszenierungsabsicht die eigenen Gefühle äußern, ein wichtiges Merkmal authentischen Moderierens (vgl. auch Abschn. 7.4.9 *„emotional/sympathisch/ansprechend"*). Darum soll es vertieft im folgenden Abschnitt gehen.

7.4.12 „natürlich/der/die muss halt so sprechen"

Tab. 23: Überschneidungen zwischen Codierungen der Sender und Codierungen für „natürlich" und „der/die muss halt so sprechen".

Sender	natürlich	muss halt so sprechen
Sputnik	12	4
Jump	1	6
Sachsen-Anhalt	0	9
Figaro	0	5
Info	0	8

Im Interviewkorpus wurden insgesamt 161 Passagen codiert, in denen es darum geht, ob eine Moderation als mehr oder weniger authentisch wahrgenommen wird. Die Wortwahl der Probandinnen und Probanden ist dabei breit gestreut. Die häufigste dieser Beschreibungen ist „natürlich", das 11 Mal vorkommt und sich nahezu ausschließlich auf Moderationen von MDR Sputnik bezieht. Hinzu kommen 3 weitere Fälle, in denen Stimuli als „unnatürlich" bezeichnet werden, diese referieren auf Jump und MDR1 Radio Sachsen-Anhalt. Die Bezeichnung „authentisch" selbst kommt insgesamt 9 Mal vor, die Hörerinnen und Hörer gebrauchen sie in nahezu der gleichen Weise wie „natürlich". „Natürliche" Moderationen, werden abgegrenzt von „künstlichen/gekünstelten" (10 Mal im Korpus) oder „aufgesetzten" (9 Mal). Darüber hinaus gibt es eine größere Gruppe von Beschreibungen (insgesamt 37 Mal codiert), nach denen Sprecher und Sprecherinnen von äußeren Bedingungen dazu veranlasst werden, so zu sprechen wie sie sprechen – was die Hörerinnen und Hörer ebenfalls als nicht „authentisch" bewerten. Mit 28 Vorkommen ist „der/die muss halt so sprechen" aus dieser Gruppe am häufigsten.

Tab. 24: Häufigkeit des Auftretens von „natürlich" (nat.) und „der/die muss halt so sprechen" (mus.) je Interview (Int.).

Int.	1	2	3	4	5	6	7	8	9	10	11	12	13	14	15	16
nat.	1	0	3	1	1	0	1	0	0	1	3	0	0	0	0	0
mus.	1	2	3	0	3	1	4	0	0	3	2	0	0	6	0	2

Die Kriterien, nach denen die Hörerinnen und Hörer die Authentizität einer Moderation beurteilen, ähneln stark denen, die Montgomery (2001, 403f) für „authentic talk" im Allgemeinen ausgemacht hat:

First, there is talk that is deemed authentic because it does not sound contrived, simulated or performed but rather sounds natural, 'fresh', spontaneous. Second there is talk that is deemed authentic because it seems truly to capture or present the experience of the speaker. Third, there is authentic talk that seems truly to project the core self of the speaker – talk that is true to the self of the speaker in an existential fashion.

Hierauf wird im Verlauf dieses Abschnittes immer wieder zurückgekommen werden. Das erste Kriterium Montgomerys hatte sich andeutungsweise bereits in den im vorangegangenen Abschnitt und im Abschnitt 7.4.5 „*abgelesen/frei gesprochen*" gezeigt: Die Befragten nehmen Moderationen, die auf sie „*abgelesen*" oder in irgendeiner Form „*geplant*" wirken, oft als weniger authentisch wahr. Um „*natürlich*" zu moderieren, scheint es eines gewissen Maßes an Spontaneität und Gestaltungsfreiheit zu bedürfen. Dies kommt auch in Auszug 1 zum Ausdruck, in dem eine Triade besprochen wird mit der Jump-Moderatorin MS (J 068 S3) an erster Stelle, dem Morningshow-Team von MDR Sputnik (S 153 S) an zweiter und an dritter Position Figaro-Moderator CT (F 092 S1).[12] Kurz vor diesem Auszug hatten sich Probandin B7 und Proband B8 darauf geeinigt, dass der Jump- und der Sputnik-Stimulus einander ähneln und sich von der Moderation des Figaro-Sprechers durch das „*Sprechtempo*", die „*Wortwahl*" und insbesondere die „*Sprachmelodie*" unterscheiden (Int. 4, Abs. 190–193).

Auszug 1 (Int. 4, Abs. 195–197)
B7: [...] ja bei eins und zwei, die haben miteinander, die haben miteinander geredet, so umgangssprachlich. Und das dritte war dann halt (...) vorgeschrieben, wie es genau betont werden soll, damit es, die Nachricht rüberkommt, die man rüberbringen möchte.
I: Und das war dann praktisch mehr Melodie bei den ersten beiden?
B7: Nee, natürlich einfach

Äußerungen dieser Art sind in den Interviews häufig. Moderatorinnen und Moderatoren von „*Nachrichtensendern*" wie Figaro und Info (vgl. Abschn. 7.4.3 „*klingt wie Nachrichten*") müssen nach Ansicht vieler Befragter nicht nur Texte vorlesen, die sie nicht selbst verfasst haben (vgl. Abschn. 7.4.5 „*abgelesen/frei gesprochen*" und 7.4.11 „*lustig/ironisch*") – ihnen ist auch genau vorgeschrieben, wie sie diese zu präsentieren haben. Ein in der Wahrnehmung der Hörer und Hörerinnen besonders extremes Beispiel hierfür ist eine Moderation von Figaro-Sprecher SB (Bsp. 1), die sich „*recht abgelesen*" anhört, „*als würde er wirklich einen Text vorle-*

---

12 Transkriptionen und auditive Analysen der letzten beiden Moderationen sind zu finden in den Abschnitten zu 7.4.11 „*lustig/ironisch*" (Bsp. 1) sowie 7.4.6 „*monoton/langweilig*" (Bsp. 1).

sen, dann, äh, mit den Pausenzeichen, dass er weiß, OK, zack, Stimme senken, jetzt wieder einen neuen Satz vorlesen. Also das wirkt sehr gekünstelt" (Int. 11, Abs. 122). Für einige der Interviewten klingt der Stimulus auch „so ein bisschen gespielt", wodurch er sie an ein Hörbuch erinnert (Int. 14, Abs. 401).

Beispielmoderation 1 (F 052 S3, SB)
```
01 SB   Er weist sOlche (.) kritik VON sich.
02      provokaTION,
03      (-) interessiere ihn NICHT,
04      (-) wahrHAFTigkeit hingegn SCHON.
```

Proband B15 und Probandin B16, die in Auszug 2 zu Wort kommen, beginnen während des Abspielens jener Moderation zu lachen; dies geschieht ebenfalls in zwei weiteren Interviews. Andere Interviewte stöhnen auf bzw. seufzen laut, mehrfach wird beim Hören auch das Gesicht verzogen – was für sich genommen bereits für stark wertende Reaktionen spricht. Auf B15 und B16 wirkt die Sprechweise dermaßen „übertrieben", dass sie an der Professionalität des Moderators zweifeln:

Auszug 2 (Int. 8, Abs. 197–208)
B16: [...] die eins war jetzt auch schon ganz schön übertrieben fast wieder. Vom Sprechen, wo man dann / meine Güte, so redet keiner. Und (...) frage ich mich auch, ob jemand das verlangen würde, dass (...) man so vom Radio angesprochen wird oder so, aber, ja, war schon fast ein bisschen lächerlich. [...]
B15: Er wirkt ein bisschen hilflos. Er wirkt wie, man hat ihn mit einem Zettel irgendwo hingesetzt und gesagt, lies das mal bitte vor. (...) Er wirkte da jetzt nicht so kompetent. [...] Er wirkte sehr unbeholfen, durch seine, seine Pausen, die er da irgendwie willkürlich irgendwo gesetzt hat.
B16: Ja, doch, ja. Ich glaube, das war echt merkwürdig.
B15: Man möchte ihn am liebsten schützen (alle lachen).
B16: Du kannst auch was anderes erzählen, wenn du möchtest (alle lachen).

B15 schreibt seinen Eindruck von mangelnder Kompetenz v.a. den Pausen zu, die der Moderator „da irgendwie willkürlich irgendwo gesetzt hat". Während man die Pausen nach „Provokation" und „nicht" als Emphase bzw. als Gliederungssignal interpretieren kann, lässt sich der Pause nach „solche" keinerlei kommunikative Funktion zuschreiben (vgl. auch Böhme 2015). Nicht sinnfassende Pausen und Betonungsmuster werden von mehreren Hörerinnen und Hörern als unprofessionell wahrgenommen (vgl. Abschn. 7.4.5 „abgelesen/frei gesprochen"). Häufig werden sie zudem als Hinweis verstanden, dass der Sprecher oder die Sprecherin einen fremden Text verliest, zu dem er oder sie wenig Bezug hat (vgl. Abschn. 7.4.6 „monoton/langweilig"). Bemerkenswert an diesem Auszug ist, dass der Stimulus offenbar auf beide Interviewte so wirkt, als spreche der Moderator nicht freiwillig so. B15 beschreibt ihn als eine Art passives „Opfer", dem die Aufgabe, einen „Zettel" zu verlesen, von außen aufoktroyiert wurde – anscheinend auch ohne eine Möglichkeit, sich darauf vorzubereiten. B16 fragt sich, ob jemand – wahrscheinlich ein potenzieller Radiohörer – so eine „übertrieben[e]" Sprechweise überhaupt verlangen könne. Generell wirken „übertriebene" Moderationen offenbar wenig authentisch, solange die Übertreibung nicht dem Zweck der ironischen Überzeichnung dient (vgl. Abschn. 7.4.11 „lustig/ironisch"). Was genau die Probandin an der Moderation „übertrieben" findet, kann an dieser Stelle nur vermutet werden. Einen möglichen Anhaltspunkt bilden die Reaktionen anderer Befragter, die dem Moderator unterstellen, er mache „auf schlau" und halte „ganz, ganz viel von sich" – wobei die „gewählte" Ausdrucksweise und sehr präzise Artikulation eine Rolle zu spielen scheinen (vgl. Abschn. 7.4.7 „seriös/gewählt ausgedrückt/ deutlich gesprochen", Bsp. 3). Die Einschätzung, der Moderator sei „nicht so kompetent", könnte zusätzlich dadurch beeinflusst sein, dass viele der Probanden und Probandinnen allem Anschein nach mit dem Kulturradioformat nicht allzu vertraut sind (vgl. Abschn. 7.4.3 „klingt wie Nachrichten", vgl. auch Böhme 2015). Festzuhalten ist, dass B16 offenbar nicht glaubt, dass der Moderator normalerweise in seinem Alltag so sprechen würde („meine Güte, so redet keiner") – wie sich im weiteren Verlauf dieses Abschnittes zeigen wird, ist dies ebenfalls ein verbreitetes Begründungsmuster, warum eine Moderation nicht „natürlich" wirkt.

Fehlende Gestaltungsfreiheit und Identifikation mit dem Gesagten oder mit der eigenen Arbeit werden in Auszug 2 in besonders starkem Maße wahrgenommen, in der Tendenz finden sich jedoch zahlreiche ähnliche Aussagen in Bezug auf „Nachrichtensender". So wird etwa der häufig kritisierte Mangel an Engagement und emotionaler Beteiligung (vgl. dazu v.a. Abschn. 7.4.6 „monoton/langweilig") mehrfach damit begründet, dass die Sprecherinnen und Sprecher eben gezwungen seien, so zu reden: „Die wirkten, also es klingt [...] manchmal so, als ob die selbst von dem gelangweilt sind, was sie erzählen, eben, weil [...] wenn man das den ganzen Tag vorlesen muss, oh Gott (lacht)" (Int. 7, Abs. 280–286); „OK, das ist das, was ich rüberbringen muss, ähm, mache das, aber ich befasse mich nicht direkt mit diesem Thema" (Int. 10, Abs. 121). Eine ähnliche Tendenz wurde auch in experimentellen Untersuchungen im Rahmen der Accommodation Theory gefunden. Hatten die Versuchspersonen den Eindruck, der Sprecher oder die Sprecherin passe seine oder ihre Sprechweise nicht freiwillig, sondern aufgrund äußeren Drucks an, fielen die Bewertungen eher negativ aus (vgl. Giles/Powesland 1997; vgl. auch Abschn. 2.3.3). „Unnatürlich" wirkende Moderatorinnen und Moderatoren machen nur „*ihren Job*", „*mehr auch nicht*", sind „*nicht richtig dabei*" (Int. 10, Abs. 111). Das gilt ebenso für Sprecherinnen und Sprecher von MDR Jump:

Auszug 3 (Int. 1, Abs. 152)
B1: [...] bei Jump, da gibt es eine Moderatorin, ich kenne sie nicht, aber ich finde sie extrem (...) übertrieben, weil die / der / man hört das Grinsen in der Stimme und das / im, im Gesicht. Und das ist zu fröhlich, zu gut gelaunt, auch wenn es um sieben Uhr ist, aber das kriegt WB manchmal ein bisschen besser hin (B2 und I lachen). Also es ist, es ist wirklich, das ist, es klingt unnatürlich, unnatürlich gut gelaunt. Gut gelaunt kann man so ausdrücken oder so ausdrücken. Und die auf Jump macht das (...) unnatürlich. Das ist, das ist schon zu viel, ma / man merkt, ganz ehrlich, um sieben Uhr morgens sprichst du nicht so, das ist nur dein Job (B2 lacht).

Interessanterweise argumentieren Programmchefs von Radiosendern mitunter sehr ähnlich, wie aus einem Zitat aus der Expertenbefragung von Mücksch (2015, 187) hervorgeht:

> noch eins ist wichtig: Authentizität. Es gibt Menschen, die spielen Moderator. Und das Merkwürdige ist, die Hörer fühlen das. Also sie wissen nicht genau, was sie an dem Menschen oder dem Moderator stört, aber die merken, der ist nicht echt. Also der erzählt mir zwar jetzt, dass er jedes Wochenende auf der Couch liegt, aber schon so, wie er es erzählt, merkt man, das hat er noch nie in seinem Leben gemacht. Also [...] er moderiert, er macht seine Arbeit.

Angesichts der erwähnten Sendezeit kann angenommen werden, dass es sich bei der Jump-Sprecherin um die Morningshow-Moderatorin SN handelt, die hier mit der Sputnik-Morgenmoderatorin WB verglichen wird. Ob Emotionen und Engagement „echt" sind, wird bei mehreren Sprechern und Sprecherinnen von Jump hinterfragt, beispielsweise auch bei Morningshow-Moderator LK (J 016 S) (vgl. auch Abschn. 7.4.5 „*abgelesen/frei gesprochen*", Bsp. 3):

Auszug 4 (Int. 7, Abs. 488)
B14: Da war ich jetzt gerade u / unsicher, steht der jetzt wirklich dahinter, was er gerade erzählt oder versucht er, dahinter zu stehen und das gut rüberzubringen? Und, also, allein dass dieser Zweifel aufkommt, würde mich halt ein bisschen zweifeln lassen an dem Sender. Also, an, an der Ausdrucksstärke.

Die Aussagen der Hörerinnen und Hörer kommen dabei dem zweiten Authentizitäts-Kriterium Montgomerys (2001, 403) nahe: „talk that is deemed authentic because it seems truly to capture or present the experience of the speaker". Auch hier hat es offenbar einen Einfluss, dass die Moderationen von MDR Jump auf die Hörerinnen und Hörer tendenziell geplanter wirken als die von Sputnik (vgl. auch Abschn. 7.4.5 „abgelesen/frei gesprochen" und 7.4.11 „lustig/ironisch"):

Auszug 5 (Int. 3, Abs. 180)
B6: Ähm, die bringen da manchmal Witze, die ich eigentlich nicht witzig finde. Die sind irgendwie für mich bisschen gekünstelt, also da merkt man irgendwie, das steht bestimmt auf einem Blatt, das muss ich jetzt sagen. Und bei [...] bei Sputnik jetzt, da wirkt das, ob das auf einem Blatt steht oder nicht, das weiß ich nicht, aber bei Sputnik wirkt es wirklich natürlicher.

„Natürlich" zu sprechen bedeutet in diesem Zusammenhang „natürlich im Sinne von, ähm, privat, äh, privates Gespräch" (Int. 10, Abs. 103; 116). Um diese Wirkung zu erzielen, muss das Gesprochene nicht nur den Eindruck erwecken, es sei spontan formuliert (vgl. Abschn. 7.4.5 „abgelesen/frei gesprochen"). Stimme und Sprechweise dürfen auch nicht auch nicht zu geschult klingen. Im Auszug 6 geht es um eine Triade mit 1. einem Stimulus von Moderator LK und Moderatorin SN von der Jump-Morningshow, 2. von Info-Sprecher IB und 3. einem Stimulus von Sputnik-Moderator DK:

Beispielmoderation 2 (J 030 S4, LK & SN)
```
01 LK:  und hIer is der !W:ICH!tigste grUnd,
02      warum wir !H:Oll!and so gErne habm.
03      (.) °hh weil sie seit !DREI!unzwanzig jAhrn,
04      (.) !SO! viele wichtige titl im FUßball gewonn: habm,
05      (-) wie mIchael [BALlack.    ]
06 SN:               [<<lachend>hh°>]
```

Beispielmoderation 3 (I 100 S1, IB)
```
01 IB:  auch FRANKreich und Österreich-
02      solln TIEFngeprüft wErdn,
03      und es Ist wohl nur eine frAge der zEit wann
        DEUTSCHland an der rEihe ist.
04      (.) bei unsern nAchbarn in ÖSterreich jedenfAlls;
05      herrscht HEKtik,
```

Beispielmoderation 4 (S 210 S1, DK)
```
01 DK: da: wIrd man an_n paar KAbel angestöpslt-
02     un_dAnn werdn je nach Aufregung irgenweche: WELln
       auf papier gemAlt,
03     bei (.) GROßer welle hat man dAnn auch=äh
       schon geLOgn.
```

Auszug 6 (Int. 11, Abs. 144–149)

B22: [...] Und mir ist eben aufgefallen, beim ersten Sender, war garantiert ein Privater, vielleicht wieder SAW oder irgendwie so ein Zeug. Und da ist mir aufgefallen jetzt diesmal, das scheint mir so, als hätten die eventuell bestimmt auch so eine Stimmausbildung gehabt oder so ein Sprechtraining wie der zweite, öffentliche Sender, der sich so wie ein Nachrichtensender anhört, die ja bestimmt eine Ausbildung, also, ja, was heißt bestimmt, also garantiert eine Ausbildung gemacht haben. Und beim ersten Sender hat das, ist mir jetzt das aufgefallen, kommt das auch so rüber, als hätten die, die drücken sich sehr gewählt aus sprechen sehr deutlich und betonen sehr gut. Und wollen aber trotzdem so jugendlich rüberkommen und dadurch, ich glaube, deshalb wirkt das auf mich auch so gekünstelt. Weil die eben trotzdem nicht so normal raussprechen, sondern immer (schnalzt mit der Zunge), dass hier oben, glaube ich, so ein Schalter umgeht, OK, jetzt moderiere ich, und jetzt spreche ich deutlich.

Probandin B22 ordnet Moderationen von MDR Jump über das gesamte Interview hinweg bei dem Sachsen-Anhaltischen Privatsender Radio SAW ein, der eine ähnliche Formatierung und Zielgruppe hat wie Jump (vgl. Kap. 5; Radioszene. de 2015; Radiozentrale.de 2016). In den Abschnitten 7.4.2 „alt/jung" sowie 7.4.10 „locker/umgangssprachlich/der/die redet wie mit Freunden" wurde bereits erläutert, dass die Befragten jugendliches Alter eng mit einem Moderationsstil verknüpfen, der spontan formuliert wirkt und sich der Sprechweise der eigenen Peergroup annähert – oder zumindest dem Bild, dass sie von dieser haben. Der Jump-Moderator artikuliert auch gemäß ohrenphonetischer Analyse präziser als der Sputnik-Moderator (vgl. auch Abschn. 7.4.7 „seriös/gewählt ausgedrückt/deutlich gesprochen"). Möglicherweise beeinflussen hier aber zusätzlich die beiden gelängten und mit hoher Sprechspannung realisierten Frikative in „wichtigste" und „Holland" (Zeile 1 und 2), dass die Moderation als „sehr deutlich" wahrgenommen wird – wenngleich man diese auch so interpretieren kann, dass der Moderator durch Übertreibung eine komische Wirkung erzielen wollte (vgl. Kotthoff 1998, 192).

Hinzu kommt, dass sowohl der Jump- als auch der Info-Sprecher mit größerer Klangfülle, Dichte und faukaler Weite sprechen, die Ein- und Ausschwingphasen sind bei beiden weicher. Die Stimme des Sputnik-Moderators klingt dagegen enger, gepresster und härter. Die Vokaleinsätze sind dadurch stellenweise knarrend (z.B. bei „auf", Zeile 2), auf der Akzentsilbe von „Kabel" (Zeile 1) ist die Stimme sogar brüchig. Diese Merkmale könnten ebenfalls zu dem Eindruck von Probandin B22 beitragen, die beiden Moderatoren von Info und Jump seien sprecherisch geschult, der von Sputnik jedoch nicht. Vergleichbare Aussagen zur geringeren Natürlichkeit (hörbar) ausgebildeter Sprecher und Sprecherinnen gibt es u.a. auch zu Moderationen von MDR1 Radio Sachsen-Anhalt (M 061 S1 von IH und M 002 S1 von SK)[13]:

Auszug 7 (Int. 3, Abs. 246)
B6: Die haben zwar schön betont und haben sich bemüht, das sind dann bestimmt auch Studierende dahinter, die das dann wirklich lernen, keine Ahnung, in Medienkommunikationswissenschaften, weiß ich nicht. Ähm, aber man merkt das schon. Das ist, wie gesagt, was ich halt auch immer bei Sputnik gut finde, dass es sehr natürlich rüberkommt.

Im Gegensatz zu Kreativität, Schlagfertigkeit, Humor oder auch dem gekonnten Vermitteln von Emotionen, wird diese Art, Kompetenz zu zeigen, von den Hörerinnen und Hörern offenkundig wenig geschätzt. Eine zu *„perfekte"* Präsentationsweise nehmen sie als *„distanziert"*, zu *„dominant"* oder auch *„gekünstelt"* wahr (vgl. auch Abschn. 7.4.5 *„abgelesen/frei gesprochen"*; 7.4.9 *„emotional/sympathisch/ansprechend"* und 7.4.11 *„lustig/ironisch"*). Solcherlei Präferenzen trägt vermutlich auch der Wandel des Stimmideals Rechnung, den Bose und Finke (2016, 86) in Radio-Morningshows beobachtet haben. Insbesondere in Begleitprogrammen geht der Trend schon seit einiger Zeit weg von „ausgebildeten, klangvollen (eher dunklen) Stimmen" hin zu „(scheinbar) unausgebildete[n] Stimmen", die „mehr oder weniger stark geräuschhaft bis pathologisch-angestrengt (eng, rau, knarrend, undicht)" klingen (vgl. ebd.). Es scheint, als lasse sich dabei auch die Wahrnehmung der Stimmqualität nach den Dimensionen „Superiority" (geschult) und „Attractiveness" (ungeschult) einteilen (vgl. Zahn/Hopper 1985; vgl. auch Abschn. 7.4.1).

Darüber hinaus wirkt sich die Art der Stimmgebung auch auf den Wiedererkennungswert der Sprecherinnen und Sprecher aus. In Auszug 8 bezieht sich

---

[13] Beide Moderationen sind transkribiert in den Abschnitten 7.4.2 *„alt/jung"* (Bsp. 1) sowie 7.4.7 *„seriös/gewählt ausgedrückt/deutlich gesprochen"* (Bsp. 4).

Proband B21 auf den Info-Moderator IB (I 100 S1, Beispielmoderation 2), von dem seine Interviewpartnerin überzeugt ist, dass er *„garantiert"* eine sprecherische Ausbildung durchlaufen habe (vgl. Auszug 6). Außerdem befinden sich in der besprochenen Triade noch eine Sputnik- und eine Jump-Moderation. Es sei an dieser Stelle noch angemerkt, dass Sputnik und Jump v.a. von B21 in dem gesamten Interview als *„Privatsender"* kategorisiert werden, Info und Figaro als *„Öffentlich-Rechtliche"*.

Auszug 8 (Int. 11, Abs. 144–145)
B21: Und, ja, bei dem zweiten Beispiel ist es wieder wirklich nur die Fakten, die präsentiert werden sollen. Und, ja. Ich glaube, die, auch bei den Öffentlich-Rechtlichen sind die Stimmen scheinbar relativ ähnlich, weil wenn ich jetzt die Augen schließen würde, würde ich sofort, hätte ich sofort das Bild der, ähm, ZDF-20-Uhr-Nachrichten, den Moderator hätte ich im Kopf. [...] Weil die scheinbar alle ihren ähnlichen Stil haben müssen, um sich vielleicht von den privaten Sendern und auch privaten Nachrichtensendern abzuheben. Mag sein, also so kommt mir das zumindest vor, weil sie sich wirklich sehr, sehr ähnlich anhören. Und, ja, die Privaten wirklich durch die Moderationsführung und durch die Stimmen, Stimmlage für mich wieder auf jeden Fall hervorgestochen sind.

In anderen Interviews ist die Rede davon, dass den *„typische*[n] *MDR-Info-Klang* [...] *irgendwie wahrscheinlich tausend Leute so sprechen"* könnten (Int. 5, Abs. 153). Diese reden dann mit *„langweilige*[n] *Stimmen"* und machen *„so Standard-Radioprogramm"* (Int. 4, 89–94). Bei den Sprecherinnen und Sprechern von MDR Sputnik scheinen die Befragten solche Standardisierungstendenzen dagegen nicht zu finden:

Auszug 9 (Int. 2, Abs. 378–380)
B3: Weil die, die reden normal, so wie wir alle uns auf der Straße unterhalten würden. Und ich finde jede Stimme von denen hat irgendwie einen Wiedererkennungswert, was jetzt bei den anderen Radiomoderatoren...
B4: Mmh (zustimmend).
B3: ...weiß ich jetzt manchmal nicht so, wie ich das jetzt so genau einordnen muss. Aber bei Sputnik, da finde ich, da hat jeder irgendwie so, irgendwas Besonderes, was, was man halt immer gleich wiedererkennt.

Bemerkenswert ist, dass gerade eine *„normal*[e]*"* Sprechweise es erlauben soll, *„irgendwas Besonderes"* einzubringen, das eine Moderatorin oder einen Moderator wiedererkennbar macht. *„Normal"* zu reden bezieht sich – ähnlich wie *„natür-*

lich" – auf eine Sprechweise, die informellen, spontanen Alltagsgesprächen nahekommt (vgl. auch Abschn. 7.4.5 *"abgelesen/frei gesprochen"*). Diese Art zu sprechen ist üblicherweise stark habitualisiert, so dass sie von den Sprechenden kaum bewusste Kontrolle erfordert (nicht umsonst hat der Soziolinguist Labov den Formalitätsgrad von Sprechstilen mit kommunikativer „carefulness" gleichgesetzt, vgl. Coupland 2007, 10). Nach Ansicht vieler Befragter hören sich auch die Sprecher und Sprecherinnen von MDR Sputnik so an, als übten sie wenig Selbstkontrolle aus – wie z.B. Moderatorin WB, *"die dann irgendwie gar nicht drauf geachtet hat, wie sie sich artikuliert oder so"* (Int. 8, Abs. 197). Vor diesem Hintergrund lässt sich die Aussage von B22 in Auszug 6 interpretieren. Der Jump-Moderator wirkt ihrer Meinung nach *"künstlich"*, weil er *"nicht so normal raus"* spricht, sondern sich bewusst ist, *"OK, jetzt moderiere ich"*. Im Gegensatz dazu kommt es ihr *"bei Sputnik immer so vor, als würden die wirklich miteinander reden und gar nicht denken, OK, mir hört jetzt gerade draußen das Publikum noch zu"* (Int. 11, Abs. 84). Ihrem Eindruck nach wird hier auch kein (hörbarer) Versuch unternommen, sich absichtlich einem bestimmten, vorgefertigten Muster anzupassen – so wie es die Moderatoren und Moderatorinnen von *"Nachrichtensendern"* tun, denen Text und Sprechweise genau vorgeschrieben sind und bei denen es einer Schulung bedarf, um jenen Sprechstil überhaupt umsetzen zu können. Jene „Unangepasstheit" erlaubt wiederum individuelle Besonderheiten, oder um es mit den Worten eines Radioprogrammchefs auszudrücken, eine „Personality [...] mit gewisse[n] Ecken und Kanten" (vgl. Mücksch 2015, 186; vgl. auch Abschn. 2.3.2).

Als ganz besonders individuell und damit wiedererkennbar gilt für viele Befragte die Sputnik-Morningshow-Moderatorin WB. Wie bereits im Abschnitt 7.4.8 *"ruhig/langsam/schnell"* (Bsp. 2) beschrieben, spricht sie mit rauem Stimmklang und tiefer Sprechstimmlage. Lautheit und Sprechspannung sind in allen ihrer Stimuli im Korpus relativ hoch, die faukale Distanz eng, Ein- und Ausschwingphasen sind eher hart.

Auszug 10 (Int. 11, Abs. 182)
B22: [...] Und als ich die ersten Male WB gehört hatte, dachte ich so, oh mein Gott, die ist verdammt heiser, das ist doch die untypischste Radiomoderatorin überhaupt (lacht). Fand ich am Anfang ganz schrecklich, jetzt ist es mir so sympathisch, weil es eben nicht so geleckt wirkt.

Ihre *"brüchige Stimme [...] hat auch wieder was Persönliches. Sowas anderes, dass das anders rüberkommt"* (vgl. Int. 6, 273). In der Wahrnehmung der Hörer und Hörerinnen steht ihre Sprechweise in besonders starkem Kontrast zu der von

„Nachrichtensendern" – so stark, dass es ihnen schwerfällt sich vorzustellen, die Moderatorin könne in der Lage sein, in deren Stil zu sprechen:

Auszug 11 (Int. 15, Abs. 62–65)
B30: [...] ich habe mir immer so ein bisschen vorgestellt, wenn man die Nachrichtensprecherin oder die, äh, Moderatorin von Sputnik auch so, also, wenn die auch ernsthaft was vorlesen würde, man würde sie trotzdem / also die, die Stimmlage macht das irgendwie, ja (...) das kommt von ihrer Stimme. Macht das ein bisschen lockerer.
B29: Das stimmt.
I: Also die Stimme an sich ist schon locker, praktisch?
B30: Genau. Ich könnte mir nicht vorstellen, dass sie ernst Nachrichten vortragen kann.

Damit sind der Moderatorin allerdings auch gewisse Grenzen gesetzt, welche Sprechstile und Themen sie in authentischer Weise präsentieren könnte. Das gilt allgemein für alle Sprecher und Sprecherinnen des Senders. So würde es beispielsweise *„irgendwie unecht wirken, wenn Sputnik jetzt auch anfangen würde, da jetzt Wirtschaftsthemen oder, oder, äh, dergleichen einzustreuen"* (Int. 14, Abs. 379). Eine weitere Probandin kann sich *„nicht vorstellen, dass jemand wie WB zum Beispiel so einen Sender wie MDR Sachsen moderieren würde, wo halt Schlager kommt"* (Int. 7, Abs. 305). Ihre Interviewpartnerin begründet dies damit, *„weil sie nicht dahintersteht. Also ich kann mir nicht vorstellen, dass so eine Frau Zuhause freiwillig Schlager hören würde"* (ebd. Abs. 313–314). In Auszug 12 sprechen die beiden Interviewten über einen Fall, in dem ein ehemaliger Sputnik-Moderator (SM2) tatsächlich zu einer Landeswelle gewechselt ist, bei der Schlager gespielt werden:

Auszug 12 (Int. 14, Abs. 258–265)
B27: [...] Ist ja damals, ich glaube, der war auch mal bei Sputnik, SM2? So irgendwann, irgendwann mal vor hundert Jahren.
B28: Ist der nicht mehr da?
B27: Nee, der ist jetzt bei MDR1 Radio Sachsen-Anhalt.
B28: Ach so.
B27: Und wenn der frühmorgens moderiert, ist es zum Abschalten, weil er einfach, ähm, also einmal hat er sowieso einen ganz furchtbaren Dialekt und dann, äh, ist es jemand, der, ähm, eigentlich cool ist oder cool sein will, aber eben dann versucht, dann wirklich einen auf seriös und deutlich zu machen. Das, das ist zum Schreien. [...]
B28: Das ist aber ein krasserer, äh, Umschwung von ihm.

Umgekehrt können aus Sicht der Befragten die Moderatoren und Moderatorinnen von MDR1 Radio Sachsen-Anhalt, die unter den Stimuli vertreten waren, anscheinend nicht auf authentische Weise „*locker*" und „*lustig*" zu sein. Das wird insbesondere deutlich am Beispiel einer Moderation der Sprecherin IH (M 061 S1), die bereits im Abschnitt 7.4.2 „*alt/jung*" (Bsp. 1) ausführlich diskutiert wurde. Mehrere Hörerinnen und Hörer haben bei der Moderatorin den Eindruck, „*als ob sie irgendwie versucht, was darzustellen, was sie irgendwie vielleicht nicht ist*" (Int. 7, Abs. 446). Sie hat „*sich auch bemüht, das so ein bisschen dynamisch rüberzukommen, aber ich fand, das klang eben so bemüht*" (Int. 12, Abs. 91). Ihr wird sogar unterstellt, sie versuche, „*bewusst cool zu sein*" (Int. 14, Abs. 97). In Abschnitt 7.4.2 „*alt/jung*" wurde gezeigt, dass für viele Interviewte die „*lockere*" Ausdrucksweise der Sprecherin offenbar ihrem Alter nicht angemessen ist. Sie glauben auch nicht, dass die Moderatorin normalerweise so spricht – der verwendete Sprechstil ist kein Teil ihres verinnerlichten Habitus (vgl. Miosga 2002, 17ff; Bucholz/Hall 2006; Coupland 2007, 90ff). Es „*klang so, als würde sie es nicht oft so präsentieren. […] es klang ein bisschen aufgesetzt*" (Int. 1, Abs. 149) – denn normalerweise ist es ihr „*einfach in Fleisch und Blut, ruhig zu sprechen. Und dann, wenn sie jetzt, oh, jetzt darf ich betonen*" (ebd. Abs. 150).

An dieser Stelle lassen sich Bezüge zum dritten Authentizitäts-Kriterium Montgomerys (2001, 403f) herstellen – „authentic talk that seems truly to project the core self of the speaker – talk that is true to the self of the speaker in an existential fashion". Was die Hörer und Hörerinnen dabei unter dem „wahren Selbst" eines Moderators oder einer Moderatorin verstehen und was sie jeweils als dazu passend empfinden, hat wiederum viel mit stereotypen Vorstellungen zu tun. Das zeigt sich u.a. bei einer Moderation der Info-Sprecherin SH (I 135 S2; Wortlaut: „Der FC Schalke 04 bangt unterdessen im Bundesligaspiel gegen den ersten FC Nürnberg am Samstag um Angreifer Jefferson Farfan"). In Abschnitt 7.4.4 „*sachlich/ernst*" (Bsp. 2) wurde dargelegt, dass die Sprecherin für die Befragten teilweise schwer einzuordnen ist, weil sie „*zwar betont und deutlich vorgetragen* [hat], *aber halt ohne emotionalen Hintergrund*" (vgl. Int. 7, Abs. 330). In Auszug 9 kommt aber noch ein weiterer Grund dafür zum Tragen, warum die Moderatorin nach Ansicht einiger Befragter nicht der Norm entspricht:

Auszug 13 (Int. 1, Abs. 244–248)
B2: Ich finde es immer schlimm, wenn Frauen Fußball kommentieren müssen (alle lachen). Das passt irgendwie nicht, weil die den Elan nicht so rüberbringen (lacht). Ja, und in dem Fall war es auch so, dass zwei absolut, ähm, also schon dann zu einem Thema, was ja eigentlich schon für Männer ein sehr (…) herzliches Thema ist, äh, nicht so elanvoll war. […]

B1: Äh, ja. Die Stimme bei zwei war einfach auffällig, die war nicht so jugendlich, nicht so (...) äh, die hat, weiß ich nicht, zu der hab ich / kann man sich schlecht ein Bild bilden, aber (...) also, das fällt mir diesmal schwer. Aber die Stimme war jedenfalls so, das ist eine Radiosendung, wo ich, glaube ich, tendenziell sofort wegklicke (B2 und I lachen). Nicht nochmal so Sportnachrichten, nicht! Nein, ähm (...) nein, aber die Stimme war, war mir für eine Frau auch irgendwie zu tief oder nicht, nicht so sanft. Sie klang jedenfalls nicht so schön.

In anderen Interviews wird die Vermutung geäußert, die Sprecherin versuche, ihre Moderation *"ein bisschen peppig zu machen"*, das habe aber *"nicht richtig funktioniert"* – was damit begründet wird, dass es *"vielleicht, äh, auch schwierig"* sei *"als Frau irgendwelche Sportnachrichten glaubwürdig rüberzubringen"* (Int. 8, Abs. 172–182). Interessanterweise wird diese Begründung ausschließlich von weiblichen Befragten vorgebracht. Das Begründungsmuster deckt sich dabei mit dem allgemeinen Muster, das die Hörerinnen und Hörer verwenden, wenn sie eine Moderation als nicht *"natürlich"* wahrnehmen: Die Sprecherin *"muss"* Fußball kommentieren, sie tut dies anscheinend nicht aus freien Stücken. Aus diesem Grunde fehlt ihr auch der echte *"Elan"*, der für ein solch *"herzliches Thema"* angemessen wäre, und sie spricht auch nicht normalerweise so, denn *"normalerweise werden doch so, so Sportnachrichten oder irgendwas in die Richtung auch eher tendenziell von Männern gelesen"* (Int. 1, Abs. 256). Sie *"passt"* nicht zu jener Sprechrolle, daher muss ihr *"Versuch"* auch misslingen.

Daneben gibt Probandin B1 noch eine ästhetische Bewertung ab, die Stimme der Moderatorin klingt *"nicht so schön"*, weil sie *"zu tief oder nicht, nicht so sanft"* ist. Nach auditiver Analyse liegt die Sprechstimmlage der Moderatorin im mittleren Bereich, die relativ dunkle, dichte Klangfarbe und die Kompression könnten sie allerdings tiefer wirken lassen. Die Sprechspannung ist mittel bis gespannt, Vokaleinsätze sind teilweise knarrend, die faukale Distanz ist mittel bis leicht verengt. Als *"sanft"* werden im Korpus Stimuli beschrieben, die eher ungespannt, mit geringer Lautheit und tendenziell mit leichter Behauchung gesprochen sind (vgl. Abschn. 7.4.8 *"ruhig/langsam/schnell"*). Für Probandin B1 scheint diese Art der Stimmgebung eher dem weiblichen Stimmideal zu entsprechen. Sputnik-Moderatorin WB bewertet sie allerdings nicht negativ, obgleich diese mit ihrer tiefen, rauen Stimme, ihrer Lautheit und hohen Sprechspannung ebenfalls den *"sanften"* Stimuli nicht gerade ähnelt (vgl. auch Böhme/Kettel i.Vorb.). Im Gegensatz zu der Info-Moderatorin kann sich B1 von dieser Sprecherin jedoch ein sehr konkretes Bild machen: *"ein bisschen lockerer, modisch, äh, Haare irgendwie blond und offen, [...] lebhaft, engagiert, äh, selbstbewusst und kommt rein und (schnipst) wham ist da"* (Int. 1, Abs. 114). Die Lebhaftigkeit der Vorstellung hängt wahrscheinlich auch damit zusammen, dass sie der Probandin vertrauter ist als die Info-Sprecherin. Doch zeigt sich über das gesamte Interviewkorpus hinweg, dass oft gerade diejenigen Moderationen als „unauthentisch" wahrgenommen werden, die für die Hörerinnen und Hörer schwer einzuordnen sind, die keinem bekannten Sprechstil, keinem „Bild" entsprechen, weil verschiedene Merkmale des Gehörten für sie im Widerspruch zueinander stehen.

Neben den Kriterien von Montgomery (2001) lassen sich in den Beschreibungen der Hörer und Hörerinnen auch Parallelen finden zu dem, was Bose und Föllmer (2015) unter der „inszenierte[n] Authentizität im Radio" verstehen. Diese bewegt sich

> im Spannungsfeld von erfolgreicher, kompetenter Erfüllung kulturgeprägter (und vom Sender geforderter) Rollenerwartungen und -zuweisungen einerseits (hier greift wieder das rhetorische Konzept von ‚Angemessenheit') und dem Eindruck von Unmittelbarkeit, unverwechselbarer Verkörperung einer Identität in ihrem stimmlich-artikulatorischen sowie mimisch-gestischen Ausdruck andererseits (ebd. 43f).

Für eine „authentische" Wirkung scheint es hierbei wichtig zu sein, dass der Moderator oder die Moderatorin die Rollenerwartungen auf so souveräne Weise erfüllt, dass es auf die Hörerinnen und Hörer wirkt, als sei dies eine unmittelbare Verkörperung seiner oder ihrer Identität (vgl. auch van Leeuwen 2001). Damit wird Authentizität auch zu einer Frage der stilistischen Kompetenz. Wie in Kapitel 3.2 erläutert, wird diese Kompetenz im Laufe der Sozialisation eingeübt und verinnerlicht, wobei es systematische Unterschiede gibt, wie „flüssig" Individuen in verschiedenen gesellschaftlichen Positionen bestimmte Sprechstile üblicherweise beherrschen. Nach Blommaert und Varis (2013, 148) gibt es daher auch keine klaren Grenzen, die definieren könnten, ob ein Sprecher oder eine Sprecherin eine Identität „authentisch" vertritt oder nur ein „Wannabe" bzw. „Fake" ist. Bis zu welchem Grade ein Stil beherrscht werden muss, um noch als „authentisch" beurteilt zu werden, hängt dabei nicht nur von der Kompetenz der Sprecherin oder des Sprechers ab, sondern auch vom stilistischen Wissen der jeweiligen Hörerin bzw. des Hörers (vgl. ebd.). So scheint es etwa bei der Beurteilung der Authentizität und Kompetenz von Figaro- und MDR1-Moderationen auch eine Rolle zu spielen, dass viele der befragten Hörerinnen und Hörer offenbar mit dem Kultur- bzw. dem Melodie-Format wenig vertraut sind und es ihnen nicht gelingt, deren Sprechweisen anderen, bekannten Formaten zuzuordnen (vgl. Kap. 2.2; Kap. 5 sowie auch Abschn. 7.4.2 „alt/jung" und 7.4.3 „klingt wie Nachrichten").

8 Untersuchungsschritt 3: Erstellen eines sendertypischen Profils

Ziel der Interviewbefragung war es gewesen, metalinguistische Beschreibungen zu sammeln, was nach Ansicht der Befragten den Moderationsstil von MDR Sputnik ausmacht und wie er sich von den Stilen anderer Sender unterscheidet, und jene Beschreibungen in einen Fragebogen zu überführen. Ziel dieser Fragebogenbefragung ist es nun einerseits, zu untersuchen, ob sich die Moderationen von MDR Sputnik in der Wahrnehmung der Sputnik-Hörerinnen und -Hörer auch quantitativ signifikant von den Moderationen der übrigen Programme unterscheiden. Auf diese Weise ließe sich dann ein quantitativ validiertes Profil erstellen für die typische Moderation von Sputnik aus der Sicht seiner Hörer und Hörerinnen. Andererseits sollte auch ermittelt werden, ob sich in den Daten zugrundeliegende Faktoren finden lassen. Beides wurde wiederum ins Verhältnis zu den gefundenen Tendenzen in den Interviews gesetzt.

8.1 Vorgehen

Die 25 häufigsten und trennschärfsten Beschreibungen aus den Interviews wurden in diesem Fragebogen als Items verwendet (vgl. Kap. 7). Ursprünglich war geplant gewesen, die Beschreibungen zu einem Semantischen Differenzial zu formieren (vgl. Böhme 2013). Stattdessen habe ich mich für fünfstufige Likert-Skalen entschieden, bei der die Befragungsteilnehmerinnen und -teilnehmer nach dem Hören eines Stimulus beurteilen sollten, wie gut die jeweilige Beschreibung zu der gerade gehörten Moderation „passt". Dabei konnten sie ihr Urteil abstufen von „passt gar nicht" bis hin zu „passt total". Die Repertory-Grid-Methode ist zwar so angelegt, dass zu jeder Triade bipolare Konstrukte erhoben werden (vgl. Abschn. 7.1.2), dennoch hat es sich als schwierig erwiesen, diese in bipolare Ratingskalen zu übersetzen, wie sie bei Semantischen Differenzialen üblich sind. Der Grund hierfür ist, dass die Interviewten dieselben Konstruktpole nicht immer mit genau denselben Kontrastpolen abgrenzen. So werden beispielsweise „lockere" Moderationen nicht nur von „steifen" abgegrenzt, sondern auch von „gewählt ausgedrückten". Beide Kontrastpole hängen durchaus miteinander zusammen, nichtsdestoweniger verschiebt sich die Bedeutung von „locker", je nachdem, welches Antonym man dagegensetzt. Dieses Phänomen tritt bei mehreren der gesammelten metalinguistischen Beschreibungen auf und man hätte meist nur willkürlich entscheiden können, welches Antonym nun ausgewählt werden soll.

Im Anschluss an die 25 Items zu jedem Stimulus wurde noch die Frage gestellt, ob der Probandin oder dem Probanden der oder die gerade gehörte Sprecher bzw. Sprecherin bekannt ist. Am Ende des Fragebogens wurden noch einige Angaben dazu erhoben, wie oft der oder die Befragte jeweils MDR Sputnik sowie die übrigen beteiligten Programme hört und welche Sender darüber hinaus regelmäßig gehört werden. Zudem wurden noch einige demografische Variablen erfragt und die Möglichkeit gegeben, Anmerkungen zu der Befragung zu hinterlassen (der vollständige Fragebogen ist im Anhang II einzusehen).

8.1.1 Auswahl der Stimuli

Die Anzahl von 48 Stimuli, wie sie in den Interviews verwendet worden waren, erwies sich als deutlich zu viel für eine Fragebogenbefragung mit 25 Items je Stimulus. Die spontane Äußerungsmöglichkeit und die relativ zwanglose Atmosphäre der Interviews hatten offenbar sehr dazu beigetragen, Motivation und Aufmerksamkeit der Befragten aufrecht zu erhalten. In Vortests hatte sich herausgestellt, dass für die Bearbeitung des Fragebogens 16 Stimuli (8 von MDR Sputnik, jeweils 2 von den übrigen Sendern) inklusive Instruktion in 20 bis 30 Minuten zu schaffen sind und die Probanden und Probandinnen nicht wesentlich überfordern, bei jedem weiteren Stimulus die Konzentration aber erheblich nachlässt.

Grundlegendes Auswahlkriterium für die Stimuli war abermals die Rangliste, die auf den Ergebnissen der Online-Befragung beruhte (vgl. Kap. 6.3; Rangliste selbst: siehe Anhang 2). Alle 6 Sputnik-Sprecherinnen und -Sprecher, deren Moderationen in den Interviews zum Einsatz gekommen waren, sind jeweils mit ihrer – gemäß Online-Befragung – Sputnik-typischsten Moderation in der Fragebogenerhebung vertreten. Die zwei noch verbleibenden Stimuli sind dialogische Passagen des Morningshow-Teams. Da sich von Morgen-Moderatorin WB und -Moderator RF, auch jeweils Einzelmoderationen im Stimuluspool befinden, ist das Morning-Show-Team mit 4 von 8 Stimuli überrepräsentiert. In den Interviews hatten die Hörerinnen und Hörer jedoch immer wieder betont, dass Doppelmoderationen für jugendliche Formate besonders typisch seien. Daher sollte untersucht werden, ob sich diese Tendenz auch in einer quantitativen Erhebung widerspiegelt.

Bei den Nicht-Sputnik-Stimuli wurden jeweils die Sputnik-untypischsten Moderationen ausgewählt, bei gleichzeitig größtmöglicher Anzahl der Sprecher und Sprecherinnen. Einzige Ausnahme von dieser Regel waren die Moderationen von MDR1-Radio-Sachsen-Anhalt-Sprecher JD (M 082 S2 und M 085 S), bei denen die Teilnehmenden der Online-Befragung von allen MDR1-Moderatoren und -Moderatorinnen am seltensten in Erwägung zogen, die Moderation könne von Sputnik stammen. Der Sprecher hatte sich sowohl in der Online-Befragung als auch in den Interviews aus Sicht der Befragten stark von den übrigen Moderationen des Senders unterschieden (vgl. Kap. 6.3 sowie Abschn. 7.4.3 „klingt wie Nachrichten"). Stattdessen wurde die Moderation von Sprecherin IH ausgewählt (M 061 S1), die in den Interviews für längere Diskussionen gesorgt hatte und nach den Ergebnissen der Online-Befragung ebenfalls sehr Sputnik-untypisch ist (vgl. die Rangliste in Anhang 2 sowie Abschn. 7.4.2 „alt/jung"), sowie die Sputnik-untypischste Moderation von Moderatorin SK (M 002 S1).

8.1.2 Rekrutierung der Probandinnen und Probanden

Die Probandinnen und Probanden wurden über nahezu die gleichen Kanäle angeworben wie auch bei der Online-Befragung: Der Großteil wurde rekrutiert über eine E-Mail an alle Studierenden der Martin-Luther-Universität Halle-Wittenberg und eine Annonce auf der Startseite von Stud.IP, der digitalen Lernplattform der Universität. Darüber hinaus waren einige der Befragten einem Aufruf über die Facebook-Seite von MDR Sputnik gefolgt. Wie in den beiden Untersuchungsschritten zuvor besteht das Probanden-Sample nahezu vollständig aus Sputnik-Hörerinnen und -Hörern, die an der Martin-Luther-Universität studieren.

8.1.3 Durchführung

Die Befragung wurde zumeist in kleinen Gruppen durchgeführt, in einigen Fällen auch einzeln. Zunächst erfolgte eine kurze Einführung meinerseits, dass ich Sputnik-Hörerinnen und Hörer interviewt und von ihnen Beschreibungen dazu gesammelt hätte, was an den Moderationen verschiedener Sender – darunter MDR Sputnik – jeweils ähnlich und unterschiedlich sei. In der vorliegenden Befragung wolle ich nun wissen, wie mehrheitsfähig diese Beschreibungen seien, sie würden also gewissermaßen als „Jury" gebraucht (genaue Instruktionen, siehe Anhang 6). Danach wurden die Fragebögen ausgeteilt und den Probandinnen und Probanden die Möglichkeit gegeben, sie sich anzusehen und ggf. Fragen zu stellen. Die Fragen sowie meine Antworten darauf wurden im Anschluss an die Befragung jeweils in Form eines Gedächtnisprotokolls notiert. Dies sollte u.a. als erster Hinweis dienen, ob die Teilnehmenden Verständnisschwierigkeiten mit den Beschreibungen haben. Diese stammen zwar von Sputnik-Hörern und -Hörerinnen, in Form von Items eines Fragebogens sind sie jedoch zwangsläufig aus dem Gesprächskontext „gerissen", der Ambiguitäten eventuell verringert hätte. Da es sich hier um eine explorative Arbeit handelt, wurde dieser Information ein höherer Wert beigemessen als einer größtmöglichen Standardisierung ohne Fragemöglichkeit. Abgesehen davon wird in der methodologischen Fachliteratur bereits seit Jahren argumentiert, dass maximale Standardisierung eine Befragung nicht zwangsläufig valider werden lässt, wenn keine Möglichkeit zur Nachfrage und zur gemeinsamen Verständigung gegeben ist (vgl. z.B. Mattfolk 2005, Thøgersen 2005, Koven 2014).

Bei Ausfüllen der Fragebögen wurde angestrebt, dass die Hörerinnen und Hörer möglichst spontan entscheiden, wie gut die Beschreibungen zu ihrem Eindruck vom jeweils gehörten Stimulus „passen" (vgl. auch Garrett et al. 2003, 52). Daher wurde ein Zeitlimit von 1:30 Minuten eingeführt, innerhalb dessen die Items zu einem Stimulus auszufüllen waren, nachdem dieser abgespielt worden war. Im Laufe der Untersuchung hatte sich herausgestellt, dass die Teilnehmenden nach den ersten ein bis zwei Stimuli in der Regel weniger als 1:30 Minuten zum Ausfüllen brauchten – vermutlich, weil ihnen die Items zunehmend vertrauter wurden. Um die Befragung nicht unnötig zu verlängern, wurde die Zeitmessung ausgesetzt, sobald alle Probanden und Probandinnen vor Ablauf des Zeitlimits fertig wurden. Sie hatte damit den Zweck einer groben Orientierung erfüllt, wie schnell die Teilnehmenden den Fragebogen ungefähr ausfüllen sollen. Die geringe Größe der Gruppen ermöglichte es, dass ich die Teilnehmenden im Anschluss an die Befragung um ein kurzes mündliches Feedback bitten konnte, wie es ihnen mit der Befragung gegangen war, ob sie die Anzahl der Stimuli angemessen fanden etc. Jene Äußerungen wurden ebenfalls im Gedächtnisprotokoll vermerkt. Auf diese Weise bekam ich zusätzlich zur schriftlichen Feedbackmöglichkeit auf dem Fragebogen Informationen, die für die Interpretation der Ergebnisse teils wichtige Anhaltspunkte lieferten.

8.2 Auswertung

An der Fragebogenerhebung nahmen 31 Sputnik-Hörerinnen und 17 Sputnik-Hörer teil. Der Altersdurchschnitt beträgt 24,9 Jahre (SD = 4,75). 39 der Befragten gaben an, MDR Sputnik häufig zu hören, 7 gelegentlich und 2 selten. Zunächst soll in diesem Kapitel auf die statistischen Beziehungen zwischen den 25 Likertskalen mit den häufigsten Hörerbeschreibungen eingegangen werden, da hierdurch – dies ergab sich im Laufe der Untersuchung – die darauffolgenden Auswertungsschritte leichter zu interpretieren sind. Im Anschluss erfolgt dann die Auswertung der Sendervergleiche, mit den Schwerpunkt darauf, inwiefern sich die Moderationen von MDR Sputnik von denen der anderen Sender unterscheiden (vgl. Abschn. 8.2.2 und 8.2.3). Im Abschnitt 8.2.4 wird dann untersucht, ob und in welcher Hinsicht die Sputnik-Stimuli sich untereinander signifikant unterscheiden.

Um Irritationen zu vermeiden, sei an dieser Stelle noch angemerkt, dass mit zwei unterschiedlich aufgeteilten Datensätzen gearbeitet wurde. Zunächst wurden im Statistikprogramm SPSS für jeden einzelnen Stimulus eigene Variablen codiert (z.B. „*locker S 153 S*", „*locker F 052 S3*", ...). Auf diese Weise konnten alle Informationen zu einem bestimmten Fall auch in einer Fallzeile codiert werden. Jener Datensatz wurde für die Vergleiche der einzelnen Stimuli untereinander verwendet, und um Zusammenhänge zu untersuchen zwischen Hörgewohnheiten, Bekanntheit des Sprechers oder der Sprecherin und der Beurteilung der Stimuli. Für die Faktoren- und Clusteranalyse sowie für Vergleiche zwischen den Sendern insgesamt wurde ein weiterer Datensatz erstellt, in dem die Variablen für alle Stimuli vereinheitlicht wurden („*locker*" für alle Moderationen). Dieses Vorgehen ermöglichte es, jene Berechnungen mit den Rohdaten durchzuführen anstatt auf Basis von Mittelwerten der Einzelstimuli, die Ergebnisse sind dadurch wesentlich exakter. Weil in dieser Datenaufteilung aber jede Fragebogenseite (alle Antworten eines Teilnehmenden zu einem von 16 Stimuli) als Fall gezählt werden, ergeben sich hier 765 Fälle anstatt nur 48.

8.2.1 Beziehungen zwischen den metalinguistischen Beschreibungen

Bei 25 Variablen pro Stimulus ist ein Probanden-Sample von 48 Befragten relativ klein, um mit faktorenanalytischen Verfahren zu validen Ergebnissen zu gelangen – obgleich jede bzw. jeder einzelne der Probandinnen und Probanden mit insgesamt 16 Befragungsdurchgängen zu verschiedenen Stimuli viel statistisch verwertbare Information liefert. Die explorative Faktorenanalyse, deren Ergebnisse hier vorgestellt werden sollen, dient v.a. dazu, interessante Tendenzen und Beziehungen zwischen den metalinguistischen Beschreibungen der Hörer und Hörerinnen zu veranschaulichen, ob und wie sich diese sinnvoll gruppieren und erklären lassen. Dasselbe gilt für die Clusteranalyse.

Als faktorenanalytisches Verfahren wurde die Hauptachsenanalyse gewählt. Deren Ziel ist

> die Repräsentation manifester Variablen als eine lineare Funktion zugrundeliegender latenter Faktoren, und dabei möglichst viel Information (Varianz) der linear miteinander korrelierenden, beobachtbaren Variablen zu erklären (bzw. möglichst wenig Information dabei zu verlieren) (Schendera 2010, 182).

Dieses Verfahren wird häufig empfohlen, wenn explorativ vorgegangen werden soll und die gefundenen Faktoren nicht nur der Datenreduktion oder Orthogonalisierung von Variablen dienen, sondern auch inhaltlich auf latente Konstrukte hin untersucht werden sollen (vgl. Wolff/Bacher 2010). Darüber hinaus liefert die Methode auch dann robuste Resultate, wenn die Daten nicht normalverteilt sind (vgl. Costello/Osborne 2005). Das ist insbesondere bei den Reaktionen auf Moderationen von MDR1 Radio Sachsen-Anhalt der Fall (vgl. die Kolmogorow-Smirnow-Tests in Anhang III) – wobei einige Autorinnen und Autoren ohnehin der Ansicht sind, dass bei explorativen Faktorenanalysen, die allein beschreibend und nicht hypothesenprüfend vorgehen, Normalverteilung nicht zwangsläufig gegeben sein muss (vgl. z.B. Schermelleh-Engel et al. 2010). Berechnungsgrundlage war die Kovarianzmatrix, die v.a. dann als geeignet gilt, wenn mit den gleichen Skalen mehrere Gruppen mit unterschiedlichen Varianzen analysiert werden sollen (vgl. Schendera 2010, 245), auch wenn die Varianzunterschiede hier eher auf die Beurteilung verschiedener Stimuli zurückzuführen sind und nicht auf verschiedene Befragtengruppen.

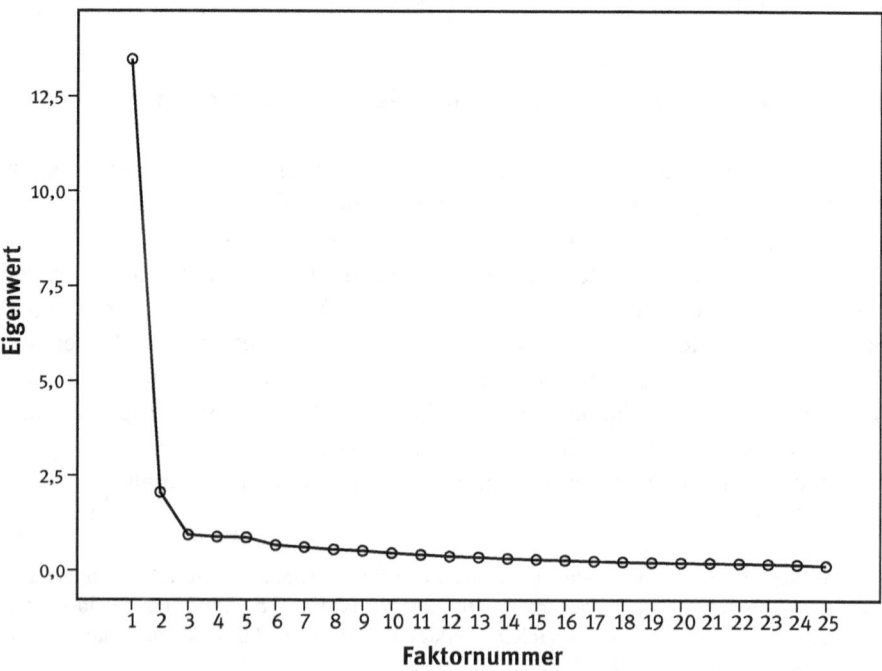

Abb. 3: Screeplot der Hauptachsenanalyse.

Das Kaiser-Guttmann-Kriterium (der Eigenwert eines Faktors muss ≥1 sein, um in die Lösung einzugehen vgl. Bortz/Schuster 2010, 215) legt eine zweifaktorielle Lösung nahe. Geht man nach dem Screeplot (Abb. 3), ist nicht ganz eindeutig, ob eine ein- oder zweifaktorielle Lösung bevorzugt werden sollte – die Eigenwerte des zweiten und des dritten Faktors könnten gleichermaßen als „Knick" interpretiert werden, ab dem sich die Eigenwerte asymptotisch dem Nullpunkt annähern.

Tab. 25: Faktorenmatrix der unrotierten Faktorlösung.

Item	Faktor	
	1	2
locker	-0,848	0,085
ruhig	0,646	0,335
abgelesen	0,787	-0,090
umgangssprachlich	-0,801	0,041
langsam	0,754	0,164
seriös	0,771	0,374
jung	-0,789	0,144
langweilig	0,755	-0,247
monoton	0,826	-0,097
lustig	-0,839	0,034
ernst	0,799	0,200
natürlich	-0,599	0,469
alt	0,740	-0,135
schnell	-0,725	-0,158
ansprechend	-0,545	0,556
emotional	-0,612	0,060
sympathisch	-0,650	0,513
ironisch	-0,605	-0,130
sachlich	0,757	0,324
gewählt ausgedrückt	0,694	0,292
frei gesprochen	-0,771	0,162
klingt wie Nachrichten	0,788	0,142
deutlich gesprochen	0,342	0,325
der/die redet wie mit Freunden	-0,863	0,052
der/die muss halt so sprechen	0,529	-0,106

Um die Gefahr einer Unterextraktion zu vermeiden, bei der Fehlinterpretationen wahrscheinlicher sind als bei einer Überextraktion (vgl. Wolff/Bacher 2010), fiel die Entscheidung auf eine Lösung mit zwei Faktoren. Beide klären zusammen 58,9% der Gesamtvarianz auf, wobei der erste Faktor mit 52,3% Varianzaufklärung (neuskalierter Eigenwert nach Extraktion: 13,1) erheblich stärker dazu beiträgt als der zweite mit 6,6% (Eigenwert: 1,6 – der Eigenwert eines Faktors gibt an, „wie viel von der Gesamtvarianz aller Variablen durch diesen Faktor erfasst wird", vgl. Bortz/Schuster 2010, 393).

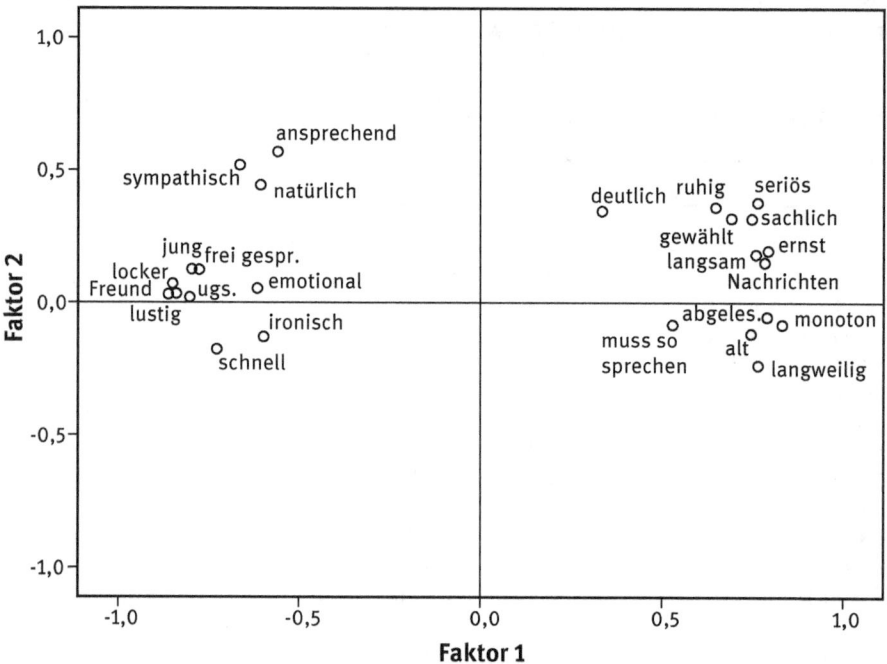

Abb. 4: Faktordiagramm der unrotierten Faktorlösung.

Schaut man auf die unrotierte Faktorlösung (vgl. Tab. 25 und Abb. 4), sind beim ersten Faktor bereits eindeutige Tendenzen zu finden. Mit Ausnahme von „*deutlich gesprochen*" haben alle Beschreibungen auf diesem Faktor stark bis sehr stark positive Faktorenladungen, die in den Interviews mit „*Nachrichtensendern*" assoziiert werden (also v.a. MDR Figaro und MDR Info) – mit abnehmender Enge des statistischen Zusammenhangs: „*monoton*", „*ernst*", „*klingt wie Nachrichten*", „*abgelesen*", „*seriös*", „*sachlich*", „*langweilig*", „*langsam*", „*alt*", „*gewählt ausgedrückt*", „*ruhig*" und „*der/die muss halt so sprechen*" (siehe Tab. 25; eine „Faktorenladung" entspricht hier der Korrelation zwischen einem Faktor und der jeweiligen Variable, vgl. Borz/Schuster 2010, 393; zu der Hörerkategorie „*Nachrichtensender*" vgl. auch Abschn. 7.4.3 „*klingt wie Nachrichten*"). Beschreibungen, die die Hörerinnen und Hörer für „*Jugend*"- bzw. „*Popsender*" verwenden (MDR Sputnik und MDR Jump), laden hingegen auf dem ersten Faktor negativ: „*der/*

die redet wie mit Freunden", *„locker"*, *„lustig"*, *„umgangssprachlich"*, *„jung"*, *„frei gesprochen"*, *„schnell"*, *„sympathisch"*, *„emotional"*, *„ironisch"*, *„natürlich"* sowie *„ansprechend"*. Man könnte also von einer Dimension sprechen, die sich zwischen den Polen „Pop" und „Nachrichten" bewegt – oder, um es mit der Nomenklatur der Radiopraktiker auszudrücken, zwischen Begleit- und Einschaltprogrammen (vgl. auch Kap. 2.2). Die Stärke der positiven und negativen Ladungen spricht dafür, dass sich für die Teilnehmenden der Fragebogenbefragung beide Pole tendenziell gegenseitig ausschließen. Diesen Eindruck vermittelten auch die Befragten in den Interviews (vgl. Abschn. 7.4.1). Die Rolle des zweiten Faktors ist in dieser Lösung noch nicht recht auszumachen, im Faktordiagramm (Abb. 4) bewegen sich die Variablen weitgehend um dessen Achse herum.

Tab. 26: Faktorenmatrix der rotierten Faktorlösung (Oblimin).

Item	Mustermatrix		Strukturmatrix	
	Faktor		Faktor	
	1	2	1	2
locker	-0,513	0,461	-0,758	0,734
ruhig	0,770	0,087	0,724	-0,322
abgelesen	0,465	-0,440	0,699	-0,688
umgangssprachlich	-0,521	0,393	-0,729	0,669
langsam	0,683	-0,148	0,761	-0,511
seriös	0,895	0,076	0,855	-0,400
jung	-0,415	0,501	-0,681	0,722
langweilig	0,293	-0,599	0,612	-0,755
monoton	0,485	-0,464	0,732	-0,722
lustig	-0,554	0,402	-0,768	0,696
ernst	0,749	-0,127	0,817	-0,525
natürlich	0,027	0,775	-0,384	0,761
alt	0,389	-0,470	0,639	-0,676
schnell	-0,657	0,141	-0,732	0,490
ansprechend	0,148	0,847	-0,302	0,768
emotional	-0,370	0,332	-0,547	0,529
sympathisch	0,033	0,845	-0,416	0,828
ironisch	-0,547	0,120	-0,610	0,410
sachlich	0,838	0,027	0,823	-0,417
gewählt ausgedrückt	0,763	0,019	0,753	-0,386
frei gesprochen	-0,385	0,513	-0,658	0,717
klingt wie Nachrichten	0,686	-0,186	0,785	-0,550
deutlich gesprochen	0,548	0,208	0,437	-0,083
der/die redet wie mit Freunden	-0,553	0,432	-0,783	0,726
der/die muss halt so sprechen	0,269	-0,347	0,453	-0,489

Der zweite Faktor wird leichter zu interpretieren, indem man ein Rotationsverfahren anwendet. Bezogen auf das Faktordiagramm (Abb. 4 und Abb. 5) bedeutet das, dass die Achsen der beiden Faktoren so lange „rotiert" werden, bis sich (näherungsweise) eine „Einfachstruktur" ergibt, bei der möglichst viele Variablen auf jeweils einem Faktor hoch, auf dem anderen möglichst gering laden (sich dort also möglichst dicht um die Achse herum bewegen). Dies ist ein reiner Transformationsprozess, die statistische Erklärungskraft eines Faktors (Varianzaufklärung) ändert sich dadurch nicht, wohl aber die Verteilung der Ladungen auf die beiden Faktoren (vgl. Wolff/Bacher 2010, 344). In der unrotierten Lösung sind beide Faktoren so berechnet, dass sie voneinander unabhängig sind (im Faktorendiagramm also tatsächlich in einem 90°-Winkel zueinander stehen). In sozialwissenschaftlich orientierten Untersuchungen sind Faktoren jedoch selten völlig unkorreliert (vgl. Osborne 2015), daher wurde ein obliques, „schiefwinkliges" Rotationsverfahren gewählt, dass Korrelationen zwischen den beiden Faktoren zulässt (vgl. ebd.) – in diesem Falle eine Oblimin-Rotation (δ = 0, mit Kaiser-Normalisierung).

In der rotierten Faktorlösung zeigt sich, dass beide Faktoren tatsächlich miteinander korrelieren (r = -0,531; die Darstellung im Faktorendiagramm in Abb. 5 ist verzerrt, „korrekterweise" müssten beide Achsen in einem Winkel von 57,9° zueinander stehen). In der Mustermatrix wird „der direkte Effekt eines Faktors auf eine Variable wiedergegeben" (die Faktorenladung ist hier interpretierbar als Regressionskoeffizient), während in der Strukturmatrix „alle direkten und indirekten Zusammenhänge" zwischen Faktor und Variable zusammengefasst werden (vgl. Wolff/Bacher 2010, 345). Blickt man nun auf die Mustermatrix in Tabelle 26, fällt auf, dass auf dem zweiten Faktor drei Variablen besonders stark (> 0,6) laden: „ansprechend", „sympathisch" und „natürlich"; die übrigen Items laden entweder nur schwach (< 0,4) oder mit relativ hohen „cross-loadings" auf dem ersten Faktor (vgl. Schendera 2010, 214). Demgemäß könnte man den Faktor als eine Art „Gefallens- und Authentizitäts-Faktor" bezeichnen. Auch in den Interviews tritt deutlich hervor, dass für die Hörer und Hörerinnen „ansprechend", „sympathisch" und „natürlich" eng miteinander zusammenhängen, dabei wird die wahrgenommene „Natürlichkeit" mehrfach explizit als Gütekriterium für Moderationen verwendet (vgl. Abschn. 7.4.9 „emotional/sympathisch/ansprechend" und 7.4.12 „natürlich/der/die muss halt so sprechen").

In der Literatur gelten Faktoren, auf denen mindestens 3 Variablen > 0,6 und 5 oder mehr Variablen ≥ 0,50 laden, als relativ „stark und stabil", beides trifft auf den zweiten Faktor zu (vgl. Schendera 2010, 214). Andererseits wird aber auch betont, dass die Korrelation zwischen den Faktoren nicht allzu hoch sein sollte, da sie ansonsten „kaum noch unterscheidbar sind und sich im Erklärungsgehalt überlappen" (Wolff/Bacher 2010, 345). Ein Korrelationskoeffizient von -0,531 spricht für einen relativ großen Überlappungsbereich – als eigenständige Dimension bei weiteren quantitativen Erhebungen zu Radiomoderationen würde sich der zweite Faktor diesem Ergebnis nach wenig eignen. Nichtsdestoweniger ist die besondere Rolle von „ansprechend", „sympathisch" und „natürlich" für die Interpretation der Daten interessant. Außer bei diesem Gefallens- und Authentizitätsfaktor scheinen sich Sputnik-typische Eigenschaften v.a. über die Abgrenzung zu Sputnik-untypischen Eigenschaften zu definieren. Auch in den Repertory-Grid-Interviews sind die Befragten sich tendenziell eher darin einig, was für sie definitiv *nicht* Sputnik ist, als darin, was Moderationen des Senders ausmacht – abgesehen davon, dass sie diese mögen und „natürlich" finden. Noch deutlicher zeigt sich diese Tendenz bei den Stimuli-Vergleichen im folgenden Abschnitt.

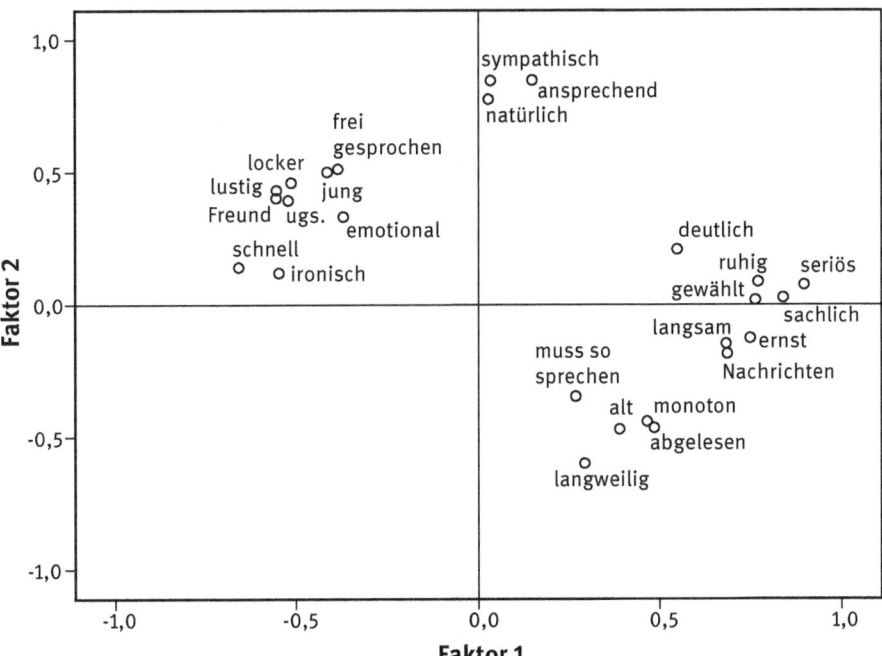

Abb. 5: Faktorendiagramm der rotierten Faktorlösung (Oblimin).

Vergleichbare Ergebnisse zeigen sich auch, wenn man die Variablen einer Clusteranalyse unterzieht. Clusteranalytische Verfahren ermöglichen es,

> Objekte anhand ihrer Merkmalsausprägungen zu Gruppen (,Clustern') so zusammenzufassen, dass einerseits die Ähnlichkeit zwischen den Objekten dieser Cluster möglichst groß

ist (Ziel 1: hohe Intracluster-Homogenität), aber andererseits die Ähnlichkeit zwischen den Clustern möglichst gering ist (Ziel 2: geringe Intercluster-Homogenität) (Schendera 2010, 8).

Da die vorliegende Arbeit v.a. einen explorativen Fokus hat, wurde die Clusteranalyse hier neben der Faktorenanalyse als eine weitere Perspektive herangezogen, um die Daten auf mögliche Strukturen und Tendenzen hin zu untersuchen. Gerade die Darstellungsform des Dendrogramms (Abb. 6) kann eine hilfreiche Visualisierung von Beziehungen zwischen Daten liefern.

Tab. 27: Zuordnungsübersicht Clusteranalyse (Single Linkage, Korrelation).

Schritt	Zusammen-geführte Cluster		Koeffi-zienten	1. Vorkommen des Clusters		Nächster Schritt
	1	2		1	2	
1	8	9	0,766	0	0	12
2	1	10	0,759	0	0	6
3	15	17	0,743	0	0	19
4	2	5	0,733	0	0	14
5	6	19	0,732	0	0	7
6	1	24	0,728	2	0	8
7	6	11	0,725	5	0	10
8	1	4	0,722	6	0	9
9	1	21	0,704	8	0	11
10	6	22	0,696	7	0	13
11	1	7	0,682	9	0	17
12	3	8	0,679	0	1	14
13	6	20	0,668	10	0	16
14	2	3	0,655	4	12	15
15	2	13	0,645	14	0	16
16	2	6	0,633	15	13	22
17	1	18	0,631	11	0	18
18	1	14	0,629	17	0	20
19	12	15	0,618	0	3	20
20	1	12	0,592	18	19	21
21	1	16	0,573	20	0	24
22	2	25	0,463	16	0	23
23	2	23	0,455	22	0	24
24	1	2	0,022	21	23	0

Die gewählte Methode war eine hierarchische, agglomerative Clusteranalyse: Dabei werden zunächst die „Abstände" ermittelt zwischen den 25 einzelnen Variablen – also zwischen den metalinguistischen Beschreibungen der Hörerinnen und Hörer, die für den Fragebogen ausgewählt worden waren. In einem ersten Schritt werden dann die beiden „ähnlichsten" Variablen mit den geringsten Abständen zueinander zu einem Cluster zusammengefasst. Anschließend werden die Abstände der übrigen Variablen zu diesem Cluster ermittelt (die Abstände zwischen den noch nicht geclusterten Variablen bleiben gleich). In den folgenden Rechendurchgängen werden Variablen bzw. Cluster „mit dem jeweils kleinsten Abstand bzw. größter ‚Ähnlichkeit' zu neuen bzw. größeren Clustern zusammengefasst und die Abstände neu berechnet" (vgl. Schendera 2010, 23). Dieser Prozess wird solange wiederholt, bis sich alle Variablen in Clustern befinden. Die Homogenität innerhalb der Cluster nimmt dabei sukzessive ab (vgl. ebd.). Als Fusionierungsalgorithmus wurde in diesem Falle das Verfahren „Nächster Nachbar" („Single Linkage") gewählt, Ähnlichkeitsmaß war hier die Korrelation zwischen den Variablen, die bei variablenorientierter Clusterung empfohlen wird (vgl. ebd. 28).

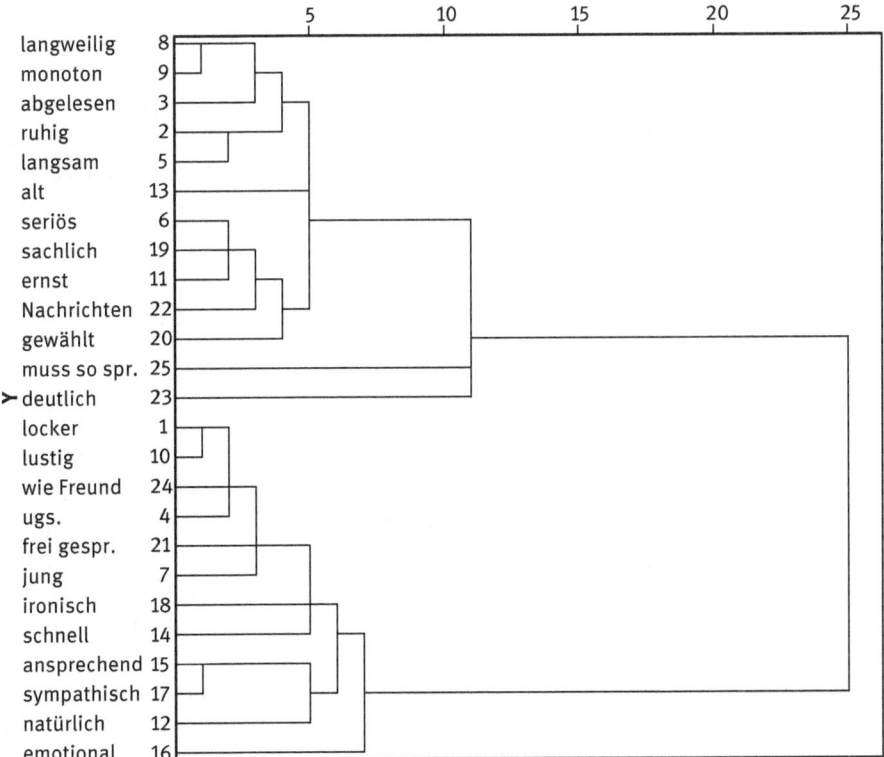

Abb. 6: Dendrogramm der Clusteranalyse (Single Linkage, Korrelation).

Die Ergebnisse legen eine Lösung mit zwei Clustern nahe, darauf weist etwa der deutliche Abfall der Intracluster-Homogenität von Schritt 23 zu 24 hin (vgl. der Koeffizient in Tab. 27), in diesem Schritt werden Cluster 1 und 2 zusammengeführt. Dies ist auch sehr anschaulich im Dendrogramm zu sehen (vgl. Abb. 6). Die senkrechten Linien bilden darin gewissermaßen „Klammern", die anzeigen, welche Einzelvariablen oder Cluster in den jeweiligen Schritten zusammengeführt wurden. Die Position auf der X-Achse zeigt wiederum die Homogenität innerhalb des Clusters an – je weiter rechts sich die „Klammer" befindet, umso geringer die Homogenität.

Die Aufteilung der beiden Cluster zeigt deutliche Parallelen zum ersten Faktor der unrotierten Faktorlösung – es gibt ein „Nachrichtensender-" und ein „Popsender"-Cluster. Interessant ist es an dieser Stelle, jeweils einen Blick auf die Beziehungen innerhalb dieser Cluster zu werfen. Wie im Dendrogramm gut zu erkennen, teilt sich das „Nachrichtensender"-Cluster beispielsweise in zwei Untercluster auf: zum einen *„langweilig", „monoton", „abgelesen", „ruhig", „langsam"* – und zum anderen *„seriös", „sachlich", „ernst", „klingt wie Nachrichten"* sowie *„gewählt ausgedrückt"*. Das erste Untercluster kann man der bereits in den Interviews mehrfach diskutierten „Dynamism"-Dimension zuordnen, wobei das Erregungslevel hier eher niedrig ausfällt (vgl. Zahn/Hopper 1985; siehe auch Abschn. 7.4.1). Das Item *„abgelesen"* lässt sich zwar nicht auf den ersten Blick mit Erregung verbinden, jedoch wurden in den Interviews Moderationen mit sehr zahlreichen, aber schwach ausgeprägten und regelmäßig gesetzten Akzenten nicht nur als *„monoton"* wahrgenommen – eine solche Sprechweise wurde auch als Hinweis gedeutet, dass das Gesprochene *„abgelesen"* wurde (vgl. Abschn. 7.4.6 *„monoton/langweilig"* und 7.4.5 *„abgelesen/frei gesprochen")*. Das zweite Untercluster geht dagegen eher in Richtung der „Superiority"-Dimension, in der Bildung, sozialer Status und intellektuelle Fähigkeiten zu einer Einheit verschmelzen (vgl. Zahn/Hopper 1985), kombiniert mit einer geringen Emotionalität.

Die Aufteilung dieser beiden Untercluster deckt sich wiederum mit den Ergebnissen der rotierten Faktorlösung. Auf dem ersten Faktor weisen dort nur die Variablen aus dem „Superiority- und Neutralitäts"-Cluster hohe Ladungen auf, Variablen des „Dynamism"-Clusters laden hingegen nur schwach. Ein Grund dafür ist, dass die „Dynamism"-Variablen deutlich stärker mit *„ansprechend", „sympathisch"* und *„natürlich"* korrelieren, also dem „Gefallens- und Authentizitätsfaktor" (vgl. Korrelationsmatrix in Anhang IV). Dies lässt sich ebenfalls mithilfe der Interviewergebnisse erklären: *„Langweilige", „monotone"*, hörbar *„abgelesene"* Moderationen, bei denen der Sprecher oder die Sprecherin nach Ansicht der Interviewten in ein enges Korsett aus Vorschriften gesperrt ist, werden durchweg stark abgelehnt und meist als nicht *„authentisch"* empfunden (vgl. v.a. Abschn. 7.4.6 *„monoton/langweilig"* sowie 7.4.12 *„natürlich/der/die muss* *so halt so sprechen"*). Eine „*ernste"*, „*seriöse"*, „*sachliche"* Sprechweise betrachten die Befragten hingegen gerade bei „*Nachrichtenthemen"* durchaus als angemessen (vgl. Abschn. 7.4.4 „*sachlich/ernst"*). Die relativ hohe negative Korrelation des ersten mit dem zweiten Faktor spricht aber eher dagegen, dass die Items aus dem „Superiority- und Neutralitäts"-Cluster eng mit „*sympathisch"* oder „*natürlich"* assoziiert würden – sie sind nur weniger „*unsympathisch"* und „*unnatürlich"* als z.B. „*monoton"*. Was darüber hinaus auf beide Untercluster zutrifft ist, dass sie – wie auch in den Interviews – mit höherem Lebensalter verknüpft sind (siehe die Zusammenführung beider Untercluster mit „*alt"* in Schritt 15 und 16, vgl. Tab. 27; vgl. auch Abschn. 7.4.2 „*alt/jung"*). Die Items des „Dynamism"-Clusters korrelieren dabei allerdings etwas stärker mit „*alt"* als die des „Superiority- und Neutralitäts"-Clusters (zweiseitige Rangkorrelation nach Spearman mit „*alt"*: „*monoton"* – r = 0,646; „*langweilig"* – r = 0,640; „*langsam"* – r = 0,563; „*abgelesen"* – r = 0,562; „*ruhig"* – r = 0,437; „*sachlich"* r = 0,496; eine vollständige Korrelationstabelle befindet sich in Anhang IV).

Beim „Popsender"-Cluster bilden „*ansprechend"*, „*sympathisch"* und „*natürlich"* ein eigenes Untercluster, wie ebenfalls durch die Ergebnisse der rotierten Faktorlösung bereits zu erwarten war. „*Ansprechend"* und „*sympathisch"* sind dabei enger miteinander verknüpft (r = 0,743 vs. „*sympathisch"* – „*natürlich"*: r = 0,681 und „*ansprechend"* – „*natürlich"*: r = 0,567). Mit den Aussagen aus den Interviews deckt sich der enge Zusammenhang zwischen „*locker"*, „*lustig"*, „*der/die redet wie mit Freunden"*, „*umgangssprachlich"* und „*frei gesprochen"* – die Zusammenführung mit „*frei gesprochen"* erfolgt in Schritt 9 und führt zu einem gemeinsamen Koeffizienten von 0,704 (vgl. Tab. 27; vgl. auch Abschn. 7.4.5 „*abgelesen/frei gesprochen"*, 7.4.10 „*locker/umgangssprachlich/der/die redet wie mit Freunden"* und 7.4.11 „*lustig/ironisch"*).

Was sich vor dem Hintergrund der Interviews nicht recht erklären lässt, ist hingegen, warum „*lustig"* mit „*locker"* (r = 0,757) und „*der/die redet wie mit Freunden"* (r = 0,728) deutlich stärker korreliert als mit „*ironisch"* (r = 0,631). Eine mögliche Ursache könnte sein, dass zwar einige der Sputnik- und z.T. auch Jump-Moderationen als sehr „*ironisch"* wahrgenommen werden, andere aber gar nicht, während die Unterschiede bei „*lustig"* hier geringer ausfallen. Darauf soll im folgenden Abschnitt noch näher eingegangen werden. Überhaupt scheint „*ironisch"* auch nur begrenzt über die gefundenen Cluster bzw. Faktoren erklärbar zu sein, das zeigt sich beispielsweise auch an den Kommunalitäten, die nach der Extraktion der Faktoren errechnet wurden. Die Kommunalität einer Variable gibt an, „in welchem Ausmaß die Varianz dieser Variablen durch die Faktoren aufgeklärt bzw. erfasst wird" (Bortz/Schuster 210, 393). Dabei gelten Kommunalitäten von unter 0,4 als „ausgesprochen niedrig" (vgl. Schendera 2010, 266). Bei „*ironisch"* betragen sie 0,383. Noch niedriger sind die Kommunalitäten von „*emotional"*

(0,378), *„der/die muss halt so sprechen"* (0,291) und *„deutlich gesprochen"* (0,222). Dies macht sich (v.a. bei den letzten beiden Items) auch in den Faktorenladungen und Intracluster-Homogenitäten deutlich bemerkbar (vgl. Tab. 25 und 26 sowie in Tab. 27 v.a. die Schritte 22 und 23). Einige Überlegungen, woran dies liegen könnte, sollen ebenfalls im folgenden Abschnitt besprochen werden.

8.2.2 Ausprägung der Faktoren nach Sender

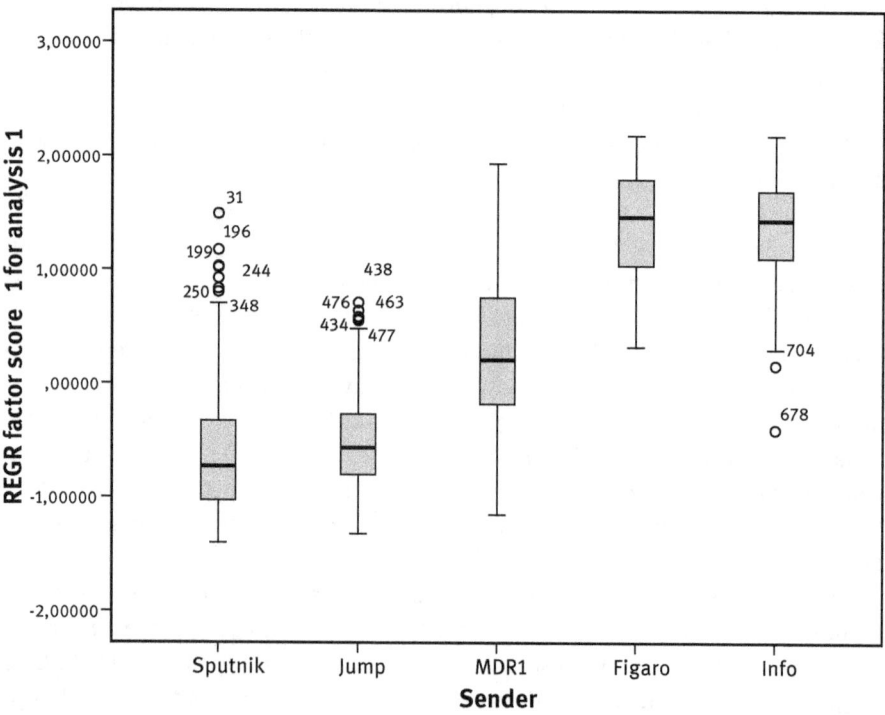

Abb. 7: Boxplots des ersten unrotierten Faktors nach Sender.

Um eine erste Übersicht zu geben und zentrale Tendenzen in den Daten zu veranschaulichen, wurden der erste Faktor der unrotierten und der zweite Faktor der rotierten Lösung der Faktorenanalyse jeweils zu einer Variablen transformiert (Methode: Regression) und deren Ausprägungen je nach Sender miteinander verglichen. Die unrotierte Fassung des ersten Faktors (Abb. 7) wurde deshalb gewählt, da hier die Polarisierung zwischen Eigenschaften, die mit *„Nachrichtensendern"* verknüpft sind, und Eigenschaften von *„Jugend"*- bzw. *„Popsen-*

dern" größer und eindeutiger ist als beim ersten Faktor der rotierten Lösung (vgl. auch der vorangegangene Abschnitt). Die Variable des zweiten, rotierten Faktors (Abb. 8) sollte wiederum zeigen, wie sich die Stimuli der verschiedenen Sender auf der „Gefallens- und Authentizitäts"-Dimension voneinander unterscheiden.

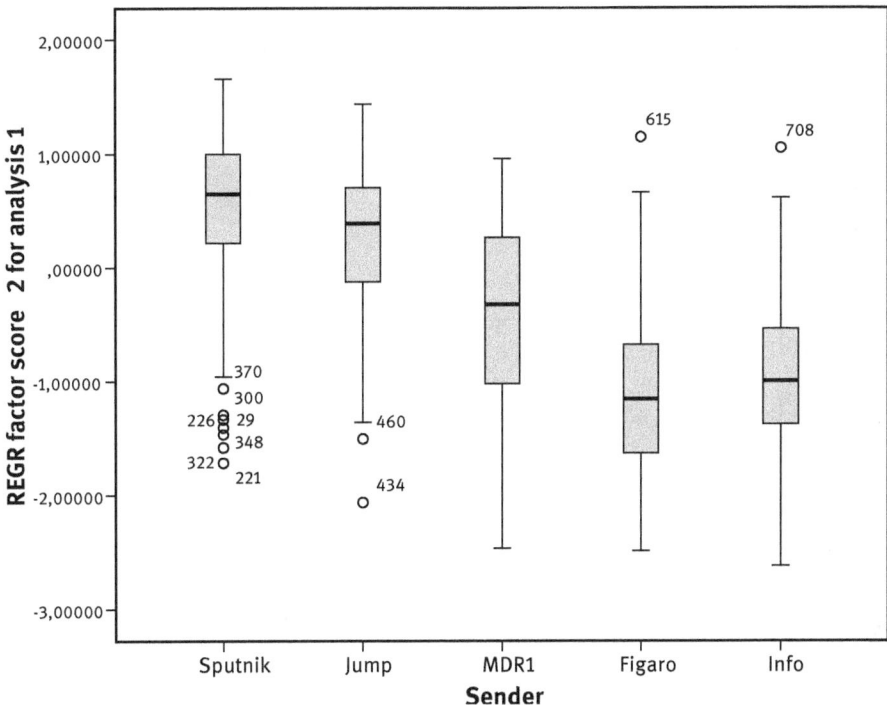

Abb. 8: Boxplots des zweiten rotierten Faktors nach Sender.

Wie im Boxplot des ersten unrotierten Faktors zu erkennen ist, schlagen die Sputnik-Moderationen am stärksten in Richtung *„Jugendsender"* aus (MW = -0,62; SD = 0,52), die Streuung ist dabei jedoch größer als bei den Moderationen von Jump (MW = -0,49; SD = 0,47). Die Stimuli von Figaro werden offenbar am ausgeprägtesten als *„Nachrichtensender"*-artig eingeschätzt (MW = 1,41; SD = 0,46), der Unterschied zu Info ist allerdings kleiner als der zwischen Sputnik und Jump (MW = 1,35; SD = 0,48). MDR1 Radio Sachsen-Anhalt liegt – wie bereits in den Interviews – zwischen beiden Polen und weist die mit Abstand stärkste Streuung auf (MW: 0,27; SD: 0,67). Auch hier scheinen sich die Hörerinnen und Hörer in ihrer Zuordnung nicht sicher zu sein. Das Verhältnis der Sender zueinander erinnert an die „Schichtung" die sich ergeben hatte, als die Stimuli der Online-Befragung in eine Rangfolge gebracht worden waren, geordnet nach dem Grad der Kategoriezugehörigkeit zu Sputnik (vgl. Kap. 6.3, Abb. 2). Beim „Gefallens- und Authentizitäts"-Faktor zeigen die Sputnik-Stimuli die stärksten Ausprägungen (MW = 0,56; SD = 0,62), mit deutlichem Abstand gefolgt von Jump (MW = 0,25; SD = 0,71). MDR1-Moderationen erweisen sich auch hier wieder als eine Art *„Zwischending"*, wie sie von Interviewten gelegentlich bezeichnet wurden (z.B. Int. 13, Abs. 94; MW = -0,41; SD = 0,84). Figaro- und Info-Moderationen zeigen hier abermals recht ähnliche Ergebnisse, wobei die Stimuli von Figaro auf dieser Dimension noch etwas geringer ausgeprägt sind (Figaro: MW = -1,14; SD = 0,71; Info: MW = -0,97; SD = 0,67). Die Werte streuen bei diesem Faktor jedoch insgesamt stärker als beim „Nachrichtensender"-Faktor, der ja auch erheblich mehr Varianz aufklärt (vgl. der vorangegangene Abschnitt).

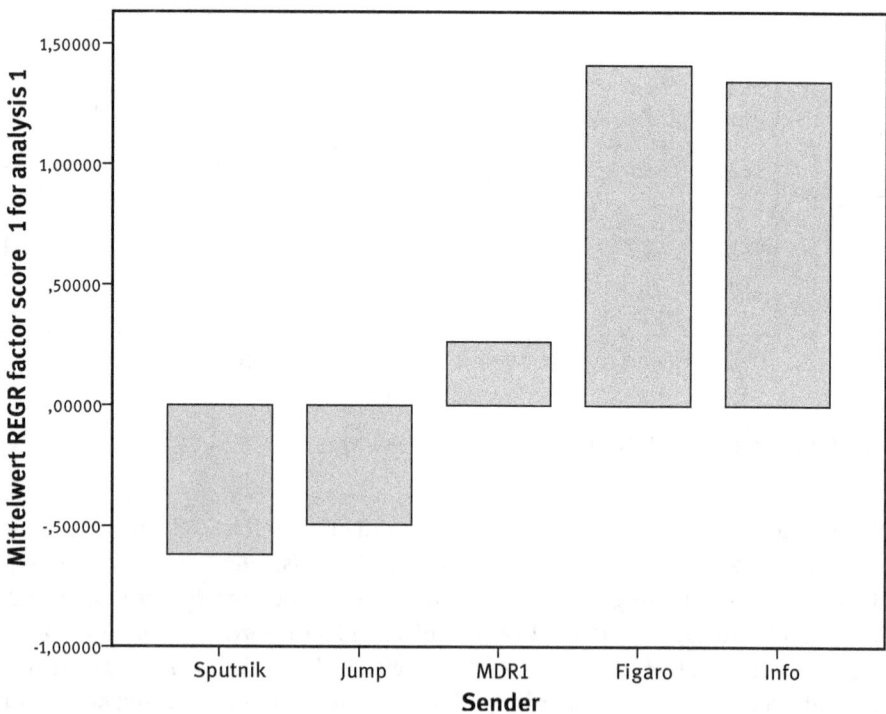

Abb. 9: Mittelwerte des unrotierten ersten Faktors nach Sender.

Interessant ist darüber hinaus auch der Vergleich zwischen den Ausprägungen der verschiedenen Sender auf dem ersten unrotierten Faktor (Abb. 9) und denen auf dem ersten rotierten Faktor aus der Faktorenanalyse (Abb. 10). Letzterer wurde ebenfalls zu einer Variable transformiert. Die Unterschiede werden bereits bei einem Blick auf die Mittelwerte deutlich. Wie schon weiter oben beschrieben, unterscheiden sich die Mittelwerte von Sputnik und Jump auf dem unrotierten Faktor deutlich voneinander, eine leichte Differenz ist auch zwischen Figaro und Info zu erkennen. Auf dem rotierten Faktor sind die Werte von Sputnik und Jump bzw. Figaro und Info dagegen jeweils nahezu gleich (Sputnik: -0,54; Jump: -0,55; Figaro: 1,31; Info: 1,32). Testet man diese Unterschiede auf ihre statistische Signifikanz ($\alpha = 0,05$), so ergibt sich, dass sich die Werte von Sputnik und Jump auf der Variable des unrotierten Faktors signifikant voneinander unterscheiden (Man-Whitney-U-Test, $p_{(2\text{-Seitig})} = 0,004$). Beim rotierten Faktors ist dies dagegen eindeutig nicht der Fall ($p = 0,840$). Bei Figaro und Info ist keiner der Unterschiede signifikant, die Tendenz ist allerdings die gleiche (unrotiert: $p = 0,373$; rotiert: $0,700$).

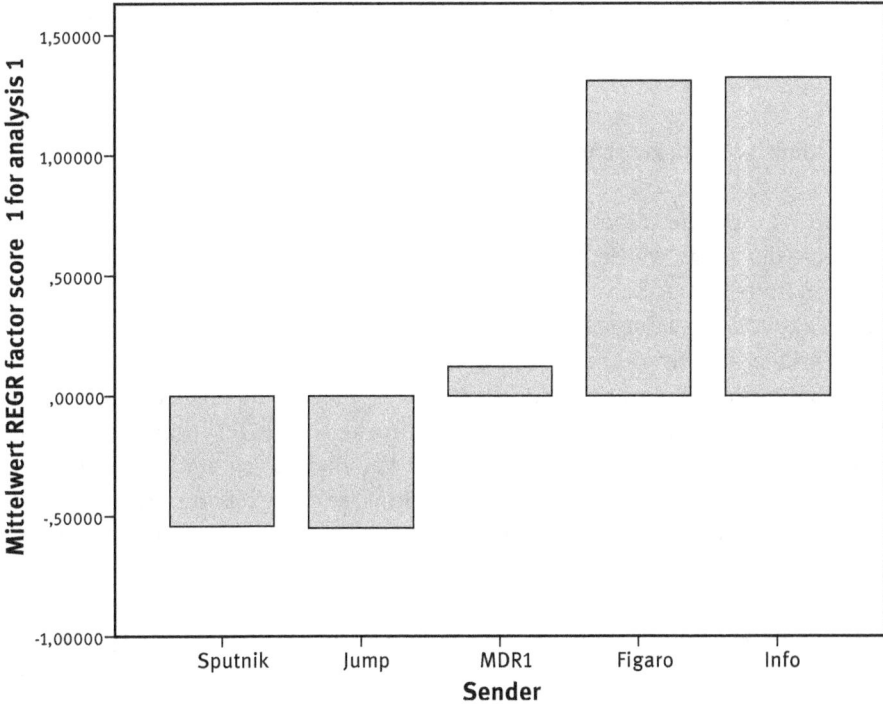

Abb. 10: Mittelwerte des rotierten ersten Faktors nach Sender.

Wie im vorangegangenen Abschnitt erläutert, haben auf dem unrotierten Faktor auch die Variablen des „Dynamism"-Clusters hohe Ladungen. Diese stehen – verglichen mit dem „Superiority- und Neutralitäts"-Cluster – wiederum in einem stärkeren negativen Zusammenhang mit dem „Gefallens- und Authentizitätsfaktor". Die gefundenen Unterschiede hängen also mit diesem Faktor zusammen. Demnach ähneln sich sowohl Sputnik und Jump als auch Figaro und Info jeweils in ihren Ausprägungen von „Superiority" und Neutralität – nicht aber in Gefallen und wahrgenommener Authentizität. Dies zeigt sich auch darin, dass sich Sputnik und Jump auf dem „Gefallens- und Authentizitäts"-Faktor ebenfalls signifikant voneinander unterscheiden (Man-Whitney-U-Test, $p_{(2\text{-Seitig})}$ = 0,00007), Figaro und Info verfehlen das Signifikanzniveau knapp (p = 0,054).

Diese Tendenzen sollen in den folgenden beiden Abschnitten anhand der Werte der einzelnen Fragebogen-Items genauer erläutert werden. Zunächst wird dabei auf signifikante Unterschiede zwischen MDR Sputnik und den übrigen Sendern eingegangen, im darauffolgenden Abschnitt wird es dann darum gehen, ob und wo sich Stimuli innerhalb der einzelnen Sender signifikant unterscheiden. Doch bereits an diesem Punkt der Auswertung lässt sich feststellen, dass sich auch hier die Ergebnisse der Fragebogenbefragung weitgehend mit den Ergebnissen der Interviewbefragung decken.

8.2.3 Unterschiede zwischen MDR Sputnik und den übrigen Sendern

In Abb. 11 sind die Mittelwerte der 5 Sender im Vergleich zu sehen. Die Reihenfolge der Items wurde dabei so gewählt, wie sie sich in der Clusteranalyse ergeben hatte (vgl. Abschn. 8.2.1); dadurch ist deutlich zu erkennen, warum der erste Faktor, der bei der Faktorenanalyse errechnet worden war, vergleichsweise viel Varianz aufklärt – die Unterschiede zwischen den Sendern sind hier am ausgeprägtesten. Um zu prüfen, ob und welche dieser Unterschiede auch statistisch signifikant sind, wurde zunächst ein Kruskal-Wallis-Test durchgeführt, der ähnlich funktioniert wie eine einfaktorielle Varianzanalyse, im Gegensatz dazu aber keine Normalverteilung der Daten voraussetzt (vgl. Bortz/Schuster 2010, 214; dass die vorliegenden Daten nicht der Normalverteilung entsprechen, zeigen die Kolmogorow-Smirnow-Tests in Anhang III). Wie die Varianzanalyse umgeht dieses Verfahren „das Problem der α-Kumulation, ohne eine Reduktion der Power in Kauf nehmen zu müssen" (vgl. Janczyk/Pfister 2015, 95). α-Kumulation bedeutet, dass mehrere Hypothesentests auf dem gleichen Signifikanzniveau (z.B. Man-Whitney-U-Tests zwischen allen 5 Sendern in einzelnen Paarvergleichen mit jeweils α = 0,05) zur gleichen Hypothese (H0 = Es gibt keine signifikanten Unterschiede zwischen den Sendern) bei der gleichen Stichprobe die Wahrscheinlichkeit falsch positiver Ergebnisse erhöht (H0 kann verworfen werden), da sich die Fehlerwahrscheinlichkeit von 0,05 mit jedem zusätzlichen Einzeltest akkumuliert (vgl. ebd. 94).

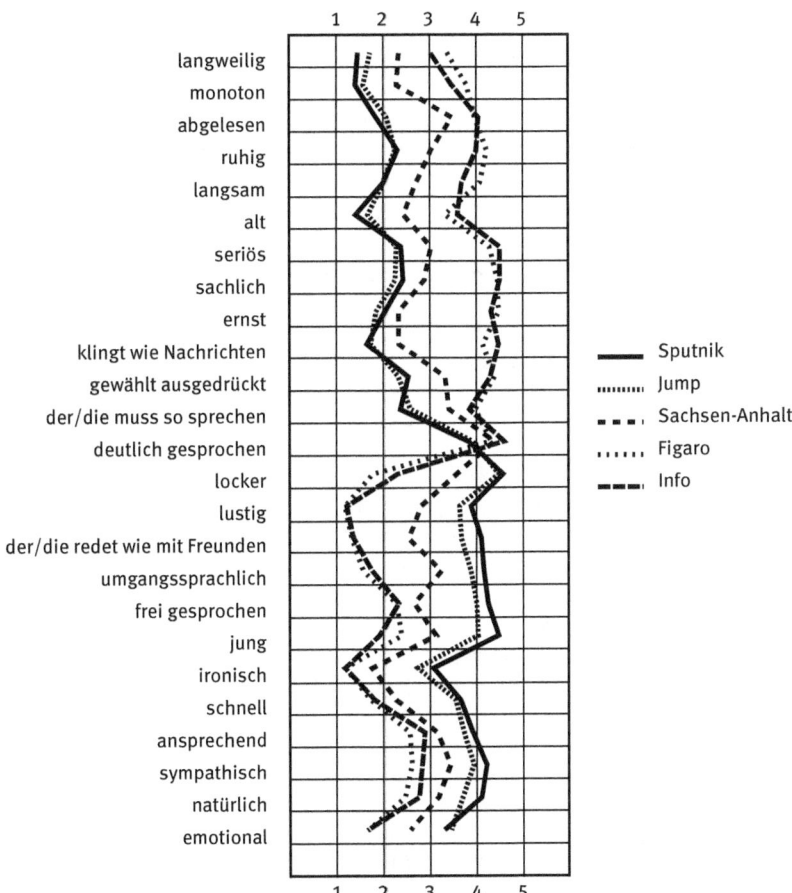

Abb. 11: Mittelwerte der Sender im Vergleich.

Die Ergebnisse des Kruskal-Wallis-Tests sind in Tabelle 28 dargestellt. Es zeigt sich, dass bei allen Items signifikante Unterschiede zwischen den Moderationen der verschiedenen Sender bestehen. Nachteil des Kruskal-Wallis-Tests ist, dass man nun bei jedem Item zwar weiß, dass zwischen den fünf Sendern jeweils irgendwo signifikante Unterschiede bestehen, nicht aber zwischen welchen davon genau. Um das herauszufinden, wurden post-hoc paarweise Man-Whitney-

U-Tests durchgeführt. Um den Aufwand vertretbar zu halten, wurde mit diesen Post-Hoc-Tests nur untersucht, wo signifikante Unterschiede zwischen den Moderationen von MDR Sputnik und den übrigen Sendern bestehen, da diese Frage für die vorliegende Arbeit zentral ist.

Tab. 28: Ergebnisse des Kruskal-Wallis-Tests (df = 4; nSputnik = 384; nNicht-Sputnik = jeweils 96).

Item	Mittlerer Rang					χ^2	p (2-seitig)
	Sputnik	Jump	MDR1	Figaro	Info		
locker	500,1	474,9	325,5	110,2	144,3	428,3	0,000
ruhig	299,4	290,1	420,7	595,3	566,8	237,4	0,000
abgelesen	270,3	305,2	514,0	578,2	591,3	320,3	0,000
umgangssprachlich	496,9	442,7	352,0	124,6	149,3	365,3	0,000
langsam	287,1	291,6	417,9	638,1	575,8	304,8	0,000
seriös	291,4	273,2	398,3	600,2	633,7	318,5	0,000
jung	507,5	446,3	277,4	182,3	121,7	393,8	0,000
langweilig	278,1	333,5	451,8	604,0	569,1	293,1	0,000
monoton	277,0	315,5	432,5	623,1	592,1	343,1	0,000
lustig	499,2	458,7	343,8	124,9	129,0	393,9	0,000
ernst	297,8	274,9	342,6	641,9	621,4	340,4	0,000
natürlich	475,8	400,7	319,7	198,4	236,4	194,9	0,000
alt	275,5	319,4	452,1	579,6	617,2	332,3	0,000
schnell	483,3	462,6	335,7	157,8	167,7	301,3	0,000
ansprechend	462,7	418,4	314,4	211,5	263,6	158,5	0,000
emotional	459,4	482,9	345,0	199,6	193,2	212,6	0,000
sympathisch	475,8	422,1	328,9	185,1	218,5	220,6	0,000
ironisch	478,5	442,2	301,0	196,9	204,1	243,3	0,000
sachlich	299,6	269,7	371,7	611,3	620,1	302,3	0,000
gewählt ausgedrückt	299,1	262,9	429,0	595,7	586,8	267,1	0,000
frei gesprochen	492,0	448,0	245,0	199,1	198,1	288,5	0,000
klingt wie Nachrichten	284,5	302,0	387,3	602,8	636,7	343,9	0,000
deutlich gesprochen	327,8	348,0	447,7	448,4	510,8	84,8	0,000
der/die redet wie mit Freunden	509,9	442,7	288,5	139,0	141,7	401,0	0,000
der/die muss halt so sprechen	297,1	334,4	462,3	549,6	531,1	179,1	0,000

Weil auch hier eine α-Kumulation vermieden werden sollte, wurde das beabsichtigte Signifikanzniveau der einzelnen Tests (α = 0,05) einer Bonferroni-Korrektur unterzogen. Bei 4 Paarvergleichen pro Variable bedeutet das ein korrigiertes Signifikanzniveau von p' = 0,0125 (p' = α/n = 0,05/4 = 0,0125). Die Bonferroni-Korrektur ist „eine konservative Korrektur, und man liegt gewissermaßen auf der ‚sicheren Seite', nimmt jedoch eine reduzierte Power in Kauf" (Janczyk/Pfister 2015, 94f) – die Tests werden also nicht so schnell signifikant wie der Kruskal-

Wallis-Test. Nach den Bonferroni-korrigierten Post-Hoc-Tests unterscheiden sich die Stimuli von Figaro und Info in allen Variablen signifikant von den Sputnik-Stimuli (eine Tabelle mit den genauen Werten zu allen durchgeführten Paarvergleichen befindet sich in Anhang V). Moderationen von MDR1 Radio Sachsen-Anhalt unterscheiden sich ebenfalls in allen Variablen signifikant von Sputnik-Moderationen – bis auf *„ernst"* ($p_{(2\text{-seitig})} = 0{,}051$).

Wie der Vergleich der Mittelwerte in Abb. 11 bereits erahnen lässt, sind die Unterschiede zwischen Sputnik- und Jump-Moderationen in vielen Fällen nicht signifikant, bis auf: *„umgangssprachlich"* ($p_{(2\text{-seitig})} = 0{,}0017$), *„jung"* ($p = 0{,}0009$), *„langweilig"* ($p = 0{,}0036$), *„natürlich"* ($p = 0{,}0004$), *„sympathisch"* ($p = 0{,}0118$) und *„der/die redet wie mit Freunden"* ($p = 0{,}0002$). Dies geht konform mit den Aussagen der Hörerinnen und Hörer aus der Interviewbefragung, wonach Moderationen von MDR Jump denen von Sputnik zwar von allen beteiligten Sendern am meisten ähneln, jedoch als etwas älter, formeller und als weniger authentisch wahrgenommen werden (vgl. dazu v.a. Abschn. 7.4.5 *„abgelesen/frei gesprochen"* und 7.4.12 *„natürlich/der/die muss halt so sprechen"*). Es wird überdies deutlich, warum sich Jump und Sputnik auch auf der transformierten Variable des „Gefallens- und Authentizitäts-Faktors" signifikant voneinander unterscheiden, auf dem vor allem *„sympathisch"* und *„natürlich"* starke Ladungen aufweisen (vgl. Abschn. 8.2.2).

Bei der Faktorenanalyse hatte sich ergeben, dass insbesondere die beiden Items *„deutlich gesprochen"* und *„der/die muss halt so sprechen"* nur wenig zur Varianzaufklärung beitragen (vgl. Abschn. 8.2.1). Das spiegelt sich auch hier wieder. Im Kruskal-Wallis-Test gibt es zwar bei beiden Variablen signifikante Unterschiede zwischen den Sendern, die χ^2-Werte fallen jedoch wesentlich niedriger aus als bei allen anderen Items, auch die mittleren Ränge der jeweiligen Sender unterscheiden sich vergleichsweise wenig (vgl. Tab. 28). Trotz intensiver Recherche konnte ich leider kein zuverlässiges Maß für die Effektgröße bei nichtparametrischen Tests mit unterschiedlich großen Gruppen finden – all diese Indizien weisen jedoch darauf hin, dass beide Items weniger brauchbar sind als die übrigen, um zwischen den Sprechstilen der verschiedenen Sender zu unterscheiden.

Im Falle von *„deutlich gesprochen"* bietet der Blick auf die Boxplots des Items (Abb. 12) eine mögliche Erklärung an: Während sich die Befragten bei Moderationen von Figaro, Info und MDR1 Radio Sachsen-Anhalt relativ einig zu sein scheinen, dass diese *„deutlich gesprochen"* sind, streuen die Ergebnisse bei Sputnik und Jump stärker. Im Gegensatz zu anderen *„Nachrichtensender"*-Items weisen Sputnik- und Jump-Moderationen hier aber dennoch relativ hohe Werte auf. Ein Problem könnte sein, dass Jump- und Sputnik-Moderationen zwar – wie sich in den Interviews ergeben hatte – tendenziell als weniger *„deutlich gesprochen"* wahrgenommen werden als die Moderationen der anderen Sender. Sie sind es aber nicht so viel weniger, dass die Probandinnen und Probanden sie schon als *„undeutlich"* beschreiben würden, was im Kontext eines auszufüllenden Fragebogen-Items wiederum zu Unsicherheiten bei der Zuordnung geführt haben könnte.

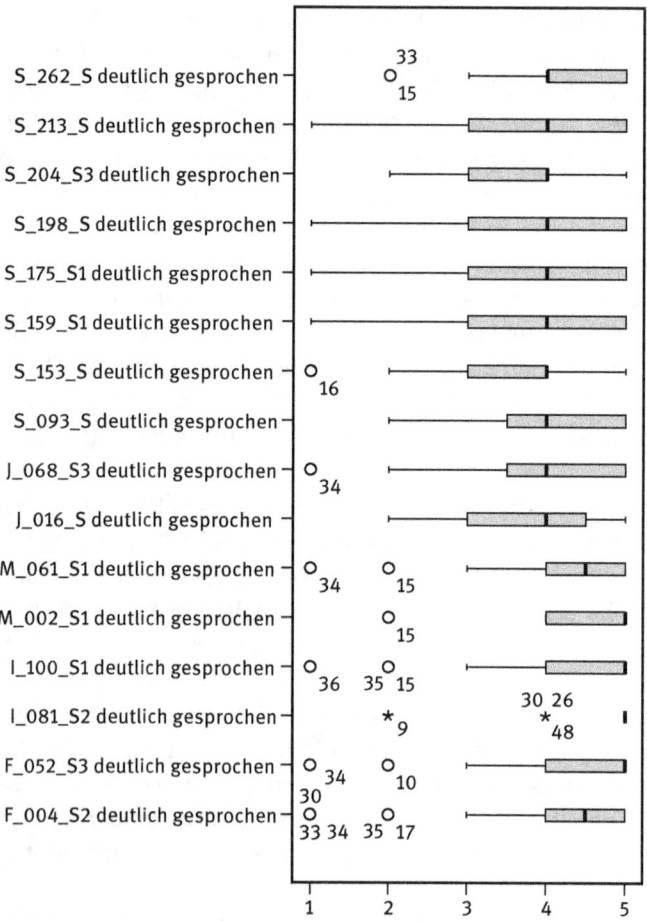

Abb. 12: Boxplots von *„deutlich gesprochen"* über alle Stimuli hinweg.

Das Item *„der/die muss halt so sprechen"* eignet sich wahrscheinlich aus einem anderen Grund weniger, um die verschiedenen Moderationsstile voneinander abzugrenzen. Wie in den Boxplots in Abb. 13 zu erkennen ist, findet hier zwar wie bei den meisten anderen Variablen eine Polarisierung zwischen den beiden

„Pop-/Jugendsendern" und den „Nachrichtensendern" statt, die Streuung ist jedoch über alle Sender hinweg sehr groß. „Der/die muss halt so sprechen" ist auch das einzige Item der Likert-Skala, bei dem die Probanden und Probandinnen nach dem ersten Durchlesen des Fragebogens mehrfach nachgefragt hatten, was genau damit gemeint sei.

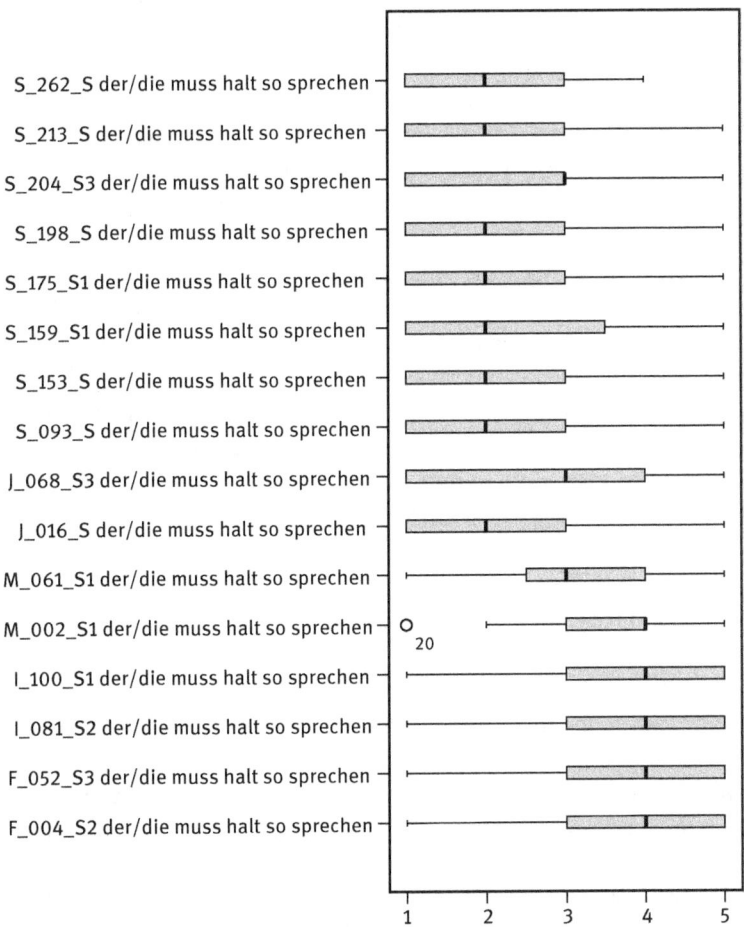

Abb. 13: Boxplots von „der/die muss halt so sprechen" über alle Stimuli hinweg.

Die Vermutung liegt daher nahe, dass die starke Streuung mit Verständnisschwierigkeiten zusammenhängt. Es ist möglich, dass die im Vergleich zu den Interviews weitgehend dekontextualisierte Form des Fragebogens dazu beigetragen hat (vgl.

Garrett et al. 2003, 37). In den Interviews betonten die Befragten zwar immer wieder, dass bei „Nachrichtensendern" vorgegebene Texte abgelesen werden „müssen" und es dabei sehr feste Vorgaben gibt, auf welche Weise dies umzusetzen ist. Aussagen dieser Art sind aber oft sehr kontextgebunden und ergeben sich zumeist aus der Abgrenzung zu den „freieren" Sputnik-Moderatoren und -Moderatorinnen, die Verhaltensweisen zeigen „dürfen", die den Sprecherinnen und Sprechern von „Nachrichtensendern" nicht „erlaubt" sind (vgl. Abschn. 7.4.12 „natürlich/der/die muss halt so sprechen"). In der Repertory-Grid-Befragung gibt es keinen Fall, in dem „der/die muss halt so sprechen" ohne eine weitere Erklärung geäußert wurde, was bei Beschreibungen wie z.B. „locker" durchaus vorkommt. Das Problem, dass die metalinguistischen Beschreibungen in einem Fragebogen „aus dem Kontext gerissen" sind, gilt zwar prinzipiell für alle der verwendeten Items, „der/die muss halt so sprechen" ist allerdings – bezogen auf die Interviews – am stärksten abstrahiert und damit auch am stärksten dekontextualisiert. Möglicherweise sind die Aussagen der Hörerinnen und Hörer zu Gestaltungsfreiheit und Freiwilligkeit eher Begründungsmuster, zugrundeliegende Annahmen, die die Hörer und Hörerinnen als selbstverständlich voraussetzen – also das, was Niedzielsky und Preston (2000, 308f) unter „metalanguage 2" verstehen. An dieser Stelle zeigt sich, dass sich die Repertory-Grid-Interviews und die Fragebogenbefragung zwar insgesamt sehr gut ergänzen, die Beschreibungen der Interviewten aber nicht immer problemlos von der einen Form in die andere zu „übersetzen" sind (vgl. dazu auch Maegaard 2005).

8.2.4 Unterschiede zwischen den Sputnik-Moderationen

In diesem Abschnitt wird es darum gehen, ob es signifikante Unterschiede darin gibt, wie die Probandinnen und Probanden die 8 Sputnik-Moderationen einschätzen, die sie in der Fragebogenbefragung zu hören bekommen hatten.[14] Ein Blick auf die Mittelwerte (Abb. 14) deutet bereits an, dass sich die Einschätzungen durchaus ähneln, bei einigen Items sind allerdings deutliche Unterschiede zu erkennen. Um diese näher zu untersuchen, wurde zunächst ein Friedman-Test durchgeführt. Das geschah aus denselben Gründen wie beim Kruskal-Wallis-Test, mit dem die statistischen Unterschiede zwischen den Sputnik-Moderationen und

---

14 Senderinterne Vergleiche von Jump, MDR1, Figaro und Info sind im Anhang VI nachzulesen. Von einer ausführlichen Diskussion jener Vergleiche wurde an dieser Stelle abgesehen, da auf einer Basis von jeweils zwei Stimuli pro Sender kaum aussagekräftige Verallgemeinerungen abgeleitet werden können in Bezug auf die interne Varianz ihres Moderationsstils.

den Moderationen der übrigen Sender ermittelt worden waren (vgl. Abschn. 8.2.3). Dass hier ein anderer Test zum Einsatz kommt, liegt daran, dass zwei verschiedene Datensätze verwendet wurden, wie in der Einleitung von Kapitel 8 bereits erläutert und begründet wurde. Nach dem Friedman-Test unterscheiden sich die Sputnik-Stimuli in allen Variablen signifikant voneinander – außer bei „*natürlich*", „*ansprechend*" und „*der/die muss halt so sprechen*" (vgl. Tab. 29).

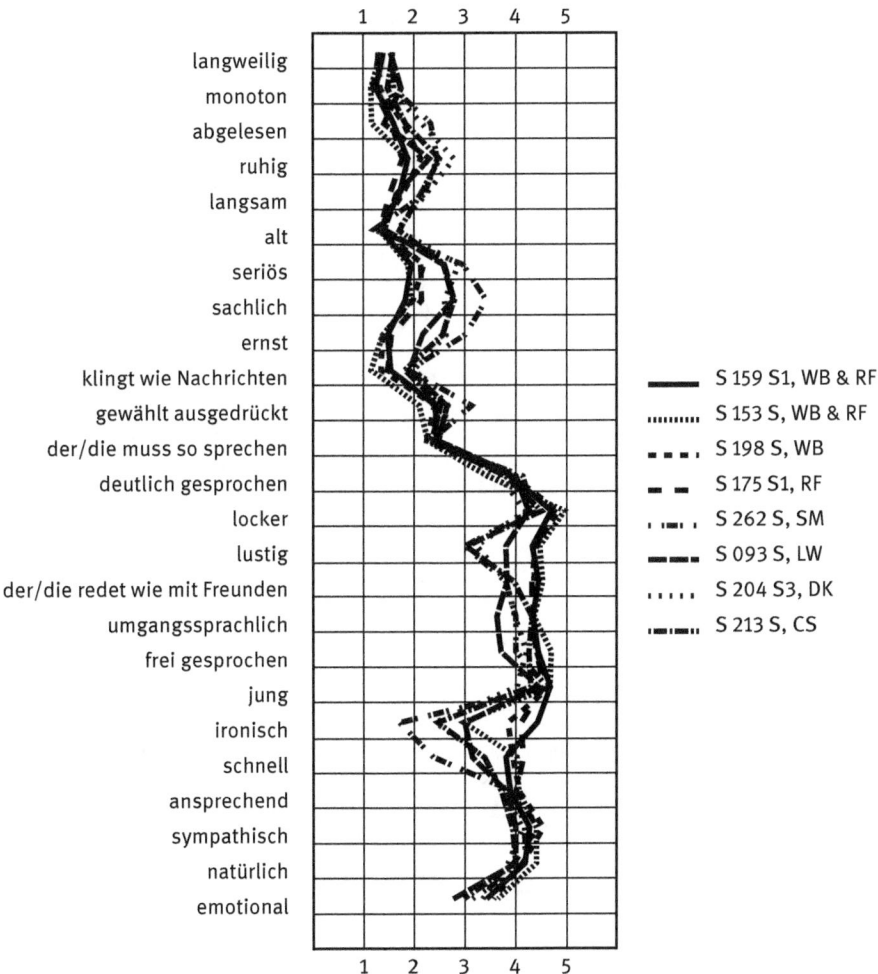

Abb. 14: Mittelwerte der Sputnik-Stimuli im Vergleich.

Auch in den Interviews sind sich die Befragten in erster Linie darin einig, dass ihnen Sputnik-Moderationen gefallen und dass sie diese als authentisch wahrnehmen. Zudem stimmen die Interviewten erheblich stärker darin überein, was für sie definitiv nicht „nach Sputnik" klingt, als was die Moderationen von MDR Sputnik typischerweise ausmacht (vgl. die Einleitung von Kap. 7.4; Kap. 9.1).

Tab. 29: Friedman-Test Sputnik-Stimuli (df = 7; n = 48).

Item	Mittlerer Rang								χ^2	p (2-seitig)
	S 159 S1	S 153 S	S 198 S	S 175 S1	S 262 S	S 093 S	S 204 S	S 213 S		
locker	4,79	5,69	5,23	5,07	3,86	3,53	3,66	4,17	73,088	0,000
ruhig	3,39	3,47	4,06	3,27	4,86	6,19	5,67	5,09	96,693	0,000
abgelesen	3,89	2,97	4,42	3,90	5,45	5,65	5,23	4,51	73,098	0,000
ugs.	4,96	5,00	5,02	4,76	4,42	3,08	3,80	4,96	46,461	0,000
langsam	3,69	3,78	3,92	3,28	5,15	5,91	5,22	5,06	72,995	0,000
seriös	3,33	3,24	3,97	3,82	5,90	5,01	5,78	4,95	84,191	0,000
jung	4,95	5,04	5,03	4,65	4,96	4,25	3,29	3,83	51,977	0,000
langweilig	4,27	4,27	3,91	4,09	4,93	4,78	4,88	4,88	19,120	0,008
monoton	4,16	3,72	4,30	3,97	4,93	5,26	4,90	4,77	38,764	0,000
lustig	5,52	5,83	5,61	5,57	2,79	4,35	3,10	3,23	119,663	0,000
ernst	3,44	3,17	3,20	3,60	6,57	4,75	5,71	5,56	129,287	0,000
natürlich	4,49	5,14	4,60	4,16	4,83	4,33	4,14	4,31	10,628	0,156
alt	4,28	4,27	4,28	4,41	3,86	4,45	5,29	5,16	31,725	0,000
schnell	4,98	5,45	5,20	5,79	3,84	3,16	3,94	3,65	68,122	0,000
ansprechend	4,40	4,68	4,88	4,67	4,84	4,34	4,05	4,15	8,453	0,294
emotional	4,82	5,35	5,15	5,07	4,30	3,27	4,43	3,60	44,906	0,000
sympathisch	4,55	4,89	5,35	4,48	4,57	3,86	4,27	4,02	20,728	0,004
ironisch	6,23	4,15	5,77	6,24	2,27	4,26	3,58	3,50	145,316	0,000
sachlich	3,11	3,40	3,47	3,98	6,50	5,27	4,95	5,32	104,019	0,000
gewählt	4,19	3,41	4,23	4,49	5,81	4,58	4,90	4,40	35,135	0,000
frei gespr.	4,60	5,61	4,86	4,73	4,31	3,39	4,21	4,28	38,890	0,000
Nachrichten	4,06	3,45	3,83	4,29	4,98	5,00	5,33	5,05	46,974	0,000
deutlich	4,77	3,56	4,59	4,56	5,17	5,01	3,99	4,34	25,981	0,001
mit Freunden	5,07	5,39	5,04	4,75	3,80	4,01	3,98	3,96	35,003	0,000
muss	4,74	4,16	4,38	4,63	4,40	4,43	4,64	4,65	3,648	0,819

Um zu ermitteln, zwischen welchen Stimuli die signifikanten Unterschiede genau liegen, wurden auch hier paarweise Post-Hoc-Tests mit Bonferroni-Korrektur durchgeführt, in diesem Falle Wilcoxon-Tests (α = 0,05; p' = 0,0018). Aus Platz- und Übersichtlichkeitsgründen befindet sich die vollständige Ergebnisdarstellung zu den Wilcoxon-Tests in Anhang VII. Wie die Differenzen zwischen den mittleren Rängen in Tab. 29 allerdings schon erahnen lassen, bestehen signifikante Unterschiede v.a. zwischen den 4 Stimuli der „Sputniker am Morgen" – der Moderatorin WB und dem Moderator RF (S 159 S1, S 153 S, S 198 S, S 175 S) – und den 4 Stimuli der übrigen Sprecherinnen und Sprecher (eine Erklärung, warum das Morningshow-Team im Stimulus-Pool überrepräsentiert ist, ist nachzulesen in Abschnitt 8.1.1). Dabei scheint die Sprechweise von WB und RF sowohl in dialogischen (S 159 S1, S 153 S) als auch in monologischen Moderationspassagen (S 198 S, S 175 S) für die Hörer und Hörerinnen besonders „Sputnik-typisch" zu sein – alle vier Stimuli werden im Vergleich mit denen der anderen Sprecherinnen und Sprecher als signifikant ausgeprägter in Eigenschaften bewertet, die in den Interviews besonders stark mit dem Sender assoziiert wurden, und bilden einen besonders deutlichen Kontrast zu den „Nachrichtensendern".

Wie schon bei der Online-Befragung (vgl. Kap. 6.3) wird das Morningshow-Team auch in diesem Untersuchungsschritt insgesamt am häufigsten erkannt. Bei allen 4 Stimuli gaben jeweils mindestens 41 der 48 Probanden und Probandinnen nach dem Hören an, der Sprecher bzw. die Sprecherin sei ihnen „bekannt". Den höchsten Wiedererkennungswert hat die Doppelmoderation S 153 S (43 Mal „ja, ist mir bekannt"). Letztere wird als signifikant „lockerer", „lustiger", weniger „ruhig", „ernst", „seriös" und „abgelesen" eingeschätzt als die Stimuli der anderen Sputnik- Moderatoren und Moderatorinnen, außerdem „klingt" sie auch signifikant weniger „wie Nachrichten" – sie ist sogar signifikant „lockerer" und weniger „abgelesen" als die übrigen Moderationen der „Sputniker am Morgen" (vgl. Anhang VII). In den Interviews wurde jener Stimulus von den Hörerinnen und Hörern ebenfalls als ganz besonders „locker", „lustig", „spontan" und „authentisch" hervorgehoben. Bei dieser Einschätzung spielen offenbar die sich überlappenden Sprecherwechsel und das Lachen bzw. das lächelnde Sprechen von Moderatorin WB eine wichtige Rolle (vgl. Tab. 30 sowie Abschn. 7.4.11 „lustig/ironisch" und 7.4.5 „abgelesen/frei gesprochen"; vgl. auch Böhme/Kettel i. Vorb.).

Die große Bekanntheit von WB und RF ist eine mögliche Ursache, warum deren Moderationen für die Teilnehmenden besonders Sputnik-typisch zu sein scheinen. Diese könnte zu einer Art „Retrospective Speech Halo Effect" führen (vgl. Ball et al. 1982): Weil WB und RF als zu Sputnik gehörig erkannt werden, werden sie allein schon deshalb als Sputnik-typischer wahrgenommen. So wird etwa S 153 S von Hörerinnen und Hörern, die angeben, den Sprecher und die Sprecherin nicht zu kennen, als signifikant „langweiliger" eingeschätzt (Man-Whitney-Test mit α = 0,05, $p_{(2\text{-seitig})}$ = 0,004), als „älter" (p = 0,015), weniger „ansprechend" (p = 0,044) und als „gewählter ausgedrückt" (p = 0,041). Diese Ergebnisse sind allerdings nicht sehr zuverlässig, da bei jenem Stimulus nur zwei der Befragten „nein, kenne ich nicht" angekreuzt haben. Auch bei den übrigen Stimuli des Moderatoren-Teams sind es maximal drei.

Tab. 30: Transkriptionen der verwendeten Sputnik-Moderationen mit der zusätzlichen Angabe von prosodischer Nichtabgeschlossenheit (/) bzw. Abgeschlossenheit (//) der Sprecheinheiten.

Stimulus	Transkription

S 159 S1
WB & RF
	RF: von CAnnabis,/ (.) wird man nich=nur DUMM Kopf,/
	    sOndern unsre königin hat auch gesagt dass man davon
	    !AB!hängig werdn kann;/ [von diesm CANabis.//]
	WB: [!DAS! is ja] wIrklich was ganz
	    nEues-/

S 153 S
WB & RF
	WB: °hh in STUTTgart definitiv,/ <<:-)>un_noch drei ANdern
	    städtn;/ sie WISsn aber noch nich wO.// (.) [ähi] hi>
	RF: [hm.//](.) hAlt das irgnwie-/
	    also ich hAlte die meTHOdn irgnwie für wie soll ich
	    SAgn;/(.) [NICH]
	WB: [<<:-)>°h FRAG]würdig?//>
	RF: ja nIch ganz ZEITgemäß irgnwie.//
	WB: ((stimmloses nasales Auflachen))

S 198 S
WB
	WB: !BIS!her dachtn wir ja-/ es braucht Iksfator das
	    SUpertalent-/ oder auch germanys next TOPmodl;/
	    um !GANZ! nach obm zu komm:,/ A:ber (.) °h
	    !NEIN!-/ (-) es REICHT auch vollkomm: AUs,/ (.) °h
	    !WEIH!nachtsbaumkönigin zu werdn.//

S 175 S1
RF
	RF: also der !TYP! mit der Abgeschriebnen dOktorarbeit-/
	    wir=erINnern uns alle,/ Ist (.) wieder DA,/ °h und
	    hat ein INterview gegebm,/ und da SAGT er,/ wie es zu
	    diesm (.) °h !SCHRECK!lichn mIssverständnis;/ mit diesm
	    plagiat KOMm: konnte.//

S 262 S
SM
	SM: Isses eingich normAL und okAY,/ so viel priVA:tes,/
	    und so viele DA:tn von sich prEiszugebm?// °h ich mEin
	    jetz_zum beispiel FACEbook;/ twItter;/ auch
	    ONlinebanking und so zeug;/ oder (.) isses vielleicht
	    eher naIv und UNclever.//

S 093 S
LW
	LW: das intresSANTe is,/ (.) der gang aufs klO und zurück
	    is AUCH nich Unfallversichert,/ (.) h° der gang in die
	    kanTIne (.) aber SCHON.//

S 213 S
CS
	CS: ALso,/ (.) JEde kleinigkeit von Uns,/ wird auf diversn
	    grOßrechnern geSPEICHert,/ (.) °hh und LIEGT da=ja
	    dAnn=äh-/ ganz bestümmt auch_n pAAr jahre erstmal
	    RUM.//

Andererseits sprechen die „Sputniker am Morgen" insgesamt auch lauter und mit höherer Sprechspannung als die anderen Moderatoren und Moderatorinnen des Senders. Die Tonhöhenbewegungen sind zwar bei allen Sprecherinnen und Sprechern von Sputnik eher groß, bei RF und WB sind sie jedoch sprunghafter und die Lautheitsunterschiede zwischen betonten und unbetonten Passagen sind extremer. Diese Unterschiede lassen sich teilweise mit ihrer Rolle als Morningshow-Team erklären. In Begleitprogrammen ist es eine verbreitete Praxis, die Morgensendungen besonders fröhlich und schwungvoll zu gestalten, um die Hörerinnen und Hörer während des Frühstücks „aufzuwecken". Große Teile des übrigen Tagesprogramms sind dagegen meist etwas ruhiger getaktet, zum leichteren Nebenbeihören während der Arbeit (vgl. Fleming 2010, 63ff; vgl. auch Kap. 2.2). WB und RF setzen auch in verstärktem Maße verbale und prosodische Übertreibungen ein, um die unernste Modalität des Gesprochenen zu markieren (vgl. Günthner 1996, 92; vgl. auch Abschn. 7.4.11 „*lustig/ironisch*"). Dies trägt sicherlich dazu bei, dass ihre Moderationen als „*lustiger*" und „*ironischer*" beurteilt werden. In den Interviews wurde außerdem mehrfach geäußert, dass Doppelmoderationen grundsätzlich „*lustiger*" seien. Ihre Dialoghaftigkeit ermöglicht eine Form der Frotzelkommunikation, die die Interviewten an die Kommunikation im eigenen Freundeskreis erinnert (vgl. Abschn. 7.4.11 „*lustig/ironisch*" sowie 7.4.10 „*locker/umgangssprachlich/der/die redet wie mit Freunden*"). Das könnte ein Grund sein, warum auch nach den Ergebnissen der Fragebogenbefragung der Moderator und die Moderatorin in den dialogischen Passagen S 153 S und S 159 S1 ganz besonders „*locker*", „*lustig*" und „*wie mit Freunden*" reden.

Sehr wahrscheinlich beeinflussen auch die vermittelten Inhalte die Unterschiede zwischen den beiden Morgenmoderatoren und den vier anderen Sprechern und Sprecherinnen. Bis auf RFs ironischen Kommentar zur „abgeschriebenen Doktorarbeit" des ehemaligen Verteidigungsministers Karl-Theodor zu Guttenberg (S 175 S1, vgl. Tab. 30), sind die Inhalte der Moderationen von WB und RF nicht als politische oder soziale Information zu erkennen – sie behandeln also im Sinne der interviewten Hörer und Hörerinnen keine „*ernsten Themen*" bzw. „*Nachrichtenthemen*" (vgl. Abschn. 7.4.4 „*sachlich/ernst*"). Die vier Moderationen der anderen Sputnik-Sprecherinnen und -Sprecher beinhalten dagegen allesamt Themen, die auch in den Interviews als „*ernst*" kategorisiert wurden: Unfallversicherung, Datenschutz und eine Sportverletzung. Neben dem unterschiedlichen Einsatz prosodischer Mittel ist dies vermutlich ein weiterer Grund, warum jene Stimuli als signifikant „*ernster*" und „*sachlicher*" eingeschätzt werden und teilweise mehr „*wie Nachrichten*" klingen.

Allerdings hatte sich hier gerade bei den Sputnik-Moderationen auch ein methodisches Problem ergeben: Einige Probandinnen und Probanden gaben im Anschluss an die Befragung an, dass sie mitunter Schwierigkeiten hatten, zu entscheiden, ob sie eine Moderation als „*ernst*" einschätzen sollten oder nicht, wenn diese aus ihrer Sicht zwar ein „*ernstes Thema*" hatte, aber „*lustig*" präsentiert wurde. Wie in Tabelle 31 zu sehen, streuen die Antworten der Teilnehmenden zu diesen beiden Items bei den übrigen Sputnik-Moderatorinnen und -Moderatoren auch deutlich stärker als beim Morningshow-Team. An dieser Stelle wird deutlich, dass die Fragebogenmethode bei mehrdeutigen, widersprüchlichen Stimuli, wie es bei spielerisch-humoristischer und insbesondere bei ironischer Kommunikation häufig vorkommt (vgl. z.B. Kotthoff 1998, 334ff), an ihre Grenzen geraten kann (vgl. auch Abschn. 9.3.1).

Tab. 31: Standardabweichungen der Sputnik-Stimuli bei den Items „*ernst*" und „*lustig*".

Stimulus	SD ernst	SD lustig
S 159 S1, WB & RF	0,684	0,930
S 153 S, WB & RF	0,606	0,718
S 198 S, WB	0,640	0,739
S 175 S1, RF	0,712	0,707
S 262 S, SM	1,028	1,069
S 093 S, LW	1,155	1,171
S 204 S, DK	1,142	1,216
S 213 S, CS	1,109	1,288

Ganz im Gegensatz zu den Stimuli des Morningshow-Teams scheint die Moderation S 262 S von Sprecherin SM besonders viele Sputnik-untypische Eigenschaften aufzuweisen. Sie wird als signifikant „*ruhiger*" und „*sachlicher*" als die meisten anderen Sputnik-Moderationen wahrgenommen und es ist der einzige Stimulus, der als signifikant „*gewählter ausgedrückt*" beurteilt wird als andere Moderationen des Senders (vgl. Anhang VII). Interessanterweise hat dies offenbar wenig mit ihrer Bekanntheit zu tun. Zwar gibt es einige signifikante Unterschiede zwischen Probanden und Probandinnen, die angeben, die Sprecherin erkannt zu haben und solchen, denen sie nicht bekannt ist (bei „*jung*" p = 0,043; „*langweilig*" p = 0,007; „*natürlich*" p = 0,045; „*alt*" p = 0,035; „*sympathisch*" p = 0,030; „*ironisch*" p = 0,0121) – allerdings handelt es sich bei letzteren nur um vier Personen. Nach den „Sputnikern am Morgen" ist SM die am häufigsten erkannte Sputnik-Moderatorin (36 Befragte gaben an „ja, ist mir bekannt", 8 waren sich „unsicher"). In der Online-Befragung war dieser Stimulus sogar von allen Sputnik-Moderationen am zuverlässigsten als zu dem Sender gehörig kategorisiert worden (vgl. Rangliste im Anhang 2). Ein ähnliches Phänomen ist auch in den Interviews zu finden. SM wird von den Befragten vergleichsweise häufig namentlich benannt (insgesamt 16 Mal)[15], was für eine größere Vertrautheit spricht, als würde sie nur allein MDR Sputnik zugeordnet. Andererseits gelten ihre Moderationen auch für die Interviewten tendenziell als „ruhiger" und „gewählter" – weshalb ihr von einigen Hörerinnen und Hörern auch eine gewisse Nähe zu Figaro-Moderatorinnen zugeschrieben wird. Wie im Abschnitt 7.4.8 „ruhig/langsam/schnell" bereits erläutert, hat diese Einschätzung wahrscheinlich zu tun mit der – im Vergleich etwa zu WB – geringeren Sprechspannung und Lautheit, der relativ weiten faukalen Distanz, der leichten Behauchung und dem etwas mehr zum Legato neigenden Rhythmus. All dies ist ebenso im Stimulus S 262 S zu hören. Auf das Thema allein lassen sich die Unterschiede zwischen dieser Moderation und den übrigen Sputnik-Moderationen aller Wahrscheinlichkeit nach nicht zurückführen – S 213 S von Moderator CS behandelt das gleiche Thema (Datenschutz), wird dabei aber als signifikant weniger „sachlich" und „gewählt" als SM wahrgenommen.

Bemerkenswert ist auch, dass die Moderatorin SM trotz der größeren Ausprägungen „Nachrichtensender"-typischer Eigenschaften in ihrer Sprechweise nicht als „älter" wahrgenommen wird, obschon diese ansonsten alle recht hoch mit dem Alter korrelieren (vgl. Korrelationsmatrix im Anhang IV). Nach den beiden Morgenmoderatoren ist sie gemäß Einschätzung der Hörerinnen und Hörer sogar am „jüngsten".[16] Es ist nicht auszuschließen, dass hier auch ihre verhältnismäßig große Bekanntheit eine Rolle spielt – sie wird als Moderatorin von Sputnik, einem Jugendsender, erkannt und muss, so könnte ein Hörer oder eine Hörerin schließen, entsprechend auch „jung" sein. Tatsächlich werden 5 der 8 Sputnik-Sprecher und -Sprecherinnen als signifikant „älter" bzw. weniger „jung" oder beides zugleich wahrgenommen, wenn die Befragten angegeben haben, die Moderatorin oder den Moderator nicht erkannt zu haben – darunter auch SM. Ausnahmen sind dabei S 159 S1 von WB und RF, S 093 S von LW und S 213 S von CS – wobei letzterer auch der am seltensten erkannte Moderator ist (28 Mal „ist mir bekannt", 9 Mal „kenne ich nicht", 11 Mal „unsicher").

Insgesamt lässt sich auch bei der Betrachtung der wahrgenommenen Unterschiede zwischen den Sputnik-Stimuli festhalten, dass sich die Ergebnisse der Fragebogenbefragung sehr gut mithilfe der Aussagen der Hörerinnen und Hörer aus den Interviews interpretieren und erklären lassen.

---

15 Im Vergleich: WB wird insgesamt 59 Mal erwähnt, RF 52 Mal, LW 25 Mal, CS 2 Mal, DC 0 Mal.
16 Jeweils auf einer Skala von 1 = niedrigster, bis 5 = höchster Wert: WB und RF insgesamt: MW = 4,63; SD = 0,674/SM: 4,60; SD = 0,736/LW: MW = 4,44; SD = 0,771/CS: MW = 4,29; SD = 0,798/ DK: MW = 4,02; SD = 1.

9 Diskussion und Ausblick

Ziel dieser Arbeit war es, ein Profil zu erstellen, was Hörerinnen und Hörer des öffentlich-rechtlichen Jugendradios MDR Sputnik an der Moderation dieses Senders als typisch wahrnehmen, im Vergleich zu Moderationen der übrigen MDR-Programme, die in derselben Region zu empfangen sind. Dahinter stand die Absicht, einen methodischen Ansatz zu entwickeln, mit der sich systematisch und zielgruppenspezifisch metapragmatische Stereotype zu Sprechstilen ermitteln lassen. Diese sollten dann anschließend in ein quantitatives Erhebungsinstrument überführt werden, mit dessen Hilfe man Profile für die jeweiligen Sprechstile erstellen kann – nach den Kriterien der untersuchten Zielgruppe. Im Folgenden sollen die Ergebnisse dieses Vorgehens diskutiert werden und die methodischen Herausforderungen, die auf dem Weg dorthin aufgetreten sind.

In Kapitel 9.1 werden zunächst die Erkenntnisse zu den metalinguistischen Beschreibungen zusammengefasst und diskutiert, die von den Hörern und Hörerinnen gewonnen wurden. Auf Basis dieser Beschreibungen und der Analyse der Stimuli, auf die sie sich beziehen, wurden darüber hinaus Hypothesen entwickelt, welche Rolle für die Befragten stimmlich-artikulatorische Merkmale bei der Wahrnehmung und Kategorisierung von Radiomoderation spielen. Diese werden in Kapitel 9.2 besprochen. In Kapitel 9.3 wird schließlich das Fazit gezogen, inwiefern sich die Repertory-Grid-Methode für die Untersuchung von Sprechstilen eignet, welche methodischen Fragen bei ihrem Einsatz zu beachten sind und was es für weitere Anwendungsmöglichkeiten gibt. Wie im Verlauf dieser Arbeit bereits mehrfach erwähnt, ist dieses Verfahren bislang noch nicht für diesen Untersuchungsgegenstand eingesetzt worden und sollte für Anwendungen in der Sprechwirkungsforschung und Soziolinguistik erschlossen werden.

9.1 Metalinguistische Beschreibungen der Sputnik-Hörerinnen und -Hörer

In den Repertory-Grid-Interviews hatten die Probanden und Probandinnen – trotz des sehr offenen Befragungsformats – viele der Stimuli in der Tat auf ähnliche Weise beschrieben, recht häufig sogar mit denselben Worten. Es kann also davon ausgegangen werden, dass die Interviewten dabei zumindest teilweise auf gemeinsame, überindividuelle metapragmatische Stereotype zurückgegriffen haben (vgl. auch Kap. 3.4). Die Klarheit und Eindeutigkeit der Ergebnisse in der anschließenden Fragebogenbefragung, die auf den gewonnenen metalinguistischen Beschreibungen aufbaute, deuten ebenfalls darauf hin (vgl. Kap. 8.2). Die fünf beteiligten Programme werden von den Befragten unterteilt in die „Nach-

richtensender" MDR Figaro und Info sowie die *„jungen, poppigen"* Sender MDR Sputnik und Jump. MDR1 Radio Sachsen-Anhalt erwies sich als ein kontroverser Fall, der zwischen diesen beiden Polen verortet wird. Jene Einteilung wurde in den Interviews gefunden und spiegelt sich auch in den Ergebnissen der Fragebogenbefragung wider (vgl. Abschn. 7.4.1 und 8.2.1). Darüber hinaus deckt sie sich mit der „Schichtung", die sich ergibt, wenn man die Antworten der Teilnehmerinnen und Teilnehmer der Online-Befragung in einer Rangliste darstellt, in der alle beteiligten Stimuli danach geordnet sind, für wie Sputnik-typisch die Hörerinnen und Hörer des Jugendsenders sie jeweils halten (vgl. Kap. 6.3). Diese Kategorisierung tritt also bei unterschiedlichen methodischen Zugängen robust immer wieder auf. Sie weist darüber hinaus einige Parallelen auf zu dem, was in der Radiopraxis unter „Einschaltprogrammen" und „Begleitprogrammen" verstanden wird (vgl. Benecke 2013; vgl. auch Kap. 2.2 und 2.3). So ist es etwa – ähnlich wie bei Einschaltprogrammen – für die Interviewten ein wichtiges Kriterium für *„Nachrichtensender"*, wenn aufmerksam zugehört werden muss, um der Moderation folgen zu können. Währenddessen sind Moderationen der *„jungen, poppigen"* Sender wie Begleitprogramme eher dazu geeignet, sich nebenbei *„beduseln"* lassen (vgl. Abschn. 7.4.3 *„klingt wie Nachrichten";* vgl. auch Åberg 2001). Im Unterschied zu den beiden Hörerkategorien sind die Termini „Einschalt-" und „Begleitprogramm" aber weniger stark mit dem Alter verknüpft. Daher bildet ein Begleitprogramm für ältere Zielgruppen wie MDR1 Radio Sachsen-Anhalt nach Einteilung der Radioschaffenden auch keinen Widerspruch, nach Einteilung der Hörerinnen und Hörer dagegen schon (vgl. Abschn. 7.4.2 *„alt/jung"*).

Ein großer Teil der metalinguistischen Beschreibungen, mit denen die befragten Sputnik-Hörer und -Hörerinnen die verschiedenen Moderationsstile voneinander unterscheiden, lassen sich aber auch ordnen nach den Dimensionen „Superiority" (Bildung, sozialer Status, intellektuelle Fähigkeiten), „Attractiveness" (Sympathie, ästhetische Qualitäten) und „Dynamism" (Erregungslevel) (vgl. Zahn/Hopper 1985; vgl. auch Abschn. 7.4.1 und 8.2.1). Diese Dimensionen wurden bereits in zahlreichen soziolinguistischen Untersuchungen repliziert. Gerade in den Interviews konnte allerdings gezeigt werden, wie sich jene Dimensionen im Kontext von Radiomoderation ausformen. Mit ihrer Hilfe lassen sich sehr gut die Binnendifferenzierungen innerhalb der *„jungen, poppigen"* Programme und der *„Nachrichtensender"* erfassen. Die Moderationen von MDR Jump sind nach Ansicht vieler Befragter auf der „Superiority"-Dimension tendenziell ausgeprägter als die von Sputnik. Sowohl in den Interviews als auch in der Fragebogenbefragung zeichnet sich außerdem ab, dass Jump-Moderationen als weniger attraktiv und dynamisch wahrgenommen werden (vgl. Abschn. 7.4.2 *„alt/jung"*, 7.4.5 *„abgelesen/frei gesprochen"*, 7.4.12 *„natürlich/der/die muss halt so sprechen"* sowie Abschn. 8.2.2). Ein ähnlicher Unterschied findet sich – wenn auch auf anderem Niveau – zwischen Info und Figaro. Moderationen von MDR Figaro sind für viele Hörer und Hörerinnen etwas weniger attraktiv und dynamisch als die von Info (vgl. ebd. sowie Abschn. 7.4.4 *„sachlich/ernst"* und 7.4.6 *„monoton/langweilig"*). Die Ausprägungen auf der „Superiority"-Dimension scheinen zumindest statistisch ähnlich zu sein (vgl. Abschn. 8.2.2 und 8.2.3). Bei einem Blick auf die Interviews wird allerdings deutlich, dass sich diese Dimension bei beiden Sendern offenbar unterschiedlich ausformt. Die Moderatorinnen und Moderatoren von Info werden in erster Linie als glaubwürdige, kompetente Experten und Nachrichtensprecherinnen wahrgenommen. Bei den Sprechern und Sprecherinnen von Figaro kommt zusätzlich noch eine „bildungsbürgerliche", belehrende und etwas überhebliche Komponente hinzu, die sich negativ auf die Attraktivität auswirkt (vgl. insbesondere Abschn. 7.4.7 *„seriös/gewählt ausgedrückt/deutlich gesprochen"*).

Auch bei dieser Dimensionierung spielt das Alter eine wichtige Rolle. Je älter ein Moderator, eine Moderatorin oder die Zielgruppe eingeschätzt werden, umso stärker sind die Ausprägungen auf der „Superiority"-Dimension und umso weniger ausgeprägt fallen „Attractiveness" und „Dynamism" aus. In den Interviews bekommt man den Eindruck, dass ein höheres Lebensalter für einen Großteil der Befragten eng verknüpft ist mit einer *„seriösen", „sachlichen", „distanzierten", „gewählten"*, an der Schriftsprache orientierten Ausdrucksweise. Dies scheint auch ein Grund zu sein, weshalb die eher *„umgangssprachlich"* formulierten, aber dennoch nicht *„jugendlich"* wirkenden MDR1-Moderationen zu deutlichen Irritationen führen (vgl. Abschn. 7.4.2 *„alt/jung"*; 7.4.7 *„seriös/gewählt ausgedrückt/deutlich gesprochen"*). Dass die Alterskategorie sich gerade in den Interviews als eine derart einflussreiche Größe etabliert hat, könnte z.T. auch auf gruppendynamische Effekte zurückzuführen sein. Die Teilnehmerinnen und Teilnehmer in den Interviewgruppen kannten sich jeweils nicht, wussten aber voneinander, dass sie regelmäßig einen Jugendsender hören. Diese Gemeinsamkeit könnte sie dazu motiviert haben, ihre Identifikation mit *„Jugendlichkeit"* stärker in den Vordergrund zu rücken (vgl. auch Abschn. 7.2.2). Allerdings deuten auch Ergebnisse aus der Mediaforschung darauf hin, dass das Alter für Radiohörerinnen und -hörer generell ein wichtiges Kriterium ist (vgl. Vowe/Wolling 2004, 81ff).

Die Schwierigkeiten der Hörerinnen und Hörer, Moderationen von MDR1 Radio Sachsen-Anhalt, aber auch von Figaro einzuordnen, verweisen noch auf einen weiteren Aspekt, der gerade aus medienlinguistischer Sicht interessant sein dürfte. Stimuli beider Sender werden zugleich besonders häufig als *„nicht authentisch"* und teilweise sogar als unprofessionell bewertet. Bei dieser Bewertung scheinen die Hörerfahrungen der Probanden und Probandinnen eine wichtige Einflussgröße zu sein – in diesem Falle v.a. die Vertrautheit mit dem Format (vgl. insbesondere Abschn. 7.4.2 *„alt/jung"* sowie 7.4.12 *„natürlich/der/die muss* *halt so sprechen"*). Will man untersuchen, welche Moderations- bzw. Sprechstile eine bestimmte Zielgruppe als *„authentisch"* oder *„professionell"* wahrnimmt, lohnt es sich daher, deren Hörerfahrungen möglichst umfangreich zu erfassen. Dies wiederum birgt einige methodische Hürden, auf die im Abschnitt 9.3.2 noch eingegangen werden soll.

Moderationen können aus Sicht der Befragten aber auch *„unauthentisch"* wirken, weil sie vorgeplant und geschult klingen. Dies wird häufig Stimuli von Figaro und Info zugeschrieben, teilweise aber auch Moderationen von Jump. Bestimmte Formen von professionellem Sprechen werden von den Hörern und Hörerinnen offenbar als *„gekünstelt"* erlebt. Begründet wird dies oft mit dem Eindruck, dass die Moderatorin oder der Moderator nicht freiwillig so spreche, sondern dass ihr oder ihm sowohl die Inhalte als auch die Präsentationsweise institutionell genau vorgeschrieben seien. Als weiterer Grund wird die Standardisierung angeführt, die sich daraus ergebe – die Sprecherinnen und Sprecher von *„Nachrichtensendern"* seien demnach als Individuen kaum voneinander zu unterscheiden (vgl. Abschn. 7.4.5 *„abgelesen/frei gesprochen"*, 7.4.9 *„emotional/ sympathisch/ansprechend"*; 7.4.12 *„natürlich/der/die muss halt so sprechen"*). Ob die Stimuli von Figaro und Info auch akustisch-phonetisch homogener sind als die von MDR Sputnik, müsste in einer Untersuchung geklärt werden, die über die auditiven Beispielanalysen in dieser Arbeit hinausgeht. Auch dieser Eindruck der Probandinnen und Probanden könnte mit ihren Hörerfahrungen zusammenhängen. Daher wäre es interessant zu ermitteln, ob Hörerinnen und Hörer von Figaro oder Info die Moderationen jener Sender ebenfalls als homogener wahrnehmen als die von Sputnik – und ob sich dies darauf auswirkt, für wie *„natürlich"* sie diese Moderationen halten.

Die befragten Sputnik-Hörer und -Hörerinnen nehmen Sputnik-Moderationen nicht nur als heterogener wahr – auch ihre metalinguistischen Beschreibungen, die sich darauf beziehen, sind vielfältiger. Die Beschreibungen zu Stimuli von MDR Figaro und Info sind dagegen vergleichsweise homogen, es gibt deutlich größere Übereinstimmungen zwischen den verschiedenen Interviewten. Jene Tendenz schlägt sich auch in den Ergebnissen der Fragebogenbefragung nieder (vgl. Abschn. 8.2.1 und 8.2.4). Dafür kommen mehrere Ursachen infrage. Zum einen könnte es daran liegen, dass die Hörerinnen und Hörer mit den Moderationen von MDR Sputnik quantitativ wie qualitativ mehr Erfahrungen haben als mit den Moderationen der übrigen Programme im Korpus und sie diese daher differenzierter wahrnehmen und beschreiben. Das würde sich auch mit zahlreichen Ergebnissen aus der Sozialpsychologie und der Dialektforschung decken (vgl. Agha 2003; Kessler/Mummendey 2007). Darüber hinaus wäre es möglich, dass die Probanden und Probandinnen in der Alltagskommunikation mit der eigenen Peergroup häufiger thematisieren, von welchen Sprechweisen sie sich distanzieren, während das Gemeinsame als gegeben vorausgesetzt und seltener kommentiert wird – es wird eben als „*normal*" empfunden (vgl. Abschn. 7.4.12 *„natürlich/ der/die muss halt so sprechen"*). In der Folge wäre dann der „Synchronisierungsgrad" im Sinne von Schmidt und Herrgen (2011, 28) größer, wenn es um abgelehnte Sprechweisen geht, was zu mehr miteinander geteilten metapragmatischen Stereotypen führt (vgl. auch Kap. 3.2 und 3.4). In sprechwissenschaftlichen und soziolinguistischen Studien wurde häufig beobachtet, dass für sprach- und sprechwissenschaftliche Laien insbesondere diejenigen Aspekte an Sprechweisen salient und kommentierungswürdig sind, die für sie negativ konnotiert sind bzw. die gegen internalisierte Normvorstellungen verstoßen (vgl. Stock/Suttner 1991, 64ff; Garrett et al. 2003, 127; Purschke 2014). Diese Tendenz, einen Sprechstil stärker über die Abgrenzung zu anderen Stilen zu definieren als über das Typische, macht es umso wichtiger, Stile bei wissenschaftlichen Untersuchungen in ihren Kontexten zu betrachten (vgl. auch Kap. 3.3. und Abschn. 9.3.2).

9.2 Beitrag stimmlich-artikulatorischer Merkmale zu Moderationsstilen

Ein weiterer Schwerpunkt der vorliegenden Arbeit lag darin, Hypothesen aufzustellen, welchen Einfluss stimmlich-artikulatorische Merkmale darauf haben, wie die Hörerinnen und Hörer die verschiedenen Moderationsstile wahrnehmen und einordnen. V.a. in den Repertory-Grid-Interviews bot die Interaktion zwischen den Befragten umfangreiches Untersuchungsmaterial dazu, wie die Hörer und Hörerinnen bestimmte Sprechweisen kategorisieren, kontextualisieren und beurteilen. Gleichzeitig ließ sich leicht immer wieder der Bezug zu den Stimuli herstellen, auf die sich die Beschreibungen der Interviewten beziehen. Dies bildete eine gute Grundlage, um zu ermitteln, welche Eigenschaften des sprachlichen Signals für die Befragten relevant sein könnten, um einen Stimulus diesem oder jenem Stil, dieser oder jener Beschreibung zuzuordnen. In diesem Zusammenhang war es auch sehr aufschlussreich zu untersuchen, bei welchen Stimuli sich welche Beschreibungen häufen und welche anderen Stimuli in dieser Hinsicht als ähnlich bzw. unähnlich wahrgenommen werden. Das ständige Vergleichen der Stimuli innerhalb der Triaden animierte die Probanden und Probandinnen außerdem dazu, verschiedene Sprechstile ineinander zu „übersetzen". Im Interviewkorpus finden sich zahlreiche Fälle, in denen die Befragten den Inhalt eines Stimulus in der Triade aufgreifen und sich dazu äußern, wie der Sprecher oder die Sprecherin eines anderen Stimulus in der Triade denselben Inhalt gestaltet hätte (Beispiele hierfür finden sich in Abschn. 7.4.7 *„seriös/gewählt ausgedrückt/ deutlich gesprochen"*, Auszug 6 sowie in Abschn. 7.4.8 *„ruhig/langsam/schnell"*,

Auszug 7). Häufig wurden Sprechweisen zudem imitiert und parodiert. All dies bietet wertvolle Hinweise auf das stilistische Wissen der Interviewten. Die Imitationen und „Übersetzungen" konnten im Rahmen dieser Dissertation noch nicht systematisch analysiert werden, erste Vorarbeiten dazu wurden jedoch bereits durchgeführt.

Doch auch wenn man die Analyse auf die metalinguistischen Beschreibungen beschränkt, finden sich bereits viele Indizien, dass stimmlich-artikulatorische Merkmale einen Einfluss darauf haben, wie die befragten Hörerinnen und Hörer Moderationsstile einschätzen und voneinander unterscheiden. In Übereinstimmung mit Ergebnissen aus der Sprechwirkungsforschung (z.B. Paeschke 2003; Wendt 2007; Hirschfeld et al. 2008; Neuber 2016) leisten Melodieverläufe und -umfang, Sprechspannung, Dynamik, Stimmklang sowie das Sprechtempo offenbar einen wichtigen Beitrag zur affektiven Wirkung von Moderationsstilen (vgl. Abschn. 7.4.4 *„sachlich/ernst"*, 7.4.6 *„monoton/langweilig"*, 7.4.8 *„ruhig/langsam/ schnell"*). Die affektive „Tönung" scheint wiederum für die befragten Hörerinnen und Hörer ein ausschlaggebendes Kriterium bei der Einordnung und Beurteilung von Moderationsstilen zu sein (vgl. u.a. Abschn. 7.4.9 *„emotional/sympathisch/ ansprechend"*). Es ist anzunehmen, dass dies mit den Nutzungsgewohnheiten der Befragten zu tun hat. Wie der Großteil des Radiopublikums hören auch die Teilnehmer und Teilnehmerinnen der Interviews Radio in erster Linie nebenbei, während anderer Tätigkeiten (vgl. zusammenfassend Abschn. 7.4.1). Dieser Rezeptionsmodus lädt ein zum „listening mainly to sound or tone" (vgl. Åberg 2001, 89; vgl. auch Kap. 2.1). Nutzungsmotiv ist denn auch häufig eher, die eigene Stimmung zu regulieren als bewusst auf Inhalte zu achten („Mood Management"; vgl. Batinic 2008, 117f; Flach/Lynen 2011). So werden etwa die *„euphorischen"*, lauten, schnellen, mit hoher Sprechspannung und großem Melodieumfang realisierten Sputnik-Moderationen von einigen der Probanden und Probandinnen gezielt zum Aufwachen eingeschaltet. Die *„ruhigen"*, leisen, langsamen, vergleichsweise wenig gespannten Figaro-Moderationen mit ihrem *„sanften"* Stimmklang und dem geringen Melodieumfang werden dagegen zum *„Runterkommen"* gehört, um auf der Autobahn nicht zum *„Drängler"* zu werden oder um sich besser auf anspruchsvolle Tätigkeiten konzentrieren zu können. Die *„monotonen"* Moderationen von MDR Info werden gar als Einschlafhilfe verwendet (vgl. v.a. Abschn. 7.4.8 *„ruhig/langsam/schnell"*). Bei solchen Nutzungsmotiven ist es aus Perspektive der Hörer und Hörerinnen durchaus zweckdienlich, Moderationsstile anhand ihrer prosodischen Merkmale zu differenzieren.

An dieser Stelle wird auch deutlich, wie frei die Nutzerinnen und Nutzer mit Medienangeboten umgehen können. Die von den Medienschaffenden intendierte Nutzung – z.B. im Falle von MDR Info, das Publikum zu informieren – muss mit der tatsächlichen nicht übereinstimmen. Dies ist ein Grund, weshalb aus einer reinen Analyse des Medienprodukts noch nicht auf dessen Wirkung geschlossen werden kann (vgl. auch Abschn. 2.3.3). Selbst in einer relativ homogenen Probandenstichprobe wie den interviewten Sputnik-Hörern und -Hörerinnen (vgl. Abschn. 7.2.5) finden sich unterschiedliche Nutzungsmuster, die wiederum zu unterschiedlichen Hörerfahrungen, Bewertungen und letztendlich metalinguistischen Beschreibungen führen (ähnliche Phänomene wurden auch schon mehrfach in der Forschung zu Affordanzen von Medien beschrieben, vgl. z.B. Hoklas/ Lepa 2017). Ein Unterschied zwischen denjenigen Interviewten, die Figaro-Moderationen grundsätzlich ablehnen und denjenigen, die den Sender gelegentlich zur Stimmungsregulation nutzen, scheint z.B. darin zu liegen, dass erstere die Moderationen für ungeeignet zum Nebenbeihören befinden, letztere dagegen nicht (vgl. Abschn. 7.4.7 *„seriös/gewählt ausgedrückt/deutlich gesprochen"*, 7.4.8 *„ruhig/langsam/schnell"*). Interessant wäre hier ein Vergleich mit Hörergruppen, die von Radioprogrammen eher „aktuelle Informationen" oder „Stoff zum Nachdenken" erwarten und diese tendenziell auch aufmerksamer verfolgen (sog. „instrumentelle Nutzer", vgl. Vowe/Wolling 2004, 86f). Erste Voruntersuchungen deuten an, dass sich solche Hörerinnen und Hörer in Repertory-Grid-Interviews erheblich stärker auf typische Inhalte und die sprachliche Form von Moderationen beziehen – selbst dann, wenn man sie instruiert, dass die „klingende Seite" der Moderation Untersuchungsschwerpunkt sein soll.

Stimmlich-artikulatorische Merkmale werden jedoch nicht nur mit affektiven Bedeutungen verbunden. Die Hörerinnen und Hörer assoziieren z.B. eine *„sachliche"*, *„monotone"*, *„langweilige"* und *„langsame"* Sprechweise auch mit höherem Lebensalter des Moderators, der Moderatorin oder der Zielgruppe des Senders. Dies zeigt sich sowohl in den Interviews (vgl. Abschn. 7.4.2 *„alt/jung"*, 7.4.6 *„monoton/langweilig"*, 7.4.8 *„ruhig/langsam/schnell"*) als auch in den Ergebnissen der Fragebogenbefragung (gemäß zweiseitiger Rangkorrelation nach Spearman korreliert *„alt"* mit *„monoton"* – r = 0,646; mit *„langweilig"* – r = 0,640; mit *„langsam"* – r = 0,563; mit *„sachlich"* r = 0,496; eine vollständige Korrelationstabelle befindet sich in Anhang IV; vgl. auch Abschn. 8.2.1). Ebenso deutet vieles darauf hin, dass Komplexphänomene wie der Rhythmus des Gesprochenen mitbeeinflussen, ob eine Moderation als *„abgelesen"* oder *„frei gesprochen"* wahrgenommen wird. Ein gleichmäßiger, fließender Sprechrhythmus gilt für die Befragten oft als ein Anzeichen für reproduzierendes Sprechen – was für sich genommen bereits als (unerwünschtes) Distanzsignal interpretiert wird (vgl. auch Holly 1996). Kommt noch ein geringer Melodieumfang hinzu und werden die Akzente nur schwach hervorgehoben, so wird dies außerdem als Desinteresse an den behandelten Inhalten wie auch am Publikum verstanden. Jener Eindruck scheint sich darüber hinaus zu verstärken, wenn der Sprecher oder die Sprecherin dabei Akzente oder Pausen in einer nicht sinnfassenden Weise setzt (vgl. Abschn. 7.4.5 „*abgelesen/frei gesprochen*" sowie 7.4.6 „*monoton/langweilig*"). Solcherlei Sprechmuster sind in den Massenmedien relativ verbreitet. Die vorliegenden Ergebnisse weisen darauf hin, dass sie nicht nur wenig hörverständlich sind (vgl. Gutenberg 2005; Apel 2009, 2018; Bose/Schwiesau 2011), sondern mitunter vom Publikum auch sehr negativ bewertet werden. Moderationen, die auf die Befragten „*abgelesen*" wirken, werden auch häufig als „*unnatürlich*" beschrieben. Neben dem Sprechrhythmus scheint bei diesem Eindruck aber auch eine hohe Artikulationspräzision eine Rolle zu spielen, kombiniert mit einem dunklen, resonanzreichen Stimmklang. Beide Merkmale werden z.T. durchaus als angenehm empfunden. Sie werden aber auch als Hinweis gedeutet, dass der Moderator oder die Moderatorin eine sprecherische Ausbildung durchlaufen hat, was v.a. in Verbindung mit „*gewählten*" Formulierungen schnell als „*gekünstelt*" empfunden wird (vgl. Abschn. 7.4.7 „*seriös/gewählt ausgedrückt/deutlich gesprochen*" und 7.4.12 „*natürlich/der/die muss halt so sprechen*").

Die befragten Sputnik-Hörer und Hörerinnen bevorzugen generell Moderationsstile, die spontan formuliert, „*locker*" und „*ungezwungen*" wirken, und die – zumindest ihrem eigenen Eindruck nach – der Alltagssprache der eigenen Peergroup ähneln. Besonders wichtig ist eine solche „*natürliche*" Sprechweise für das Gelingen humorvoller Einlagen (vgl. Abschn. 7.4.10 „*locker/umgangssprachlich/der/die redet wie mit Freunden*" sowie 7.4.11 „*lustig/ironisch*"). All diese Zuschreibungen gehen wiederum mit prosodischen Mustern einher, die in nahezu allen Parametern stärkere Ausprägungen aufweisen als die „*Nachrichtensender*" (insbesondere in Melodieumfang und Tempo), in ihrer Gestaltung aber auch insgesamt kontrastreicher und weniger gleichmäßig sind (z.B. häufige Tempo- und Lautheitswechsel, größere Unterschiede zwischen Haupt- und Nebenakzenten in Dynamik, Melodie, Tempo, Sprechspannung und Artikulationspräzision) (vgl. ebd. sowie Abschn. 7.4.4 „*sachlich/ernst*"; 7.4.6 „*monoton/langweilig*" und 7.4.8 „*ruhig/langsam/schnell*"). Währenddessen ist der Stimmklang der so beschriebenen Sprecherinnen und Sprecher teilweise rau, gepresst bis brüchig (vgl. insbesondere Abschn. 7.4.12 „*natürlich/der/die muss halt so sprechen*"). Vermutlich sind es Reaktionen wie die der hier befragten Hörer und Hörerinnen, die zu einem Wandel des Stimmideals im deutschen Radio beigetragen haben – von der klangvollen, dichten Stimme mit eher dunklem Timbre, hin zur scheinbar unausgebildeten „Stimme von nebenan" (vgl. auch Bose/Finke 2016). Dies fügt sich auch in den allgemeineren, seit Jahren zu beobachtenden Trend der „Conversationalization" in den Massenmedien, deren Sprechstile sich zunehmend den Formen privater Alltagsgespräche annähern (vgl. Fairclough 1994).

All die hier dargelegten Zusammenhänge zwischen stimmlich-artikulatorischen Parametern und deren Wirkung auf die Hörerinnen und Hörer sind – wie erwähnt – hypothetisch. Einige dieser Hypothesen ließen sich jedoch überprüfen, indem man die entsprechenden Parameter an den Moderationsmitschnitten, die in der vorliegenden Untersuchung verwendet wurden, technisch manipuliert und einer weiteren Stichprobe von Sputnik-Hörern und -Hörerinnen präsentiert. Der in dieser Arbeit entwickelte Fragebogen könnte dabei als Messinstrument eingesetzt werden für die Wirkungsunterschiede zwischen manipulierten und nichtmanipulierten Stimuli. Beispielsweise könnte man Tempo und Melodieumfang derjenigen Stimuli von Sputnik-Moderatorin SM verringern, bei denen die Hörer und Hörerinnen bereits ohnehin Ähnlichkeiten zur Sprechweise von Figaro-Moderatorinnen festgestellt hatten (vgl. Abschn. 7.4.8 *„ruhig/langsam/ schnell"* und 8.2.4). Umgekehrt ließen sich beide Parameter erhöhen bei der Moderation von Figaro-Sprecherin BS, die nach Ansicht einiger Befragter zwar *„umgangssprachlich"* formuliert, allerdings nicht umgangssprachlich *„klingt"* (vgl. Abschn. 7.4.10 *„locker/umgangssprachlich/der/die redet wie mit Freunden"*, Bsp. 2). Zu untersuchen wäre dann etwa, ob sich durch solche Manipulationen die Profile beider Sprecherinnen in der Fragebogenbefragung aufeinander zu bewegen lassen.

9.3 Eignung der Repertory-Grid-Methode zur Untersuchung von Sprechstilen

Ein weiteres Anliegen dieser Arbeit war es zu testen, ob und wie sich die Repertory-Grid-Methode zur Untersuchung von Sprechstilen eignet. Als Fazit kann festgehalten werden, dass sich mit dieser Methode sehr gut metapragmatische Stereotype einer bestimmten Zielgruppe erheben lassen, zu Sprechstilen aus einem eingegrenzten Gegenstandsbereich wie z.B. Radiomoderation. Man kann damit systematisch ermitteln, wie die Befragten diese Stile zueinander in Beziehung setzen – wo sie Ähnlichkeiten und Kontraste sehen, wo für sie die Grenzen zwischen verschiedenen Stilen verlaufen. Das Befragungsformat ermöglicht es den Interviewten, sich vergleichsweise frei und mit geringem Einfluss des Interviewers zu äußern. Außerdem werden die Daten in einer Weise vorstrukturiert, die es erleichtert, die erhobenen metapragmatischen Stereotype zu den Merkmalen der Stimuli ins Verhältnis zu setzen. Es hat sich als ertragreich erwiesen, die Methode in Form qualitativer Interviews mit Kleingruppen umzusetzen, wenn man untersuchen will, was die verwendeten metalinguistischen Beschreibungen für die Befragten jeweils bedeuten. Die Diskussionen innerhalb der Interviewgruppen bieten darüber hinaus zahlreiche Möglichkeiten, Annahmen, Werte und Einstellungen zu rekonstruieren, die den geäußerten Beschreibungen zugrunde liegen.

9.3.1 Repertory-Grid-Interviews in Kombination mit quantitativen Methoden

Die statistischen Beziehungen, die in der Fragebogenbefragung gefunden wurden, spiegeln zahlreiche Muster und Tendenzen wider, die bereits bei der Analyse der qualitativen Interviews aufgefallen waren. Dies spricht für die externe Validität der Interviewauswertung. Die Ergebnisse der Fragebogenuntersuchung fallen zudem überaus deutlich aus – gerade in Anbetracht der relativ kleinen Stichprobe. Das zeigt, dass es sich tatsächlich lohnt, vor einer quantitativen Erhebung systematisch zu ermitteln, welche metalinguistischen Beschreibungen für die befragte Zielgruppe relevant und bedeutsam sind – ein Vorgehen, das zwar häufig empfohlen, aber nur selten umgesetzt wird (vgl. auch Kap. 4). Es gab in der vorliegenden Arbeit kaum Probleme, die Ergebnisse der qualitativen Untersuchung in eine quantitative zu „übersetzen", was nicht zuletzt am Vorgehen während der Auswertung liegt (vgl. Kap. 7.3). Doch auch die Repertory-Grid-Methode selbst ist im Bereich zwischen qualitativer und quantitativer Sozialforschung anzusiedeln, so dass man sie je nach Zielstellung mehr in die eine oder die andere Richtung verschieben kann (vgl. Fromm 2002).

Die Repertory-Grid-Interviews lassen sich aber mitnichten auf eine „bloße" qualitative Vorstudie für die „eigentliche" quantitative Untersuchung reduzieren (auch wenn verkürzte Varianten der Methode für solche Zwecke durchaus denkbar sind). Die gefundenen Faktoren und Cluster sowie die statistischen Ähnlichkeiten und Unterschiede zwischen den Moderationsstilen der einzelnen Sender sind mithilfe der Interviewdaten nicht nur leichter zu interpretieren – sie bieten auch ein wesentlich differenzierteres, anschaulicheres Bild, was diese Ergebnisse im konkreten Fall bedeuten und in welcher Bandbreite eine metalinguistische Beschreibung jeweils gebraucht werden kann. Doch obwohl die meisten der in den Interviews gefundenen Beschreibungen sich gut dafür eignen, um als Items in Fragebogenuntersuchungen eingesetzt zu werden – bei einigen ist dies nicht der Fall. In der bestehenden Literatur zur Erforschung von Spracheinstellungen wird bereits darauf verwiesen, dass sich anschauliche, stereotype Personenbeschreibungen nur schwer in Likert-Skalen übertragen lassen, wenngleich diese wertvolle Hinweise bieten, wie ein Sprechstil verortet und wahrgenommen wird (vgl. Garrett et al. 2003, 65f; Maegaard 2005). Solche Beschreibungen häufen sich im Interviewkorpus insbesondere zu Figaro-Moderationen (vgl. v.a. Abschn. 7.4.7 *„seriös/gewählt ausgedrückt/deutlich gesprochen"*).

Ebenfalls problematisch für quantitative Untersuchungen ist es, wenn die Befragten einen Stimulus als widersprüchlich wahrnehmen. Das kann etwa daran liegen, dass eine Sprecherin oder ein Sprecher ihrer Ansicht nach einen Stilbruch begeht oder sich keiner bekannten Kategorie zuordnen lässt. Bei der Analyse der Repertory-Grid-Befragung hatte es sich als äußerst aufschlussreich erwiesen, nach Passagen im Korpus zu fahnden, in denen die Probandinnen und Probanden solche Widersprüche diskutieren (hilfreiche Anhaltspunkte hierfür bot z.B. die Suche nach Konjunktionen wie „trotzdem" oder „obwohl"). Gerade an diesen Stellen explizierten die Interviewten zahlreiche Annahmen, Stilvorstellungen, Stereotype und Rollenerwartungen, die ihren Aussagen ansonsten nur implizit zugrunde lagen. In Fragebogenerhebungen führen Stimuli, die als widersprüchlich wahrgenommen werden, häufig zu starken Streuungen, die ohne zusätzliche Informationen nur schwer zu interpretieren sind. Das zeigt sich u.a. bei den Ergebnissen zu Moderationen von MDR1 Radio Sachsen-Anhalt, die sowohl in der Online- als auch in der Fragebogenbefragung breit streuen (vgl. Kap. 6.3 sowie Abschn. 8.2.2). Diese Tendenz tritt ebenfalls bei Widersprüchen zwischen Form und Inhalt auf, wie sie bei spielerischen, humorvollen Performances häufig vorkommen (vgl. Abschn. 8.2.4). In ihrer oft ausgeprägten Formbewusstheit bieten solche Performances ebenfalls ein besonders fruchtbares Feld, wenn man Wirkung und Bedeutung von Sprechstilen untersuchen will (vgl. auch Bell/Gibson 2011). In rein quantitativen Erhebungen werden Stimuli, die zu stark streuenden Reaktionen führen, dagegen häufig als „unbrauchbar" aus der weiteren Analyse ausgeschlossen.

Darüber hinaus müssen in der fraglichen Zielgruppe nicht zu jedem wirkungsrelevanten Phänomen metapragmatischen Stereotype existieren, die geeignet sind, um sie in einer Fragebogenbefragung einzusetzen. Da solche Stereotype im Fokus dieser Arbeit standen, wurde in der Ergebnisdarstellung der Interviews auf derlei Phänomene nicht weiter eingegangen. Doch gab es beispielsweise eine beachtliche Anzahl an Hörern und Hörerinnen, denen offensichtlich Unterschiede in der technischen Bearbeitung des Audiosignals aufgefallen waren (Kompression etc.; vgl. auch Kap. 2.2). Sie zeigten dabei allerdings große Schwierigkeiten, ihre Eindrücke in Worte zu fassen. Der wahrscheinlichste Grund hierfür ist, dass den Befragten – im Gegensatz etwa zu Toningenieuren – schlicht das nötige Vokabular dazu fehlte. Das unterschiedliche Sound-Design mag ihnen durchaus auch im Alltag auffallen, jedoch gibt es vermutlich wenig Anlässe, darüber zu kommunizieren. Bei den schnell im – u.a. technischen – Wandel befindlichen Kommunikationsstilen im Social-Media-Bereich dürften solche Beschreibungsschwierigkeiten ebenfalls gehäuft auftreten, wobei die Grenzen zwischen Laien und Profis hier fließender verlaufen als in den Massenmedien. Durch Tutorials und Feedback auf – u.U. selbst hergestellte – Medienerzeugnisse verbreitet sich in sozialen Netzwerken auch rasch das Wissen und die Metakommunikation darüber, wie sich technische Hilfsmittel einsetzen lassen, um bestimmte stilistische Effekte zu erzielen.

9.3.2 Methodische Herausforderungen: Auswahl der Stimuli und der Befragten

In der vorliegenden Arbeit wurde besonderer Wert auf die externe Validität der Ergebnisse gelegt. Aus diesem Grunde wurde auch mit „authentischen" Stimuli gearbeitet, anstatt mit eigens für die Untersuchungszwecke erstellten. Auf die methodischen Schwierigkeiten, die das für die Auswertung der Daten nach sich zieht, wurde bereits in Kapitel 4 eingegangen. Hier soll vor dem Hintergrund der Erfahrungen, die in dieser Arbeit gewonnen wurden, diskutiert werden, welche Konsequenzen die Auswahl der Stimuli auf die Ergebnisse der Untersuchung hat. Dabei wird gezeigt, dass die Frage nach der Stimuli-Auswahl eng mit der Frage nach der Auswahl der Probandinnen und Probanden zusammenhängt.

Wie im vorherigen Abschnitt erläutert, bieten die Reaktionen auf stilistisch „widersprüchliche" Stimuli hochinteressantes Untersuchungsmaterial. Die wahrgenommenen Widersprüche, die in dieser Untersuchung gefunden wurden, deuten zugleich aber auch ein methodisches Problem an: Viele – nicht alle – der Befragten in den Interviews waren offenkundig mit den Moderationsstilen von MDR1 Radio Sachsen-Anhalt und MDR Figaro wenig vertraut. Figaro-Moderationen wurden z.T. nicht einmal als Radiomoderationen erkannt – wenngleich deren Sprechstil durchaus vorhandenen Stereotypen entsprach („Bildungsbürger"), so konnten die Hörerinnen und Hörer sie doch keinem Mediengenre zuordnen (vgl. Abschn. 7.4.3 *„klingt wie Nachrichten"* sowie 7.4.2 *„alt/jung"*). Die Repertory-Grid-Methode hat den großen Vorteil, dass sie es erlaubt, die Wahrnehmung eines Sprechstils im Kontext zur Wahrnehmung anderer Sprechstile zu betrachten. Damit wird das Verfahren dem Umstand gerecht, dass Sprechstile keine isolierten Phänomene, sondern jeweils eingebunden sind in ein System an Distinktionen (vgl. Selting/Hinnenkamp 1989; Irvine 2001; vgl. auch Kap. 3.3). Will man sich nun dem Distinktionssystem einer bestimmten Zielgruppe annähern, setzt das voraus, dass die Sprechstile, die in den verwendeten Stimuli vorkommen, auch ein relevanter Teil dieses Systems sind – oder ausgedrückt in der Terminologie der Repertory-Grid-Methode: Die ausgewählten Elemente sollten für die Befragten repräsentative Vertreter des zu untersuchenden Gegenstandsbereiches sein (vgl. auch Kap. 7.1). Bei den Sputnik-Stimuli war im vorliegenden Methodendesign dafür gesorgt worden, nicht aber bei den Nicht-Sputnik-Stimuli. Bei diesen war ausschließlich sichergestellt worden, dass sie einen möglichst großen Kontrast zu den Sputnik-Stimuli bilden – nicht aber, dass die Sputnik-Hörer und -Hörerinnen sie auch als typische Vertreter von Radiomoderation ansehen (vgl. auch Abschn. 7.2.4).

Die Wahl untypischer Vertreter kann, wie dargelegt, auch Vorteile bieten. Im Sinne einer noch höheren externen Validität ist allerdings für zukünftige Versuche zu empfehlen, nicht nur Stimuli zu identifizieren, die aus Sicht der befragten

Zielgruppe repräsentative Vertreter des zu untersuchenden Stils sind, sondern auch, wovon die Zielpopulation diesen Stil typischerweise abgrenzt. Im Rahmen der Repertory-Grid-Methodik sind bereits Verfahren entwickelt worden, in denen die Probandinnen und Probanden selbst die Elemente erheben. Auf diese Weise lassen sich die individuellen persönlichen Konstrukte der jeweiligen Interviewten präziser abbilden als mit vorgegebenen, und damit potenziell nicht zum Gegenstandsbereich gehörenden Elementen (vgl. Fromm 1995, 74f). Die Vergleichbarkeit zwischen den Interviews wird dadurch allerdings eingeschränkt, wodurch diese Vorgehensweise für viele sprach- und sprechwissenschaftliche Untersuchungen wenig praktikabel sein dürfte, da der Schwerpunkt hier in der Regel eher auf gesellschaftlich verbreiteten Mustern liegt. Nichtsdestoweniger wären solcherlei Erhebungen als Pilotstudie *vor* dem Einsatz von Repertory-Grid-Interviews denkbar. Beispielsweise könnte man eine Probandenstichprobe der anvisierten Zielgruppe danach fragen, welche Moderatorinnen und Moderatoren sie besonders mögen und welche sie ablehnen (erfahrungsgemäß bekommt man zu beiden Fragen sehr bereitwillig Auskunft). In die anschließende Repertory-Grid-Untersuchung würden daraufhin Stimuli derjenigen Sprecher und Sprecherinnen aufgenommen, die in jener Vorbefragung besonders häufig genannt wurden. Gerade bei Sprechstilen, die im Internet Verbreitung finden, wäre es sogar möglich, dass die Befragten selbst Stimuli vorschlagen, indem sie diese etwa verlinken.

Es hat sich im Laufe dieser Arbeit allerdings als kompliziert erwiesen, die Hörerfahrungen der Interviewten mit verschiedenen Radioformaten bzw. Moderationsstilen überhaupt zu ermitteln. Bei der Auswahl und Nutzungsweise des eigenen „Medienmenüs" haben Individuen weit größere Freiheiten als in anderen Lebensbereichen, wobei sich die Auswahlmöglichkeiten in den letzten Jahren vervielfacht haben (vgl. Kap. 2.1 und 9.2). Die Reaktionen der Hörerinnen und Hörer in den Interviews legen nahe, dass Vorlieben, Einstellungen und Bewertungen einen deutlichen Einfluss darauf haben, welche Medienangebote sie auswählen und welche sie – wie etwa im Falle von MDR Figaro – ablehnen. Dies wirkt sich darauf aus, welche Erfahrungen sie machen und welche nicht, was wiederum Konsequenzen darauf hat, wie vertraut sie mit den Sprechstilen sind, die in den jeweiligen Medienangeboten verwendet werden (vgl. auch Kap. 2.1; 2.3.2 und 3.2 sowie Abschn. 7.4.3 *„klingt wie Nachrichten"*). Diese Tendenz wird vermutlich noch dadurch verstärkt, dass wenig vertraute Sprechstile von den Hörerinnen und Hörern offenbar auch als weniger *„authentisch"* bewertet und dann aus diesem Grund heraus abgelehnt werden (vgl. Abschn. 7.4.2 *„alt/jung"* und 7.4.12 *„natürlich/der/die muss halt so sprechen"*).

Auf die Frage, welche Sender die Probanden und Probandinnen neben MDR Sputnik noch regelmäßig hören, nannten diese ausschließlich Programme, die sie selbst einschalten. Während der Interviews wurde jedoch schnell deutlich, dass sie über ein sehr viel breiteres Repertoire an Erfahrungen mit dem Medium Radio verfügen, da sie häufig Sender „mithören", die Familienmitglieder oder Mitbewohner ausgewählt haben oder die üblicherweise an ihrem Arbeitsplatz laufen. Vermutlich liegt es gerade an der gewohnheitsmäßigen, selbstverständlichen Integration des Radios in den Alltag (vgl. Kap. 2.1), dass den Interviewten diese Erfahrungen anscheinend nur dann in Erinnerung geraten, wenn ein präsentierter Stimulus sie in irgendeiner Weise daran erinnert (also „pattern completion inferences" im Sinne von Barsalou 2009, vgl. auch Kap. 3.1; in der Literatur zu Befragungsmethoden spricht man in diesem Falle auch von nur „situativ" verfügbarer Information, vgl. Porst 2008, 26). Eine Möglichkeit dem zu begegnen wäre, den Befragten eine Liste an Sendern vorzulegen, auf der sie ankreuzen sollen, welche davon sie schon einmal gehört haben – doch auch diese Option ist unbefriedigend bei Hörerinnen und Hörern, die zeitweise in anderen Sendegebieten gelebt haben bzw. die große Vielfalt von Radioangeboten über das Internet nutzen (vgl. auch Abschn. 7.2.6). Bei zunehmender Diversität und Konvergenz des Medienangebots dürfte sich dieses methodische Problem verschärfen.

Die leichter zu ermittelnden – weil bewussteren – Vorlieben für bestimmte Radioprogramme haben sich aber durchaus als eine Variable erwiesen, nach der sich Probandenstichproben sinnvollerweise einteilen lassen. Auf diese Weise kann zumindest ein gewisses Maß an geteilten Erfahrungen vorausgesetzt werden und es ist wahrscheinlich, dass die Einstellungen gegenüber jenen Medienangeboten eher positiv sind (vgl. auch Abschn. 7.2.5). Zumindest ist diese Einteilung offenbar geeigneter zur Differenzierung als rein demografische Merkmale. Das zeigen beispielsweise erste Ergebnisse einer Untersuchung, in der Hörer und Hörerinnen von MDR Figaro in Repertory-Grid-Interviews zu denselben Stimuli befragt wurden wie in der vorliegenden Arbeit. Diese waren hinsichtlich ihres Alters und ihres Bildungsgrades mit den hier befragten Sputnik-Hörerinnen und -Hörern vergleichbar und lebten in derselben Region. Dennoch unterscheiden sich die metalinguistischen Beschreibungen beider Probandenstichproben deutlich voneinander. Insbesondere die Alterskategorie scheint bei Figaro-Hörern und -Hörerinnen eine völlig andere Rolle zu spielen (vgl. Böhme 2016, Böhme/Kettel i. Vorb.).

In der Soziolinguistik wurde als Auswahlkriterium für Probandenstichproben auch der sog. „Lebensstil" vorgeschlagen (vgl. z.B. Dahlman/Mattfolk 2004). Jenes Konzept geht v.a. auf die Arbeiten des Soziologen Bourdieu zurück und schließt neben demografischen Variablen auch bestimmte Wertorientierungen, Ziele, Hobbies, Konsumvorlieben etc. mit ein. In der Markt- und Mediaforschung haben sich Nutzertypologien nach bestimmten Lebensstilen etabliert, die zumeist auf multivariaten statistischen Analysen umfangreicher Datensätze basieren, z.T.

aber auch auf qualitativen Erhebungen. Sie helfen Unternehmen bei der Planung von Marketingstrategien und dienen als Orientierung für Medienschaffende (vgl. ebd.; Thøgersen/Pedersen 2012; Oehmichen/Ridder 2010; Hartmann/Schlomann 2015; SINUS Markt und Sozialforschung GmbH 2019). Sich an solchen Typologien zu orientieren, kann bei der Probandenauswahl in Untersuchungen zu Sprechstilen durchaus hilfreich sein, doch auch damit gehen methodische Schwierigkeiten einher. Es ist z.B. durchaus nicht trivial festzulegen, anhand welcher Merkmale so ein Lebensstil bestimmt werden sollte und welcher Lebensstil inwiefern für die vorliegende Untersuchung relevant ist (vgl. Thøgersen/Pedersen 2012). Darüber hinaus sind die Datensätze und die konkreten Frageformulierungen, die etablierten Nutzertypologien wie der MNT oder den Sinus Milieus zugrunde liegen, in der Regel nicht zugänglich, was deren Einsatz in der Grundlagenforschung deutlich erschwert.

9.4 Weitere Anwendungsmöglichkeiten

Es wurden bereits erste Pilotversuche durchgeführt mit deutschsprachigen Hörern und Hörerinnen von MDR Figaro sowie mit Interviewten, deren Erstsprache Dänisch ist (vgl. Böhme 2015, 2016). In einer weiteren Studie wurden zu denselben Stimuli wie in der vorliegenden Arbeit Radiohörerinnen und -hörer in Kanada interviewt, die zwar fließend Deutsch sprechen, jedoch nicht in Deutschland und mit der deutschen Radiolandschaft sozialisiert sind (ein Vergleich der Reaktionen der deutschen Sputnik- und Figaro-Hörer und -Hörerinnen mit denen der kanadischen Befragten ist nachzulesen bei Böhme/Kettel i. Vorb.). Diesen Untersuchungen nach zu urteilen, eignet sich die Repertory-Grid-Methode sehr gut für Gruppenvergleiche. Gerade bei vergleichenden Untersuchungen zwischen sehr unterschiedlich sozialisierten Populationen – z.B. bei interkulturellen Vergleichen – ist es eine methodische Herausforderung, dass für die Befragten an ein und demselben Stimulus unterschiedliche Merkmale salient sein können, die wiederum mit unterschiedlichen Bedeutungen verknüpft sind. In beiden Populationen können unterschiedliche, für die Untersuchung relevante metapragmatische Stereotype existieren, und es ist auch nicht sicher, ob beide Befragungsgruppen unter derselben Beschreibung jeweils dasselbe verstehen (vgl. auch Kap. 4). Das macht es schwer, solche Gruppen mithilfe quantitativer Befragungsmethoden zu vergleichen (vgl. Mattfolk 2005). Doch auch qualitative Vergleiche gestalten sich schwierig, sofern sich keine strukturierte Art und Weise des Vergleichens finden lässt.

Die Repertory-Grid-Methode ermöglicht es, ein Netzwerk aus wahrgenommenen Ähnlichkeiten und Unterschieden von den Probandinnen und Probanden zu erheben. Verwendet man für beide Gruppen die gleichen Stimuli, kann dies eine solide Vergleichsgrundlage bilden – allerdings ist es auch hier möglich, dass verschiedene Stimuli und Sprechstile für die Probanden und Probandinnen jeweils unterschiedlich vertraut und relevant sind (vgl. der vorangegangene Abschnitt). Die erwähnten Untersuchungen zeigen jedoch, dass Rezipientinnen und Rezipienten eines in seiner Gestaltung so globalisierten Mediums wie Radio interessante Parallelen zeigen in der Art und Weise, wie sie Moderationsstile einordnen, bewerten und beschreiben.

Mit der Repertory-Grid-Methode Hörerkategorien zu erheben und diese anschließend in Befragungsinstrumenten einzusetzen, mit denen man ein zielgruppenspezifisches Profil gewinnen kann für den typischen Moderationsstil eines Radiosenders – all dies lässt sich auch für die Marktforschung nutzen. Man kann etwa bei Programmänderungen untersuchen, ob und in welcher Weise sich die Profile verschieben. V.a. lässt sich mit diesem Vorgehen ermitteln, wie die angestrebte Zielgruppe die eigenen Moderatoren und Moderatorinnen im Vergleich zu denen konkurrierender Angebote wahrnimmt. Die Ergebnisse der vorliegenden Untersuchung bieten durch die Auswahl der beteiligten Programme für solche Zwecke allerdings nur begrenzt Hinweise. Die verschiedenen Programme des Mitteldeutschen Rundfunks bilden die gängigsten Formate in der deutschen Radiolandschaft ab – außer bei MDR Jump stehen deren Angebote aber nicht in direkter Konkurrenz zu denen von MDR Sputnik, da sie für unterschiedliche Zielgruppen und Bedürfnisse konzipiert sind (vgl. auch Kap. 5). Wirft man einen Blick darauf, wie die Hörerinnen und Hörer die Moderationen von Sputnik und Jump jeweils beschreiben, wird aber deutlich, dass sie durchaus in der Lage sind, auch zwischen den Moderationsstilen relativ ähnlich formatierter Sender zu differenzieren. Dafür sprechen auch die gelegentlich im Interviewkorpus auftretenden Kommentare zu privaten Radiosendern wie Energy Sachsen oder RTL 89.0, die eine ähnliche Zielgruppe ansprechen sollen wie MDR Sputnik (vgl. z.B. Abschn. 7.4.8 *„seriös/gewählt ausgedrückt/deutlich gesprochen"* und 7.4.8 *„ruhig/ langsam/schnell"*). Das Beispiel von Jump zeigt jedoch zugleich, dass die wahrgenommenen Unterschiede zum Moderationsstil von Sputnik hier subtiler ausfallen als zu den übrigen MDR-Programmen. Für die Untersuchung ähnlich formatierter, konkurrierender Angebote wäre daher voraussichtlich sowohl bei den Interviews als auch bei der Fragebogenerhebung eine größere Probandenstichprobe notwendig, um zu aussagekräftigen, zuverlässigen Ergebnissen zu gelangen.

Literaturverzeichnis

Abercrombie, Nicholas/Whiteley, Nigel/Keat, Russell (Hgg.) (1994): *The authority of the consumer*. London: Routledge.
Åberg, Carin (2001): „Radio analysis? Sure! But how?" In: Stuhlmann, Andreas (Hg.): *Radio-Kultur und Hör-Kunst*. Würzburg: Königshausen & Neumann, 83–104.
Agha, Asif (2003): „The social life of cultural value". In: *Language & Communication* 23, 231–273.
Agha, Asif (2006): „Registers of language". In: Duranti, Alessandro (Hg.): *A companion to linguistic anthropology*. Malden, Mass.: Blackwell, 23–45.
Agha, Asif (2007): *Language and social relations*. Cambridge: Cambridge University Press.
Anders, Lutz C./Bose, Ines (Hgg.) (2009): *Aktuelle Forschungsthemen der Sprechwissenschaft Bd. 1. Sprach-, Sprech- und Stimmstörungen, Sprache und Sprechen von Hörfunknachrichten*. Frankfurt am Main: Peter Lang.
Androutsopoulos, Jannis (2010): „The study of language and space in media". In: Auer, Peter/Schmidt, Jürgen E. (Hgg.): *Language and space. An interactional handbook of linguistic variation Vol 1: Theories and Methods*. Berlin: de Gruyter, 740–759.
Androutsopoulos, Jannis (2014): „Beyond 'media influence'". In: *Journal of Sociolinguistics* 18, 242–249.
Androutsopoulos, Jannis (2016): „Theorizing media, mediation and mediatization". In: Coupland, Nikolas (Hg.): *Sociolinguistics. Theoretical debates*. Cambridge: Cambridge University Press, 282–302.
Apel, Heiner (2009): „Behalten und Verstehen von Hörfunknachrichten: medientheoretische Hintergründe und empirische Belege zum Einfluss der Prosodie". In: Anders, Lutz C./Bose, Ines (Hgg.): *Aktuelle Forschungsthemen der Sprechwissenschaft Bd. 1. Sprach-, Sprech- und Stimmstörungen, Sprache und Sprechen von Hörfunknachrichten*. Frankfurt am Main: Peter Lang, 89–127.
Apel, Heiner (2018): *Nachrichten: hörbar informativ: eine Untersuchung zur Text- und Hörverständlichkeit von Radionachrichten*. Berlin: Frank & Timme.
Appel, Markus (2008): „Medienvermittelte Stereotype und Vorurteile". In: Batinic, Bernad/Appel, Markus (Hgg.): *Medienpsychologie*. Heidelberg: Springer, 313–335.
Arbeitsgemeinschaft für Sprachheilpädagogik in Deutschland e.V. (Hg.) (1960): *Kongreßbericht der Gemeinschaftstagung für allgemeine und angewandte Phonetik; 3.–6. Oktober 1960 in Hamburg*.
Arnheim, Rudolf (2001) [1936]: *Rundfunk als Hörkunst*. Frankfurt am Main: Suhrkamp.
Auer, Peter/Schmidt, Jürgen E. (Hgg.) (2010): *Language and space. An interactional handbook of linguistic variation Vol 1: Theories and Methods*. Berlin: de Gruyter.
Bakhtin, Mikhail M. (1986): „The problem of speech genres". In: Emerson, Caryl (Hg.): *M. M. Bakhtin. Speech genres and other late essays*. Austin: University of Texas Press, 60–102.
Baldauf, Heike (1998): „Imitieren, Parodieren, Karikieren. Über Formen und Funktionen des Nachahmens". In: Biege, Angela/Bose, Ines (Hgg.): *Theorie und Empirie in der Sprechwissenschaft*. Halle: Werner Dausien, 12–21.
Ball, Peter et al. (1982): „The retrospective speech halo effect: Some Australian data". In: *Language & Communication* 2, 277–284.
Barsalou, Lawrence W. (2008): „Grounded cognition". In: *Annual Review of Psychology* 59, 617–645.

https://doi.org/10.1515/9783110624649-010

Barsalou, Lawrence W. (2009): „Simulation, situated conceptualization, and prediction". In: *Philosophical Transactions of the Royal Society Biological Sciences* 364, 1281–1289.
Barsalou, Lawrence W. (2016a): „Situated conceptualization offers a theoretical account of social priming". In: *Current Opinion in Psychology* 12, 6–11.
Barsalou, Lawrence W. (2016b): „Situated conceptualization: Theory and application". In: Coello, Yann/Fisher, Martin H. (Hgg.): *Perceptual and emotional embodiment*. London: Routledge, 11–37.
Batinic, Bernad/Appel, Markus (Hgg.) (2008): *Medienpsychologie*. Heidelberg: Springer.
Batinic, Bernad (2008): „Medienwahl". In: Batinic, Bernad/Appel, Markus (Hgg.): *Medienpsychologie*. Heidelberg: Springer, 107–125.
Bauman, Richard (1975): „Verbal art as performance". In: *American Anthropologist* 77, 290–311.
Bauman, Richard/Sherzer, Joel (Hgg.) (1989): *Explorations in the ethnography of speaking*. Cambridge: Cambridge University Press.
Bandilla, Wolfgang et al. (2009): „Coverage- und Nonresponse-Effekte bei Online-Bevölkerungsumfragen". In: Brandenburg, Torsten/Thielsch, Meinald T. (Hgg.): *Praxis der Wirtschaftspsychologie. Themen und Fallbeispiele für Studium und Anwendung*. Münster: MV-Verlag, 129–144.
Baur, Nina/Florian, Michael J. (2009): „Stichproben bei Online-Umfragen". In: Brandenburg, Torsten/Thielsch, Meinald T. (Hgg.): *Praxis der Wirtschaftspsychologie. Themen und Fallbeispiele für Studium und Anwendung*. Münster: MV-Verlag, 109–128.
Bell, Allan (1984): „Language style as audience design". In: *Language in Society* 13, 145–204.
Bell, Allan (1997): „Language style as audience design". In: Coupland, Nikolas/Jaworski, Aron (Hgg.): *Sociolinguistics*. Basingstoke: Macmillan, 240–250.
Bell, Allan (2001): „Back in style: reworking audience design". In: Eckert, Penelope/Rickford, John R. (Hgg.): *Style and sociolinguistic variation*. Cambridge: Cambridge University Press, 139–169.
Bell, Allan (2007): „Style and the linguistic repertoire". In: Llamas, Carmen/Mullany, Louise/Stockwell, Peter (Hgg.): *The Routledge companion to sociolinguistics*. London: Routledge, 95–100.
Bell, Allan/Gibson, Andy (2011): „Staging language: An introduction to the sociolinguistics of performance". In: *Journal of Sociolinguistics* 15, 555–572.
Bell, Richard C. (1988): „Theory-appropriate analysis of Repertory Grid data". In: *International Journal of Personal Construct Psychology* 1, 101–118.
Bell, Richard C. (2003): „The Repertory Grid Technique". In: Fransella, Fay (Hgg.): *International handbook of personal construct psychology*. Chichester: John Wiley & Sons, 95–103.
Benecke, Margit (2013): „Formate für Einschaltprogramme". In: La Roche, Walter/Buchholz, Axel (Hgg.): *Radio-Journalismus. Ein Handbuch für Ausbildung und Praxis im Hörfunk*. Wiesbaden: Springer VS, 288–294.
Besch, Werner/Ungeheuer, Gerold/Burkhardt, Armin (Hgg.) (2000): *Handbücher zur Sprach- und Kommunikationswissenschaft*. Berlin: de Gruyter.
Berek, Mathias/Meyer, Kerstin/Baumann, Michael (2012): „Radio im Internet". In: Schorb (Hg.): *Klangraum Internet. Report des Forschungsprojektes Medienkonvergenz Monitoring zur Aneignung konvergenter Hörmedien und hörmedialer Online- Angebote durch Jugendliche zwischen 12 und 19 Jahren*, 64–88.
Online unter: http://docplayer.org/416292-Klangraum-internet-bernd-schorb-Hg.html <16.06.2019>.

Bielefeldt, Christian/Dahmen, Udo/Großmann, Rolf (Hgg.) (2008): *Pop Musicology. Perspektiven der Popmusikwissenschaft*. Bielefeld: Transcript.
Biere, Bernd U./Hoberg, Rudolf (Hgg.) (1996): *Mündlichkeit und Schriftlichkeit im Fernsehen*. Tübingen: Narr.
Blank, Renate (2011): „Gruppendiskussionsverfahren". In: Naderer, Gabriele/Balzer, Eva (Hgg.): *Qualitative Marktforschung in Theorie und Praxis. Grundlagen – Methoden – Anwendungen*. Wiesbaden: Gabler/Springer, 289–312.
Blommaert, Jan/Varis, Piia (2013): „Enough is enough: The heuristics of authenticity in superdiversity". In: Duarte, Joana/Gogolin, Ingrid (Hgg.): *Linguistic superdiversity in urban areas. Research approaches*. Amsterdam: John Benjamins, 143–160.
Böhm, Andreas (2000): „Theoretisches Codieren: Textanalyse in der Grounded Theory". In: Flick, Uwe/Kardorff, Ernst von/Steinke, Ines (Hgg.): *Qualitative Forschung – Ein Handbuch*. Reinbek: Rowohlt, 475–484.
Böhm, Katharina/Schulz, Iren (2003): „Der Stellenwert des Radios in der Lebenswelt Heranwachsender". In: Schorb, Bernd/Hartung, Anja (Hgg.): *Gewalt im Radio. Eine Untersuchung zur Wahrnehmung, Bewertung und Verarbeitung von Unterhaltung im Hörfunk durch 9- bis 16-Jährige*. Berlin: VISTAS, 86–99.
Böhme, Grit (2013): „How listeners perceive the presenter's voice". In: Stachyra, Grażyna (Hg.): *Radio. Community – Challenges – Aesthetics*. Lublin: Maria Curie- Skłodowska Univeristy Press, 235–250.
Böhme, Grit (2014): „Typische Radiomoderation?" In: Ebel, Alexandra (Hg.): *Aussprache und Sprechen im interkulturellen, medienvermittelten und pädagogischen Kontext*. Halle/Saale: Martin-Luther-Universität Halle-Wittenberg, 35–48.
Böhme, Grit (2015): „'He'd just keep blabbering on if they don't stop him' – Was Hörer über Radiomoderatoren sagen". In: Bose, Ines (Hg.): *Radio, Sprache, Klang. Forschungen zur Radioästhetik und Radioidentität*. (SPIEL, Heft 1/2015). Frankfurt am Main: Peter Lang, 221–238.
Böhme, Grit (2016): „Erwachsen sein und erwachsen werden: Altersstereotype junger Radiohörer/ -innen im Vergleich". In: *Medien & Altern* 8/16, 97–102.
Böhme, Grit/Kettel, Sonja (i.Vorb.): „„Und dann fühlt man, als ob der Moderator das, äh, so eigentlich fühlt' – wie deutsche und kanadische Hörer/-innen Radiomoderationen beschreiben". In: Bose, Ines/Finke, Clara L./Schwenke, Anna (Hgg.): *Radio, Sprache, Klang II*. (SPIEL, Heft 2/2019) Frankfurt am Main: Peter Lang.
Böhnisch, Andreas (2009): „Information". In: Overbeck, Peter (Hg.): *Radiojournalismus*. Konstanz: UVK, 204–208.
Bohnsack, Ralf/Przyborski, Aglaja/Schäffer, Burkhard (Hgg.) (2010): *Das Gruppendiskussionsverfahren in der Forschungspraxis*. Opladen: Barbara Budrich.
Bohnsack, Ralf/Przyborski, Aglaja/Schäffer, Burkhard (2010): „Einleitung". In: Bohnsack, Ralf/Przyborski, Aglaja/Schäffer, Burkhard (Hgg.): *Das Gruppendiskussionsverfahren in der Forschungspraxis*. Opladen: Barbara Budrich, 7–22.
Bohnsack, Ralf/Przyborski, Aglaja (2010): „Diskursorganisation, Gesprächsanalyse und die Methode der Gruppendiskussion". In: Bohnsack, Ralf/Przyborski, Aglaja/Schäffer, Burkhard (Hgg.): *Das Gruppendiskussionsverfahren in der Forschungspraxis*. Opladen: Barbara Budrich, 233–248.
Bortz, Jürgen/Schuster, Christof (2010): *Statistik für Human- und Sozialwissenschaftler*. Heidelberg: Springer.

Bose, Ines (2003): *dóch da sín ja' nur mûster //. Kindlicher Sprechausdruck im sozialen Rollenspiel*. Frankfurt am Main: Peter Lang.
Bose, Ines (2010): „Stimmlich-artikulatorischer Ausdruck und Sprache". In: Deppermann, Arnulf/Linke, Angelika (Hgg.): *Sprache intermedial: Stimme und Schrift, Bild und Ton*. Berlin: de Gruyter, 29–68.
Bose, Ines/Schwiesau, Dietz (Hgg.) (2011): *Nachrichten schreiben, sprechen, hören. Forschungen zur Hörverständlichkeit von Radionachrichten*. Berlin: Frank & Timme.
Bose, Ines (Hg.) (2015): *Radio, Sprache, Klang. Forschungen zur Radioästhetik und Radioidentität*. (SPIEL, Heft 1/2015). Frankfurt am Main: Peter Lang.
Bose, Ines/Föllmer, Golo (2015): „Forschungen zur Anmutung des Radios". In: Bose, Ines (Hg.): *Radio, Sprache, Klang. Forschungen zur Radioästhetik und Radioidentität*. (SPIEL, Heft 1/2015). Frankfurt am Main: Peter Lang, 13–51.
Bose, Ines/Finke, Clara L. (2016): „Radiostimmen. Zur stimmlichen Ästhetik in aktuellen Morning Shows". In: Voigt-Zimmermann, Susanne et al. (Hgg.): *Stimmstörungen – ein Fokus der Klinischen Sprechwissenschaft*. Berlin: Frank & Timme, 67–92.
Bose, Ines et al. (2016): *Einführung in die Sprechwissenschaft. Phonetik, Rhetorik, Sprechkunst*. Tübingen: Narr.
Bose, Ines/Finke, Clara L./Schwenke, Anna (Hgg.) (i. Vorb.): *Radio, Sprache, Klang II*. (SPIEL, Heft 2/2019) Frankfurt am Main: Peter Lang.
Bourdieu, Pierre (1979): *Entwurf einer Theorie der Praxis*. Frankfurt am Main: Suhrkamp.
Bourdieu, Pierre (1987): *Die feinen Unterschiede*. Frankfurt am Main: Suhrkamp.
Boyd, Sally/Fraurud, Kari (2010): „Challenging the homogenity assumption in language variation analysis: Findings from a study of multilingual urban spaces". In: Auer, Peter/Schmidt, Jürgen E. (Hgg.): *Language and space. An interactional handbook of linguistic variation Vol 1: Theories and Methods*. Berlin: de Gruyter, 668–686.
Brand, Graham/Scannell, Paddy (1991): „Talk, identity and performance: The Tony Blackburn Show". In: Scannell, Paddy (Hg.): *Broadcast talk*. London: Sage, 201–226.
Brandt, Wolfgang (2000): „Sprache in Hörfunk und Fernsehen". In: Besch, Werner/Ungeheuer, Gerold/Burkhardt, Armin (Hgg.): *Handbücher zur Sprach- und Kommunikationswissenschaft*. Berlin: de Gruyter, 2159–2168.
Brandenburg, Torsten/Thielsch, Meinald T. (Hgg.) (2009): *Praxis der Wirtschaftspsychologie. Themen und Fallbeispiele für Studium und Anwendung*. Münster: MV-Verlag.
Brown, Penelope/Levinson, Stephen C. (1987): *Politeness: some universals in language usage*. Cambridge: Cambridge University Press.
Brünjes, Stephan/Wenger, Ulrich (1998): *Radio-Report. Programme – Profile – Perspektiven*. München: TR-Verl.-Union.
Brüsemeister, Thomas (2008): *Qualitative Forschung. Ein Überblick*. Wiesbaden: VS Verlag.
Buchholz, Axel (2012): „Das Dilemma der Kulturwellen". In: *medium magazin 6*, 24–24.
Buchholz, Axel (2013a): „Moderieren". In: La Roche, Walter/Buchholz, Axel (Hgg.): *Radio-Journalismus. Ein Handbuch für Ausbildung und Praxis im Hörfunk*. Wiesbaden: Springer VS, 47–71.
Buchholz, Axel (2013b): „Hörer-Beteiligung". In: La Roche, Walter/Buchholz, Axel (Hgg.): *Radio-Journalismus. Ein Handbuch für Ausbildung und Praxis im Hörfunk*. Wiesbaden: Springer VS, 260–267.
Bucholz, Mary/Hall, Kira (2006): „Language and identity". In: Duranti, Alessandro (Hg.): *A companion to linguistic anthropology*. Malden, Mass.: Blackwell, 369–394.

Bucholz, Mary/Hall, Kira (2016): „Embodied sociolinguistics". In: Coupland, Nikolas (Hg.): *Sociolinguistics. Theoretical debates.* Cambridge: Cambridge University Press, 173–197.
Buchstaller, Isabelle (2006): „Social stereotypes, personality traits and regional perception displaced: Attitudes towards the 'new' quotatives in the U.K. ". In: *Journal of Sociolinguistics* 10, 362–381.
Burger, Harald (2005): *Mediensprache. Eine Einführung in Sprache und Kommunikationsformen der Massenmedien.* Berlin: de Gruyter.
Burger, Harald/Luginbühl, Martin (2014): *Mediensprache. Eine Einführung in Sprache und Kommunikationsformen der Massenmedien.* Berlin: de Gruyter.
Busse, Dietrich (1991): „Angewandte Semantik. Bedeutung als praktisches Problem in didaktischer Perspektive". In: *Der Deutschunterricht* 43, 42–61.
Bull, Michael/Back, Les (Hgg.) (2003): *The auditory culture reader.* Oxford: Berg.
Byrant, Jennings/Vorderer, Peter (Hgg.) (2006): *Psychology of entertainment.* Mahwah: Erlbaum.
Catina, Ana/Schmitt, Gustel M. (1993): „Die Theorie der Persönlichen Konstrukte". In: Scheer, Jörn W./Catina, Ana (Hgg.): *Einführung in die Repertory Grid-Technik. Bd. 1: Grundlagen und Methoden.* Bern: Huber, 11–23.
Chapman, Antony J. (2007): „Social aspects of humorous laughter". In: Chapman, Antony J./Foot, Hugh C. (Hgg.): *Humor and laughter. Theory, research, and applications.* London: Routledge, 155–186.
Chapman, Antony J./Foot, Hugh C. (Hgg.)(2007): *Humor and laughter. Theory, research, and applications.* London: Routledge.
Cherubim, Dieter (Hg.) (1980): *Fehlerlinguistik. Beiträge zum Problem der sprachlichen Abweichung.* Tübingen: Niemeyer.
Clark, Andy (1997): *Being there. Putting brain, body, and world together again.* Cambridge: MIT Press.
Coello, Yann/Fisher, Martin H. (Hgg.) (2015): *Perceptual and emotional embodiment.* London: Routledge.
Corbin, Juliet/Strauss, Anselm (2015): *Basics of qualitative research. Techniques and procedures for developing Grounded Theory.* Los Angeles: Sage.
Costello, Anna B./Osborne, Jason W. (2005): „Best practices in exploratory factor analysis: Four recommendations for getting the most from your analysis". In: *Practical Assessment, Research & Evaluation* 10, 1–9.
Coulmas, Florian (Hg.) (1998): *The handbook of sociolinguistics.* Oxford: Blackwell.
Coupland, Nikolas/Jaworski, Aron (Hgg.) (1997): *Sociolinguistics.* Basingstoke: Macmillan.
Coupland, Nikolas (2001): „Language, situation, and the relational self: theorizing dialect-style in sociolinguistics". In: Eckert, Penelope/Rickford, John R. (Hgg.): *Style and sociolinguistic variation.* Cambridge: Cambridge University Press, 185–210.
Coupland, Nikolas (2007): *Style: Language variation and identity.* Cambridge: Cambridge University Press.
Coupland, Nikolas (Hg.) (2016): *Sociolinguistics. Theoretical debates.* Cambridge: Cambridge University Press.
Coupland, Nikolas/Mortensen, Janus (2017): „Style as a unifying perspective for the sociolinguistics of talking media". In: Mortensen, Janus/Coulpland, Nikolas/Thøgersen, Jacob (Hgg.): *Style, mediation, and change. Sociolinguistic perspectives on talking media.* Oxford: Oxford University Press, 251–262.
Crisell, Andrew (1994): *Understanding Radio.* London: Routledge.

Cuonz, Christina (2014): *Sprachliche Werturteile von Laien. Eine sozio-kognitive Analyse.* Tübingen: A. Francke.

Dahlman, Malin/Mattfolk, Leila (2004): „Lifestyle as sociolinguistic variable". In: *Pragmatics, Ideology, and Contacts Bulletin* 7, 65–69.

D'Andrade, Roy (2005): „Some methods for studying cultural cognitive structures". In: Quinn, Naomi (Hg.): *Finding culture in talk. A collection of methods.* New York: Palgrave Macmillan, 83–104.

Denzin, Norman K./Lincoln, Yvonna S. (Hgg.) (2000): *Handbook of qualitative research.* Thousand Oaks: Sage, 645–672.

Deppermann, Arnulf/Linke, Angelika (Hgg.) (2010): *Sprache intermedial: Stimme und Schrift, Bild und Ton.* Berlin: de Gruyter.

Deumert, Ana/Vandenbussche, Wim (Hgg.) (2003): *Germanic standardizations. Past to present.* Amsterdam: Benjamins.

Diekmann, Andreas (2009): *Empirische Sozialforschung. Grundlagen, Methoden, Anwendungen.* Reinbek: Rowohlt.

Dittmann, Jürgen (2006): *Der Spracherwerb des Kindes. Verlauf und Störungen.* München: Beck.

Docherty, Gerard J./Foulkes, Paul (2014): „An evaluation of usage-based approaches to the modelling of sociophonetic variability". In: *Lingua* 142, 42–56.

Dreher, Michael/Dreher, Eva (1995): „Gruppendiskussionsverfahren". In: Flick, Uwe et al. (Hg.): *Handbuch qualitative Sozialforschung.* Weinheim: Beltz, 186–188.

Dresing, Thorsten/Pehl, Thorsten (2013): *Praxisbuch Interview, Transkription & Analyse. Anleitungen und Regelsysteme für qualitativ Forschende.* Marburg: Eigenverlag.

Droste, Pepe (2017): „Metapragmatik in der kommunikativen Praxis. Alltagssprachliche Typisierungen von Sprachvariation in Norddeutschland". In: Glawe, Meike et al. (Hgg.): *Aktuelle Tendenzen in der Variationslinguistik.* Hildesheim: Olms, 209–234.

Dunaway, David K. (2000): „Digital radio production. Towards an aesthetic". In: *New Media & Society* 2, 29–50.

Duranti, Alessandro (Hg.) (2006): *A companion to linguistic anthropology.* Malden, Mass.: Blackwell.

Eckert, Matthias/Feuerstein, Sylvia (2015). „Veränderungen und Grundcharakteristik der MedienNutzerTypen". In: *Media Perspektiven* 11, 482–496.

Eckert, Penelope (1989): *Jocks & burnouts. Social categories and identity in the high school.* New York: Teachers College Press.

Eckert, Penelope/Rickford, John R. (Hgg.) (2001): *Style and sociolinguistic variation.* Cambridge: Cambridge University Press.

Eckert, Penelope (2008): „Variation and the indexical field". In: *Journal of Sociolinguistics* 12, 453–476.

Eckert, Penelope (2010): „Affect, sound symbolism, and variation". In: *University of Pennsylvania Working Papers in Linguistics* 15.

Eckert, Penelope (2012): „Three waves of variation study: The emergence of meaning in the study of sociolinguistic variation". In: *Annual Review of Anthropology* 41, 87–100.

Eggers, Jan (2013): „Radio und Internet". In: La Roche, Walter/Buchholz, Axel (Hgg.): *Radio-Journalismus. Ein Handbuch für Ausbildung und Praxis im Hörfunk.* Wiesbaden: Springer VS, 414–420.

Ehlich, Konrad (2016): Art. »Honorativ«. In: Glück, Helmut/Rödel, Michael (Hg.): *Metzler Lexikon Sprache.* Stuttgart: Metzler, 274–274.

Eichinger, Ludwig M./Kallmeyer, Werner (Hgg.) (2005): *Standardvariation. Wie viel Variation verträgt die deutsche Sprache?* Berlin: de Gruyter.
Emerson, Caryl (Hg.) (1986): *M. M. Bakhtin. Speech genres and other late essays.* Austin: University of Texas Press.
Engel, Bernhard/Mai, Lothar (2015): „Mediennutzung und Lebenswelten 2015". In: *Media Perspektiven* 10, 427–441.
Engel, Bernhard/Mai, Lothar/Müller,Thorsten (2018): „Massenkommunikation Trends 2018: Intermediale Nutzungsportfolios". In: *Media Perspektiven* 7–8, 330–347.
Erfing, Christian (2016): „‚Irgendwann muss man ja mal erwachsen werden.' Spracheinstellungen und Sprach(differenz)bewusstheit in Hinblick auf Jugendsprache bei (Berufs-)SchülerInnen". In: Spiegel, Carmen/Gysin, Daniel (Hgg.): *Jugendsprache in Schule, Medien und Alltag.* Frankfurt am Main: Peter Lang, 239–255.
Esch, Franz-Rudolf/Krieger, Kai Harald/Strödter, Kristina (2009): „Marken in Medien und Medien als Marken". In: Gröppel-Klein, Andrea/Germelmann, Claas Christian (Hgg.): *Medien im Marketing. Optionen der Unternehmenskommunikation.* Wiesbaden: Gabler, 41–68.
Faas, Thorsten/Schoen, Harald (2009): „Nur eine Frage der Zeit? Eine Analyse zweier Online-Umfragen zu den Bundestagswahlen 2002 und 2005". In: Schoen, Harald/Rattinger, Hans/Gabriel, Oskar W. (Hgg.): *Vom Interview zur Analyse. Methodische Aspekte der Einstellungs- und Wahlforschung.* Baden-Baden: Nomos, 343–360.
Fairclough, Norman (1994): „Conversationalization of public discourse and the authority of the consumer". In: Abercrombie, Nicholas/Whiteley, Nigel/Keat, Russell (Hgg.): *The authority of the consumer.* London: Routledge, 253–268.
Feierabend, Sabine/Klingler, Walter/Turecek, Irina (2016): „Mediennutzung junger Menschen im Langzeitvergleich". In: *Media Perspektiven* 2, 120–128.
Felix et al. (Hgg.) (2002): *Medienwissenschaft. Ein Handbuch zur Entwicklung der Medien und Kommunikationsformen. 3. Teilband.* Berlin: de Gruyter
Feuerstein, Sylvia (2010): „Zur Grundcharakteristik der einzelnen MedienNutzerTypen". In: Oehmichen, Ekkehardt/Ridder, Christa-Maria (Hgg.): *Die MedienNutzerTypologie 2.0. Aktualisierung und Weiterentwicklung des Analyseinstruments.* Baden-Baden: Nomos, 31–56.
Figueroa, Cristina M./Gárate, Teresa I. M./Rodríguez, Antonio Á. (Hgg.) (2006): *Studies in contrastive linguistics: Proceedings of the 4th International Contrastive Linguistics Conference, Santiago de Compostela, September, 2005.* Santiago de Compostela: Universidade de Santiago de Compostela Publicacións, 973–980.
Finke, Clara L. (2014): „Das Hallesche Morningshow-Korpus. Einführung in das Korpus anhand einer aktuellen Untersuchung zu Morningshow-Moderationen im gegenwärtigen Radio". In: Ebel, Alexandra (Hg.): *Aussprache und Sprechen im interkulturellen, medienvermittelten und pädagogischen Kontext.* Halle/Saale: Martin-Luther-Universität Halle/Wittenberg, 93–104.
Finke, Clara L. (2017): „‚Haben Sie eigentlich heute an den Weltuntergang geglaubt?' – Radio-Moderationen im Sendervergleich". In: Hannken-Illjes, Kati et al. (Hg.): *Medien – Stimme – Sprechkunst.* Hohengehren: Baltmannsweiler Schneider, 244–257.
Finke, Clara L. (2019): *Senderidentität und Alltagsästhetik: Radiomoderationen in der Primetime.* Berlin: Frank & Timme.
Fix, Ulla/Gardt, Andreas/Knape, Joachim (Hgg.) (2008): *Rhetorik und Stilistik. Ein internationales Handbuch historischer und systematischer Forschung Bd. 1.* Berlin: de Gruyter.

Fix, Ulla/Gardt, Andreas/Knape, Joachim (Hgg.) (2009): *Rhetorik und Stilistik. Ein internationales Handbuch historischer und systematischer Forschung Bd. 2*. Berlin: de Gruyter.
Flach, Christoph/Lynen, Patrick (2011): „Radio ist Gefühlsmanagement". In: Müller, Dieter K./Raff, Esther (Hgg.): *Praxiswissen Radio. Wie Radio gemacht wird – und wie Radiowerbung anmacht*. Wiesbaden: VS Verlag, 45–50.
Fleming, Carole (2010): *The radio handbook*. London: Routledge.
Flick, Uwe et al. (Hgg.) (1995): *Handbuch qualitative Sozialforschung*. Weinheim: Beltz.
Flick, Uwe/Kardorff, Ernst von/Steinke, Ines (Hgg.) (2000): *Qualitative Forschung – Ein Handbuch*. Reinbek: Rowohlt.
Fluck, Hans-Rüdiger (2002): „Hörfunkspezifische Präsentationsformen und Texttypen". In: Leonhard, Joachim-Felix et al. (Hgg.): *Medienwissenschaft: ein Handbuch zur Entwicklung der Medien und Kommunikationsformen*. Berlin: de Gruyter, 2071–2091.
Föllmer, Golo (2011): „Indikatoren qualitativer Identitäts-Marker im Broadcast Sound Design. Theorie und Methodik der Untersuchung qualitativer Merkmale sprecherischer und anderer Sendeelemente im Radio". In: Bose, Ines/Schwiesau, Dietz (Hgg.): *Nachrichten schreiben, sprechen, hören. Forschungen zur Hörverständlichkeit von Radionachrichten*. Berlin: Frank & Timme, 335–352.
Fontana, Andrea/Frey, James H. (2000): „The interview: From structured questions to negotiated text". In: Denzin, Norman K./Lincoln, Yvonna S. (Hgg.): *Handbook of qualitative research*. Thousand Oaks: Sage, 645–672.
Fornatale, Peter/Mills, Joshua E. (1984): *Radio in the television age*. Woodstock: The Overlook Press.
Fransella, Fay (2003) (Hg.): *International handbook of personal construct psychology*. Chichester: John Wiley & Sons.
Fromm, Martin (1995): *Repertory Grid Methodik: ein Lehrbuch*. Weinheim: Deutscher Studien Verlag.
Fromm, Martin (2002): „Was sind Repertory Grid Methoden?" In: König, Eckard/Zedler, Peter (Hgg.): *Qualitative Forschung*. Weinheim: Beltz, 195–212.
Gal, Susan (2016): „Sociolinguistic differentiation". In: Coupland, Nikolas (Hg.): *Sociolinguistics. Theoretical debates*. Cambridge: Cambridge University Press, 113–135.
Garrett, Peter/Coupland, Nikolas/Williams, Angie (2003): *Investigating language attitudes. Social meanings of dialect, ethnicity and performance*. Cardiff: Cardiff University Press.
Garrett, Peter/Williams, Angie/Evans, Betsy (2005): „Accessing social meanings: Values of keywords, values in keywords". In: *Acta Linguistica Hafniensia* 37, 37–54.
Gaßner, Hans-Peter (2003): „Werbeerfolgskontrolle mit der Spot-Analyse Radio". In: *Media Perspektiven* 2, 86–92.
Gattringer, Karin (2011): „Radionutzung im Alltag". In: Müller, Dieter K./Raff, Esther (Hgg.): *Praxiswissen Radio. Wie Radio gemacht wird – und wie Radiowerbung anmacht*. Wiesbaden: VS Verlag, 51–63.
Gattringer, Karin et al. (2013): „Erlebniswelt Radio". In: *Media Perspektiven* 11, 510–521.
Gattringer, Karin/Mai, Lothar (2016): „Radio bleibt der Soundtrack des Tages". In: *Media Perspektiven* 4, 206–215.
Gattringer, Karin/Klingler, Walter (2016): „Wie Deutschland Radio hört". In: *Media Perspektiven* 9, 460–474.
Gattringer, Karin/Turecek, Irina (2018): „ma 2018 Audio – Konvergenzwährung für Radio und Online-Audio. In: *Media Perspektiven* 9, 438–450.

Gattringer, Karin/Feierabend, Sabine/Turecek, Irina (2019): „Radio ist mehr als ‚nur' hören". In: *Media Perspektiven* 5, 221–231.
Gawlik, Fabian/Maempel, Hans-Joachim (2009): „Der Einfluss des Sendewegprocessings auf die Senderwahl von Radiohörern". In: Verband Deutscher Tonmeister e. V. (Hg.): *Bericht der 25. Tonmeistertagung 13.–16.11. 2008, Leipzig*. Bergisch Gladbach, 278–290.
Gebauer, Maria Luise (2015): „‚Wenn du so auf der Autobahn unterwegs bist und den Sender dann wieder reinkriegst und diese bekannten Stimmen hörst, das ist ein Stück Heimat'. Beschreibungen von morningshow-Moderationen zweier Radiosender aus Sicht der Hörer". In: Bose, Ines (Hg.): *Radio, Sprache, Klang. Forschungen zur Radioästhetik und Radioidentität*. (SPIEL, Heft 1/2015). Frankfurt am Main: Peter Lang, 197–221.
Geeraerts, Dirk/Cuyckens, Hubert (Hgg.) (2007): *The Oxford handbook of cognitive linguistics*. Oxford: Oxford University Press.
Geeraerts, Dirk (2008): „Prototypes, stereotypes, and semantic norms". In: Kristiansen, Gitte/Dirven, René (Hgg.): *Cognitive sociolinguistics: language variation, cultural models, social systems*. Berlin/Boston: de Gruyter, 21–43.
Geißner, Hellmut (1960): „Soziale Rollen als Sprechrollen". In: Arbeitsgemeinschaft für Sprachheilpädagogik in Deutschland e.V. (Hg.): *Kongreßbericht der Gemeinschaftstagung für allgemeine und angewandte Phonetik; 3.–6. Oktober 1960 in Hamburg*, 195–204.
Geißner, Hellmut (1993): „Moderate Rhetoren". Typen des Moderierens. In: Pawlowski, Klaus (Hg.): *Sprechen, Hören, Sehen. Rundfunk und Fernsehen in Wissenschaft und Praxis*. München: Reinhardt, 55–63.
Genesee, Fred/Bourhis, Richard Y. (1988): „Evaluative reactions to language choice strategies: The role of sociostructural factors". In: *Language & Communication* 8, 229–250.
Giles, Howard/Coupland, Nikolas/Coupland, Justine (1991): „Accommodation theory: Communication, context, and consequence". In: Giles, Howard/Coupland, Justine/Coupland, Nikolas (Hgg.): *Contexts of Accommodation*. Cambridge: Cambridge University Press, 1–68.
Giles, Howard/Coupland, Justine/Coupland, Nikolas (1991) (Hgg.): *Contexts of Accommodation*. Cambridge: Cambridge University Press.
Giles, Howard/Powesland, Peter (1997): „Accommodation theory". In: Coupland Nikolas/Jaworski, Aron (Hgg.): *Sociolinguistics*. Basingstoke: Macmillan, 232–239.
Giles, Howard (2001): „Couplandia and beyond". In: Eckert, Penelope/Rickford, John R. (Hgg.): *Style and sociolinguistic variation*. Cambridge: Cambridge University Press, 211–219.
Glawe, Meike et al. (2017) (Hgg.): *Aktuelle Tendenzen in der Variationslinguistik*. Hildesheim: Olms.
Gleich, Uli (2011): „Die Bedeutung des Radios im Alltag". In: *Media Perspektiven* 12, 617–622.
Glück, Helmut/Rödel, Michael (Hg.)(2016): *Metzler Lexikon Sprache*. Stuttgart.
Goffman, Erving (1969): *Wir alle spielen Theater. Die Selbstdarstellung im Alltag*. München: Piper.
Goffman, Erving (1998): *Forms of Talk*. Philadelphia: University of Pennsylvania Press.
Goldhammer, Klaus (1996): *Formatradio in Deutschland. Konzepte, Techniken und Hintergründe der Programmgestaltung von Hörfunkstationen*. Berlin: Spiess.
Goodman, Nelson (1978): *Ways of Worldmaking*. Indianapolis: Hackett.
Greenberg, Joseph (Hg.) (1978): *Universals of human language*. Stanford: Stanford University Press.
Gröppel-Klein, Andrea/Germelmann, Claas Christian (Hgg.)(2009): *Medien im Marketing. Optionen der Unternehmenskommunikation*. Wiesbaden: Gabler.

Günther, Franziska/Müller, Hermann J./Geyer, Thomas (2017): „Salience, attention, and perception". In: Schmidt, Hans-Jörg (Hg.): *Entrenchment and the psychology of language learning. How we recognize and adapt linguistic knowledge.* Berlin: de Gruyter, 289–312.

Günthner, Susanne (1996): „Zwischen Scherz und Schmerz. Frotzelaktivitäten in Alltagsinteraktionen". In: Kotthof, Helga/Günthner, Susanne (Hgg.): *Scherzkommunikation.* Wiesbaden: VS Verlag, 81–108.

Gushurst, Wolfgang (2006): „Formate im Hörfunk". In: Südwestrundfunk (Hg.): *Öffentlichrechtlicher Rundfunk in Deutschland.* Stuttgart, 14–18.

Gutenberg, Norbert (1998): *Einzelstudien zu Sprechwissenschaft und Sprecherziehung. Arbeiten in Teilfeldern.* Göppingen: Kümmerle.

Haas, Michael H./Frigge, Uwe/Zimmer, Gert (1991): *Radio-Management. Ein Handbuch für Radio-Journalisten.* München: Ölschläger.

Halefeldt, Horst O. (2002): „Gegenwärtige Programmstrukturen des Hörfunks". In: Leonhard, Joachim-Felix et al. (Hgg.): *Medienwissenschaft. Ein Handbuch zur Entwicklung der Medien und Kommunikationsformen. 3. Teilband.* Berlin: de Gruyter, 1975–1983.

Hannken-Illjes, Kati (2004): *Gute Gründe geben: ein sprechwissenschaftliches Modell argumentativer Kompetenz und seine didaktischen und methodischen Implikationen.* Frankfurt am Main: Peter Lang.

Hannken-Illjes, Kati et al. (Hgg.) (2017): *Medien – Stimme – Sprechkunst.* Hohengehren: Baltmannsweiler Schneider.

Hartmann, Peter H./Schlomann, Anna (2015): „MNT 2015: Weiterentwicklung der MedienNutzer-Typologie". In: *Media Perspektiven* 11, 497–504.

Hartung, Anja/Reißmann, Wolfgang (2003): „Die Verarbeitung von Hörfunkangeboten – Die Radiowerkstatt". In: Schorb, Bernd/Hartung, Anja (Hgg.): *Gewalt im Radio. Eine Untersuchung zur Wahrnehmung, Bewertung und Verarbeitung von Unterhaltung im Hörfunk durch 9- bis 16-Jährige.* Berlin: VISTAS, 134–154.

Hartung, Anja/Hartung, Christian/Reißmann, Wolfgang (2003): „Gewalt im Radio". In: Schorb, Bernd/Hartung, Anja (Hgg.): *Gewalt im Radio. Eine Untersuchung zur Wahrnehmung, Bewertung und Verarbeitung von Unterhaltung im Hörfunk durch 9- bis 16-Jährige.* Berlin: VISTAS, 35–70.

Hartung, Anja (2008): *Humor im Hörfunk und seine Aneignung durch Kinder und Jugendliche. Eine qualitative Untersuchung.* München: Kopaed.

Hartung, Anja/Reißmann, Wolfgang/Schorb, Bernd (2009): *Musik und Gefühl. Eine Untersuchung zur gefühlsbezogenen Aneignung von Musik im Kindes- und Jugendalter unter besonderer Berücksichtigung des Hörfunks.* Berlin: VISTAS.

Häusermann, Jürg/Käppeli, Heiner (1994): *Rhetorik für Radio und Fernsehen. Regeln und Beispiele für mediengerechtes Schreiben, Sprechen, Informieren, Kommentieren, Interviewen.* Arau: Sauerländer.

Hebdige, Dick (1984): *Subculture: The meaning of style.* London: Routledge.

Helfferich, Cornelia (2011): *Die Qualität qualitativer Daten. Manual für die Durchführung qualitativer Interviews.* Wiesbaden: VS Verlag.

Helms, Dietrich (2008): „What's the Difference? Populäre Musik im System des Pop". In: Bielefeldt, Christian/Dahmen, Udo/Großmann, Rolf (Hgg.): *Pop Musicology. Perspektiven der Popmusikwissenschaft.* Bielefeld: transcript. 75–93.

Herzog, Herta (1933): „Stimme und Persönlichkeit". In: *Zeitschrift für Psychologie* 130, S. 300–369.

Hinnenkamp, Volker/Selting, Margret (Hgg.) (1989): *Stil und Stilisierung. Arbeiten zur interpretativen Soziolinguistik*. Tübingen: Niemeyer.
Hirschfeld, Ursula/Neuber, Baldur/Stock, Eberhard (2008): „Sprach- und Sprechwirkungsforschung". In: Fix, Ulla/Gardt, Andreas/Knape, Joachim (Hgg.): *Rhetorik und Stilistik. Ein internationales Handbuch historischer und systematischer Forschung Bd. 1*. Berlin: de Gruyter, 772–786.
Hodge, Robert/Kress, Gunther 1997: „Social semiotics, style and ideology". In: Coupland Nikolas/Jaworski, Aron (Hgg.): *Sociolinguistics*. Basingstoke: Macmillan, 49–54.
Hoffmann, Dagmar/Mikos, Lothar (Hgg.) (2010): *Mediensozialisationstheorien*. Wiesbaden: VS Verlag.
Hoffmann, Dagmar/Kutscha, Annika (2010): „Medienbiografien – Konsequenzen medialen Handelns, ästhetischer Präferenzen und Erfahrungen". In: Hoffmann, Dagmar/Mikos, Lothar (Hgg.): *Mediensozialisationstheorien*. Wiesbaden: VS Verlag, 221–243.
Hoklas, Anne-Kathrin/Lepa, Steffen (2017): „Welchen Beitrag ‚leistet' die Materialität der Medien zum soziokulturellen Wandel? Erkenntnistheoretische Potenziale des Afordanzkonzepts für die Mediatisie-rungsforschung am Beispiel des alltäglichen Musikhörens". In: Krotz, Friedrich/Despotović, Cathrin/Kruse, Merle-Marie (Hgg.): *Mediatisierung als Metaprozess. Transformationen, Formen der Entwicklung und die Generierung von Neuem*. Wiesbaden: Springer VS, 281–302.
Holland, John H. (1998): *Emergence. From chaos to order*. Oxford: Oxford University Press.
Holly, Werner (1996): „Mündlichkeit im Fernsehen". In: Biere, Bernd U./Hoberg, Rudolf (Hgg.): *Mündlichkeit und Schriftlichkeit im Fernsehen*. Tübingen: Narr, 29–40.
Horkheimer, Max/Adorno, Theodor W. (2006): *Dialektik der Aufklärung. Philosophische Fragmente*. Frankfurt am Main: Suhrkamp.
Huhn, Jürgen (1993): „Moderation im Spannungsfeld von Information und Unterhaltung". In: Pawlowski, Klaus (Hg.): *Sprechen, Hören, Sehen. Rundfunk und Fernsehen in Wissenschaft und Praxis*. München: Reinhardt, 109–117.
Hussy, Walter/Schreier, Margit/Echterhoff, Gerald (Hgg.) (2013): *Forschungsmethoden in Psychologie und Sozialwissenschaften für Bachelor*. Berlin: Springer.
Hymes, Dell (1989): „Ways of speaking". In: Bauman, Richard/Sherzer, Joel (Hgg.): *Explorations in the ethnography of speaking*. Cambridge: Cambridge University Press, 433–451.
Irvine, Judith T./Gal, Susan (2000): „Language ideology and linguistic differentiation". In: Kroskrity, Paul V. (Hg.): *Regimes of language: Ideologies, polities, and identities*. Santa Fe: School of American Research Press, 35–84.
Irvine, Judith T. (2001): „ 'Style' as distinctiveness: the culture and ideology of linguistic differentiation". In: Eckert, Penelope/Rickford, John R. (Hgg.): *Style and sociolinguistic variation*. Cambridge: Cambridge University Press, 21–43.
Jäger, Ludwig et al. (Hgg.) (2016): *Sprache – Kultur – Kommunikation: Ein internationales Handbuch zu Linguistik als Kulturwissenschaft*. Berlin: de Gruyter.
Janczyk, Markus/Pfister, Roland (2015): *Inferenzstatistik verstehen. Von A wie Signifikanztest bis Z wie Konfidenzintervall*. Berlin: Springer Spektrum.
Jankowicz, Devi (2004): *The easy guide to Repertory Grids*. Chichester: Wiley.
Jeong, Se-Hoon/Hwang, Yoori (2012): „Does multitasking increase or decrease persuasion? Effects of multitasking on comprehension and counterarguing". In: *Journal of Communication* 62, 571–578.

Jochims, Klaus (1993): „Funktionen von Moderation im Hörfunk". In: Pawlowski, Klaus (Hg.): *Sprechen, Hören, Sehen. Rundfunk und Fernsehen in Wissenschaft und Praxis.* München: Reinhardt, 118–136.
Johnstone, Barbara (2011): „Dialect enregisterment in performance". In: *Journal of Sociolinguistics* 15, 657–679.
Jonas, Klaus/Stroebe, Wolfgang/Hewstone, Miles (Hgg.) (2007): *Sozialpsychologie. Eine Einführung.* Heidelberg: Springer.
Keane, Webb (2003): „Semiotic and the social analysis of material things". In: *Language & Communication* 23, 409–425.
Kelly, George A. (1963): *A theory of personality. The psychology of personal constructs.* New York: Norton.
Kelly, George A. (1991): *The psychology of Personal Constructs. Vol. 2: Clinical diagnosis and psychotherapy.* London: Routledge.
Kessler, Thomas/Mummendey, Amélie (2007): „Vorurteile und Beziehungen zwischen sozialen Gruppen". In: Jonas, Klaus/Stroebe, Wolfgang/Hewstone, Miles (Hgg.): *Sozialpsychologie. Eine Einführung.* Heidelberg: Springer, 487–532.
Keupp, Heiner et al. (2013): *Identitätskonstruktionen. Das Patchwork der Identitäten in der Spätmoderne.* Reinbek bei Hamburg: Rowohlt.
Kienast, Miriam (2002): *Phonetische Veränderungen in emotionaler Sprechweise.* Aachen: Shaker.
Kitayama, Shinobu/Uskul, Ayse K. (2011): „Culture, mind, and the brain: Current evidence and future directions". In: *Annual Review of Psychology* 62, 419–449.
Kleinsteuber, Hans J. (2012): *Radio. Eine Einführung.* Wiesbaden: VS Verlag.
Klingler, Walter/Feierabend, Sabine/Turecek, Irina (2015): „Medien im Alltag junger Menschen". In: *Media Perspektiven* 4, 199–209.
Klingler, Walter/Turecek, Irina (2016): „Medienzeitbudgets und Tagesablaufverhalten". In: *Media Perspektiven* 2, 98–107.
Kloppenburg, Gerhard et al. (2016): „Gemeinschaftliches Erleben und ‚Wir'-Gefühl durch Mediennutzung". In: *Media Perspektiven* 7–8, 374–382)
Knop, Karin (2007): *Comedy in Serie. Medienwissenschaftliche Perspektiven auf ein TV-Format.* Bielefeld: transcript.
Koch, Wolfgang/Schröter, Christian (2015): „Audio, Musik und Radio bei Onlinern im Aufwind". In: *Media Perspektiven* 9, 392–396.
Koelsch, Stefan (2012): *Brain and music.* Chichester: Wiley-Blackwell.
König, Eckard/Zedler, Peter (Hgg.) (2002): *Qualitative Forschung.* Weinheim: Beltz.
Kotthof, Helga/Günthner, Susanne (Hgg.) (1996): *Scherzkommunikation.* Wiesbaden: VS Verlag.
Kotthof, Helga (1998): *Spaß verstehen. Zur Pragmatik von konversationellem Humor.* Tübingen: Niemeyer.
Koven, Michèle (2014): „Interviewing: Practice, Ideology, Genre, and Intertextuality". In: *Annual Review of Anthropology* 43, 499–520.
Krech, Eva-Maria et al. (Hgg.) (1991): *Sprechwirkung. Grundfragen, Methoden und Ergebnisse ihrer Erforschung.* Berlin: Akademie Verlag.
Krech, Eva-Maria/Stock, Eberhard (Hgg.) (1999): *Sprechwissenschaft – Zu Geschichte und Gegenwart.* Frankfurt am Main: Peter Lang.
Krech, Eva-Maria et al. (Hgg.) (2009): *Deutsches Aussprachewörterbuch.* Berlin: de Gruyter.
Kristiansen, Gitte/Dirven, René (Hgg.) (2008): *Cognitive sociolinguistics: language variation, cultural models, social systems.* Berlin: de Gruyter.

Kristiansen, Gitte/Geeraerts, Dirk (2013): „Contexts and usage in cognitive sociolinguistics". In: *Journal of Pragmatics* 52, 1–4.
Kristiansen, Tore/Coupland, Nikolas (Hgg.) (2011): *Standard languages and language standards in a changing Europe*. Oslo: Novus Press.
Kroskrity, Paul V. (Hg.) (2000): *Regimes of language: Ideologies, polities, and identities*. Santa Fe: School of American Research Press.
Krotz, Friedrich/Despotović, Cathrin/Kruse, Merle-Marie (Hgg.) (2017): *Mediatisierung als Metaprozess. Transformationen, Formen der Entwicklung und die Generierung von Neuem*. Wiesbaden: Springer VS.
Krug, Hans-Jürgen (2010): *Radio*. Konstanz: UVK.
Kühn, Thomas/Koschel, Kay-Volker (2011): *Gruppendiskussionen. Ein Praxis-Handbuch*. Wiesbaden: Springer VS.
Labov, William (1972): *Sociolinguistic patterns*. Oxford: Blackwell.
Lamnek, Siegfried (2005): *Gruppendiskussion: Theorie und Praxis*. Weinheim: Beltz.
La Roche, Walter/Buchholz, Axel (Hgg.) (2013): *Radio-Journalismus. Ein Handbuch für Ausbildung und Praxis im Hörfunk*. Wiesbaden: Springer VS.
Larsen, Brent Steeg (2000): „Radio as ritual. An approach to everyday use of radio". In: *Nordicom Review* 2, 259–274.
Leeuwen, Theo van (2001): „What is authenticity?" In: *Discourse Studies* 3, 392–397.
Leonhard, Joachim-Felix et al. (Hgg.) (2002): *Medienwissenschaft. Ein Handbuch zur Entwicklung der Medien und Kommunikationsformen*. Berlin: de Gruyter.
Liebscher, Grit/Dailey-O'Cain, Jennifer (2009): „Language attitudes in interaction". In: *Journal of Sociolinguistics* 13, 195–222.
Linke, Angelika (2009): „Stil und Kultur". In: Fix, Ulla/Gardt, Andreas/Knape, Joachim (Hgg.): *Rhetorik und Stilistik. Ein internationales Handbuch historischer und systematischer Forschung Bd. 2*. Berlin: de Gruyter, 1132–1144.
Linke, Norbert (2013): „Das Manuskript sprechen". In: La Roche, Walter/Buchholz, Axel (Hgg.): *Radio-Journalismus. Ein Handbuch für Ausbildung und Praxis im Hörfunk*. Wiesbaden: Springer VS, 38–43.
Linz, Erika (2016): „Sprache, Materialität, Medialität". In: Jäger, Ludwig et al. (Hgg.): *Sprache – Kultur – Kommunikation: Ein internationales Handbuch zu Linguistik als Kulturwissenschaft*. Berlin: de Gruyter, 100–111.
Lucy, John A. (Hg.) (1993): *Reflexive language. Reported speech and metapragmatics*. Cambridge: Cambridge University Press.
Lindner-Braun, Christa (Hg.) (1998): *Radioforschung*. Opladen: WDV.
Lindner-Braun, Christa (1998): „Moderatorentest für den Hörfunk". In: Lindner-Braun, Christa (Hg.): *Radioforschung*. Opladen: WDV, 175–190.
Linke, Angelika/Nussbaumer, Markus/Portmann, Paul R. (2004): *Studienbuch Linguistik*. Tübingen: Niemeyer.
Linke, Norbert (2013): „Das Manuskript sprechen". In: La Roche, Walter/Buchholz, Axel (Hgg.): *Radio-Journalismus. Ein Handbuch für Ausbildung und Praxis im Hörfunk*. Wiesbaden: Springer VS, 38–43.
Llamas, Carmen/Mullany, Louise/Stockwell, Peter (Hgg.) (2007): *The Routledge companion to sociolinguistics*. London: Routledge.
Maegaard, Marie (2005): „Language attitudes, norm and gender. A presentation of the method and results from a language attitude study". In: *Acta Linguistica Hafniensia* 37, 55–80.

Maegaard, Marie et al. (Hgg.) (2009): *Language attitudes, standadization and language change*. Oslo: Novus Press.
Mai, Lothar (2011): „Die Media-Analyse Radio". In: Müller, Dieter K./Raff, Esther (Hgg.): *Praxiswissen Radio. Wie Radio gemacht wird – und wie Radiowerbung anmacht*. Wiesbaden: VS Verlag, 99–115.
Malak, Yvonne (2009): „On-Air-Promotion/On-Air-Marketing". In: Overbeck, Peter (Hg.): *Radiojournalismus*. Konstanz: UVK, 231–260.
Malak, Yvonne (2015): *Erfolgreich Radio machen*. Konstanz: UVK.
Marx, Katja (2013): „Nachrichten-Präsentation". In: La Roche, Walter/Buchholz, Axel (Hgg.): *Radio-Journalismus. Ein Handbuch für Ausbildung und Praxis im Hörfunk*. Wiesbaden: Springer VS, 232–239.
Mattfolk, Leila (2005): „Investigating attitudes to 'ordinary spoken language': Reliability and subjective understandings". In: *Acta Linguistica Hafniensia* 37, 171–192.
Mattheier, Klaus J. (2003): „German". In: Deumert, Ana/Vandenbussche, Wim (Hgg.): *Germanic standardizations. Past to present*. Amsterdam: Benjamins, 211–244.
Maurer, Marcus/Jandura, Olaf (2009): „Masse statt Klasse? Einige kritische Anmerkungen zur Repräsentativität und Validität von Online–Befragungen". In: Brandenburg, Torsten/Thielsch, Meinald T. (Hgg.): *Praxis der Wirtschaftspsychologie. Themen und Fallbeispiele für Studium und Anwendung*. Münster: MV-Verlag, 61–74.
Merton, Robert K./Fiske, Majorie/Kendall, Patricia L. (1990): *The focused interview. A manual of problems and procedures*. New York: Free Pree.
Meyer, Jens-Uwe (2007): *Radio-Strategie*. Konstanz: UVK.
Miller, Daniel (Hg.) (1998): *Material Cultures. Why some things matter*. Chicago: University of Chicago Press.
Milroy, Lesley/Milroy, James (1992): „Social network and social class: Toward an integrated sociolinguistic model". In: *Language in Society* 21, 1–26.
Miosga, Christiane (2006): *Habitus der Prosodie. Die Bedeutung der Rekonstruktion von personalen Sprechstilen in pädagogischen Handlungskontexten*. Frankfurt am Main: Peter Lang.
Møller, Janus S. (2009): „Stereotyping categorisations of speech styles among linguistic minority Danes in Køge". In: Maegaard, Marie et al. (Hgg.): *Language attitudes, standadization and language change*. Oslo: Novus Press, 231–254.
Montgomery, Martin (2001): „Defining ‚authentic talk'". In: *Discourse Studies* 3, 397–405.
Moosbrugger, Helfried/Kelava, Augustin (Hgg.) (2007): *Testtheorie und Fragebogenkonstruktion*. Heidelberg: Springer.
Moosbrugger, Helfried/Schermelleh-Engel, Karin (2007): „Exploratorische (EFA) und Konfirmatorische Faktorenanalyse (CFA)". In: Moosbrugger, Helfried/Kelava, Augustin (Hgg.): *Testtheorie und Fragebogenkonstruktion*. Heidelberg: Springer, 307–324.
Mortensen, Janus/Coulpland, Nikolas/Thøgersen, Jacob (Hgg.) (2017): *Style, mediation, and change. Sociolinguistic perspectives on talking media*. Oxford: Oxford University Press.
Mücksch, Jakob (2015): „Stimmen im Radio – Programmchefs berichten". In: Bose, Ines (Hg.): *Radio, Sprache, Klang. Forschungen zur Radioästhetik und Radioidentität*. (SPIEL, Heft 1/2015). Frankfurt am Main: Peter Lang, 171–196.
Müller, Dieter K./Raff, Esther (Hgg.)(2011): *Praxiswissen Radio. Wie Radio gemacht wird – und wie Radiowerbung anmacht*. Wiesbaden: VS Verlag.
Naderer, Gabriele/Balzer, Eva (Hgg.) (2011): *Qualitative Marktforschung in Theorie und Praxis. Grundlagen – Methoden – Anwendungen*. Wiesbaden: Springer.

Neimeyer, Greg J. (2002): „Towards reflexive scrunity in Repertory Grid methodology". In: *Journal of Constructivist Psychology* 15, 89–94.
Neu, Sabine (2013): „Musik-Moderation". In: La Roche, Walter/Buchholz, Axel (Hgg.): *Radio-Journalismus. Ein Handbuch für Ausbildung und Praxis im Hörfunk*. Wiesbaden: Springer VS, 86–90.
Neuber, Baldur (2002): *Prosodische Formen in Funktion: Leistungen der Suprasegmentalia für das Verstehen, Behalten und die Bedeutungs(re)konstruktion*. Frankfurt am Main: Peter Lang.
Neuber, Baldur (2016): „Paraverbale und nonverbale Anteile der rhetorischen Kommunikation". In: Bose, Ines et al. (Hgg.): *Einführung in die Sprechwissenschaft. Phonetik, Rhetorik, Sprechkunst*. Tübingen: Narr, 134–140.
Newen, Albert (2005): *Analytische Philosophie zur Einführung*. Hamburg: Junius.
Niebaum, Hermann/Macha, Jürgen (2014): *Einführung in die Dialektologie des Deutschen*. Berlin: de Gruyter.
Niedzielski, Nancy A./Preston, Dennis R. (2000): *Folk linguistics*. Berlin: de Gruyter.
Nyström Höög, Catharina (2005): „What do people actually think? On scale measuring and personal narratives in attitude studies". In: *Acta Linguistica Hafniensia* 37, 193–216.
Oakes, Steve/North, Adrian C. (2011): „The impact of narrator age congruity on responses to a radio advertisement". In: *Journal of Marketing Communications* 17, 183–194.
Oehmichen, Ekkehardt (2007): „Die neue MedienNutzerTypologie MNT 2.0". In: *Media Perspektiven* 5, 226–234.
Oehmichen, Ekkehardt/Ridder, Christa-Maria (Hgg.) (2010): *Die MedienNutzerTypologie 2.0. Aktualisierung und Weiterentwicklung des Analyseinstruments*. Baden-Baden: Nomos.
Ohler, Josef (2013): „Nachrichten". In: La Roche, Walter/Buchholz, Axel (Hgg.): *Radio-Journalismus. Ein Handbuch für Ausbildung und Praxis im Hörfunk*. Wiesbaden: Springer VS, 212–232.
Ohme, Ute (2008): *Vielfalt entfalten. Musikhören und Musikdenken in Netzen. Die Psychologie der Persönlichen Konstrukte und das Repertory Grid von George A. Kelly: Theorie und Anwendung in Musikwissenschaft und Musikpsychologie*. Essen: Die Blaue Eule.
Oliveira, Madalena (2013): „Sounds and identity: The role of radio in community building". In: Stachyra, Grażyna (Hg.): *Radio. Community – Challenges – Aesthetics*. Lublin: UMCS, 177–188.
Osborne, Jason W. (2015): „What is rotating in exploratory factor analysis?" In: *Practical Assessment, Research & Evaluation* 20, 1–7.
Östman, Jan-Ola/Verschueren, Jef (Hgg.) (2012): *Handbook of pragmatics online*. Amsterdam: Benjamins.
Overbeck, Peter (Hg.) (2009): *Radio Journalismus*. Konstanz: UVK.
Paeschke, Astrid (2003): *Prosodische Analyse emotionaler Sprechweise*. Berlin: Logos.
Pawlowski, Klaus (Hg.) (2003): *Sprechen, Hören, Sehen. Rundfunk und Fernsehen in Wissenschaft und Praxis*. München: Reinhardt.
Pawlowski, Klaus (2004): *Grundlagen der Hörfunkmoderation*. Münster: LIT-Verlag.
Pecher, Diane/Zwaan, Rolf A. (2005): „Introduction to grounding cognition: The role of perception and action in memory, language, and thinking". In: Pecher, Diane/Zwaan, Rolf A. (Hgg.): *Grounding cognition. The role of perception and action in memory, language and thinking*. Cambridge: Cambridge University Press, 1–8.
Pecher, Diane/Zwaan, Rolf A. (Hgg.) (2005): *Grounding cognition. The role of perception and action in memory, language and thinking*. Cambridge: Cambridge University Press.

Pecher, Diane/Zwaan, Rolf A. (2017): „Flexible concepts: a commentary on Kemmerer (2016)". In: *Language, Cognition and Neuroscience* 32, 444–446.
Pennock-Speck, Barry (2006): „Styling the voice, selling the product". In: Figueroa, Cristina M./Gárate, Teresa I. M./Rodríguez, Antonio Á. (Hgg.): *Studies in contrastive linguistics: Proceedings of the 4th International Contrastive Linguistics Conference, Santiago de Compostela, September, 2005.* Santiago de Compostela: Universidade de Santiago de Compostela Publicacións, 973–980.
Pierrehumbert, Janet B. (2006): „The next toolkit". In: *Journal of Phonetics* 34, 516–530.
Pietraß, Manuela (2002): „Gestaltungsmittel als Interpretationshinweise. Eine rahmenanalytische Betrachtung des Infotainment nach E. Goffman". In: *Medien & Kommunikationswissenschaft* 4, 498–509.
Podesva, Robert J. (2007): „Phonation type as a stylistic variable: The use of falsetto in constructing a persona". In: *Journal of Sociolinguistics* 11, 478–504.
Porst, Rolf (2008): *Fragebogen: Ein Arbeitsbuch.* Wiesbaden: Springer VS.
Preston, Dennis R. (2011): „Methods in (applied) folk linguistics: Getting into the minds of the folk". In: *AILA Review* 24, 15–39.
Purschke, Christoph (2014): „I remember it like it was interesting – Zur Theorie von Salienz und Pertinenz". In: *Linguistik Online* 66, 32–50.
Quine, Willard v. O. (1970): „Methodological reflections on current linguistic theory". In: *Synthese* 21, 386–398.
Quine, Willard v. O. (1990) [1974]: *The roots of reference.* La Salle: Open Court.
Quinn, Naomi (2005): „How to reconstruct schemas people share, from what they say". In: Quinn, Naomi (Hg.): *Finding culture in talk. A collection of methods.* New York: Palgrave Macmillan, 35–81.
Quinn, Naomi (Hg.) (2005): *Finding culture in talk. A collection of methods.* New York: Palgrave Macmillan.
Rácz, Péter/Hay, Jennifer B./Pierrehumbert, Janet B. (2017): „Social salience discriminates learnability of contextual cues in an artificial language". In: *Frontiers in Psychology* 51, 1–25.
Reinke, Kerstin (2008): *Zur Wirkung phonetischer Mittel in sachlich intendierter Sprechweise bei Deutsch sprechenden Russen.* Frankfurt am Main: Peter Lang.
Richter, Arndt (2009): „Moderation Kulturradio". In: Overbeck, Peter (Hg.): *Radiojournalismus.* Konstanz: UVK, 147–152.
von Rimscha, Bjørn/Siegert, Gabriele (2015): *Medienökonomie. Eine problemorientierte Einführung.* Wiesbaden: Springer VS.
Ritter, Hans-Martin (1999): „Moderieren – Zwischen rhetorischer und ästhetischer Kommunikation". In: Krech, Eva-Maria/Stock, Eberhard (Hgg.): *Sprechwissenschaft – Zu Geschichte und Gegenwart.* Frankfurt am Main: Peter Lang, 313–334.
Robinson, W. Peter/Giles, Howard (Hgg.) (2001): *The new handbook of language and social psychology.* Chichester: Wiley.
Rohrer, Tim (2007): „Embodiment and experientalism". In: Geeraerts, Dirk/Cuyckens, Hubert (Hgg.): *The Oxford handbook of cognitive linguistics.* Oxford: Oxford University Press, 25–47.
Rosch, Eleanor/Mervis, Carolyn B. (1975): „Family resemblances: Studies in the internal structure of categories". *Cognitive Psychology* 7, 573–605.
Rosch, Eleanor (1975): „Cognitive representations of semantic categories". In: *Journal of Experimental Psychology: General* 104, 192–233.

Rosch, Eleanor (1977): "Human categorization". In: Warren, Neil (Hg.): *Studies in cross-cultural psychology Bd.1*. London: Academic Press, 1–49.
Sachweh, Svenja (1998): "maria können=ehr de po"'Po mal hebe↓ – Das Gesprächsverhalten von AltenpflegerInnen". In: *Germanistische Linguistik* 139–140. 301–325.
Sandig, Barbara/Selting, Margret (1997): "Einleitung". In: Selting, Margret/Sandig, Barbara (Hgg.): *Sprech- und Gesprächsstile*. Berlin: de Gruyter, 1–8.
Savage, Maureen E./Spence, Patric R. (2014): "Will you listen? An examination of parasocial interaction and credibility in radio". In: *Journal of Radio & Audio Media* 21, 3–19.
Scannell, Paddy (1991): "Introduction: the relevance of talk". In: Scannell, Paddy (Hg.): *Broadcast talk*. London: Sage, 1–13.
Scannell, Paddy (Hg.) (1991): *Broadcast talk*. London: Sage.
Scheer, Jörn W./Catina, Ana (Hgg.) (1993): *Einführung in die Repertory Grid-Technik Bd. 1: Grundlagen und Methoden*. Bern: Huber.
Scheer, Jörn W./Catina, Ana (1993): "Psychologie der Persönlichen Konstrukte und Repertory Grid-Technik". In: Scheer, Jörn W./Catina, Ana (Hgg.): *Einführung in die Repertory Grid-Technik Bd. 1: Grundlagen und Methoden*. Bern: Huber, 8–10.
Schendera, Christian F. G. (2010): *Clusteranalyse mit SPSS. Mit Faktorenanalyse*. München: Oldenbourg.
Schmiedel, Astrid (2017): *Phonetik ironischer Sprechweise. Produktion und Perzeption sarkastisch ironischer und freundlich ironischer Äußerungen*. Berlin: Frank & Timme.
Schmidt, Hans-Jörg (2007): "Entrenchment, salience, and basic levels". In: Geeraerts, Dirk/Cuyckens, Hubert (Hgg.): *The Oxford handbook of cognitive linguistics*. Oxford: Oxford University Press,117–138.
Schmidt, Hans-Jörg (Hg.) (2017): *Entrenchment and the psychology of language learning. How we recognize and adapt linguistic knowledge*. Berlin: de Gruyter.
Schmidt, Jürgen E./Herrgen, Joachim (2011): *Sprachdynamik. Eine Einführung in die moderne Regionalsprachenforschung*. Berlin: ESV.
Schmidts, Mareike (2009): "Sprechen im Radio". In: Overbeck, Peter (Hrsg): *Radiojournalismus*. Konstanz: UKV, 117–134.
Schoen, Harald/Rattinger, Hans/Gabriel, Oskar W. (Hgg.) (2009): *Vom Interview zur Analyse. Methodische Aspekte der Einstellungs- und Wahlforschung*. Baden-Baden: Nomos.
Schorb, Bernd/Hartung, Anja (Hgg.) (2003): *Gewalt im Radio. Eine Untersuchung zur Wahrnehmung, Bewertung und Verarbeitung von Unterhaltung im Hörfunk durch 9- bis 16-Jährige*. Berlin: VISTAS.
Schramm, Holger/Hartmann, Tilo (2010): "Identität durch Mediennutzung? Die Rolle von parasozialen Interaktionen und Beziehungen mit Medienfiguren". In: Hoffmann, Dagmar/Mikos, Lothar (Hgg.): *Mediensozialisationstheorien*. Wiesbaden: VS Verlag, 201–219.
Schreier, Margit (2013): "Qualitative Erhebungsmethoden". In: Hussy, Walter/Schreier, Margit/Echterhoff, Gerald (Hgg.): *Forschungsmethoden in Psychologie und Sozialwissenschaften für Bachelor*. Berlin: Springer, 222–245.
Schröter, Christian (2016): "Audionutzung im Kontext ausdifferenzierter Onlineangebote". In: *Media Perspektiven* 9, 438–447.
Schröter, Christian (2018): "Audiostreaming im Internet stimuliert die Radiokonvergenz. In: *Media Perspektiven* 9, 414–426.
Schubert, Antje/Sendlmeier, Walter (2005): "Was kennzeichnet einen guten Nachrichtensprecher im Hörfunk? Eine perzeptive und akustische Analyse von Stimme und

Sprechweise". In: Sendlmeier, Walter (Hg.): *Sprechwirkung – Sprechstile in Funk und Fernsehen*. Berlin: Logos, 13–69.
Schwabeneder, Stefan (2009): „Moderation Popradio". In: Overbeck, Peter (Hg.): *Radiojournalismus*. Konstanz: UVK, 135–146.
Schwarze, Cordula (2014): „Theoretische und methodische Überlegungen zur Praxis der gesprächsanalytischen Datensitzung". In: Schwarze, Cordula/Konzett, Carmen (Hgg.): *Interaktionsforschung. Gesprächsanalytische Fallstudien und Forschungspraxis*. Berlin: Frank & Timme, 161–175.
Schwitalla, Johannes/Streeck, Jürgen (1989): „Subversive Interaktionen. Sprachliche Verfahren der sozialen Abgrenzung in einer Jugendlichengruppe". In: Hinnenkamp, Volker/Selting, Margret (Hgg.): *Stil und Stilisierung. Arbeiten zur interpretativen Soziolinguistik*. Tübingen: Niemeyer, 229–252.
Selting, Margret (1983): „Institutionelle Kommunikation: Stilwechsel als Mittel strategischer Interaktion". In: *Linguistische Berichte* 86, 29–48.
Selting, Margret/Hinnenkamp, Volker (1989): „Einleitung: Stil und Stilisierung in der Interpretativen Soziolinguistik". Hinnenkamp, Volker/Selting, Margret (Hgg.): *Stil und Stilisierung. Arbeiten zur interpretativen Soziolinguistik*. Tübingen: Niemeyer, 1–26.
Selting, Margret/Sandig, Barbara (Hgg.) (1997): *Sprech- und Gesprächsstile*. Berlin: de Gruyter.
Selting, Margret (1997): „Interaktionale Stilistik: Methodologische Aspekte der Analyse von Sprechstilen". In: Selting, Margret/Sandig, Barbara (Hgg.): *Sprech- und Gesprächsstile*. Berlin: de Gruyter, 9–43.
Selting, Margret et al. (2009): „Gesprächsanalytisches Transkriptionssystem 2 (GAT 2)". In: *Gesprächsforschung* 10, 353–402.
Sendlmeier, Walter (Hg.) (2005): *Sprechwirkung – Sprechstile in Funk und Fernsehen*. Berlin: Logos.
Sendlmeier, Walter/Siegmund, Jan (2005): „DeutschlandRadio Berlin vs. Radio NRJ Berlin – ein Vergleich der Sprechstile". In: Sendlmeier, Walter (Hg.): *Sprechwirkung – Sprechstile in Funk und Fernsehen*. Berlin: Logos.
Shepard, Carolyn A./Giles, Howard/Le Poire, Beth A. (2001): „Communication Accommodation Theory". In: Robinson, W. Peter/Giles, Howard (Hgg.): *The new handbook of language and social psychology*. Chichester: Wiley, 33–56.
Silverstein, Michael (1993): „Metapragmatic discourse and metapragmatic function". In: Lucy, John A. (Hg.): *Reflexive language. Reported speech and metapragmatics*. Cambridge: Cambridge University Press, 33–58.
Silverstein, Michael (2003): „Indexical order and the dialectics of sociolinguistic life". In: *Language & Communication* 23, 193–229.
Simard, Lise M./Taylor, Donald M./Giles, Howard (1976): „Attribution processes and interpersonal accommodation in a bilingual setting". In: *Language and Speech* 19, 374–387.
Smith, Jonathan A./Harré, Rom/Langenhove, Luc van (Hgg.) (1995): *Rethinking methods in psychology*. London: Sage.
Smith, Jonathan A. (1995): „Semi-structured interviewing and qualitative analysis". In: Smith, Jonathan A./Harré, Rom/Langenhove, Luc van (Hgg.): *Rethinking methods in psychology*. London: Sage, 9–26.
Spang, Wolfgang (2006): *Qualität im Radio. Determinanten der Qualitätsdiskussion im öffentlich-rechtlichen Hörfunk in Deutschland*. St. Ingbert: Röhrig.

Spiegel, Carmen/Gysin, Daniel (Hgg.) (2016): *Jugendsprache in Schule, Medien und Alltag.* Frankfurt am Main: Peter Lang.
Spiekermann, Helmut (2005): „Regionale Standardisierung, nationale Destandardisierung". In: Eichinger, Ludwig M./Kallmeyer, Werner (Hgg.): *Standardvariation. Wie viel Variation verträgt die deutsche Sprache?* Berlin: de Gruyter, 100–125.
Spitzmüller, Jürgen (2005): *Metasprachdiskurse: Einstellungen zu Anglizismen und ihre wissenschaftliche Rezeption.* Berlin: de Gruyter.
Spitzmüller, Jürgen (2013): „Metapragmatik, Indexikalität, soziale Registrierung. Zur diskursiven Konstruktion sprachideologischer Positionen". In: *Zeitschrift für Diskursforschung* 1, 263–287.
Spitzmüller, Jürgen/Flubacher, Mi-Cha/Bendl, Christian (2017): „Soziale Positionierung als Praxis und Praktik". In: *Wiener Linguistische Gazette* 81, 1–18.
Stachyra, Grażyna (Hg.) (2013): *Radio. Community – Challenges – Aesthetics.* Lublin: UMCS.
Starkey, Guy (2004): *Radio in context.* Basingstoke: Palgrave Macmillan.
Steinig, Wolfgang (1980): „Zur sozialen Bewertung sprachlicher Variation". In: Cherubim, Dieter (Hg.): *Fehlerlinguistik. Beiträge zum Problem der sprachlichen Abweichung.* Tübingen: Niemeyer, 106–123.
Stock, Eberhard/Suttner, Jutta (1991): „Wirkungen des Stimm- und Sprechausdrucks". In: Krech, Eva-Maria et al. (Hgg.): *Sprechwirkung. Grundfragen, Methoden und Ergebnisse ihrer Erforschung.* Berlin: Akademie Verlag, 59–129.
Stock, Eberhard (1996a): *Deutsche Intonation.* Berlin: Langenscheidt.
Stock, Eberhard (1996b): „Text und Intonation". In: *Sprachwissenschaft* 21, 211–240.
Stoeckle, Philipp/Svenstrup, Christoph H. (2011): „Language variation and (de-)standardisation processes in Germany". In: Kristiansen, Tore/Coupland, Nikolas (Hgg.): *Standard languages and language standards in a changing Europe.* Oslo: Novus Press, 83–90.
Strübing, Jörg (2014): *Grounded Theory. Zur sozialtheoretischen und epistemologischen Fundierung eines pragmatischen Forschungsstils.* Wiesbaden: Springer VS.
Strauss, Anselm (1998): *Grundlagen qualitativer Sozialforschung. Datenanalyse und Theoriebildung in der empirischen soziologischen Forschung.* München: Fink.
Strauss, Claudia/Quinn, Naomi (1997): *A cognitive theory of cultural meaning.* Cambridge: Cambridge University Press.
Stuhlmann, Andreas (Hg.) (2001): *Radio-Kultur und Hör-Kunst.* Würzburg: Königshausen & Neumann.
Stümpert, Hermann/Buchholz, Axel (2013): „Formate für Begleitprogramme". In: La Roche, Walter/Buchholz, Axel (Hgg.): *Radio-Journalismus. Ein Handbuch für Ausbildung und Praxis im Hörfunk.* Wiesbaden: Springer VS, 278–288.
Südwestrundfunk (Hg.) (2006): *Öffentlich-rechtlicher Rundfunk in Deutschland.* Stuttgart.
Süss, Daniel (2010): „Mediensozialisation zwischen gesellschaftlicher Entwicklung und Identitätskonstruktion". In: Hoffmann, Dagmar/Mikos, Lothar (Hgg.): *Mediensozialisationstheorien.* Wiesbaden, VS Verlag 109–130.
Tabouret-Keller, Andrée (1998): „Language and identity". In: Coulmas, Florian (Hg.): *The handbook of sociolinguistics.* Oxford: Blackwell, 315–326.
Tacchi, Jo (1998): „Radio texture: Between self and others". In: Miller, Daniel (Hg.): *Material Cultures. Why some things matter.* Chicago: University of Chicago Press, 24–45.
Tacchi, Jo (2000): „The need for a theory of radio in the digital age". In: *International Journal of Cultural Studies* 3, 289–298.

Tacchi, Jo (2003): „Nostalgia and radio sound". In: Bull, Michael/Back, Les (Hrsg): *The auditory culture reader.* Oxford: Berg, 281–295.
Taddicken, Monika (2009): „Die Bedeutung von Methodeneffekten der Online-Befragung: Zusammenhänge zwischen computervermittelter Kommunikation und erreichbarer Datengüte". In: Brandenburg, Torsten/Thielsch, Meinald T. (Hgg.): *Praxis der Wirtschaftspsychologie. Themen und Fallbeispiele für Studium und Anwendung.* Münster: MV-Verlag, 91–108.
Thielsch, Meinald T./Weltzin, Simone (2009): „Online-Befragungen in der Praxis". In: Brandenburg, Torsten/Thielsch, Meinald T. (Hgg.): *Praxis der Wirtschaftspsychologie. Themen und Fallbeispiele für Studium und Anwendung.* Münster: MV-Verlag, 69–88.
Thimm, Caja (2000): *Alter – Sprache – Geschlecht. Sprach- und kommunikationswissenschaftliche Perspektiven auf das höhere Lebensalter.* Frankfurt am Main: Campus.
Thøgersen, Jacob (2005): „The quest for objectivity in the study of subjectivity". In: *Acta Linguistica Hafniensia* 37, 217–241.
Thøgersen, Jacob/Pedersen, Inge L. (2012): „Lifestyle". In: Östman, Jan-Ola/Verschueren, Jef (Hrsg.): *Handbook of pragmatics online.* Amsterdam: Benjamins.
Tischer, Bernd (1993): *Die vokale Kommunikation von Gefühlen.* Weinheim: Beltz.
Tolson, Andrew (2006): *Media talk. Spoken discourse on TV and radio.* Edinburgh: Edinburgh University Press.
Trepte, Sabine (2006): „Social identity theory". In: Byrant, Jennings/Vorderer, Peter (Hgg.): *Psychology of entertainment.* Mahwah: Erlbaum, 255–272.
Verband Deutscher Tonmeister e. V. (Hg.) (2009): *Bericht der 25. Tonmeistertagung 13.–16.11. 2008, Leipzig.* Bergisch Gladbach: Verband Deutscher Tonmeister e.V..
Voigt-Zimmermann, Susanne et al. (Hgg.) (2016): *Stimmstörungen – ein Fokus der Klinischen Sprechwissenschaft.* Berlin: Frank & Timme.
Vowe, Gerhard/Wolling, Jens (2004): *Radioqualität – Was die Hörer wollen und was die Sender bieten. Vergleichende Untersuchung zu Qualitätsmerkmalen und Qualitätsbewertungen von Radioprogrammen in Thüringen, Sachsen-Anhalt und Hessen.* München: Kopaed.
Wachtel, Stefan (2002): *Sprechwissenschaftliche Untersuchungen zum Sprechen im Rundfunkjournalismus, unter besonderer Berücksichtigung des Moderierens.* St. Ingbert: Röhrig.
Wasian, Michael (2008): *Die Veränderung der Moderationskultur im Formatradio. Analyse der gegenwärtigen und zukünftigen Intentionen und Mechanismen der Hörfunkmoderation.* Berlin: Mensch-und-Buch-Verlag.
Warren, Neil (Hg.) (1977): *Studies in cross-cultural psychology Bd.1.* London: Academic Press.
Warren, Steve (2005): *Radio. The book.* Amsterdam: Focal Press.
Wendt, Beate (2007): *Analysen emotionaler Prosodie.* Frankfurt am Main: Peter Lang.
Wolf, Christof/Best, Henning (Hgg.) (2010): *Handbuch der sozialwissenschaftlichen Datenanalyse.* Wiesbaden: VS Verlag.
Wolfram, Walt/Fasold, Ralph (1974): *The study of social dialects in American English.* Englewood Cliffs: Prentice-Hall.
Wolfenden, Helen (2012): „Just be yourself? Talk radio performance and authentic on-air selves". In: Mollgaard, Matt (Hg.): *Radio and society: New thinking for an old medium.* Newcastle upon Tyne: Cambridge Scholars Publishing, 134–148.
Wolff, Hans-Georg/Bacher, Johann (2010): „Hauptkomponentenanalyse und explorative Faktorenanalyse". In: Wolf, Christof/Best, Henning (Hgg.): *Handbuch der sozialwissenschaftlichen Datenanalyse.* Wiesbaden: VS Verlag, 333–366.

Yee, Eiling/Thompson-Schill, Sharon L. (2015): „Putting concepts into context". In: *Psychonomic Bulletin & Review* 23, 1015–1027.
Zahn, Christopher J./Hopper, Robert (1985). „Measuring language attitudes". In: *Journal of Language and Social Psychology* 4, 113–123.

Onlinequellen

ard.de (2016): MDR Sputnik.
   Online unter: http://www.ard.de/home/intern/fakten/abc-der-ard/MDR_SPUTNIK/470922/index.html <17.06.2019>.
Backovic, Lazar (2014): „Dschungelcamp. Ich bin ein Star, ich ess' das auf". In: *Spiegel Online*.
   Online unter: http://www.spiegel.de/einestages/10-jahre-dschungelcamp-a-953257.html <16.06.2019>.
Bouhs, Daniel (2010): Der Sputnik-Chef erträgt das eigene Programm nicht mehr. Auf den Mainstream eingeschwenkt. In: *Berliner Zeitung*.
   Online unter: http://www.berliner-zeitung.de/14898808 <16.06.2019>.
crossvertise.com (2016): MDR Sachsen-Anhalt: Radiowerbung bereits ab 11,00 EUR/Sekunde.
   Online unter: https://www.crossvertise.com/radiowerbung/radiosender/mdr-sachsen-anhalt <17.06.2019>.
Duden online (2017a): Art. »wirklich«. In: *Duden online*.
   Online unter: http://www.duden.de/rechtschreibung/wirklich_tatsaechlich_eigentlich <17.06.2019>
Duden online (2017b): Art. »saufen«. In: *Duden online*.
   Online unter: http://www.duden.de/rechtschreibung/saufen <17.06.2019>.
DWDS (2017): Art. »Klartext, der«. In: *Digitales Wörterbuch der deutschen Sprache*.
   Online unter: https://www.dwds.de/wb/Klartext <17.06.2019>.
ler/dpa/dapd (2011): Guttenberg stürzt über Plagiatsaffäre. In: *Spiegel Online*.
   Online unter: http://www.spiegel.de/politik/deutschland/rueckritt-als-verteidigungs-minister-guttenberg-stuerzt-ueber-plagiatsaffaere-a-748349.html <17.06.2019>.
Henn-Memmesheimer, Beate (2005): Pfälzisch als Stil. Zur Funktion regionaler Sprachformen im heutigen Deutsch.
   Online unter: http://germanistik.uni-mannheim.de/Germanistische%20Linguistik/Wissenschaftliches%20Personal/Prof.%20Dr.%20Beate%20Henn-Memmesheimer%20(Em.)/Publikationen/pfaelzisch_als_stil.pdf <17.06.2019>.
Martin-Luther-Universität (2012): „Mehr als 20.000 Studierende an hallescher Universität/ Vier von zehn Erstsemestern kommen aus dem Westen". In: *Pressemitteilung Nummer 168/2012 vom 01.10.2012*.
   Online unter: http://pressemitteilungen.pr.uni-halle.de/index.php?modus=pmanzeige&pm_id=1901 <17.06.2019>.
mdr.de (2011a): Media-Analyse 2011 Radio I.
   Online unter: http://www.mdr.de/unternehmen/organisation/dokumente/artikel107498.html <17.06.2019>.
mdr.de (2011b): MDR JUMP. Zuhause in Sachsen, Sachsen-Anhalt und Thüringen.
   Online unter: http://www.mdr.de/unternehmen/organisation/standorte-programme/halle/artikel75506.html <17.06.2019>.

mdr.de (2012a): MDR JUMP.
Online unter: http://www.mdr.de/unternehmen/artikel103102.html <17.06.2019>.
mdr.de (2012b): Media-Analyse 2012 Radio II: MDR Hörfunk weiterhin auf hohem Niveau.
Online unter: http://www.mdr.de/unternehmen/mediaanalyse102.html <17.06.2019>.
mdr.de (2013): Leitlinien für die MDR-Programmgestaltung 2013.
Online unter: http://www.mdr.de/unternehmen/organisation/dokumente/download2590.html <17.06.2019>.
mdr.de (2014): MDR SPUTNIK. Einfach die beste Musik. Und Null Werbung.
Online unter: http://www.mdr.de/unternehmen/organisation/standorte-programme/halle/artikel75576.html <17.06.2019>.
mdr.de (2016a): MDR KULTUR. Das Kultur-Radio.
Online unter: http://www.mdr.de/unternehmen/organisation/standorte-programme/halle/artikel75182.html <17.06.2019>.
mdr.de (2016b): MDR SACHSEN-ANHALT - im Radio, im Fernsehen und online.
Online unter: http://www.mdr.de/unternehmen/organisation/standorte-programme/artikel108396.html <17.06.2019>.
mdr.de (2016c): MDR AKTUELL - Das Nachrichtenradio. Hören, was passiert. http://www.mdr.de/unternehmen/organisation/standorte-programme/halle/artikel75120.html <17.06.2019>.
mdr.de (2017a): MDR KULTUR.
Online unter: http://www.mdr.de/unternehmen/artikel103252.html <17.06.2019>.
mdr.de (2017b): MDR Werbung. Mediadaten 2017.
Online unter: https://www.mdr-werbung.de/sites/default/files/2017-08/170822_MDRW-MEDIADATEN_2017_WEB.pdf <17.06.2019>.
Medienpädagogischer Forschungsverbund Südwest (2013): KIM-Studie 2012. Jugend, Information, (Multi-)Media. Basisstudie zum Medienumgang 12- bis 19-Jähriger in Deutschland. Stuttgart.
Online unter: http://www.mpfs.de/studien/jim-studie/2012/ <17.06.2019>.
Medienpädagogischer Forschungsverbund Südwest (2015): JIM-Studie 2015. Jugend, Information, (Multi-)Media. Basisstudie zum Medienumgang 12- bis 19-Jähriger in Deutschland. Stuttgart.
Online unter: https://www.mpfs.de/studien/jim-studie/2015/ <17.06.2019>.
Radioszene.de (2011): Relaunch von MDR JUMP am 29. August.
Online unter: http://www.radioszene.de/28881/relaunch-von-mdr-jump-am-29-august.html 01.08.2011
Radioszene.de (2012): Neue Klänge bei MDR 1 Radio Sachsen-Anhalt. Meldung vom 02.07.2012.
Online unter: http://www.radioszene.de/39714/neue-klange-bei-mdr-1-radio-sachsen-anhalt.html <17.06.2019>.
Radioszene.de (2015): Radio SAW: Die private Nummer 1 im Osten steigert seine Reichweite.
Online unter: http://www.radioszene.de/81966/radio-saw-die-private-nummer-1-im-osten-steigert-seine-reichweite.html <17.06.2019>.
Radiozentrale.de (2016): Senderprofil Radio SAW.
Online unter: http://www.radiozentrale.de/nc/senderprofil/list/57/radio%2BSAW/ <17.06.2019>.
RANDOM.ORG (2017): RANDOM.ORG List Randomizer.
Online unter: https://www.random.org/lists <17.06.2019>.
Reiher, Bernd (2011): MDR Jump – mehr regional und mehr für Erwachsene.

Online unter: http://www.radioszene.de/27536/mdr-jump-mehr-regional-und-mehr-fuer-erwachsene.html <17.06.2019>.

Schmich, Michael (2016): Webradiomarkt: Nachfrage läßt Raum für mehr Musikradios.
Online unter: http://www.radioszene.de/97504/webradio-monitor-musik-nachfrage.html <17.06.2019>.

Schorb (Hg.) (2012): Klangraum Internet. Report des Forschungsprojektes Medienkonvergenz Monitoring zur Aneignung konvergenter Hörmedien und hörmedialer Online- Angebote durch Jugendliche zwischen 12 und 19 Jahren.
Online unter: http://docplayer.org/416292-Klangraum-internet-bernd-schorb-Hg.html <17.06.2019>.

SINUS Markt und Sozialforschung GmbH (2019): SINUS-Milieus Deutschland.
Online unter: https://www.sinus-institut.de/sinus-loesungen/sinus-milieus-deutschland/ <17.06.2019>.

Anhang

A.1 Nomenklatur der Stimuli

Beispiel: S 089 S2
Der erste Buchstabe steht für den Sender, in diesem Falle S = MDR Sputnik (MDR Figaro = F, MDR Info = I, MDR Jump = J, MDR1 Radio Sachsen-Anhalt = M). Die Zahl steht für die fortlaufende Nummer der Moderationen im Aufnahmekorpus, das Beispiel ist also die 89ste Moderation innerhalb des aufgezeichneten Tagesprogramms von MDR Sputnik. Der letzte Buchstabe steht dafür, wie die Moderation geschnitten wurde. Steht hier nur ein „S" ohne Zahl dahinter, so handelt es sich um eine vollständige Moderationspassage, die zwei andere Programmelemente miteinander verbindet (Musikstücke, gebaute Beiträge etc.). Steht eine Zahl dahinter, handelt es sich nicht um eine vollständige Moderationspassage in diesem Sinne, sondern um einem Ausschnitt aus einer solchen, im vorliegenden Beispiel ist es der zweite Ausschnitt, der solch einer Passage entnommen wurde.

A.2 Rangliste Onlinebefragung

Tab. A1: Stimuli der Onlinebefragung geordnet nach Mittelwerten bei der Zuordnungsaufgabe (= MW, SD = Standardabweichung). Diejenigen Stimuli, bei denen der Wortlaut angegeben ist, wurden ebenfalls als Stimuli in den Repertory-Grid-Interviews verwendet.

	Stimulus	Mod.	MW	SD	Wortlaut
1	S_262_S	SM	1,11	0,41	Isses eigentlich normal und OK, so viel Privates und so viele Daten von sich preiszugeben? Ich mein jetzt zum Beispiel facebook, twitter, auch Onlinebanking und so Zeug. Oder isses vielleicht eher naiv und unclever?
2	S_159_S1	WB & RF	1,15	0,47	RF: Von Cannabis wird man nicht nur dumm im Kopf, sondern unsere Königin hat auch gesagt, dass man davon abgängig werden kann von diesem Cannabis. WB: Das ist ja wirklich was ganz Neues.
3	S_025_S1	WB	1,15	0,51	
4	S_198_S	WB	1,15	0,51	Bisher dachten wir ja, es braucht „X-Factor", „Das Supertalent" oder auch „Germany's Next Topmodel", um ganz nach oben zu kommen. Aber, nein, es reicht auch vollkommen aus, Weihnachtsbaumkönigin zu werden.
5	S_025_S2	WB	1,16	0,50	
6	S_191_S	WB	1,17	0,50	Also im Klartext, man kann da was hinschicken, dann setzt sich die Königin vor die Kamera und geht dann auch schon los mit den Antworten.
7	S_158_S	WB	1,17	0,52	Endlich, kann man wirklich nur sagen, endlich. Seit einigen Tagen schon beantwortet Angela Merkel auf dem Youtube-Channel der Bundesregierung die Fragen des Volkes.
8	S_175_S2	WB	1,18	0,53	Er habe die Arbeit auf 80 verschiedenen Datenträgern gespeichert, für jedes Kapitel eine Diskette, außerdem hat er wohl über die drei Jahre an vier verschiedenen Rechnern an vier verschiedenen Orten gearbeitet.
9	S_159_S2	WB	1,18	0,54	
10	S_264_S	SM	1,20	0,54	Hat nen Grammy gewonnen, letzte Woche gerade n American Music Awards, und den Soundtrack zum neuen – Achtung, bitte nicht krietschen – „Twighlight"-Film geschrieben.

	Stimulus	Mod.	MW	SD	Wortlaut
11	S_175_S1	RF	1,20	0,53	Also der Typ mit der abgeschriebenen Doktorarbeit, wir erinnern uns alle, ist wieder da und hat ein Interview gegeben und da sagt er, wie es zu diesem schrecklichen Missverständnis mit diesem Plagiat kommen konnte.
12	S_148_S	WB	1,22	0,58	
13	S_281_S	SM	1,23	0,58	Kann man natürlich auch hören und sich dabei so 'nen schönen glitzernden, funkelnden Weihnachtsmarkt vorstellen und dazu eine Tasse Glühwein, ja, geht auch.
14	S_153_S	WB & RF	1,24	0,64	WB: In Stuttgart definitiv und noch drei anderen Städten, sie wissen aber noch nicht wo (lacht). RF: Hm, halt das irgendwie / also ich halte die Methoden irgendwie für, wie soll ich sagen? WB: Fragwürdig? RF: Ja, nicht ganz zeitgemäß.
15	S_023_S1	WB & RF	1,25	0,61	RF: Mit guten Nachrichten, ab heute ist Rauchen nämlich weniger Gesundheitsschädlich. Zumindest ist es deutlich schwieriger, zu verbrennen. WB: (lacht) Denn ab heute haben Zigaretten den eingebauten Feuerschutz.
16	S_265_S1	SM	1,27	0,60	Und da kann man abends schön mit Kumpels an der Hütte stehen und 'nen Glühwein schlürfen und 'n Schokoapfel essen oder Grünkohl und all diese Leckereien.
17	S_042_S	RF	1,33	0,66	Aber wir haben uns überlegt, dass doch noch andere Erfindungen Gesetze sehr sinnvoll wären, das uns vor Dummheiten oder anderen unangenehmen Dingen schützt.
18	S_007_S	RF	1,34	0,68	
19	S_093_S	LW	1,35	0,68	Das Interessante ist, der Gang aufs Klo und zurück ist auch nicht unfallversichert, der Gang in die Kantine aber schon.
20	S_213_S	CS	1,37	0,70	Also jede Kleinigkeit von uns wird auf diversen Großrechnern gespeichert und liegt da ja dann ganz bestimmt auch ein paar Jahre erstmal rum.

	Stimulus	Mod.	MW	SD	Wortlaut
21	S_204_S3	DK	1,38	0,69	Kiefer an beiden Aufhängungen gebrochen. Was bitteschön sind das für Schmerzen? Der musste auch noch in der Nacht operiert werden, was Dortmund-Trainer Jürgen Klopp natürlich auch, äh, dolle mitgenommen hat.
22	S_098_S1	LW	1,39	0,70	Neu draußen, allerdings gar nicht so neu. Das Original stammt aus dem Jahr 1951, also 60 Jahre auf'm Buckel – „The Thing", also das Ding aus einer anderen Welt.
23	S_252_S	SM	1,39	0,72	Mann! Da wartet man vier Tage auf das blöde, blöde Päckchen und was ist dann? Am Ende passt die Jacke nicht.
24	S_098_S2	LW	1,42	0,74	Da ist ne Forschergruppe und die entdeckt im Eis der ewigen Antarktis ein Raumschiff. Was ist drin? Logisch, n Alien, tiefgefroren. Was machen die Forscher? Logisch, tauen's auf. Und dann merken sie, das Alien ist doch nicht so lieb.
25	S_099_S2	LW	1,46	0,73	Äh, Jessica Parker spielt eine Mutter, eine Mutter unter Dauerstress im Film „Working Mom, der ganz normale Wahnsinn".
26	S_210_S1	DK	1,47	0,77	Da wird man an n paar Kabel angestöpselt und dann werden, je nach Aufregung, irgendwelche Wellen auf Papier gemalt. Bei großer Welle hat man dann auch, äh, schon gelogen.
27	S_235_S	DK	1,48	0,74	
28	S_131_S1	CS	1,51	0,75	Diese Zahl beruhigt, äh, nicht wirklich. Denn wir wissen seit einigen Tagen, Terror in Deutschland geht nicht nur von militanten Islamisten, sondern auch von rechten Terroristen aus.
29	S_253_S	SM	1,51	0,78	
30	S_210_S2	DK	1,52	0,76	Böse Falle, glaube ich, weil das Ding ja eben reagiert, wenn man aufgeregt ist. Heißt, äh, man kann die ganze Zeit die Wahrheit sagen, sofern man da völlig nervös ist, hat man auch schon verloren.
31	S_251_S	SM	1,53	0,72	
32	S_137_S1	CS	1,57	0,81	

	Stimulus	Mod.	MW	SD	Wortlaut
33	S_139_S1	CS	1,57	0,79	Also Reichtum sieht immer so einfach aus, aber ohne einer guten Idee und jeder Menge Arbeit wird's nix mit er ersten Million.
34	S_227_S	CS	1,57	0,81	
35	S_297_S2	CS	1,58	0,81	
36	S_204_S1	DK	1,59	0,81	
37	S_055_S1	AW	1,62	0,81	
38	S_099_S1	LW	1,63	0,82	
39	S_297_S1	CS	1,64	0,81	
40	J_053_S	BH	1,64	0,87	
41	S_290_S1	CS	1,65	0,83	
42	S_288_S	CS	1,66	0,85	
43	S_295_S	CS	1,67	0,87	
44	S_131_S2	CS	1,67	0,81	
45	J_017_S	LK	1,69	0,84	
46	S_205_S1	DK	1,70	0,85	
47	S_082_S	AW	1,70	0,80	
48	S_075_S	AW	1,72	0,85	
49	S_134_S1	CS	1,72	0,87	
50	S_088_S1	LW	1,76	0,89	
51	J_068_S1	MS	1,76	0,84	
52	S_205_S2	DK	1,77	0,85	
53	S_249_S	SM	1,78	0,88	
54	S_299_S1	CS	1,82	0,89	
55	J_068_S2	MS	1,83	0,88	
56	S_078_S	AM	1,83	0,87	
57	S_290_S2	CS	1,83	0,88	
58	J_079_S3	MS	1,84	0,86	
59	J_079_S2	MS & CD	1,85	0,90	

	Stimulus	Mod.	MW	SD	Wortlaut
60	J_098_S	CD	1,85	0,92	
61	S_088_S2	LW	1,86	0,89	
62	S_134_S2	CS	1,90	0,89	
63	J_033_S	SN & LK	1,91	0,92	
64	S_294_S	CS	1,93	0,90	
65	J_079_S1	CD	1,95	0,89	Um 15 Uhr und 50 Minuten und heute Abend 20 Uhr 45 empfängt die deutsche Nationalmannschaft in Hamburg die Holländer.
66	J_034_S	LK	1,97	0,93	Und die Katze im Sack kennt man ja als Sprichwort, ist aber eher so ein Bisschen negativ besest / besezt. Wenn man irgendwie was kauft und sich nicht richtig anschaut, hat man die Katze im Sack gekauft quasi.
67	S_132_S	CS	1,98	0,61	
68	S_055_S2	DK	1,99	0,86	
69	S_204_S2	AW	1,99	0,91	
70	J_030_S4	SN & LK	1,99	0,93	
71	J_064_S	MS	2,03	0,89	
72	S_059_S	AW	2,05	0,87	
73	J_068_S3	MS	2,06	0,87	Anstatt dem Kleinen zu helfen, stellt Mutti das Video auch noch online. Die ganze Welt lacht darüber, ihm bleibt wirklich nichts erspart.
74	J_020_S	SN & LK	2,19	0,88	SN: Ich habe dafür so'n Sprühzeug, wie wäre es denn damit? LK: Oh, keine schlechte Idee S: Ja, bei den Temperaturen müssen wir gucken, wie wir die Autos frei kriegen, ne?
75	J_016_S	SN & LK	2,26	0,86	LK: Bei diesem 3:3 gegen die Ukraine, ja? SN: Ja LK: Wir hoffen mal, das muss doch irgendwie besser werden, das darf nicht noch so eine Blamage sein. Äh, wir haben jetzt unseren Bundestrainer dran. Einen wunderschönen Guten Morgen.
76	F_029_S1	RG	2,35	0,86	
77	M_063_S1	IH	2,55	0,76	
78	M_059_S1	IH	2,56	0,73	

	Stimulus	Mod.	MW	SD	Wortlaut
79	M_046_S	SK	2,60	0,74	
80	M_072_S	IH	2,60	0,69	
81	M_068_S	IH	2,61	0,71	
82	F_106_S1	CT	2,62	0,70	
83	M_033_S2	SK	2,65	0,67	
84	M_018_S	SK	2,69	0,63	
85	F_058_S1	BS	2,71	0,60	
86	M_048_S	SK	2,73	0,62	Die Sonne lacht, am Sonntag ist erster Advent und ja, was wäre so die Vorweihnachtszeit ohne diesen wunderbaren Song?
87	I_014_S1	AH	2,77	0,58	
88	I_151_S2	HM	2,77	0,55	
89	I_094_S	IB	2,78	0,52	
90	F_081_S2	BS	2,79	0,57	
91	I_016_S	SK	2,80	0,51	
92	M_061_S1	IH	2,81	0,52	Der 5-jährige Richard aus Roßlau geht noch in den Kindergarten. In seiner Freizeit aber (lacht), da düst er mit seiner Cross-Maschine mutig durchs Gelände.
93	M_031_S	SK	2,81	0,47	Klar, den Tieren soll es gut gehen und die sollen eigentlich auch ihren Auslauf haben, das wird man im Zirkus nicht immer gewährleisten können, aber andererseits, der klassische Zirkus ohne die klassische große Tierdressur ist natürlich auch schwer vorstellbar.
94	F_016_S	RG	2,81	0,47	
95	I_140_S1	IB	2,81	0,50	
96	M_002_S1	SK	2,82	0,49	Für viele Besucher gehören sie einfach dazu, wilde Tiere in der Zirkusmanege. Wenn Bären auf dem Rad fahren oder Elefanten sich gegenseitig an den Rüssel nehmen, dann gibt es Applaus.
97	M_083_S2	JD	2,82	0,52	
98	I_178_S	HM	2,83	0,51	
99	F_052_S2	SB	2,83	0,48	

Stimulus	Mod.	MW	SD	Wortlaut
100 I_001_S2	AH	2,83	0,45	
101 I_070_S2	AJ	2,83	0,51	
102 M_083_S1	JD	2,84	0,45	
103 I_135_S2	SH	2,85	0,45	Der FC Schalke 04 bangt unterdessen im Bundesligaspiel gegen den ersten FC Nürnberg am Samstag um Angreifer Jefferson Farfan.
104 F_003_S	RG	2,85	0,47	
105 F_104_S1	CT	2,86	0,45	
106 I_069_S	AJ	2,86	0,45	Unterdessen beraten die Politiker darüber, wie ähnliche Terrorgruppen in Zukunft besser ermittelt und dingfest gemacht werden können.
107 I_002_S	AH	2,86	0,42	
108 I_151_S1	HM	2,86	0,44	
109 F_008_S1	RG	2,87	0,46	
110 F_104_S2	CT	2,88	0,40	Steuern, die nicht gezahlt, sondern hinterzogen werden, sind dabei so eine Art Staatsreserve in Millionenhöhe.
111 F_052_S1	SB	2,88	0,41	Andreas Dresen hat mit seinem neuen Film „Halt auf freier Strecke" viele Freunde beim Festival in Cannes gefunden und auch einen wichtigen Preis gewonnen.
112 F_070_S	BS	2,89	0,37	Wenn man Opfer eines Betrugs wird, es merkt und gleichzeitig weiß, dass man vernünftig sicherlich nicht zum Ziel kommt, dann kann einem schon mal ne Sicherung durchbrennen.
113 M_085_S	JD	2,90	0,36	Auf der ICE-Linie Berlin – Leipzig – München fallen Züge zwischen Leipzig und der bayerischen Landeshauptstatt komplett aus.
114 I_162_S	HM	2,90	0,36	Ist in Sachsen ja heute alles ne Nummer ruhiger, da ist Feiertag, Buß- und Bettag, die Geschäfte dicht, die Schulen zu, die Straßen ruhig.
115 F_052_S3	SB	2,90	0,39	Er weist solche Kritik von sich. Provokation interessiere ihn nicht, Wahrhaftigkeit hingegen schon.
116 F_004_S2	RG	2,90	0,35	Man wartet darauf, dass sie ihr Schweigen bricht und aussagt, inhaftiert ist sie, sie hat sich der Polizei freiwillig gestellt, die Sechsunddreißigjährige.

Stimulus	Mod.	MW	SD	Wortlaut
117 F_092_S1	CT	2,91	0,38	Ein Flüchtling in Deutschland wird man ja nicht durch Flucht, sondern eigentlich erst durch die offizielle Anerkennung als Asylbewerber.
118 I_100_S1	IB	2,91	0,33	Auch Frankreich und Österreich sollen tiefengeprüft werden und es ist wohl nur eine Frage der Zeit, wann Deutschland an der Reihe ist. Bei unseren Nachbarn in Österreich jedenfalls herrscht Hektik.
119 I_081_S2	AJ	2,92	0,37	Offenbar wurden die drei in den Neunzigerjahren von Ermittlern beobachtet, doch dann hat man sie aus den Augen verloren, hieß es bisher.
120 M_082_S2	JD	2,94	0,25	Da, was Artgerecht ist, Menschen bestimmen, hat der Bundesrat, die Vertretung der Länder, eine Entschließung verabschiedet. Sie fordert ein Verbot einer Reihe von Wildtieren.

A.3 Screening-Fragebogen für potenzielle Interviewte

Liebe/Lieber Name,

vielen Dank, dass du bereit bist, an meinem Interview teilzunehmen!
Bevor ich mit Terminfindung und weiteren Ein- und Ausführungen anfange, hätte ich aber noch 3 kurze Fragen an dich:
1) Was studierst du und in welchem Semester? Falls du nicht studierst: Welcher Ausbildung/welchem Beruf gehst du nach?
2) Hast du praktische Erfahrungen mit Radio? (z.B. Praktika bei Radiosendern, Mitarbeit bei einem freien Radiosender etc.)
3) Hast du Erfahrungen im professionellen Umgang mit Stimme und Sprechen? Wenn ja, welche? (z.B. Logopädie, Sprecherziehung, phonetische Analysen)

Viele Grüße und vielen Dank,

Grit

A.4 Angaben zu den Interviewten

Interview 1

Probandin B1:
Alter: 20
Geschlecht: weiblich
Studiengang: Bachelor Geschichte 120/ Japanologie 60, jeweils 5. Semester
Praktische Erfahrungen mit Radio? Nein.
Erfahrungen im professionellen Umgang mit Stimme und Sprechen?
Ich hatte mal Gesangsunterricht, für den Fall das das zählt. Sonst keinerlei Erfahrung.

Probandin B2:
Alter: 25
Geschlecht: weiblich
Studiengang: Ernährungswissenschaften, 15. Semester
Praktische Erfahrungen mit Radio? Ohne praktische Erfahrung im Radio
Erfahrungen im professionellen Umgang mit Stimme und Sprechen?
Sehr lange her: Als ich 6 Jahre alt war, begab man mich in die Hände einer Logopädin, um mit mir eine Vorform des Stotterns zu bearbeiten.

Interview 2

Probandin B3:
Alter: 23
Geschlecht: weiblich
Studiengang: Medizin im 9. Semester
Praktische Erfahrungen mit Radio? keine praktischen Erfahrungen mit Radiosendern
Erfahrungen im professionellen Umgang mit Stimme und Sprechen?
Bis auf ein 90minütiges Seminar in Logopädie während dem Studium hab ich bisher auch noch keine professionellen Stimm- und Sprechmethoden kennengelernt, bin also ahnungslos ;)

Probandin B4:
Alter: 23
Geschlecht: weiblich
Studiengang: im ersten Semester Medienwissenschaften und Germanistik

Praktische Erfahrungen mit Radio? Mit Radio hatte ich noch nicht direkt persönlich zu tun, hatte nur während meiner Ausbildung (zur Werbekauffrau) ein paar Stunden „Radiojournalismus", das wars auch schon.
Erfahrungen im professionellen Umgang mit Stimme und Sprechen? Nein

Interview 3

Proband B5:
Alter: 20
Geschlecht: männlich
Studiengang: Jura im dritten Semester
Praktische Erfahrungen mit Radio? Außer eines Interviews mit einer Mitarbeiterin von Radio Corax habe ich keine praktischen Erfahrungen mit Radio.
Erfahrungen im professionellen Umgang mit Stimme und Sprechen? Genausowenig habe ich eine besondere sprachliche Ausbildung.

Probandin B6:
Alter: 25
Geschlecht: weiblich
Studiengang: Lehramt Gymnasium (Französisch / Spanisch), 3. Semester
Praktische Erfahrungen mit Radio? nein
Erfahrungen im professionellen Umgang mit Stimme und Sprechen? nein

Interview 4

Probandin B7:
Alter: 25
Geschlecht: weiblich
Studiengang: Lehramt (Fächer?), 7. Semester
Praktische Erfahrungen mit Radio? nein
Erfahrungen im professionellen Umgang mit Stimme und Sprechen? nein

Proband B8:
Alter: 26
Geschlecht: männlich
Studiengang: Bioinformatik. War bis vor kurzem in den Studiengang Diplom Bioinformatik eingeschrieben. Zur Zeit bin ich dann schon im Promotionsstudiengang Bioinformatik eingeschrieben.
Praktische Erfahrungen mit Radio? Nein gar nicht.

Erfahrungen im professionellen Umgang mit Stimme und Sprechen? Meine Mutter ist Sprecherzieherin (Studium hier in Halle und arbeitet an Schauspielhochschulen). Selbst habe ich keinerlei Ausbildung oder war in logopädischer Bahandlung o.Ä.

Interview 5

Proband B9:
Alter: 27
Geschlecht: männlich
Studiengang: habe hier in Halle Chemie studiert (Bachelor und Master) und arbeite gerade an meiner Promotion
Praktische Erfahrungen mit Radio? nein
Erfahrungen im professionellen Umgang mit Stimme und Sprechen? nein

Proband B10:
Alter: 23
Geschlecht: männlich
Studiengang: Politikwissenschaft 120/Wirtschaft 60, 3. Semester
Praktische Erfahrungen mit Radio? Nein, aber ich arbeite (nebentätig) an der Hotline (von Sputnik). Ich sitze ja aber nicht 40 Stunden die Woche da und höre auch noch andere Sender.
Erfahrungen im professionellen Umgang mit Stimme und Sprechen? nein

Interview 6

Probandin B11:
Alter: 22
Geschlecht: weiblich
Studiengang: Ich studiere Pharmazie im 3. Semester
Praktische Erfahrungen mit Radio? Nein, ich habe keine praktischen Erfahrungen mit Radio.
Erfahrungen im professionellen Umgang mit Stimme und Sprechen? Nein, ich habe auch keine professionellen Erfahrungen bezogen auf Stimme und Sprechen.

Proband B12:
Alter: 28
Geschlecht: männlich
Studiengang: Promotionsstudium Biodidaktik, 2. Semester

Praktische Erfahrungen mit Radio? Nein. Nur Zuhörer.
Erfahrungen im professionellen Umgang mit Stimme und Sprechen? Ja. Sprechwissenschaftliches Seminar (½ Semester) im Rahmen des Lehramtsstudiums

Interview 7

Probandin B13:
Alter: Ich bin 25 Jahre alt
Geschlecht: weiblich
Studiengang: Ich studiere Agrarwissenschaften im 1. bzw. im Sommersemester im 2.
Semester Master
Praktische Erfahrungen mit Radio? Nein, ich habe keine praktischen Erfahrungen bei Radiosendern sammeln können.
Erfahrungen im professionellen Umgang mit Stimme und Sprechen? Nein, ich habe auch keine Erfahrungen im professionellen Umgang mit Sprachen.

Probandin B14:
Alter: 19
Geschlecht: weiblich
Studiengang: Germanistik und Geschichte, 1. Semester
Praktische Erfahrungen mit Radio? Nein.
Erfahrungen im professionellen Umgang mit Stimme und Sprechen? Nein.

Interview 8

Proband B15:
Alter: Ich bin 22 Jahre alt.
Geschlecht: männlich
Studiengang: Ich studiere BWL im 1. Semester.
Praktische Erfahrungen mit Radio? nein
Erfahrungen im professionellen Umgang mit Stimme und Sprechen? nein

Probandin B16:
Alter: 25 Jahre
Geschlecht: weiblich
Studiengang: Pharmazie, 11. Semester
Praktische Erfahrungen mit Radio? Nein.
Erfahrungen im professionellen Umgang mit Stimme und Sprechen? Nein.

Interview 9

Probandin B17:
Alter: Ich bin 23 Jahre alt.
Geschlecht: weiblich
Studiengang: Lehramt (Französisch / Sozialkunde), 5. Semester
Praktische Erfahrungen mit Radio? Ich habe keinerlei Erfahrungen mit Radio.
Erfahrungen im professionellen Umgang mit Stimme und Sprechen? Da ich Lehrerin werden möchte, habe ich vor einigen Jahren ein phoniatrisches Gutachten eingeholt. Außerdem habe ich im Rahmen meines Lehramt-Studiums vor kurzem an einem Kommunikationsseminar (LSQ-Teil A) teilgenommen, bei dem das Thema Stimme im Mittelpunkt stand. Ansonsten habe ich noch keine weiteren Erfahrungen im Umgang mit Stimme und Sprechen.

Probandin B18:
Alter: Ich bin 24 Jahre alt.
Geschlecht: weiblich
Studiengang: Pharmazie, 5. Semester
Praktische Erfahrungen mit Radio? Nein.
Erfahrungen im professionellen Umgang mit Stimme und Sprechen? Nein.

Interview 10

Probandin B19:
Alter: Ich bin 27 Jahre alt
Geschlecht: weiblich
Studiengang: Habe Humanmedizin studiert (Examen Okt. 2011)
Praktische Erfahrungen mit Radio? Ich habe keine praktischen Erfahrungen beim Radio.
Erfahrungen im professionellen Umgang mit Stimme und Sprechen? Habe keinen professionellen Umgang mit Sprechen und Stimme.

Probandin B20:
Alter: Ich bin 18 Jahre und werde dieses Jahr 19.
Geschlecht: weiblich
Studiengang: Studieren Tu ich nicht. Habe im September 12 eine Ausbildung zur Industriekauffrau bei Coca-Cola angefangen.
Praktische Erfahrungen mit Radio? Erfahrungen habe ich garnicht. Ich hätte aber gerne mal ein Praktikum beim mdr/Radio gemacht. Aber..ich war schon öfters im

Radio zuhören ;) und nun weiß ich, Wie ich reagieren müsse, wenn es Live gesendet wird. Oder das manches im Radio Garnicht so frei ist, sondern alles vorher genau abgesprochen wird, Was man sagen soll.
Erfahrungen im professionellen Umgang mit Stimme und Sprechen? Nein.

Interview 11

Proband B21:
Alter: Ich bin 25 Jahre alt
Geschlecht: männlich
Studiengang: Ich studiere Sportwissenschaft im Bachelorprogramm und bekomme demnächst mein Zeugnis.
Praktische Erfahrungen mit Radio? nein
Erfahrungen im professionellen Umgang mit Stimme und Sprechen? Erfahrung mit Radio oder Sprechen betreffs deiner letzten beiden Fragen habe ich konkret nicht. Jedoch arbeite ich im Fitnessstudio im Service und als Trainer, was eine überlegte und gewählte Artikulation verlangt :)

Probandin B22:
Alter: 28
Geschlecht: weiblich
Studiengang: kunstgeschichte und archäologie im 19. semester
Praktische Erfahrungen mit Radio? keine praktischen Erfahrungen mit dem Medium Radio
Erfahrungen im professionellen Umgang mit Stimme und Sprechen? keine Erfahrungen im professionellem Umgang mit Stimme (meinen halbjährigen gesangsunterricht im letzten jahr würde ich ebenfalls davon ausklammern).

Interview 12

Proband B23:
Alter: 21
Geschlecht: männlich
Studiengang: Politikwissenschaft, Medien- und Kommunikationswissenschaft im 4.Semester
Praktische Erfahrungen mit Radio? Ich arbeite als freier Mitarbeiter bei Radio SAW, habe davor schon immer wieder Praktika bei verschiedenen Radiosendern gemacht (MDR Sputnik, Radio RPR1, Radio Service Berlin).

Erfahrungen im professionellen Umgang mit Stimme und Sprechen? Ich war mit 18 Jahren mal kurz beim Logopäden, um einen kleineren S-Fehler zu behandeln. Außerdem habe ich bei meinen Praktika regelmäßig Sprecherziehung bekommen und habe auch jetzt bei Radio SAW noch mehrmals Sprecherziehung.

Probandin B24:
Alter: 27
Geschlecht: weiblich
Studiengang: studiere Lehramt Förderschule 1. Semester
Praktische Erfahrungen mit Radio? keine praktischen Erfahrungen im Radio, lediglich mal ein Praktikum beim Stadtfernsehen, aber schon ewig her.
Erfahrungen im professionellen Umgang mit Stimme und Sprechen? Erfahrungen im Umgang mit Stimme nicht, hatte zwar einen kleinen Teil davon in der Ausbildung (Habe 2 Jahre als Erzieherin gearbeitet), aber nicht wirklich tiefgründig.

Interview 13

Probandin B25:
Alter: Ich bin 23 Jahre alt.
Geschlecht: weiblich
Studiengang: Ich studiere den Master MultiMedia und Autorschaft an der MLU. Bin jetzt im dritten Semester, stehe aber kurz vor dem vierten und der abschließenden Masterarbeit.
Praktische Erfahrungen mit Radio? Praktische Erfahrungen mit Radio habe ich nicht. Ich hatte jedoch während meines Studiums ein Seminar, bei dem ich einen eigenen Beitrag gebaut habe. Und ich habe schon einige O-Töne gegeben ;-)
Erfahrungen im professionellen Umgang mit Stimme und Sprechen? Professionelle Erfahrung im Umgang mit der Stimme hab ich gar nicht.

Probandin B26:
Alter: ich bin 21 Jahre
Geschlecht: weiblich
Studiengang: studiere Erziehungswissenschaften im kommenden 6. Semester
Praktische Erfahrungen mit Radio? praktischen Erfahrungen im Radio habe ich nicht
Erfahrungen im professionellen Umgang mit Stimme und Sprechen? dafür habe ich als Wahlpflichtmodul Sprachbehindertenpädagogik zwei Semester lang studiert und dafür auch einige Sprech- und Sprachkrankheiten sowie das medizi-

nische Know-how kennen gelernt. Auch Lautbildung war Teil des Moduls, allerdings ist das bereits gute zwei Jahre her ;)

Interview 14

Proband B27:
Alter: 29
Geschlecht: männlich
Studiengang: Ich bin abgeschlossener Dipl.-Theologe und gerade dabei mein Staatsexamen zu machen (Lehramt Gymnasium für Ev Rel und Bio), bin im 6. FS und im 20. Hochschulsemester.
Praktische Erfahrungen mit Radio? Nein.
Erfahrungen im professionellen Umgang mit Stimme und Sprechen? Ja. Meine Mutti ist Dipl.-Sprechwissenschaftlerin, arbeitet aber seit der Wende als Lehrerin. Trotzdem kriegt man da natürlich ein gutes Ohr für die Stimme mit. Ich war selbst einmal in Behandlung (Senkung der mittleren Sprechstimmlage) und hatte natürlich das LSQ-Seminar bei Frau Blumtritt.

Proband B28:
Alter: Ich bin 26 Jahre jung.
Geschlecht: männlich
Studiengang: Ich studiere Angewandte Geowissenschaften im 4. Master-Semester.
Praktische Erfahrungen mit Radio? Nein, habe ich nicht.
Erfahrungen im professionellen Umgang mit Stimme und Sprechen? Nein habe ich nicht, zumindest professionell. Ich habe lange Zeit im Chor gesungen, aber das ist auch schon länger her.

Interview 15

Probandin B29:
Alter: ich bin 23 Jahre alt.
Geschlecht: weiblich
Studiengang: ich studiere im (noch) 5. Semster Geographie mit dem Abschluss des Bachelors.
Praktische Erfahrungen mit Radio? Praktische Erfahrung beim Radio habe ich bisher noch nicht gewinnen können. Ich war nur schonmal per Telefon im Radio für einen Musikwunsch...das zählt wohl aber nicht. :D

Erfahrungen im professionellen Umgang mit Stimme und Sprechen? Und professionellen Umgang mit Stimmen habe ich auch nicht. Ich bin nur immer wieder versucht die deutschen Synchronstimmen in Filmen wiederzuerkennen.

Proband B30:
Alter: Ich bin 25 Jahre alt
Geschlecht: männlich
Studiengang: Ich studiere im 4. Fachsemester Rechtswissenschaften.
Praktische Erfahrungen mit Radio? Ich habe keine praktische Erfahrung mit Radio.
Erfahrungen im professionellen Umgang mit Stimme und Sprechen? Ich habe keine Erfahrungen im professionellen Umgang mit Stimme und Sprechen/ Ich habe nur Erfahrungen im freien Sprechen durch gehaltene Vorträge aus der Schulzeit und der Uni.

Interview 16

Probandin B31:
Alter: Ich bin 24
Geschlecht: weiblich
Studiengang: studiere nicht, sondern arbeite in der Intensivpflege
Praktische Erfahrungen mit Radio? nein
Erfahrungen im professionellen Umgang mit Stimme und Sprechen? nein

Probandin B32:
Alter: ich bin 22 Jahre alt
Geschlecht: weiblich
Studiengang: ich studiere Wiwi/Psycho im 6. Semester
Praktische Erfahrungen mit Radio? ich habe keine praktische Erfahrung im Radiobereich
Erfahrungen im professionellen Umgang mit Stimme und Sprechen? nein

A.5 Transkriptionskonventionen Interviews

Mit einigen Abwandlungen orientieren sich die Transkriptionsregeln zu großen Teilen an denen von Dresing und Pehl (2013, 20ff).

1. Damit man ersehen kann, über welche Triade die Probanden gerade sprechen, wird ab dem Zeitpunkt, ab dem die Interviewerin die Triade abspielt folgendes in Klammern gekennzeichnet: (I spielt [Name der Triade] ab). Zu dem Zeitpunkt, an dem die Triade aufhört, wird eine Zeitmarke gesetzt. Der Name der Triade ist der Dateiname der gerade abgespielten Triade (also z.B. 02 F 052 S1_S 098 S1_F 092 S1).
2. Es wird wörtlich transkribiert, also nicht lautsprachlich oder zusammenfassend.
3. Wortverschleifungen werden nicht transkribiert, sondern an das Schriftdeutsch angenähert. Die Satzform wird beibehalten, auch wenn sie syntaktische Fehler beinhaltet.
4. Bei den Probandinnen und Probanden: Wort- und Satzabbrüche werden mit / markiert: „Ich habe mir Sor/ Gedanken gemacht". Wortwiederholungen werden immer notiert. Bei der Interviewerin können sie dagegen geglättet bzw. ausgelassen werden. Wortwiederholungen werden dann nur erfasst, wenn sie als Stilmittel zur Betonung genutzt werden: „Das ist mir sehr, sehr wichtig".
5. Interpunktion wird zu Gunsten der Lesbarkeit geglättet, das heißt bei kurzem Senken der Stimme oder uneindeutiger Betonung, wird eher ein Punkt als ein Komma gesetzt. Dabei sollen Sinneinheiten beibehalten werden.
6. Längere oder auffällige Pausen werden durch drei Auslassungspunkte in Klammern (...) markiert.
7. Bei den Probandinnen und Probanden: Verständnissignale und Fülllaute („mhm, ja, aha, ähm" etc.) werden transkribiert. Alle Äußerungen des Befragten werden transkribiert. Dies bedeutet auch Fülllaute wie Mhm und Ähm. Bei der Interviewerin: nicht (Ausnahme: Eine Antwort besteht NUR aus „mhm" ohne jegliche weitere Ausführung. Dies wird als „mhm (bejahend)", oder „mhm (verneinend)" erfasst, je nach Interpretation.)
8. Jeder Sprecherbeitrag erhält eigene Absätze. Zwischen den Sprechern gibt es eine freie, leere Zeile. Auch kurze Einwürfe werden in einem separaten Absatz transkribiert. Mindestens am Ende eines Absatzes werden Zeitmarken eingefügt. Bei längeren Beiträgen ist es für spätere Schritte aber günstiger, das häufiger zu tun.
9. Emotionale nonverbale Äußerungen der befragten Person und der Interviewerin, die die Aussage unterstützen oder verdeutlichen (etwa wie lachen oder seufzen), werden beim Einsatz in Klammern notiert. Wenn Probanden oder

Probandinnen während des Abspielens einer Triade anfangen zu lachen, wird gleich hinter der Kennzeichnung der Triade in Klammern geschrieben, bei welchem Stimulus die Probanden angefangen haben zu lachen.
10. Unverständliche Wörter werden mit (unv.) gekennzeichnet. Längere unverständliche Passagen sollen möglichst mit der Ursache versehen werden (unv., Handystörgeräusch) oder (unv., Mikrofon rauscht). Vermutet man einen Wortlaut, ist sich aber nicht sicher, wird das Wort bzw. der Satzteil mit einem Fragezeichen in Klammern gesetzt.
11. Die interviewende Person wird durch ein „I:", die Befragten jeweils durch ein „B:" und eine Ordnungszahl.
12. Unterbrechen sich die Sprechenden gegenseitig, wird der Turn des Unterbrochenen an dieser Stelle mit „...." versehen. Handelt es sich nur um einen kurzen Einwurf und der Unterbrochene führt seinen begonnenen Turn weiter, so beginnt der Sprecherbeitrag nach der Unterbrechung ebenfalls mit „...." .

Zitation von Interviewauszügen im Text: Längere Interviewauszüge sind eingerückt dargestellt, kurze Zitate im Fließtext kursiviert. Auslassungen werden durch „[...]" angegeben.

A.6 Instruktionen Fragebogenerhebung

Ich habe mit ein paar Kommilitonen von euch Interviews geführt, in denen sie mir beschrieben haben, wie sich Moderationen verschiedener Sender ihrer Meinung nach voneinander unterscheiden. Jetzt möchte ich wissen, wie mehrheitsfähig diese Beschreibungen sind und da brauche ich euch als „Jury".

Ich werde euch kurze Moderationsschnipsel vorspielen. Ihr bekommt einen Fragebogen vorgelegt, auf dem Beschreibungen stehen, die in den Interviews am häufigsten genannt wurden. Ihr sollt jetzt entscheiden, wie stark diese Beschreibungen auf den Moderationsschnipsel, den ihr gerade gehört habt, zutreffen. Dabei könnt ihr abstufen zwischen „trifft völlig zu" bis hin zu „trifft gar nicht zu". Für jede Moderation gibt es dazu eine Seite im Fragebogen.

Und weil ich möchte, dass ihr möglichst spontan entscheidet, welche Beschreibung passt und welche nicht, habt ihr nach jedem Moderationsmitschnitt nur 1:30 Minuten Zeit, die Fragebogenseite auszufüllen. Also gar nicht lange nachdenken. Da ist der dicke Fragebogen hier auch schon gar nicht mehr so beeindruckend.

Und bitte noch dran denken: Solltet ihr den Moderator oder die Moderatorin erkennen, bitte unten auf der Seite „ja" ankreuzen.

Noch Fragen?

Übersicht Online-Anhang

A.I   Screenshots der Online-Befragung

A.II   Fragebogen des dritten Untersuchungsschritts

A.III Kolmogorow-Smirnow-Tests (Sender/Stimuli)

A.IV   Korrelationsmatrix der metalinguistischen Beschreibungen

A.V   Post-Hoc-Tests zu den Unterschieden zwischen den Sendern

A.VI   Post-Hoc-Tests zu den Nicht-Sputnik-Stimuli (senderintern)

A.VII Post-Hoc-Tests zu den Sputnik-Stimuli (senderintern)

Diese Anhänge können heruntergeladen werden unter:
https://www.degruyter.com/view/product/540697

www.ingramcontent.com/pod-product-compliance
Lightning Source LLC
Chambersburg PA
CBHW061933220426
43662CB00012B/1887